KB030421

알코올 문제와 사회복지실천

김혜련 · 고윤순 · 김용석 · 손선주 · 장수미 · 장승옥 · 전종설 · 정슬기 공저

ALCOHOL PROBLEMS AND SOCIAL WORK PRACTICE

학지사

● 머리말

알코올, 마약, 도박, 인터넷 등의 다양한 중독 행동은 현대사회에서 흔히 경험할 수 있는 사회문제가 되고 있다. 한국은 특히 음주에 대해 허용적 태도를 지닌 대표적인 국가로, 이러한 사회문화적 환경에서 알코올중독은 여러 중독 행동 중에서도 가장 보편적인 문제라고 할 수 있다. 과도한 알코올은 개인은 물론 가족과 지인, 그리고 사회에 건강, 폭력, 자살, 생산성, 치료비용 등 막대한 심리사회적 폐해를 초래하고 있기 때문이다.

중독은 병원, 중독관리통합지원센터 등 정신건강 기관을 중심으로 개입하고 있지만, 종합사회복지관, 노인보호전문기관, 가족센터 등의 민간과 행정복지센터 등 공공의 다양한 사회복지실천 현장에서 일하는 사회복지사들도 알코올 문제로 어려움을 겪는 당사자와 가족을 만나게 된다. 또한 중독에 대한 우리 사회의 편견으로 인해 직접적으로 중독문제를 호소하지는 않는다고 해도 심리적·경제적·대인관계 영역에서 어려움을 겪고 있는 클라이언트 이면의 알코올의 중독 이슈를 필수적으로 살펴보아야 할 사례가 적지 않다.

중독이란 무엇인지, 어떻게 이해해야 하는지, 중독 클라이언트에게 어떠한 서비스를 제공하고 어떻게 개입해야 하는지에 대한 지식과 기술을 갖추고 있는 사회복지사는 많지 않다. 이는 현재 사회복지 교과과정에서 중독은 정신건강론이나 정신건강사회복지론에서 간략하게 다루는 정도에 불과하며, 중독 관련 과목을 별도로 개설하는 경우는 흔하지 않기 때문이다. 따라서 현장의 사회복지사들은 중독 클라이언트에 개입하는 역량이 충분하지 않다고 느끼고 서비스 제공을 주저하게 된다. 이러한 상황에서 중독 행동을 오랫동안 연구하고 실천해 온 저자들은 사회복지실천 현장에서 중독 클라이언트를 이해하고 이들에게 개입하는 데 필요한 전문 서적이 부족하다는 것에 동의하였고, 이러한 공감대가 이 책의 집필 배경이 되었다.

2013년, 정신질환의 진단 및 통계 편람 제5판(DSM-5)에 도박장애가 중독의 영역으로 포함되면서 행위중독 또한 주요한 중독의 영역으로 대두되었고, 팬데믹 이후 스마트폰 등 디지털 기기의 과다사용으로 인한 문제도 더욱 증가하고 있다. 하지만 여전히 알코올은 과음, 폭음, 음주 문제, 알코올사용장애, 이중 장애 등에 이르기까지 중독 행동의 핵심을 차지한다. 따라서 알코올 문제에 대한 이해는 대부분 다른 중독 행동에도 적용할 수 있다는 점을 고려하여, 이 책에서는 알코올에 초점을 두었다.

『알코올 문제와 사회복지실천』은 다음과 같이 구성되어 있다.

제1장은 알코올 문제와 사회복지에 관하여 다루고 있다. 알코올 문제의 개념에 대하여 살펴보고, 알코올 문제를 생태학적 관점에서 볼 것을 제안하였다. 특히 알코올 문제에 더욱 취약한 집단을 설명하고, 사회복지사가 알코올 문제에 어떻게 대처해야 하는지, non-specialist와 specialist라고 볼 수 있는 일반 사회복지사와 중독 전문사회복지사의 역할에 대하여 알아보았다. 마지막으로, 전문적인 도움을 요청한 알코올중독자들의 특성에 대해서도 논하였다. 제1장은 김혜련 교수가 집필하였다.

제2장은 알코올 문제에 대한 이론적 접근을 다루었다. 알코올 문제의 원인을 이해하는 것은 예방과 개입으로 직접 연결되기 때문에 그 중요성이 더욱 크다. 알코올 문제의 주된 원인으로 설명되는 생물학적 관점, 질병모델, 심리적 관점, 사회환경적 관점, 통합적 관점 등을 소개하였다. 특히 사회복지적 관점과 가장 관련이 있는 사회환경적 관점에서는 사회의 태도를 반영하는 주류 접근성과 마케팅의 영향과 더불어 사회적 요인을 강조하는 건강 형평성의 관점에서 음주문제를 설명하는 내용을 담았다. 제2장은 정슬기 교수가 집필하였다.

제3장은 사정에 관한 내용을 다루고 있다. 사정은 효과적인 개입을 위해 필요한 정보를 제공하는 것이다. 이 장은 알코올 문제 사정을 알코올 문제 가능성을 결정하는 선별 단계, 선별된 알코올 문제의 심각성을 진단하는 단계, 심리사회적 기능을 사정하는 단계 등으로 설명하고 있다. 알코올 문제를 선별하기 위한 도구로 AUDIT, CAGE, MAST, POSIT, CRAFFT를, 알코올 문제의 진단 도구로 DSM-IV, DSM-5 등을 소개하였다. 알코올 문제에 대한 심리사회적 사정을 위해서 기능분석과 중독 심각도 평가(Addiction Severity Index)의 활용을 권하고 있다. 제3장은 김용석 교수가 집필하였다.

제4장은 알코올 문제에 대한 다양한 개입 방법을 다루었다. 해독과 병식 획득을 위해 필수적인 입원치료와 외래치료를 비롯하여, 병원과 지역사회에서 실시할 수 있는 개별상담과 집단상담, 알코올 교육과 재발방지, 치료공동체와 자조집단 등에 대해 소개하였다. 특히 공공과 민간의 사회복지기관에서 알코올 문제를 가진 클라이언트에 대한 개입을 위해 필수적인 사례관리에 대해 다루었고, 기타 예술치료, 마음챙김, 숲 체험 등을 간략하게 설명하였다. 제4장은 장수미 교수가 집필하였다.

제5장은 동기강화상담을 다루고 있다. 동기강화상담은 비자발적인 알코올 남용자를 위한 개입 방법으로 개발되었다. 동기강화상담의 이론적 배경으로 자기결정, 초이론적 변화모델에 대해서 소개하였다. 동기강화상담의 기본 원리로 초기 원리와 RULE, 그리고 초기상담기술(OARS)을 예를 들어 설명하였다. 또한 변화대화를 변화준비언어(DARN)와 변화실행언어(CAT)로 나누어 설명하였다. 알코올치료센터, 사회복지관, 상담기관 등 다양한 현장에서 본 모델을 활용할 수 있음을 논의하고, 모델을 독립적으로 혹은 다른 치료모델과 통합적으로 활용할 수 있음을 살펴보았다. 제5장은 고윤순 교수가 집필하였다.

제6장은 해결중심단기치료에 관한 내용을 다루었다. 해결중심단기치료는 알코올 문제의 심각성, 원인에 대한 탐색보다는 클라이언트가 원하는 해결을 키우는 데 초점을 둔다. 클라이언트의 관계 유형을 고객형, 불평형, 방문형으로 분류하고 유형에 따른 상담전략을 소개하였다. 내담자가 해결의 상황을 탐색하도록 돕는 해결구축적 질문기법에 대해서 실제적인 예를 들어 설명하였다. 모델의 특징인 휴식을 활용하는 치료절차, 내담자 유형에 적합한 맞춤형 메시지 개발방안에 대해서 논의하였다. 첫 세션 이후의 상담 전략을 설명하고, 해결중심 집단상담 프로그램의 예를 소개하였다. 제6장은 고윤순 교수가 집필하였다.

제7장은 이야기치료를 다루고 있다. 이야기치료는 알코올 문제로 가득 찬 클라이언트의 삶의 이야기를 대안적 이야기로 다시 쓰도록 도와주는 대화기술적 접근방법이다. 이 과정에서 내담자의 새로운 삶의 모습, 가치관, 정체성이 탐색됨을 논의하였다. 치료자의 전문성은 대답하고 안내하는 것이 아니라 반영하고 질문하는 것에 있음을 강조하였다. 알코올 남용문제를 가진 클라이언트에 대한 사회적 스티그마가 심한 문화적 상황에서 유용한 치료기법이 될 수 있는 외재화와 해체대화 방법에 대해서 설명하였다. 나아가 회원 재구성, 재저작, 정의예식, 치료적 문서 활용 방법에 관하여 논의하였다. 제7장은 고윤순 교수가 집필하였다.

제8장은 알코올 문제와 가족에 관한 내용을 다루고 있다. 알코올 문제를 가진 가족에 대한 개입의 목표를 수립함에 있어 알코올 문제로 인해 변화된 가족체계를 이해해야 하는데, '적응'과 '항상성' 개념을 강조한다. 가족의 기능과 결속력이 약화된 알코올 가족의 역기능적인 모습에서 자녀들이 성숙한 자아로, 그리고 건강한 사회구성원으로 성장하는 데 방해가 되는 알코올 문제를 가진 부모의 대표적인 행동 특성들과 아울러 자녀들이 보이는 반응적 특징들도 제시한다. 문제의 음주자를 돕는 것만큼 중요한 개입요소는 그 개인이 관계하는 가족 구성원들이 건강한 기능을 할 수 있어야 하는데, 따라서 알코올 가족 구성원들을 위한 개입방법을 제시하고 있다. 제8장은 손선주 교수가 집필하였다.

제9장은 청소년 알코올 문제를 다루고 있다. 이 장은 청소년 음주 실태, 청소년 음주 결과, 청소년 음주와 관련 있는 위험요인들을 제시한다. 청소년 음주 실태는 평생음주율, 연간음주율, 현재음주율로 살펴보았으며, 성별, 중고등학생별, 위험음주율도 제시하였다. 청소년 음주 결과로는 다른 약물의 사용, 정신건강의학과적 문제, 비행, 건강 관련 결과, 심리사회적 결과들을 살펴보았다. 청소년 음주의 위험요인들로는 주류가격, 법적 음주 허용 연령, 대중매체의 주류광고 등의 사회문화적 요인, 가족요인, 또래요인, 낮은 자기규제, 비행에 대한 관용적 태도, 충동성 등의 개인 내적 요인, 음주기대 등을 제시하였다. 대표적인 학교 중심 예방 프로그램으로 보트빈(Botvin)의 생활기술훈련 프로그램을 소개하였다. 제9장은 김용석 교수가 집필하였다.

제10장은 대학생 알코올 문제를 다루고 있다. 대학생의 음주율, 월간음주 빈도, 문제음주, 음주로 인한 부정적인 결과 등을 제시하였다. 대학생 문제음주관련 요인으로 성별, 음주동기, 스트레스와 대처, 주거형태, 음주규범, 음주경력 등을 살펴보았다. 대학생 문제음주 예방을 위한 개입으로 동기강화상담, 인지행동 접근과 같은 개인 및 집단 수준의 접근과 고위험 음주를 억제하는 환경 조성으로 음주허용 연령 조정, 혈중알코올농도 강화, 알코올 가용성 제한, 음주행위에 관한 실제 규범을 전달하는 전략들을 소개하였다. NIAAA(2002)의 대학-지역사회 간 협력적 개입도 제시하였다. 제10장은 김용석 교수가 집필하였다.

제11장은 여성 알코올 문제를 다루고 있다. 여성의 음주 현황과 유병률, 여성이 알코올로 인한 폐해가 심각한 이유를 남성과 여성의 생리적·심리사회적 차이로 설명하고 있다. 혈중알코올농도가 더 높게 나타나는 신체적 특성, 수치심과 죄책감을 많이 느끼고, 부모의 조기 사망, 어린 시절 성학대나 신체적 폭력과 같은 생애 사건을 경험했던 여성이 알코올중독으로 진행되는 경우가 많음을 기술하였다. 여성 음주에 대한 사회적 편견으로 여성 알코올중독자에게 치료의 장벽은 여전히 존재하고 있으며, 부모의 음주는 아들보다는 딸에게 더 영향을 미치는 것으로 나타났다. 치명적인 태아알코올증후군을 통해 가임기 여성에게는 적정음주도 위험할 수 있음을 기술하였다. 제11장은 장승옥 교수가 집필하였다.

제12장은 알코올 문제의 예방에 관한 내용을 다루고 있다. 이 장에서는 예방의 개념, 예방 관점, 위험요인과 보호요인 이론, 구체적인 예방 전략, 효과적인 예방 프로그램 사례들을 포함하고 있다. 예방을 보편적(1차 예방), 선택적(2차 예방), 지시적(3차 예방) 차원으로 분류하여 제시하였다. 알코올 문제의 예방 관점으로 금주모델과 폐해감소모델을 소개하고, 예방이론으로 위험요인과 보호요인을 제시하였다. 미국 물질남용예방센터(Center for Substance Abuse Prevention)의 예방분류체계를 활용하여 정보전달, 교육, 대안탐색, 문제 확인과 의뢰, 지역사회 기반 조성 전략, 환경적 접근 등 여섯 가지 전략을 소개하였다. 청소년 대상의 예방활동은 단기적 효과를 강조하는 정보전달이 효과적이며 다양한 미디어를 활용하는 것이 좀 더 효과적일 수 있다. 알코올 문제 예방을 위한 프로그램은 이론에 기반하여 개념적으로 일관성이 있고 과학적 연구방법으로 평가되며, 그 효과가 프로그램의 실체와 연결되며 반복적으로 긍정적인 결과를 입증할 수 있어야 한다. 제12장은 장승옥 교수가 집필하였다.

　　제13장은 알코올 정책을 다루고 있다. 알코올 정책은 알코올 통제 접근과 알코올 위해 감축 접근으로 분류할 수 있다. 알코올 정책과 관련하여 2006년에 파랑새 플랜이 2010년, 2020년 두 차례 추진되었으나 충분한 성과를 내지 못하고 중단되었다. 현재는 음주를 단독으로 하는 정책계획보다는 정신건강복지기본계획과 같이 정신건강 범주 안에서 알코올 폐해의 예방, 중독치료, 회복 지원정책을 다루고 있으며, 국민건강증진종합계획안에 절주를 목표로 하는 교육과 홍보를 포함하는 것으로 나타났다. 국내 알코올 관련법과 정책으로는「청소년 보호법」을 근간으로 하는 청소년의 음주제한 정책,「도로교통법」을 기반으로 하는 음주운전 관련 정책,「국민건강증진법」을 기반으로 하는 주류광고 규제, 공공장소 음주제한, 절주교육 및 홍보정책,「주세법」을 근간으로 주류 유통과 가격을 결정하는 알코올산업정책 등이 있다. 이와 같은 국내 정책들과 더불어 영국, 호주, 미국 등의 해외 사례들을 살펴보고 국내 음주 정책의 발전 방향성을 제시하였다. 제13장은 전종설 교수가 집필하였다.

　　『알코올 문제와 사회복지실천』을 기획한 것은 오래전이었는데, 이런저런 핑계로 출간이 미루어졌다. 진행이 지연되었음에도 불구하고 더 많은 내용을 다루지 못한 것이 못내 아쉽고 독자들에게 미안하다. 부족함을 안고 일단 작업한 내용을 내어놓는다. 오랜 시간 인내심을 가지고 기다려 주신 학지사 김진환 사장님과 출판 작업을 꼼꼼히 챙겨 주신 편집부 이영봉 선생님께 깊이 감사드린다.

2023년 3월
저자 일동

차례

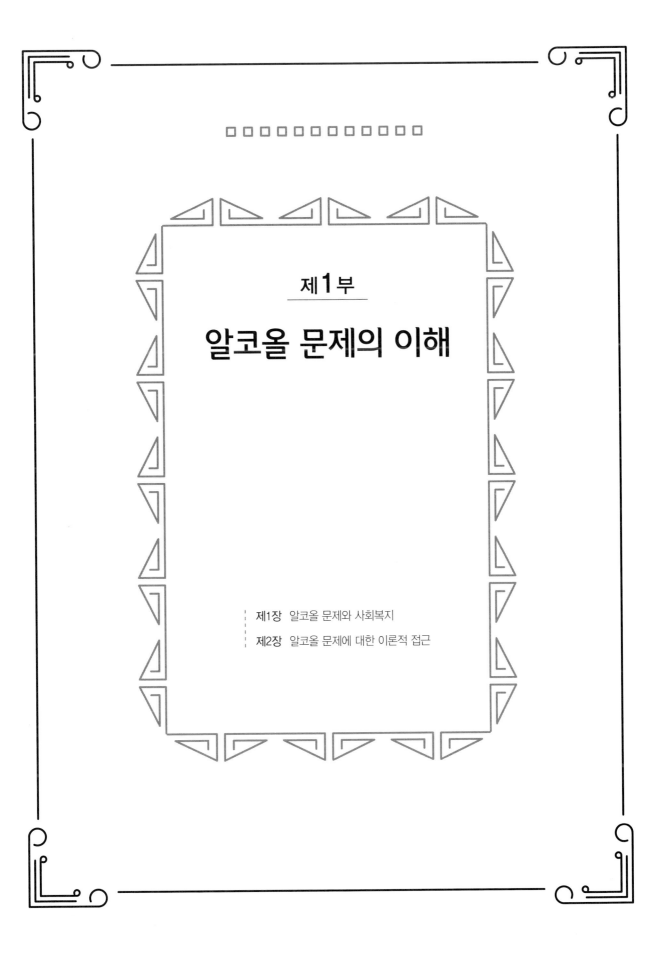

제1부

알코올 문제의 이해

알코올 문제와 사회복지

김혜련(서울여자대학교)

사회복지는 왜 알코올 문제에 관심을 가져야 하는가? 사회복지라는 가치 지향적인 학문 영역을 현실에서 실천하는 사회복지사들은 알코올 문제 해결을 위하여 어떤 역할을 담당해야 하는가?

이 같은 문제의식에서 출발하여 우선 알코올 문제의 개념을 살펴보고, 사회복지가 가지고 있는 유니크한 관점도 제시하고자 한다. 사회복지는 클라이언트가 있는 곳에서 시작된다. 저소득층이 알코올 문제와 관련하여 어떤 여건에 처해 있는지를 살펴볼 필요가 있다. 지역사회 사회복지기관에서 일하면서 클라이언트를 직접 만날 수 있는 non specialist인 사회복지사와 알코올 사업을 집중적으로 다루고 있는 specialist인 사회복지사들은 각각 어떤 역할들을 수행해야 하는지에 대해서도 알아둘 필요가 있다.

우리 사회는 알코올중독자들이 적응하는 데에 절대로 우호적이지 않다. 그럼에도 불구하고 용기 있게 전문적 도움을 요청한 알코올중독자들은 어떤 특성을 가지고 있는지도 알아보고자 한다. 절대 소수만이 전문적인 도움을 요청을 하고 있는 이 시점에서 이들을 돕는 데에 필요한 유용한 정보를 얻을 수 있을 것이라고 본다.

1. 알코올 문제

알코올은 담배나 해로운 점이 있긴 하지만 마약류와 같은 약물과 달리 적당한 수준에서는 대인관계에서 흥을 돋우는 이로운 점도 있어서 양면성을 갖는다. 우리나라는 65세 이상 남성과 여성의 경우에는 하루에 1잔, 65세 미만 남성은 하루에 2잔까지 권하는 적정음주(moderate drinking; U.S. Department of Health & Human Services, 2005)를 '절주'라는 명칭으로 정책적 지원을 하고 있다.

적정음주 수준을 넘는 '위험에 처한 음주(at-risk drinking)'는 많은 부작용을 초래하여 미국보건복지부(U.S. Department of Health & Human Services, 2005)에서는 '위험에 처한 음주'를 하는 사람들은 음주 수준을 적정음주와 같이 '저위험음주(low-risk drinking)' 수준으로 낮출 것을 권고하고 있다.

우리나라는 일반적으로 과도한 음주로 인한 폐해에 대한 인식이 낮으며, 알코올 문제를 개인의 문제로 치부해 버리는 경향이 있다. 성인으로서 자신의 알코올 문제에 대하여 책임을 져야 하는 것은 당연하다. 하지만 우리 사회는 과도한 음주를 부추기고 조장하는 면이 있는 동시에 알코올중독에 대한 사회적 낙인이 심하여 개인이 전문적인 도움을 요청하는 것을 주저하게 만든다.

통계청(2021)의 2020년 사망원인 통계결과에 의하면, 알코올 관련 사망자 수는 총 5,155명으로, 술로 인하여 하루 평균 14.1명이 사망하여 전년 대비 461명이 증가하였다. 연령별 인구 10만 명당 음주로 인하여 사망하는 연령대는 30대(3.2명)부터 급증하여 가정에서나 사회에서 중추적 역할을 하는 50대(22.7명)에서 가장 높은 비율을 보이고 있다. 알코올은 약물이면서, 법적으로 허용되는 약물(legal drug)이다. 알코올에 대하여 무심히 넘어가기에는 우리나라의 알코올 문제는 매우 심각하다. 알코올 문제에 대하여 과학적이고 비판적인 안목이 필요하다.

1) 알코올 문제란?

알코올 문제를 정의하는 것은 알코올 문제를 어떻게 측정할 것인가와 직결된다. 학자들마다 알코올 문제를 측정하는 방식이 다르기는 하지만, 힐튼(Hilton, 1991)의 알코올 문제 측정에 관한 논의가 설득력이 있어 보인다. 힐튼(1991)은 알코올 문제 측정과 관련하여 이루어진 일련의 연구들이 대략 세 가지 영역으로 이루어지고 있다고 보았다. 첫째, 알코올 소비(alcohol consumption)를 살펴보는 부분이다. 알코올 소비를 마시는 술의 양(quantity)과 빈도(frequency)로 파악하는 논의이다. 둘째, 일련의 음주행동과 음주로 인한 즉각적인 후유증으로, 문제가 되지는 않을지라도 의존이나 알코올 문제의 지표가 된다. 셋째, 음주로 인하여 야기될 수 있는 일련의 결과들에 관한 내용들이다. 힐튼(1991)은 이상의 세 가지 영역이 개념적으로 서로 구분되어서 소비(intake), 의존(dependence), 결과(consequences) 등으로 명명할 수 있다고 하였다.

이 세 가지 영역 중 결과 영역은 음주자의 환경에 있는 다른 사람의 반응에 따른 결과라고 볼 수 있다. 예를 들면, 술을 마시는 중에 싸움을 하고, 심한 논쟁을 하며, 배우자나 친척, 친구들과의 관계에서 문제가 생기고, 직장생활에서 어려움이 발생하는 경우 등이다.

힐튼(1991)이 구분한 이상의 세 가지 영역을 기반으로, 학자들이 알코올 문제를 어떻게 측정하고자 하였는지를 살펴보면, 크게 두 가지 유형으로 나뉘고 있다. 첫 번째 유형은 알코올 문제를 힐튼(1991)이 제시한 세 번째 영역인 음주로 인하여 야기될 수 있는 문제, 즉 결과에만 초점을 두어 '알코올 관련 문제(alcohol related problems)'로 표현하고 있다. 두 번째 유형은 '알코올 관련 문제' 이외에도 힐튼(1991)이 제시한 소비, 의존 그리고 문제음주 등의 다른 개념들을 포함하고 있다.

(1) 알코올 문제의 표현 유형

① '알코올 관련 문제'로 표현한 유형

• 소벨, 커닝험과 소벨(Sobell, Cunningham, & Sobell, 1996)의 정의

소벨, 커닝험과 소벨(1996)은 알코올 문제를 알코올 사용(alcohol use)으로 인한 '알코올 관련 문제'로 지칭하였다. 그리고 그들은 알코올 문제를 알코올 사용이 직장에서 일을 하는 데 영향을 미치는지, 알코올 소비가 가족이나 가정생활에 방해가 되는지, 알코올 소비가 건강에 영향을 미치는지, 알코올 소비가 친구 관계나 사회생활에 영향을 미치는지, 알코올 소비가 개인의 재정 상태에 영향을 미치는지의 다섯 가지 유형으로 보았다.

• 윈들(Windle, 2000)의 정의

윈들(2000)은 '알코올 관련 문제'를 알코올 문제와 동일한 의미로 사용하였으며, 알코올 관련 문제를 과도한 알코올 사용과 관련된 역기능적인 사회적 결과로 정의하였다. 윈들(2000)은 청소년 알코올 문제의 예로 학교에서 술을 마시고, 학교에 결석하고, 법과 충돌을 하는 지역사회와 학교 세팅, 술을 마시는 중에 낯선 사람과 싸우고, 부모와 싸우고, 이성친구와 싸우고, 술을 마신 후 기절하고, 여러 날 만취하고, 술을 마신 다음 날 후회하고, 혼자 술을 마시는 개인 내적인 습관 등을 포함하는 사회심리적인 영역들을 포함하고 있다.

• 앤더슨과 라머(Anderson & Larimer, 2002)의 정의

앤더슨과 라머(2002)는 '알코올 관련 문제'에는 건강문제, 사고, 사회적 · 대인관계 이슈,

직장에서의 어려움, 법적인 문제 등이 포함된다고 하였다.

• 김용석(2000)의 정의

김용석(2000)은 대학생들을 대상으로 한 연구에서 음주문제를 "음주로 인해 대학생이 경험할 수 있는 문제"로 정의하면서 대학생들이 음주를 하였을 때에 발생할 수 있는 내용을 다루고 있다. 그리고 김용석(2000)은 '음주문제'의 예들로 본인 또는 타인의 신체적 상해, 싸움, 다른 사람들이 불쾌하게 생각하는 행동, 기물 손상, 결석, 수업참여도 저하, 결시 또는 시험공부를 못함, 친구 또는 타인과의 관계 손상, 음주운전 또는 음주사고 등을 제시하였다.

알코올 문제를 '알코올 관련 문제'로 본 연구자들은 연구대상에 따라 환경과의 관계에서 오는 갈등들을 다루고 있다. 그리고 연구자에 따라 알코올 문제 혹은 음주문제라고 명명하고 있는데 동일하게 이해해도 되는 것으로 보인다.

② **'알코올 관련 문제' 이외에도 클라크와 힐튼(Clark & hilton, 1991)이 제시한 소비, 의존 그리고 문제음주 등을 포함한 유형**

• 컨래디, 케타노, 클라크와 쉐퍼(Cunradi, Caetano, Clark, & Schafer, 1999)의 정의

컨래디, 케타노, 클라크와 쉐퍼(1999)는 음주문제를 '알코올 관련 문제'로 표현하면서, 알코올 관련 문제, 즉 알코올 문제를 알코올 의존 증상과 음주관련 사회적 결과(drinking-related social consequences)로 보았다. 이때에 알코올 의존 증상은 금단증상(withdrawal)과 같은 신체적 의존 증상(physical dependence symptoms)과 알코올중독(alcohol addiction)과 관계가 있는 구체적인 알코올 관련 행동과 경험, 감정 등을 지칭하였다. 음주관련 사회적 결과는 알코올 소비로 인한 사회적·재정적 혹은 건강관련 문제들로 보았다. 컨래디 등(1999)이 언급한 '알코올 관련 문제'는 앞의 소벨 등(1996), 윈들(2000)이 표현한 '알코올 관련 문제'에 알코올 의존 증상이 추가되었다.

• 웨이즈너, 그린필드와 룸(Weisner, Greenfield, & Room, 1995)의 정의

웨이즈너, 그린필드와 룸(1995)은 알코올 문제를 알코올 의존 증상과 음주로 인한 사회적 결과들로 정의하였다. 여기에서 음주로 인한 사회적 결과들은 음주운전, 알코올과 관련된 가족문제, 알코올과 관련된 직장문제, 알코올과 관련된 건강문제 등을 포함하였다.

앞에서 제시한 컨래디 등(1999)의 정의와 거의 같다고 볼 수 있다.

• 힐튼(Hilton, 1991)의 정의

힐튼(1991)은 음주문제를 알코올 의존과 음주관련 결과(drinking-related consequences)로 보았다. 음주관련 결과는 알코올 관련 결과(alcohol related consequences)와 동일한 의미로 사용하였으며, 알코올 관련 결과들로는 배우자와의 논쟁, 직업 상실, 경찰과의 접촉, 사고, 알코올 관련 건강문제 등을 포함하였다(Hilton, 1991). 알코올 문제 개념에 대한 힐튼(1991)의 정의는 컨래디 등(1999), 웨이즈너 등(1995)과 같은 입장이다.

• 윤명숙(2001)의 정의

윤명숙(2001)은 기초생활보장 수급자의 음주문제를 음주빈도, 음주량, 폭음, 문제음주자 비율, 알코올 의존 비율 그리고 알코올 의존자의 정신건강 상태 등으로 살펴보았다. 클라크와 힐튼(1991)의 기준에서 보면, 윤명숙(2001)은 알코올 문제를 소비와 의존, 결과 모두를 포함하고 있다. 그리고 폭음, 문제음주자 비율, 알코올 의존 비율, 알코올 의존자의 정신건강 상태 등을 알코올 문제 범위에 추가하고 있다.

(2) 알코올 문제의 하위영역

클라크와 힐튼(1991)은 알코올 문제를 소비, 의존, 결과의 세 가지 영역으로 구분하였다. 여기에서는 대표적인 알코올 연구기관에서 소비와 의존을 어떻게 정의하고 있는지를 살펴본다.

① 알코올 소비

알코올 소비에 대한 제대로 된 조사는 일정한 시기에 소비한 음주에 대하여 조사하기 시작한 시점부터 이루어졌다(Clark & Hilton, 1991). 여기에서는 대부분의 나라에서 가장 널리 사용하고 있는 QF(Quantity-Frequency) 측정 방법을 소개한다(Dufour, 1999).

QF 측정 방법은 음주빈도와 음주량을 함께 고려하여 알코올 소비를 알아내는 방식이다. QF 방식은 술을 얼마나 자주 마시는지, 술을 한번 마실 때 보통 몇 잔을 마시는지의 두 가지 질문을 사용한다. 예를 들면, "지난 한 달 동안(또는 지난 일주일 동안) 얼마나 자주 술을 마셨습니까?" "보통 술을 마실 때 몇 잔을 마십니까?"라는 질문을 한다. 다음은 QF 방식을 사용하여 알코올 소비를 살펴본 연구들이다.

• **블룸, 로먼과 마틴(Blum, Roman, & Martin, 1993)**

블룸, 로먼과 마틴(1993)은 두 단계를 거쳐서 알코올 소비를 알아보았다. 첫 번째 단계에서는 지난 일주일 동안에 술을 얼마나 자주 마셨는지를 질문하였다. 응답자들이 지난 일주일 동안에는 술을 마시지 않았다고 답할 경우에는 지난 한 달 동안에는 얼마나 자주 술을 마셨는지를 질문하였다.

두 번째 단계에서는 그들이 술을 마실 때 보통 몇 잔을 마시는지를 질문하였다. 이 두 가지 단계를 거쳐 나온 음주빈도와 음주량을 곱하면 지난 한 달 동안에 소비한 술잔 수, 즉 알코올 소비를 알 수 있게 된다.

• **제갈정, 김광기와 이종태(2010)**

제갈정, 김광기와 이종태(2010)는 한 달 동안에 마신 음주량을 계산하기 위하여 지난 한 달 동안에 술을 몇 번 마셨는지 월 음주횟수를 음주빈도로 보고, 평소에 마시는 평균 음주량을 알아내어 음주빈도와 평소에 마시는 음주량을 곱하여 한 달 동안의 알코올 소비를 추산하였다.

• **맨기온, 하우랜드, 아미크, 코트, 리, 벨과 리바인(Mangione, Howland, Amick, Cote, Lee, Bell, & Levine, 1999)**

맨기온 등(1999)은 알코올 소비를 평균 일일 음주량(average daily volume)으로 보았다. 이 경우 평균 일일 음주량을 지난 30일 동안에 술을 마신 빈도와 그 기간 동안에 보통 마시는 술의 양을 곱한 다음에 30으로 나눈 수치이다.

• **김용석(2003)**

김용석(2003)은 조사대상자들에게 평균적으로 일주일 동안에 술을 얼마나 자주 마시는지를 질문하고, 술을 마실 때에 대개 몇 잔을 마시는지를 질문하였다. 여기에서 나온 음주빈도와 음주량을 곱한 다음에 이를 7로 나누어 일일 평균 음주량을 알아냈다.

• **정슬기, 장승옥과 김성천(2007)**

정슬기, 장승옥과 김성천(2007)은 알코올 소비를 지난 30일간의 총 음주량으로 보고, 지난 30일간 술 마신 날의 빈도와 하루 평균 음주량을 곱하여 측정하였다.

우리나라에서 출판되고 있는 음주관련 통계는 보건복지부에서 주기적으로 실시하고 있는 국민건강영양조사, 한국복지패널, 한국의료패널 등이 있는데, 여러 조사에서 음주와 관련하여서는 평생음주율, 연간음주율, 문제음주율, 폭음빈도, 음주횟수, 음주량 등을 백분율(%)로 제시하고 있으나 알코올 소비를 측정할 만한 자료를 제공하고 있지는 않다. 이는 국가에서 시행되는 전국적인 조사결과를 통해 알코올 소비를 측정할 수 있는 변수가 없다는 점에서 조사 문항이 수정 또는 추가되어야 할 필요가 있다.

② 알코올 의존

• 미국 의학연구소(Institute of Medicine, 1990)의 알코올 의존 정의

미국 의학연구소에서는 알코올 의존을 술에 대한 내성이나 술로 인한 금단증상과 같은 신체적 문제가 발생하고, 술에 대한 통제력 상실이나 갈망 등과 같은 심리적 문제가 발생하여, 술을 끊는 것을 힘들어하는 상태로 정의하였다. 여기에서 술에 대한 내성이란 술을 계속적으로 마실 경우에 이전에 술을 마셨던 효과를 내기 위해서는 술의 양이 증가하는 현상을 말한다. 그리고 술로 인한 금단증상이라 함은 술에 중독된 상태에서 술 마시는 것을 중단하게 되면 나타나는 증상을 의미한다. 예컨대, 손을 떨거나 헛것을 보는 현상들이 술로 인한 금단증상의 예이다.

• 미국정신의학회(American Psychiatric Association, 1994)의 알코올 의존 정의

미국정신의학회에서 출간한『정신질환의 진단 및 통계 편람(Diagnostic and Statistical Manual of Mental Disorders: DSM)』은 정신질환의 진단에 있어 가장 널리 사용되고 있는 도구이다. 출간된 이후 지금까지 II, III, III-R, IV, IV-TR, 5로 여섯 차례 개정되었다. DSM-5는 2013년 5월 개정되어 지금에 이르렀다.

DSM-IV는 알코올 의존을 지난 12개월 동안에 다음에 제시하는 일곱 가지 문항 중에서 세 가지 이상을 충족해야 한다고 기술하고 있다.

- 원하는 효과를 얻기 위해 이전보다 훨씬 많은 양의 음주를 해야 했습니까? 또는 평소의 음주량이 이전보다 효과가 훨씬 덜 했습니까?
- 알코올의 효과가 사라졌을 때 수면장애, 떨림, 안절부절못함, 메스꺼움, 발한, 심장두근거림, 발작과 같은 금단증상이 있었습니까? 아니면 존재하지 않은 것을 감지했습

니까?

- 의도했던 것보다 더 많이 또는 더 오래 음주를 한 적이 있습니까?
- 음주를 줄이거나 중단하고 싶었거나 또는 그러한 시도를 했지만 하지 못했던 적이 한 번 넘게 있었습니까?
- 음주하는 데 많은 시간을 소요했습니까? 또는 아프거나 다른 후유증에서 회복하고 있습니까?
- 음주하기 위하여 자신에게 중요하거나 흥미롭거나 기쁨을 주는 활동을 포기하거나 줄였습니까?
- 음주로 인해 우울하거나 불안하거나 다른 건강문제가 심해지는 것 같더라도 계속 음주했습니까? 또는 음주 후 기억이 나지 않은 적이 있습니까?

- 세계보건기구[World Health Organization(WHO, 2001)]의 알코올 의존 정의

알코올 의존은 술을 마시고자 하는 강한 열망, 알코올 사용을 통제하는 것이 손상되고, 알코올 사용으로 인한 해로운 결과가 있음에도 불구하고 계속해서 술을 마시고, 다른 활동이나 책임보다는 술 마시는 것에 우선순위를 두며, 술을 그만 마실 경우에는 알코올에 대한 내성과 신체적인 금단증상들이 증가되는 현상들로 정의되고 있다(WHO, 2001). 세계보건기구(2001)에서 개발한 알코올사용장애 선별검사(Alcohol Use Disorders Identification Test: AUDIT)에서는 알코올 의존과 알코올중독(alcoholism)을 동일한 의미로 기술하고 있다.

(3) 문제음주, 알코올 남용, 폭음

알코올 문제를 정의함에 있어서 알코올중독, 알코올 의존, 알코올 남용, 문제음주(problem drinking), 폭음(binge drinking) 등의 용어가 사용되고 있지만 일치된 정의는 나오고 있지 않다. 클라크와 힐튼(1991)은 소비, 의존, 결과의 세 영역으로 알코올 문제의 개념을 이해하는 데에 유용한 틀을 제공하였다. 이 외에도 연구자들은 클라크와 힐튼(1991)이 제시한 소비, 의존, 결과의 영역들 중에 의존과 관련하여 알코올 문제의 정도에서 차이를 보이는 개념들을 사용하고 있는 것으로 나타났다. 대표적인 예로 문제음주, 알코올 남용, 폭음 등의 개념이 있다.

① 문제음주

• 미국 의학연구소(1990)의 문제음주 정의

미국 의학연구소(1990)에서는 심각성 정도에 따라 문제음주와 알코올 의존을 구분하고 있다. 알코올 의존은 정신의학에서 진단을 내릴 때 주로 사용되고 있으며, 문제음주는 알코올 의존처럼 신체적 의존 증상을 보이고, 과음을 하고, 음주로 인한 사회적 문제 등이 발생하고 있지만 알코올 의존과 비교하여서는 덜 심각한 알코올 문제를 보이는 경우에 해당된다고 보았다.

• 소벨, 컨닝험과 소벨(1996)의 문제음주 정의

소벨, 컨닝험과 소벨(1996)은 문제음주자는 경미한 알코올 의존(mild alcohol dependence)을 가진 자로 보아, 미국 의학연구소(1990)의 문제음주 정의와 일치하고 있다. 소벨 등(1996)은 현 문제음주자(current problem drinker)를 지난 1년 동안에 알코올 사용으로 인한 문제를 경험한 사람 혹은 위험한 수준의 건강상 문제가 있을 정도로 음주를 한 사람으로 정의하였다. 그리고 사회적 음주자(social drinker)는 이전에 알코올 사용과 관련하여 문제가 없으며, 잠재적으로 건강상 위험을 보이지 않는 현재 음주자로 정의하였다.

이 외에도 소벨 등(1996)은 허용할 수 있는 음주(allowable drinking)로, ① 남성은 보통 3잔 이하, 여성은 2잔 이하, ② 지난 1년 동안에 5잔에서 7잔을 마신 적이 2일을 넘지 않은 경우, ③ 지난 1년 동안에 어떤 경우에서도 최대한으로 술을 마신 경우가 7잔인 경우로 정의하였다.

• 웨이즈너와 슈미트(Weisner & Schmidt, 1993)의 문제음주 정의

웨이즈너와 슈미트(1993)는 알코올 문헌에서 문제음주에 대한 표준화된 단일 정의가 없다고 언급하면서, 그럼에도 불구하고 문제음주자의 기준은 ① 한 달에 적어도 한 번은 한 번에 5잔 이상 술을 마시며, ② 한 가지 이상의 신체적 의존 증상을 보이고, ③ 한 가지 이상의 음주로 인한 부정적인 사회적 결과를 경험하는 것 등 세 가지 기준 중에 두 가지를 충족시키는 경우라고 보아야 한다고 주장하였다. 그리고 문제음주자에 대한 이 같은 기준은 선행연구에서도 많이 사용되었다고 하였다.

문제음주는 적정음주의 수준을 벗어나는 위험음주(risky drinking)를 의미한다고 볼 수 있다. 문제음주라 함은 음주로 인하여 문제가 있을 수 있는 가능성이 있으며 혹은 실제로 문제가 일어난다고 하더라도 알코올중독 수준까지는 가지 않으며, 직업을 유지하고 사회적 기능을 수행하며 가족으로부터의 지지가 유지되는 경우라고 볼 수 있다.

② 알코올 남용

• 미국 의학연구소(1990)의 알코올 남용 정의

미국 의학연구소(1990)는 신체적 의존과 심리적 의존 그리고 사회적 기능의 세 가지 개념을 가지고 알코올 의존과 문제음주, 알코올 남용을 구분하고 있다. 알코올 의존과 문제음주가 알코올에 대한 신체적 의존 증상을 포함하고 있다는 점에서 유사하지만, 심각한 정도 측면에서는 문제음주가 알코올 의존보다는 덜 심각한 상태라고 보았다.

알코올 남용 역시 알코올 의존과 비교할 때에 이해가 좀 수월해질 수 있다. 알코올 남용은 술에 대한 신체적 의존, 즉 술에 대한 내성이나 술로 인한 금단증상을 보이지 않으며, 심리적으로도 술에 대한 갈망이나 통제력 상실과 같은 강박적인 충동 같은 문제가 심각하게 발생하지는 않지만 사회적 기능을 수행하는 데에는 문제가 있다고 보았다(Institute of Medicine, 1990).

• 미국정신의학회(APA, 1994)의 알코올 남용 정의

APA(1994)의 DSM-IV에서는 알코올 남용이 다음에서 제시하는 문항들 중에 한 가지 이상을 충족해야 한다고 기술하고 있다.

- 음주 또는 음주로 인해 아픈 것이 자주 가정 또는 가족을 돌보는 데 방해가 되었습니까? 또는 업무에 문제를 일으켰습니까? 또는 학교생활에 문제를 일으켰습니까?
- 음주 중 또는 음주 후에 다칠 가능성이 높아지는 상황(운전, 수영, 기계 사용, 위험한 지역에서 걷기 또는 안전하지 못한 성관계 등)을 한 번 넘게 경험했습니까?
- 음주로 인해 체포되거나 경찰서(police station)에 잡히거나 다른 법적 문제가 발생한 경우가 한 번 넘게 있었습니까?
- 가족이나 친구들과 문제를 일으켰음에도 불구하고 계속 음주했습니까?

DSM-IV에서 각기 구분되는 특성으로 알코올 의존과 알코올 남용의 기준을 제시하던 것이 2013년 DSM-5에서는 알코올 남용과 알코올 의존을 알코올사용장애(alcohol use disorder)로 통합하여 명명하였다. 알코올사용장애는 제시된 11개 진단 기준 중에 지난 12개월 동안 2개 이상을 충족시키는 경우로, 임상적으로 유의미한 손상이나 디스트레스로 이어지는 비적응적인 물질사용 패턴이라고 본다.

11개 진단 기준 중에 2~3개에 해당되는 경우는 경증(mild) 알코올사용장애, 4~5개는 중등도(moderate) 알코올사용장애, 6개 이상인 경우는 중증(severe) 알코올사용장애라 한다. DSM-5에서는 DSM-IV에서 알코올 남용 기준으로 사용된 "음주로 인해 체포되거나 경찰서에서 잡히거나 다른 법적 문제가 발생한 경우가 한 번 넘게 있었습니까?" 문항은 삭제되고, DSM-IV에서는 없던 "다른 생각은 할 수 없을 정도로 음주하고 싶었습니까?"라는 갈망(craving)에 대한 문항이 추가되었다. 〈표 1-1〉에는 DSM-IV의 알코올 의존, 알코올 남용과 DSM-5의 알코올사용장애의 비교가 제시되어 있다.

〈표 1-1〉 DSM-IV의 알코올 의존, 알코올 남용과 DSM-5의 알코올사용장애 비교

DSM-IV		DSM-5	
지난해에 귀하는:		지난해에 귀하는:	
용·남 알코올 = 해야 가치 한 으로엇무	음주 또는 음주로 인해 아픈 것이 자주 가정 또는 가족을 돌보는 데 방해가 되었습니까? 또는 업무에 문제를 일으켰습니까? 또는 학교생활에 문제를 일으켰습니까?	1	의도한 것보다 더 많이 또는 더 오래 음주한 적이 있습니까?
	음주 중 또는 음주 후에 다칠 가능성이 높아지는 상황(운전, 수영, 기계 사용, 위험한 지역에서 걷기 또는 안전하지 못한 성관계 등)을 한 번 넘게 경험했습니까?	2	음주를 줄이거나 중단하고 싶었거나, 또는 그러한 시도를 했지만 하지 못했던 적이 한 번 넘게 있었습니까?
	음주로 인해 체포되거나 경찰서에서 잡히거나 다른 법적 문제가 발생한 경우가 한 번 넘게 있었습니까? **이는 DSM-5에 포함되지 않습니다**	3	음주하는 데 많은 시간을 소요했습니까? 또는 아프거나 다른 후유증에서 회복하고 있습니까?
	가족 또는 친구들과 문제를 일으켰음에도 불구하고 계속 음주했습니까?	4	다른 생각은 할 수 없을 정도로 음주하고 싶었습니까? **이는 DSM-5에서 새로 추가되었습니다**

알코올 의존 = 무엇이든 세 가지 해당			
원하는 효과를 얻기 위해 이전보다 훨씬 많은 양의 음주를 해야 했습니까? 또는 평소의 음주량이 이전보다 효과가 훨씬 덜했습니까?	5	음주 또는 음주로 인해 아픈 것이 자주 가정 또는 가족을 돌보는 데 방해가 되었습니까? 또는 업무에 문제를 일으켰습니까? 또는 학교생활에 문제를 일으켰습니까?	이러한 증상 중 최소 두 가지에 해당하면 알코올사용장애(AUD)를 나타냅니다. AUD의 중증도는 다음과 같이 정의됩니다. 경도: 2~3가지 증상 존재 중등도: 4~5가지 증상 존재 고도: 6가지 이상의 증상 존재
알코올의 효과가 사라졌을 때, 수면장애, 떨림, 안절부절못함, 메스꺼움, 발한, 심장 두근거림 또는 발작과 같은 금단증상이 있었습니까? 아니면 존재하지 않는 것을 감지했습니까?	6	가족 또는 친구들과 문제를 일으켰음에도 불구하고 계속 음주했습니까?	
의도한 것보다 더 많이 또는 더 오래 음주한 적이 있습니까?	7	음주하기 위해 자신에게 중요하거나 흥미롭거나 기쁨을 주는 활동을 포기하거나 줄였습니까?	
음주를 줄이거나 중단하고 싶었거나 또는 그러한 시도를 했지만 하지 못했던 적이 한 번 넘게 있었습니까?	8	음주 중 또는 음주 후에 다칠 가능성이 높아지는 상황(운전, 수영, 기계 사용, 위험한 지역에서 걷기 또는 안전하지 못한 성관계 등)을 한 번 넘게 경험했습니까?	
음주하는 데 많은 시간을 소요했습니까? 또는 아프거나 다른 후유증에서 회복하고 있습니까?	9	음주로 인해 우울하거나 불안하거나 다른 건강문제가 심해지는 것 같더라도 계속 음주했습니까? 또는 음주 후 기억이 나지 않은 적이 있습니까?	
음주하기 위해 자신에게 중요하거나 흥미롭거나 기쁨을 주는 활동을 포기하거나 줄였습니까?	10	원하는 효과를 얻기 위해 이전보다 훨씬 많은 양의 음주를 해야 했습니까? 또는 평소의 음주량이 이전보다 효과가 훨씬 덜했습니까?	
음주로 인해 우울하거나 불안하거나 다른 건강문제가 심해지는 것 같더라도 계속 음주했습니까? 또는 음주 후 기억이 나지 않은 적이 있습니까?	11	알코올의 효과가 사라졌을 때, 수면장애, 떨림, 안절부절못함, 메스꺼움, 발한, 심장 두근거림 또는 발작과 같은 금단증상이 있었습니까? 아니면 존재하지 않는 것을 감지했습니까?	

③ 폭음

폭음은 한자리에서(a single occasion) 많은 양의 알코올을 소비하는 것으로, 건강에 해로운 것으로 보고되고 있으며(Wechsler, Davenport, Dowdall, Moeykens, & Castillo, 1994),

대인관계에서의 폭력이나 음주운전, 생산성 상실 등의 부정적인 사회적 비용을 수반한다.

폭음은 알코올 남용을 가리키는 주요 지표로, 일반 성인을 대상으로 할 때에 폭음의 정의는 지난 한 달 동안에 한자리에서 5잔 이상의 술을 마신 경우로 보고 있다(Naimi et al., 2003).

폭음은 남성과 여성 모두 5잔 이상을 마시는 것으로 정의되어 왔다(Wechsler & Isaac, 1992). 그러나 최근에 와서는 폭음의 기준이 성별에 따라 다르게 정의되어야 한다는 주장이 수용되고 있다. 그 이유는 여성은 알코올에 대한 위 신진대사율이 남성의 80%에 해당하여, 동일한 알코올 양에 대해서 남성에 비해 혈중알코올농도(blood alcohol levels)가 높기 때문이다(Frezza et al., 1990). 즉, 여성은 남성에 비하여 폭음을 정의함에 있어서 낮은 기준을 채택해야 한다는 것이다.

대학생을 대상으로 한 연구에서 여자 대학생은 4잔의 술을 마셨을 때에 경험하는 알코올 관련 문제들이 남자 대학생이 5잔의 술을 마셨을 때 나타나는 알코올 관련 문제들과 비슷한 것으로 나타났으며, 이러한 점에서 성별을 고려한(gender-specific) 폭음 기준을 수용할 필요가 있겠다(Wechsler, Dowdall, Davenport, & Rimm, 1995).

NIAAA(National Institute of Alcohol Abuse and Alcoholism, 2004)는 폭음을 "지난 6개월 동안 한자리에서 2시간 동안 남성은 5잔 이상, 여성은 4잔 이상 마셔서 알코올이 BAC를 0.08g% 이상까지 올리는 음주 패턴"이라고 정의하였다. 폭음에 대한 NIAAA의 정의는 성별 차이를 고려하고, 6개월이라는 시간틀(time-frame)을 제시하고, 알코올 소비량을 구체적으로 정하고, 2시간 내에 소비한다는 부분까지 명시하고 있다.

폭음을 정의하는 데에 있어서 기존 연구에서는 폭음을 지난 주(Kokavec & Crowe, 1999), 지난 2주 동안(Wechsler et al., 1994), 지난 30일 동안/지난 한 달 동안(Okoro et al., 2004), 지난 6개월 동안(Weissenborn & Duka, 2003), 지난 1년 동안(Cranford, McCabe, & Boyd, 2006) 등으로 시간틀을 다양하게 설정하였다. 이러한 서로 다른 시간틀 설정은 폭음 패턴의 다양한 측면을 강조하고 있지만, 이들 간의 직접적인 비교를 어렵게 한다.

NIAAA는 폭음의 시간틀로 '지난 6개월'이 적절하다고 보았는데, 그 이유는 알코올 소비와 일코올 관련 문제들의 관계를 보는 데에 6개월이 최적 기간이라는 보고에 근거하고 있다(Weissenborn & Duka, 2003).

하버드 보건대학원에서 이루어진 연구에서, 폭음을 조사하는 시간틀을 지난 2주 동안으로 설정하여 한자리에서 여성은 4잔, 남성은 5잔 마시는지 여부를 살펴보았는데(Wechsler et al., 1994), 이 연구에서 폭음을 연구하기 위하여 설정한 '2주 동안'의 시간틀은 많은 연구에서 채택하고 있다(Wechsler et al., 1994).

그런데 문제는 폭음에 관한 조사에 참여한 대학생들이 시간에 따라 폭음(heavy episodic drinking)을 일관성 없게 보고한다는 것이었다(Weingardt et al., 1998). 2주의 시간틀로 폭음을 조사하였을 경우, 폭음률이 낮게 보고될 우려가 있을 수 있다는 것이다(Vik, Tate, & Carrello, 2000). 6개월의 시간틀은 대학생들이 폭음을 더 할 가능성이 있는 방학 기간을 포함시킬 수 있다는 점에서 적절할 수 있다. 6개월보다 더 긴 시간틀도 고려될 수 있지만, 이 경우 알코올 소비량을 상기시키는 문제와 정확하게 빈도를 기억하는 것이 무리가 있을 수 있다.

2) 알코올 문제의 생태학적 관점

사회복지실천에서는 클라이언트의 알코올 문제에 대하여 어떻게 접근해야 하는지에 대한 고민이 필요하다. 즉, 어떤 관점에서 그리고 어떤 이론적 틀로서 알코올 문제를 이해하고 개입해야 할 것인가를 살펴보아야 한다.

브렌팬브레너(Bronfenbrenner, 1979)는 생태학적 환경을 개인이 경험하는 아주 가까이 있는 상황(immediate situation)에서 출발하여 개인에게 간접적으로 영향을 주는 그들 간의 연계에 이르기까지 연장되는 일련의 구조라고 보았다. 브렌팬브레너(1979)는 다양한 체계 수준들의 상호의존성을 파악하기 위하여 [그림 1-1]의 도표를 이용하였다.

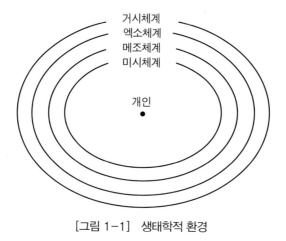

[그림 1-1] 생태학적 환경

출처: Barber (1991).

브렌팬브레너(1979)의 틀을 감안하여 알코올 문제에 적용하면 다음과 같다.

(1) 개인

사회복지실천은 개인 클라이언트가 문제를 어떻게 보는가 하는 클라이언트의 관점에 대한 철저한 사정에서부터 시작한다(Barber, 1994). 개인요인으로는 성별, 연령, 교육 정도, 결혼지위, 소득 등의 인구사회학적 특성과 가구원 수, 우울, 주관적인 건강상태 등이 사정내용에 포함될 수 있다. 일반적으로 남성이 여성에 비하여 알코올중독이 많으며(조성진, 서국희, 남정자, 서동우, 조맹제, 1998), 알코올 소비와 알코올 관련 문제도 더 많이 가지는 것으로 보고되고 있다(Wilsnack, Vogeltanz, Wilsnack, & Harris, 2000). 연령을 살펴보면 알코올중독의 경우에는 남성 40대와 50대가 가장 많은 비율을 차지하고 있으며(조성진 외, 1998), 알코올중독 의심군과 비의심군을 비교한 연구에서 남성은 교육년수가 6년 이하이고, 우울증상을 동반할 경우 알코올중독 의심군이 될 위험이 높은 것으로 나타났으며, 여성은 교육년수와 우울증상이 알코올중독 의심과 비의심을 구분하기에는 통계적으로 유의미하지 않은 것으로 나타났다. 우울증상의 조기발견과 저학력에 대한 개입이 필요하다고 볼 수 있다(조성진 외, 1998).

소득과 알코올 소비 그리고 알코올중독의 관계를 보면, 알코올 소비는 소득 수준이 높은 집단에게서 높게 나타나며(김용석, 이석호, 2020), 저소득층에서는 알코올중독이 더 많이 나타나고 있다(윤명숙, 김성혜, 채완순, 2008). 결혼지위와 알코올 문제의 관계를 보면, 남성의 경우에는 이혼/별거, 미혼, 유배우 순으로 그리고 여성의 경우에는 미혼, 이혼/별거, 유배우 순으로 문제음주가 많은 것으로 나타났다(김민혜, 조병희, 손슬기, 양준용, 손애리, 2018).

소득은 OECD 가구균등화 지수를 적용한 중위소득 60%를 기준으로 빈곤 여부를 물을 수 있다(정슬기, 이수비, 2015). 소득을 근거로 경제적 어려움을 파악하는 방식이 빈곤한 삶을 설명하기에는 한계가 있어서 빈곤층이 일상에서 경험하는 물질적 어려움의 개념을 가지고 음주와의 관계를 살펴보는 것이 더 적절하다는 주장도 있다(이재경, 이래혁, 2016).

2021년 현재 우리나라 평균 가구원 수는 2.29명이다. 이 중에 1인가구의 비율은 33.4%로 가구원 수별 가구 구성에서 가장 높은 비율을 차지한다. 가구 규모의 축소경향은 세계적인 추세이다. 우리나라의 평균 가구원 수는 다른 나라들과 비교할 때 많은 편에 속한다. 선진국들의 1인가구 비율은 우리나라보다 훨씬 높다(통계청, 2022). 1인가구는 다인가구에 비하여 외로움, 우울증상을 경험할 가능성이 높은 것으로 나타났다(김수환, 김유리, 김건우, 김광현, 2016). 40~50대 1인가구를 대상으로 성차를 살펴본 연구에서는 남성 1인가구와 다인가구는 주관적 건강상태에서 유의미한 차이를 보이지 않았다. 반면에 중년 여성 1인가구는 다인가구에 비하여 주관적 건강상태가 유의미하게 높았고, 스트레스 인식 또한 유의미하게 낮게 나왔다(이하나, 조영태, 2019). 이는 서울시 중장년 여성 1인가구의 삶의 만족도 변화 추이에서도 여성의 삶의 만족도가 남성보다 높았으며, 비혼여성은 비혼남성과 비교하여서도 삶의 만족도가 높은 연구결과와 일치한다(서명희, 2018). 그다음은 미시체계에 관심을 가진다.

(2) 미시체계

미시체계(microsystem)는 생태체계이론에서 가장 영향력 있는 수준이며(Guy-Evans, 2020), 클라이언트가 직접적인 접촉을 하는 체계들로, 예를 들면 가족성원, 부모, 형제, 직장동료, 친구, 교회(성당) 등과 같은 개인들과 환경이다(Barber, 1994; Guy-Evans, 2020). 미시체계에서의 관계는 양방향(bi-directional)이다. 즉, 개인은 그들의 환경에 있는 다른 사람들에 의해 영향을 받을 수 있으며 또한 개인은 다른 사람들의 신념과 행동을 변화시킬 수 있는 능력을 가지고 있다는 의미이다.

클라이언트의 특성에 따라 미시체계는 다양해질 수 있다. 알코올 문제를 가지고 있는 클라이언트의 경우 미시체계는 가족, 직장, 친구, 중독관리통합지원센터, 지역사회종합사회복지관, 정신건강복지센터, 보건소, 익명의 알코올중독자 모임(Alcoholics Anonymous: AA), 여성의전화 등이 될 수 있다.

(3) 메조체계

미시체계 다음에는 메조체계(mesosystem)가 있다. 메조체계는 미시체계들 간의 상호작용을 말한다. 예컨대, 가정과 직장 혹은 가정과 친구 네트워크들 간의 관계를 말한다. 여성의 전화 경우 가정폭력을 주로 다루고 있는데, 가정폭력에서 알코올 문제가 함께 있는 경우가 허다하다. 개인을 둘러싼 미시체계로서 여성의전화는 알코올 문제에 대하여 전문적인 도움을 제공하는 다른 미시체계의 전문가를 찾아서 개인을 도울 수 있다. 이때 여성의전화와 알코올 문제에 대하여 자원봉사를 하는 전문가 간의 협업은 메조체계가 될 수 있다.

또 다른 예로, 대학에서 알코올 문제를 연구하는 교수에게 알코올중독자의 자녀인 학생이 아버지의 알코올 문제에 대하여 도움을 청하고, 거기에 대한 대처로 대학에서의 교수가 지역사회에 있는 종합사회복지관에서 학생의 아버지에게 직장에서의 원활한 근무를 위해서 알코올을 사용하지 않을 것과 알코올 사용에 대한 유혹을 느끼는 고위험상황에 대하여 간단히 교육하고 AA를 방문할 것을 권할 수 있다. 이에 학생의 아버지가 종합사회복지관에서 단기개입을 받고 도움이 되어서 그다음 단계로 발전적으로 나아가게 되면, 초기에 도움을 요청한 학생은 개인적인 성장 측면에서 긍정적인 효과가 나타날 것을 예상할 수 있다. 이때에 학생을 개인으로 보았을 때에 대학교수와 종합사회복지관 간의 상호작용은 메조체계의 특성을 띠게 된다.

(4) 엑소체계

엑소체계(exosystem)는 클라이언트의 문제에 강한 영향력을 미치는 사회정책 이슈를 사정하는 데에 유용하다(Barber, 1994). 알코올 문제와 관련하여 엑소체계를 이해하자면 국가의 알코올 정책을 생각해 볼 수 있다. 우리나라는 국가 차원에서 지역사회의 알코올 문제에 개입하기 시작한 것은 오래되지 않았다. 2001년에 알코올 상담센터가 전국 4개 지역의 민간기관으로 시작하여 2014년부터 중독관리통합지원센터로 명칭이 바뀌면서 알코올뿐만 아니라 도박, 인터넷, 약물 등 4대 중독 행위에 대하여 다루고 있다. 2021년 현재 전국의 중독관리통합센터는 서울 3곳, 부산 3곳, 대구 2곳, 인천과 광주 5곳, 대전 6곳, 울산 2곳, 경기도 7곳, 강원 3곳, 충북 1곳, 충남 1곳, 전남, 전북, 경북은 2곳, 경남 5곳, 제주는 2곳으로 턱없이 부족하다(보건복지부, 2021).

사회복지관의 경우 이전에는 알코올 문제에 대해 직접적으로 개입을 했다. 하지만 지금은 알코올 문제로 인해 파생되는 일상생활관리나 자녀의 급식, 양육지원 등 부차적 개입을 하고 있는 실정이라는 평가가 있다(정슬기, 김용석, 송진희, 이수비, 이수영, 2015). 직접 서비스로 이어지지 못하는 점은 한계라고 볼 수 있다. 현행 법에서는 사회복지관이 중독관리통합지원센터를 수탁받을 수 있는 기관으로 명시하고 있다(보건복지부, 2021). 하지만 사회복지관이 중독관리통합지원센터로 운영하는 경우는 소수이며, 대부분 의료기관이 중독관리통합지원센터를 운영하고 있다.

사회복지실천은 정체성과 전문성이 담보되지 않으면 사회적 책임을 다하기 어렵다. 중독 분야도 여타 다른 분야와 마찬가지로, 실천의 저변에 사회복지 가치와 윤리가 자연스럽게 묻어나야 한다. 특히 중독 분야는 의료모델이 위세를 떨치기 때문에 사회복지사들은 사회복지 가치들 중에 비심판적 태도, 존중, 수용 등으로 무장하여 알코올 문제를 가지고 있는 클라이언트들을 도와야 할 것이다.

앞서 사회복지실천은 개별 클라이언트에서 시작한다고 언급하였다. 현재 보건복지부 국립정신건강센터에서 제시하고 있는 표준 사례관리 매뉴얼을 살펴보면, 사례관리 단계에서 개별화된 서비스계획(Individualized Service Plan: ISP)은 지역사회에서의 최소 6개월에 1회 이상 대상자 및 가족과 함께 욕구사정도구를 활용하여 계획을 수립할 것을 제시하고 있다(보건복지부, 국립정신건강센터, 2021).

여기에서 욕구사정을 근거로 서비스계획 수립이 이루어지는데 욕구사정 방법이 정량화로만 일관되어서 클라이언트의 주관적인 인식 등을 파악할 수 있는 방법이 보완될 필요가있다. 서비스계획 수립의 경우에도 개인과 환경 간의 상호작용을 강조하는 사회복지 관점에서 볼 때에 지역사회에서의 클라이언트의 참여, 예컨대 취업 등은 알코올 문제를 가지는 클라이언트에게는 가장 절박한 생활문제로 나타나(김혜련, 류지수, 2015), 알코올 사용자체에만 국한시키지 말고 서비스계획의 영역을 클라이언트가 일상생활을 영위하기 위해필요한 지지기반을 확보하는 데에도 넓힐 필요가 있다. 이를 위해서는 중독관리통합지원센터가 직업재활을 수행할 수 있는 전담인력 및 사업비가 국가 차원에서 뒷받침되어야 할것이다.

(5) 거시체계

마지막으로 거시체계(macrosystem)는 하위문화 혹은 문화 수준에 해당한다. 우리나라에서 알코올은 사회생활에서 중요한 역할을 담당한다. 알코올은 대인관계 형성을 촉진시키는 중요한 수단으로 여겨지고 있다. 우리나라에서만 독특하게 나타나는 직장 음주문화가 있는데, 그 한 예가 직장회식이다. 우리나라에서는 음주가 동반되는 직장회식을 근무의 연장으로 보며, 직장에서는 회식을 장려하고, 필요한 경비를 지원하기도 한다(이혜경, 이계희, 2008; 제갈정, 2010).

음주회식이나 낮술이 '근무시간 중 음주'라고 볼 수 있는데, 직장환경이 '근무시간 중 음주'에 대한 수퍼비전과 '근무시간 중 음주'를 통제할 수 있는 공식적 구조가 결여되어 있을때에 직장인들이 과음할 수 있다고 한다(Ames & Janes, 1987). 우리나라 대부분의 사업장에서는 작업 중에 근로자들이 음주를 하는 것에 대하여 매우 관대한 편이며(장승옥, 신상헌, 2008), 우리나라 회사들 중에 음주관련 규정을 가지고 있는 경우는 20% 정도에 불가하며(제갈정, 김광기, 이종태, 2010), '근무시간 중 음주'에 대한 대책이 미흡하다.

자활근로사업 참여자들은 다른 직장인들처럼 일주일에 5일 근무를 한다. 이들은 정해진 시간에 출근하여 각자 자활사업단이 속해 있는 근무지로 가서 오전과 오후 일과에 맞추어 업무를 수행한다. 일반적인 직장업무에 비해 이들의 업무는 비교적 복잡하지 않은단순노동이며, 반복적이고 일의 성격상 특수하지도 않다. 남들에게는 특별하지 않지만 출근해서 동료들과 잘 지내고 작업활동을 하고 귀가하는 그 자체가 자부심과 성취감을 가지게 한다. 이들에게 일을 끝내고 동료들과 마시는 술은 소속감을 가지게 한다. 자활사업에 참여하지 않았으면, 눈을 뜨면 술부터 마셨을 것이라는 보고도 있다. 술을 자제하지 않아서 결근하는 경우도 있다(이은희, 2021). 의미 있는 근로활동을 하는 이들에게 알코올 교육이나 재발예방 서비스가 함께 제공될 필요가 있다.

알코올 문제에 대한 사회적 낙인도 거시체계에서 고려해야 한다. 알코올중독에 대한 낙인은 다른 정신장애에 대한 낙인보다 훨씬 더 부정적이다(Corrigan, Watson, & Miller, 2006). 알코올 문제에 대한 사회적 낙인은 자신의 문제를 숨기게 하고 그로 인해 전문적 도움 요청을 미루게 한다. 사회적 낙인은 사회적 관계에서 그 개인이나 집단을 가치절하하거나 차별하는 과정이라고 본다면(Goffman, 1963), 대중에 의한 낙인을 자기 자신이 수용하여 내면화하는 자기낙인(self-stigma)에도 주목해야 한다. 자기낙인은 무력감을 증가시키고 자존감을 낮추어서 자기효능감이 저하되어 삶의 질을 떨어뜨리게 한다(Livingston & Boyd, 2010).

자기낙인은 개인이 선택할 수 있어서 자기낙인을 수용하는지 여부는 개인의 특성에 의해 달라질 수 있다. 예컨대, 사회적 지지를 많이 받는다고 인식할수록 자기낙인은 감소할 수 있다. 개인이 가지고 있는 자원에 따라 자기낙인은 변화 가능하다는 의미이다. 자기낙인 이슈는 개인체계에 해당한다. 그러면서도 이러한 개인체계는 거시체계와도 상호의존한다고 이해할 수 있다. 이상의 체계들은 상호의존적이고, 다른 체계와의 관계에 따라 한 체계가 개인에게 미치는 영향이 달라질 수 있다(Guy-Evans, 2020).

3) 저소득층의 알코올 문제

알코올 문제는 모든 계층에서 발생하고 있다. 문제는 알코올 문제가 전 계층에 걸쳐 비슷한 수준에서 부정적인 영향을 미치는 것이 아니라 사회적으로 취약한 빈곤층에 더 많은 타격을 주는 것으로 나타났다. 우리나라 고소득층은 저소득층에 비하여 음주량이나 음주빈도는 높지만, 음주로 인한 부정적인 결과는 저소득층에서 더 많이 나타나는 것으로 나타났다(김용석, 이석호, 2020).

가구소득이 높아질수록 알코올 소비는 증가하고, 알코올 소비가 증가하면 음주로 인한 부정적인 결과도 증가하는데, 단 소득 수준이 높을 경우에는 음주로 인한 폐해가 상대적으로 덜하다는 것이다(김용석, 이석호, 2020). 즉, 알코올 문제를 이해하는 데 소득 수준이 관건이라는 의미이다.

사회복지 클라이언트들이 많이 거주하는 영구 임대주택 주민들의 알코올 문제는 일반 인구 집단에 비하여 더 심각한 것으로 조사되었다. 알코올 문제를 경험하거나, 알코올 문제로 인하여 치료를 받거나, 알코올로 인하여 법적 문제를 경험한 비율이 일반인구보다 높은 것으로 나타났다. 그리고 일반인구 집단은 기초생활수급자들보다 문제음주 비율이 더 높은 데에 비해, 알코올중독 비율은 기초생활보장 수급자들에게서 더 많이 나타난 것으로 조사되었다(윤명숙, 김성혜, 채완순, 2008).

기초생활보장 수급자들만을 대상으로 한 연구에서는 기초생활보장 수급자들의 3분의 1 정도가 문제음주, 알코올 남용 및 알코올중독에 해당하는 것으로 나타났다(도은영, 홍영란, 2014). 기초생활보장 수급자들의 56.9%가 알코올사용장애 위험군에 속한다고 보고한 연구도 있다(이용표, 2001). 영구임대 아파트 주민 내에서도 소득 수준이 낮을수록 알코올 문제로 인하여 경험하는 여러 다른 문제 비율이 의미있게 높은 현상을 보였다(이기풍, 곽의향, 유제춘, 2011).

저소득층이 일반인구 집단에 비하여 알코올 문제가 더 심각하고, 저소득층 내에서도 경제적 어려움이 더 심한 집단이 알코올에 더 취약한 것을 알 수 있다. 즉, 알코올 문제는 경제적 어려움과 직결되어 있다고 볼 수 있다. 영구임대주택 내의 알코올 문제는 주요 사회문제로 인식되고 있으며, 더욱 우려되는 점은 영구임대주택에 입주한 이후로 주민의 알코올 사용이 증가되어 주민들 사이에 부정적인 알코올 사용 문화가 확산되고 있다는 점이다(박윤영, 1998).

이재경과 이래혁(2016)은 물질적 어려움을 돈이 없어서 끼니를 거르고 먹을 것을 살 돈이 없는 식품 불안정, 자녀 공교육비를 한 달 이상 못 주고 세금을 못 내서 전기, 전화, 수도가 끊긴 공과금 납부의 어려움, 돈이 없어서 본인이나 가족이 병원에 못 가고 보험급여 자격정지 경험을 하는 의료 불안정, 신용불량자가 된 경험 여부, 2개월 이상 집세가 밀리거나 낼 수 없어 집을 옮김 등의 네 가지 요인으로 보았다. 저소득층의 경제적 어려움을 잘 반영한 문항으로 생각되며 저소득층의 애환을 느낄 수 있는 유용한 개념이라고 생각된다.

이재경과 이래혁(2016)은 저소득층의 물질적 어려움과 음주에 대하여 살펴본 결과, 물질적 어려움이 음주, 이 경우에는 빈도, 양, 과음빈도 등으로 이루어진 해로운 음주로 보아, 물질적 어려움이 음주에 영향은 미치지 않았지만, 가족갈등과 자아존중감을 매개로 해로운 음주가 증가한다고 보고하였다.

경제적 어려움과 알코올 문제의 관계를 살펴보면, 빈곤층은 비빈곤층에 비하여 소득이나 재산에 있어서 격차가 클 수 있다. 소득의 경우 그나마 본인이 일구어 온 교육 수준에 따라 높은 소득을 기대할 수는 있으나 재산의 경우에는 본인의 노력보다는 가정배경에 따라 부모로부터 물려받을 수 있기 때문이다. 정슬기와 이수비(2015)는 빈곤층이 소득이나 재산에 불평등하다고 인식할수록 문제음주 수준이 증가한다고 보고하였다.

빈곤가구에서도 수급자이냐 비수급자이냐에 따라 삶의 피폐함 정도가 달라진다. 부양의무자가 있어 기초생활수급자 자격에서 탈락한 비수급 빈곤가구는 수급가구보다 경제적인 어려움을 더 많이 경험하는 것으로 나타났다. 2016년 기준에서 1년에 두 달 이상 집세가 밀렸거나 집세를 낼 수 없어서 이사를 한 경험이 수급가구는 4.5%, 비수급가구는 11.6%로 나타났다. 비수급가구의 주거비 부담이 수급가구보다 더 큰 것으로 나타났다(한경훈, 김용민, 허선, 2019).

1년간 공과금을 기한 내에 미납한 경험이 있는 수급가구는 3.1%였으며, 비수급가구는 7.2%로 나타났다. 의료급여 기준선 이하 비수급가구의 6.6%가 공과금을 납부하는 데에 어려움이 있는 것으로 나타나 비수급가구가 수급가구보다 공과금 부담이 더 큰 것을 알 수 있다. 1년 동안 자녀의 공교육비를 한 달 이상 못 준 수급가구는 0.3%였는데, 의료급여 기준 이하인 비수급가구는 7.3%, 교육급여 기준 이하의 비수급가구는 11.7%로 비수급가구는 수급가구보다 교육비 지출에서 어려움을 겪는 것으로 나타났다. 이 외에도 1년 동안 돈이 없어 난방을 하지 못한 경험, 1년 동안 돈이 없어 병원에 갈 수 없었던 경험, 1년 중 6개월 이상 건강보험료를 납부하지 못하여 자격이 정지된 경험 모두에서 비수급자의 비율이 수급자보다 높은 것으로 나타났다(한경훈, 김용민, 허선, 2019). 비수급 빈곤층의 알코올 문제에 대한 연구를 찾아보기 어려운데, 비수급 빈곤층이 수급 빈곤층보다 알코올 문제를 더 많이 경험할 가능성이 높다고 본다.

문제음주는 소득 외에도 주거와 밀접하게 연관이 있다는 주장이 있다. 알코올 문제를 생각할 때에 소득과 함께 주거 상태도 고려해야 한다는 의미이다. 소득 기준만이 아닌 주거도 포함시켰을 때에 고소득층과 서소득층의 경제적 격차는 훨씬 더 큰 것으로 나타났다. 고소득층과 저소득층의 소득 차이는 가처분소득(disposable income)을 기준으로 하였을 때에는 상위 10%는 29.1%, 하위 10%는 3.5%를 차지하는 것으로 나타났다(유종일, 윤석준, 주상영, 이진순, 2015). 그런데 주거를 포함시켰을 때 상위 10%는 절반에 가까운 43.7%, 하위 10%는 0.6%만을 차지하는 것으로 나타나(이숙현, 2020), 소득만으로 할 때보다는 주거까지 포함시켰을 때에 빈곤의 실상이 훨씬 더 드러나는 것을 알 수 있다.

우리나라에서 주거는 온 국민이 관심을 가지는 사회 이슈이다. 유독 우리나라 국민들은 집에 대한 애착이 남다르다. 청년층의 경우 주거문제로 결혼을 미룬다는 이야기를 쉽게 들을 수 있으며, 영화 〈기생충〉에서도 빈곤층의 수거 상황이 스크린을 통해서 노출되었다. 주거는 경제적인 측면에서 불평등 관점에서 논의되는 것 이상의 정신건강의 지표라고 볼 수 있는 주관적인 건강상태에도 결정적인 영향을 미친다(박정민, 허용창, 오욱찬, 윤수경, 2015).

주거는 청년층을 포함하여 노인층에 이르기까지 삶의 터전이면서 자신의 정체성을 반영할 수 있는데, 이러한 주거가 최저주거기준 미달이 될 경우에는 주거로 인한 스트레스에 합리적이고 이성적인 문제중심 대처보다는 정서중심 대처를 하여 문제음주와 같이 자기에게 해로운 행동을 하기 쉽다는 것이다(이숙현, 2020).

2. 사회복지실천 영역으로서의 알코올 문제

사회복지사들은 알코올 문제를 가진 클라이언트들을 많이 접하게 되는데, 크게 두 가지 유형으로 생각해 볼 수 있다. 첫째, 알코올 문제를 전문적으로 다루지 않는데 지역사회에서 알코올중독자를 자주 만나게 되는 사회복지사들이다. 지역사회종합복지관에서 일하는 사회복지사의 경우가 이에 해당한다. 둘째, 알코올 문제를 집중적으로 다루게 되는 정신건강사회복지사들이다.

알코올중독을 연구하는 의사들은 보건소나 일반 병의원, 종합병원, 대학병원의 내과, 가정의학 등과 같은 일차 보건의료 현장(primary care setting)에서 일하는 의사들이 알코올 문제를 가지는 클라이언트를 만날 때에 알코올사용장애 선별검사(Alcohol Use Disorders Identification Test: AUDIT)와 같은 스크리닝 도구를 활용할 것을 권하고 있다(이계성, 2012).

AUDIT은 주로 헬스케어 실천가들(health care practitioners)을 위하여 만들어졌지만 사회복지사와 같이 알코올 관련 문제들을 가진 이들을 만나는 전문직에게도 유용하다. 결혼생활에서의 갈등을 겪는 사람들, 아동방임 등의 사회적·직업적 기능에서 손상을 보이는 클라이언트들을 만나는 헬스, 휴먼서비스 워커들에게도 도움이 된다(Babor, Higgins-Biddle, Saunders, & Monterio, 2001).

정신건강사회복지사들은 주로 병원과 같은 시설에서 알코올중독자들을 만나게 되지만,

예컨대 지역사회종합사회관에서 일하는 사회복지사들은 알코올 문제가 거의 없는 정상음주자들부터 알코올중독자들에 이르기까지 만나는 스펙트럼이 넓다. 그럴 경우에 AUDIT은 정신건강사회복지사들은 물론이거니와 지역사회에서 일하는 사회복지사들이 반드시 익혀야 하는 스크리닝 도구이다. 이러한 맥락에서 다음에 AUDIT을 소개하고자 한다.

알코올사용장애 선별검사(Alcohol Use Disorders Identification Test: AUDIT)

1. 술을 얼마나 자주 마십니까?

   (0) 전혀 마시지 않는다 (1) 월 1회 미만 (2) 월 2~4회 (3) 주 2~3회 (4) 주 4회 이상

2. 평소 술을 마시는 날 몇 잔 정도나 마십니까?

   (0) 1~2잔 (1) 3~4잔 (2) 5~6잔 (3) 7~9잔 (4) 10잔 이상

3. 한번 술을 마실 때 소주 1병 또는 맥주 4병 이상의 음주는 얼마나 자주 하십니까?

   (0) 전혀 없음 (1) 월 1회 미만 (2) 월 1회 (3) 주 1회 (4) 거의 매일

4. 지난 일 년간 술을 한번 마시기 시작하면 멈출 수 없었던 때가 얼마나 자주 있었습니까?

   (0) 전혀 없음 (1) 월 1회 미만 (2) 월 1회 (3) 주 1회 (4) 거의 매일

5. 지난 일 년간 평소 같으면 할 수 있었던 일을 음주 때문에 하지 못한 적이 얼마나 자주 있었습니까?

   (0) 전혀 없음 (1) 월 1회 미만 (2) 월 1회 (3) 주 1회 (4) 거의 매일

6. 지난 일 년간 술을 많이 마신 다음 날 해장술을 마신 적이 얼마나 자주 있었습니까?

   (0) 전혀 없음 (1) 월 1회 미만 (2) 월 1회 (3) 주 1회 (4) 거의 매일

7. 지난 일 년간 음주 후에 죄책감을 느끼거나 후회한 적이 얼마나 자주 있었습니까?

   (0) 전혀 없음 (1) 월 1회 미만 (2) 월 1회 (3) 주 1회 (4) 거의 매일

8. 지난 일 년간 음주 때문에 전날 밤에 있었던 일이 기억나지 않았던 적이 얼마나 자주 있었습니까?

   (0) 전혀 없음 (1) 월 1회 미만 (2) 월 1회 (3) 주 1회 (4) 거의 매일

9. 음주로 인해 자신이나 다른 사람이 다치게 한 적이 있습니까?

    (0) 없음 (2) 있지만 지난 일 년간에는 없었음 (4) 지난 일 년간 있었음

10. 친척이나 친구, 의사가 당신이 술 마시는 것을 걱정하거나 술 끊기를 권유한 적이 있습니까?

    (0) 없음 (2) 있지만 지난 일 년간에는 없었음 (4) 지난 일 년간 있었음

※ 총점: 1~10번까지 각 문항에 응답한 0~4점의 값을 합산

AUDIT은 다음과 같이 구성되어 있다.

영역	번호	문항 내용
위험한(hazardous) 알코올 사용	1	음주빈도
	2	전형적인 양
	3	과음빈도
의존(dependence) 증상	4	음주에 대한 통제 손상
	5	음주의 현저한 증가
	6	해장술(morning drinking)
해로운(harmful) 알코올 사용	7	음주 후의 죄책감
	8	술 마시고 필름이 끊김
	9	알코올 관련 부상
	10	다른 사람들이 음주에 대하여 관심을 보임

출처: World Health Organization (2001), p. 11.

1) 지역사회 사회복지사의 역할

사회복지사들은 지역사회에서 일하면서 알코올 문제를 접하게 된다. 예를 들면, 지역사회복지관에서 일하는 사회복지사는 아동방임 등의 문제로 지역사회복지관에 의뢰된 사례를 다루면서 알코올 문제를 가진 어머니를 만날 수 있다. 이 경우 알코올 문제에 대한 기본적인 지식과 기술이 필요하게 된다.

이뿐만 아니라 사회복지사들은 알코올중독까지는 아닌 문제음주자들도 만나게 되며, 알코올 문제의 예방을 위해 알코올 문제가 없는 클라이언트들에게는 적정 음주를 권할 수

있다. 알코올 문제가 없는 클라이언트, 문제음주를 하는 클라이언트, 알코올 의존 클라이언트들을 식별하고 각기 적절한 개입을 할 수 있다. 지역사회에서 일하는 사회복지사들은 AUDIT을 통하여 다음에 해당하는 클라이언트들과 일할 수 있다.

• 모든 클라이언트

사회복지사는 사회복지실천 대상자 모두에게 AUDIT을 시행할 수 있다. 클라이언트가 알코올 문제를 가지고 있을 경우에는 그들의 음주에 대하여 민감할 수 있어서 음주에 대한 질문을 할 때 포괄적이어야 한다. 사회복지실천 가치인 비심판적인 태도가 도움이 될 수 있다.

알코올 문제를 다루는 것에 대하여 클라이언트가 불편해하거나 부정할 수 있어서 클라이언트의 보고가 정확하지 않을 수도 있다. 알코올과 관련된 클라이언트의 역사에 대하여 명확한 정보를 얻을 수 있도록 철저한 준비가 필요하다. 모든 클라이언트들에게 '위험(at-risk) 음주'에 대하여 교육하고, 알코올 문제를 스크리닝할 필요가 있다.

역학조사에서는 남성은 술을 하루에 4잔 이상 혹은 일주일에 14잔 이상 마시고, 여성은 하루에 술을 3잔 이상 마시거나 일주일에 7잔 이상 마실 경우에 알코올 관련 문제를 가질 위험이 증가한다고 보고하였다(Dawson, Grant, & Li, 2005).

적정음주는 자신과 타인에게 해가 되지 않는 정도의 음주를 말하며, 65세 미만 남성은 하루에 2잔까지, 여성과 65세 이상 남성은 하루에 1잔까지 마시는 것을 말한다(U.S. Department of Health & Human Services, 2005). 현재 음주를 하는 사람에게는 적정음주(moderate drinking)를 할 것을 권할 수 있다. 적정음주는 '저위험 음주(low-risk drinking)'이다(U.S. Department of Health & Human Services, 2005). 음주를 하는 사람에게는 '위험음주'를 하지 않도록 도와야 한다. 구체적으로 살펴보면 다음과 같다.

첫째, 모든 클라이언트에게 현재 그리고 과거의 음주에 대하여 질문하는 것이 중요하다. 개중에는 알코올중독 역사가 있지만 현재는 단주를 하며 회복 중에 있을 수 있다. 그리하여 클라이언트에게 '술을 마신 적이 있습니까?'라고 질문해야 한다. 그런 다음에는 그들의 음주에 대한 시간틀에 관하여 구체적으로 질문해야 한다. 예컨대, '지난 일주일 동안 술을 얼마나 마셨습니까?' '지난 한 달 동안 술을 얼마나 마셨습니까?' 등으로 질문해야 한다. 가족력을 알기 위해서는 가족 중에 알코올 문제가 있는지 질문하는 것이 중요하다.

둘째, 음주를 한 클라이언트의 음주량과 음주빈도에 관하여 보다 구체적인 질문을 한다. 과거와 현재의 음주 그리고 시간의 경과에 따른 음주 패턴에서의 변화를 감지하는 것은 중요하다. "얼마나 자주 술을 마십니까?"와 "평소 술 마시는 날에는 보통 몇 잔 마십니까?"와 같은 질문들은 음주에 대한 자기보고의 기초선을 설정하는 데에 도움이 된다. 일단 기초선이 만들어지면, "평소보다 더 마신다고 생각하십니까?"라고 질문함으로써 폭음을 선별하는 것이 중요하다. 그리고 술 마시는 양이 어느 정도인지를 알아내는 것이 중요하다.

적정음주를 하는 성인들은 음주와 관련된 문제들이 생길 위험이 낮다(low-risk drinking). 하지만 저위험 음주자들(low-risk drinkers)을 포함한 모든 음주자들은 알코올 소비와 관련된 건강에서의 위험에 대하여 인식할 필요가 있다. 따라서 사회복지사는 클라이언트에게 음주로 인한 위험에 대한 정보와 조언을 제공해야 한다(National Institute on Alcohol Abuse and Alcoholism, 1995).

셋째, 알코올 문제를 알아내기 위하여 표준화된 스크리닝 질문지를 사용한다. CAGE나 AUDIT을 사용할 수 있다. CAGE는 알코올중독을 탐지하기 위한 도구이다(Mayfield, Mcleod, & Hall, 1974). CAGE는 네 가지 문항으로 이루어져 있으며, '그렇다(yes)'에 1점을 부가하는 0점에서 4점에 이르는 도구이며, 점수가 2점 이상이면 알코올중독이라고 볼 수 있다. CAGE가 노인이나 여성에게 상대적으로 좋지 않은 도구라는 사실은 염두에 둘 필요가 있다(Steinbauer, Cantor, Holzer, & Volk, 1998).

AUDIT은 WHO에 의해 개발되었으며, 현재뿐만 아니라 과거의 알코올 문제들에 대한 정보를 제공한다. AUDIT은 10개의 문항으로 이루어져 있는데, 현재의 음주에 관한 '양/빈도(quantity/frequency)' 질문 세 가지는 앞의 2단계에서 언급한 음주량과 음주빈도에 관한 질문과 유사하다. 나머지 일곱 가지 질문들은 과거의 음주에 관한 내용들이다. 개별적인 질문들은 0점에서 4점까지 부가되며, 총점수가 8점 이상인 경우에는 고위험 음주로 구분한다. AUDIT은 연령이나 젠더, 인종 간의 편견에 영향을 받지 않는 도구로 평가되고 있다(Steinbauer et al., 1998).

넷째, 알코올 문제가 있는 것으로 파악된 클라이언트에게 자세한 사정을 진행할 필요가 있다. 스크리닝 동안에 잠재적인 알코올 문제를 가진 클라이언트를 확인하게 되면, 보다 구체적인 알코올 관련 문제들에 대한 자세한 사정을 진행해야 한다. 예를 들면, 음주로 인한 신체적인 문제, 불안이나 우울과 같은 알코올 관련 정서적인 문제, 행동관련 문제, 가족이나 법적 문제, 고용과 관련된 심리사회적 문제들에 대한 신중한 검토가 필요하다.

• 의존적인 증상이 없는 문제음주자들

'위험 음주'를 하는 클라이언트들에게는 단기개입(brief intervention) 기법을 사용하여 '위험 음주' 수준 아래가 되도록 권고하며, 신체적 · 정신적 · 행동적 문제들을 사정해야 한다. 단기개입 기법에는 클라이언트를 위한 교육뿐만 아니라 피드백과 조언 등이 포함된다.

단기개입은 알코올 의존이 되기 전인 알코올 문제가 시작되는 초기 혹은 덜 심각한 단계에 있는 클라이언트를 돕는 데에 적절하다. 이러한 유형의 클라이언들은 정규적인 치료 프로그램에 들어가는 것을 꺼리며, 실제로 그러한 프로그램에 들어갈 필요도 없다.

오퍼드와 에드워즈(Orford & Edwards, 1977)는 단기개입으로 포괄적인 사정(comprehensive assessment)과 한 세션 상담으로 이루어지는 '기본적인 치료 책략'을 제시하고 있는데, 이는 매우 유용하다. 포괄적인 사정은 세 가지 목적으로 이루어진다. 첫째, 클라이언트와 그 가족이 행동계획을 구상하는 것을 돕기 위하여 충분한 정보를 확보한다. 둘째, 클라이언트와 파트너가 치료적 가치가 있는 상황을 넓게 검토하는 것을 돕는다. 셋째, 자문팀(advisory team)이 그들의 신용도를 쌓아서 설득을 할 수 있도록 돕는다.

심도 깊은 단일 상담세션은 집중적인 케어 형태를 대체하는 기본적인 치료이다. 상담세션은 상담자와 클라이언트, 파트너들이 일련의 목표(goal)를 정의하는 토론시간을 가진다. 클라이언트와 파트너는 이러한 목표가 사정을 기반으로 하는 그들의 문제에 대한 그들의 인식과 논리적으로 관련이 있어야 한다. 목표에는 음주, 결혼생활에서의 응집력, 직장, 휴가, 재정, 주택 등의 내용들을 담아야 한다. 상담은 클라이언트의 책임감과 파트너의 공유된 관여들을 강력하게 강조해야 한다. 단순히 그 내용들을 제시하기보다는 토론해야 한다. 또한 동의된 목표에 도달하기 위하여 노력해야 한다.

진척상태를 알기 위한 추후조사(follow-up) 체계가 필요하다. 정기적인 접촉과 같은 치료적 가치와 별도로, 보다 심각하거나 생명을 위협하는 문제들을 일으키는 클라이언트를 위한 '안전망(safety net)' 또한 제공되어야 한다.

• 알코올중독 클라이언트

지역사회에서 일하는 사회복지사는 종종 알코올중독 클라이언트를 접하게 된다. 이 경우 사회복지사는 알코올중독 클라이언트가 보이는 신체적 의존 증상을 숙지하고 있어야 하며, 이들을 알코올 치료 프로그램에 의뢰할 수 있어야 한다. AA에 참석하는 것이 알코올중독 클라이언트에게 성공적인 결과와 관계가 있다는 연구결과들이 보고되고 있다(Groh, Jason, & Keys, 2008; Zemore & Kaskutas, 2004). AA는 비교적 여러 군데에서 이루어지고 있어 물리적 접근성과 비용을 지불하지 않는 경제적 접근성에서 장점을 가지고 있다는 점에서 알코올중독 클라이언트에게 AA를 소개할 수 있다.

대다수의 클라이언트는 외래에서 안전하게 서비스를 받을 수 있는 것이 바람직하다. 단, 의료적 혹은 정신과적 문제들의 수준이 심각하고, 사회적 지지 수준이 낮으며, 이전에 여러 번 외래에서의 치료에서 실패 경험이 많을 경우에는 입원치료가 클라이언트에게 더 좋을 수 있다. 알코올 치료 프로그램에서 사용되는 심리치료 접근들이 프로그램들마다 다를 수 있다. 기본적인 목표는 클라이언트들이 자신의 행동과 라이프 스타일을 변화시키도록 동기를 북돋우며, 그들이 술을 마시지 않도록 대처기술을 가르치고, 술을 더 마시지 않고 단주를 하는 것에 보상을 하는 활동을 개발하도록 격려하며, 클라이언트들이 대인관계에서의 상호작용을 향상할 수 있도록 돕는 것으로 모든 프로그램에서 공통적인 특성들이다(Carroll & Schottenfeld, 1997). 이 부분은 알코올 프로그램을 진행하는 사회복지사들이 충분히 수행할 수 있는 역할들이다.

(1) 단기개입

단기개입은 알코올중독을 전문적으로 다루지 않는 사회복지사들이 수행할 수 있는 개입이다. 이 개입에 참여하게 되는 사회복지사는 알코올 문제를 가지고 있는 클라이언트들이 저항을 하지 않고 자신들의 알코올 사용을 다르게 할 수 있도록 격려하도록 설계되어 있다.

클라이언트들이 전문가가 제시하는 선별검사에 응했다 하더라도 클라이언트 자체가 변화에 대한 준비가 되어 있지 않을 수 있다. 단기개입을 통하여 적절한 조언과 정보를 제공함으로써 과도한 음주로 인한 위험 가능성을 전달할 수 있다(이계성, 2012).

미국의 NIAAA(1995)에서는 일차 보건의료 현장과 관련 기관의 임상가들에게 선별과 단기개입의 구체적인 내용을 제시하고 있다. 단기개입은 적정음주를 넘어서 위험하거나 문제가 되는 음주를 하는 음주자들을 대상으로 권고되고 있다. 이때에 적정음주의 정의를 다시 확인할 필요가 있다.

적정음주는 '과음하지 않고 조절할 수 있는 범위 내', 즉 자신과 타인에게 해가 되지 않는 정도의 음주를 말하며 65세 이상의 남성과 여성의 경우에는 하루에 1잔까지, 65세 미만의 남성은 하루에 2잔까지이다(U.S. Department of Health & Human Services, 2005).

적정음주 기준을 넘은 음주는 과음(heavy drinking)이며, 남성의 경우는 한번에 5잔 이상, 여성의 경우는 한번에 4잔 이상의 음주는 폭음(binge drinking)이라고 한다(U.S.

Department of Health & Human Services, 2005).

알코올과 관련된 문제는 알코올성 간질환, 췌장질환, 치매, 음주로 인한 교통사고, 작업장 사고, 대인관계 · 가족관계 문제 등을 말한다. 적정음주를 벗어나는 위험음주를 의미하는 문제음주는 음주로 인한 문제의 가능성 또는 실제 문제가 일어나지만 알코올중독까지는 이르지 않은 상태로 직업적 · 사회적 기능과 가족의 지지가 유지되는 경우를 말한다(Lee, Lee, & Kweon, 2006).

이 같은 위험한(risky) 혹은 문제음주를 해결하기 위한 증거기반(evidence-based) 치료로 단기개입과 동기강화면담(motivational enhancement interviewing) 등이 제안되고 있다(이강숙, 2011).

과음하는 클라이언트 또는 의존적인 증상이 없는 클라이언트의 경우는 알코올 문제가 겉으로 드러나지 않는 경우가 많다. 과음 또는 폭음과 같은 문제음주는 많은 사람이 겪는 문제이며 과음은 발견되지 않는 경우가 많다. 또한 클라이언트가 알코올 문제를 숨기거나 축소해서 보고하는 경우 사회복지사가 민감하게 알아채지 못한다면, 문제의 평가 또는 사정 시 알코올 문제를 간과할 수도 있다. 이에 NIAAA(2005)에서는 정례적인 검사(routine examination)의 일부로 스크리닝을 포함할 것을 제안하고 있으며, 초기 사정 단계에서 알코올 문제 선별을 포함하여 시행할 필요를 주장하고 있다(U.S. Department of Health & Human Services, 2005).

임신하였거나 임신을 시도하고 있는 경우, 흡연자, 청소년, 청년 등 과음할 가능성이 높은 경우, 알코올로 인해 건강문제가 생겼을 수도 있는 경우(부정맥, 간질환, 우울과 불안, 불면증 등), 기대만큼 치료 효과가 나타나지 않는 만성질환자(만성통증, 당뇨, 위장장애, 우울증, 심장질환, 고혈압 등)의 경우는 알코올 문제의 선별이 필요한 중요한 대상이 될 수 있다(U.S. Department of Health & Human Services, 2005).

미국 보건복지부(U.S. Department of Health and Human Services, 2005)은 문제음주자에 대한 선별, 평가, 개입, 추후조사의 4단계 접근법을 제시하고 있는데 그 내용은 다음과 같다.

① 1단계: 음주에 대해 질문하라

첫 번째 단계는 음주에 대해 질문하는 것이다. 술을 마시는지, 술을 마신다면 지난 일년 동안 과음한 날은 며칠인지(남성은 하루에 5잔 이상 마신 경우, 여성은 하루에 4잔 이상 마신 경우) 질문한다. 과음한 날이 1일 이상이거나 AUDIT 점수가 남성은 8점 이상, 여성은 4점 이상인 경우 위험음주자로, 더욱 정확한 음주 양상을 평가하기 위해 주별 평균 (weekly average) [1]을 파악한다.

　1단계에서 과음자가 아닌 것으로 판단이 된다면 최대 음주한도 아래로 마실 것을 조언한다. 65세 미만의 건강한 남성은 하루에 4잔 이하, 1주에 14잔 이하, 건강한 여성과 65세 이상 남성은 하루에 3잔 이하, 1주에 7잔 이하로 마실 것을 조언해 주도록 한다. 또한 의학적으로 문제가 될 수 있는 경우는 이보다 더 낮은 수준의 음주 한도나 금주를 권하도록 한다. 그리고 음주와 이와 관련된 어떤 걱정에 대해서도 개방적으로 표현하도록 한다.

② 2단계: 알코올사용장애에 대해 평가하라

　두 번째 단계는 알코올사용장애를 평가하는 것이다. 지난 12개월 동안 음주로 인해 신체에 해를 입힐 위험(음주운전, 음주상태의 기계조작, 음주 수영 등)이 있었거나, 가족 또는 친구 관계의 문제가 있었거나, 음주로 인해 자신의 역할을 제대로 수행하지 못했거나, 체포나 구속 등의 법적 문제가 있었는지 확인한다. 만약 1개 이상 그렇다면 알코올 남용으로 본다. 알코올 의존의 평가를 위해 지난 12개월 동안 반복해서 음주한도를 지킬 수 없었는지, 음주를 줄이거나 멈출 수 없었는지, 내성과 금단증상을 보였는지, 문제가 있음에도 계속해서 술을 마셨는지, 술 마시는 데 많은 시간을 쓰는지, 이전보다 다른 일들에 덜 시간을 쓰게 되었는지 확인한다. 만약 3개 이상 그렇다면 알코올 의존으로 평가할 수 있다.

　3단계와 4단계는 2단계의 평가에 따라 위험음주자용과 알코올 남용자 또는 의존자용의 두 가지로 각각 제시되고 있다.

③ 3단계: 조언하고 도우라(단기개입)

• 남용이나 의존 상태가 아닌 경우

　이 단계에서부터 단기개입이 시작된다고 볼 수 있다. 3단계에서는 2단계에서 알코올 남용이나 의존이 아닌 위험음주자로 판단된 경우, 평가의 결과와 권고를 명확하게 언급해야 한다. 그리고 음주습관의 변화 준비 정도를 평가한다. 이번에 변화를 이행할 준비가 되었다면, 최대 음주한도 이하, 즉 65세 미만의 건강한 남성은 하루에 4잔 이하, 1주에 14잔 이하, 건강한 여성과 65세 이상 남성은 하루에 3잔 이하, 1주에 7잔 이하로 음주 한계를

---

1) 주당 평균 음주일 수 × 평소 음주 잔 수

설정하여야 한다. 또는 당분간 금주하기와 같은 음주 목표를 설정하도록 돕도록 한다.

그리고 퇴근 후 술집에 가지 않기, 알코올을 비알코올 음료로 대체하기 등과 같은 구체적인 조치나 음주일기를 작성하는 등 음주를 추적하는 방법, 술을 마시게 되는 고위험 상황을 관리하는 방법, 음주와 관련하여 적극적으로 도움을 제공할 사람들의 목록을 포함하는 등의 계획을 함께 설정하도록 돕는다. 미국 보건복지부(2005)에서는 다음과 같이 교육자료를 추천하고 있다.

〈음주를 줄이는 전략〉

• 파악하라(keeping track)

당신이 얼마나 술을 마시는지 파악하라. 전자수첩, 스마트폰, 달력, 지갑 속의 명함크기 카드 등과 같이 당신에게 잘 맞는 방법을 찾으라.

• 세고 재기(counting and measuring)

표준 잔의 크기를 알고 있어야 당신이 마신 양을 정확히 셀 수 있다.

• 목표를 설정하라(setting goals)

한 주에 며칠이나 마실지, 그날에 몇 잔이나 마실지 결정하라. 음주 한계를 지킴으로써 알코올 의존의 위험과 음주관련 문제들을 줄일 수 있다. 술을 마시지 않는 날을 정하는 것도 좋다.

• 속도 조절하기, 간격 두기(pacing and spacing)

음주 시 속도를 조절하라. 천천히 마시라. 술을 마실 때에 물, 탄산음료, 주스 등과 함께 마시라.

• 음식을 함께 먹으라(including food)

빈속에 마시지 말라. 음식을 먹으면 알코올이 체내에 더욱 천천히 흡수될 것이다.

• 계기를 피하라(avoiding 'triggers')

당신의 음주 충동 계기는 무엇인가? 당신이 원하지 않는데도 특정 사람이나 장소가 음주를 하게 한다면 그 사람이나 장소를 피하라. 특정 행동, 때, 느낌들이 음주 충동의 계기가 된다면 음주 대신 무엇을 할지 계획하라. 만약 집에서 마시는 것이 문제라면 집에 조금만 또는 아예 술을 두지 말라.

- **충동을 다루는 계획을 세우라(planning to handle urges)**

음주 충동이 일어날 때 다음과 같은 선택을 고려해 보라.

변화에 대한 이유를 상기시키라/당신이 신뢰하는 누군가에게 얘기하라/건강에 좋은 주의를 다른 데로 돌릴 만한 활동을 하라/충동에 대해 파도를 타라. 파도와 같이 곧 최고조에 이르렀다가 지나갈 것을 알고 감정에 맞서기보다 이를 받아들이고 넘겨 내라.

- **'아니요'라고 말하기(knowing your 'no')**

음주를 원하지 않을 때 당신에게 음주를 권할 수도 있다. 정중하게 확실하게 '아니요'라고 말할 수 있도록 준비되어 있어야 한다. 망설이지 말고 바로 말해야 한다. 만약 망설이게 된다면 이는 함께 어울릴 변명을 생각할 시간을 허용하게 된다.

- **금주에 대한 부가적인 팁(additional tips for quitting)**

완전히 금주하고자 한다면 앞의 마지막 세 가지 전략이 도움이 될 것이다. 덧붙여, 중요한 타인 또는 비음주자인 친구들과 같이 당신을 돕고자 하는 사람들로부터의 지지를 구하기를 원할 수도 있다. AA 모임 참석 또 다른 상호 지지 집단은 알코올 없는 삶의 방법을 찾은 동료들과의 네트워크를 찾는 방법이 된다. 당신이 알코올에 의존되었거나 완전히 술을 끊기로 결심하였다면, 혼자 하지 말라. 갑작스러운 금단증상은 발작과 같은 위험한 부작용을 일으킬 수 있다. 안전한 회복을 계획하기 위해 의사에게 가라.

출처: U.S. Department of Health & Human Services (2005), p. 26.

클라이언트가 변화에 대한 준비가 되지 않았더라도 낙담하지 말아야 한다. 양가감정은 일반적이다. 클라이언트는 조언을 통해 생각의 변화를 가질 수 있으며 긍정적인 변화를 기대할 수 있다. 전문가가 음주를 줄이는 지속적인 강화를 제공하면, 변화에 대한 결정을 할 수 있다. 이를 위해 음주로 인한 부정적인 결과인 클라이언트의 건강에 대한 우려를 다시 표현하고 변화에 대한 숙고를 격려하도록 한다. 그리고 클라이언트가 준비가 되면 도울 것을 재차 강조한다.

• 남용 또는 의존 상태

　2단계에서 알코올 남용 또는 의존으로 판단되었다면, 그 평가의 결과와 권고를 명확하게 언급하도록 한다. "나는 당신이 알코올사용장애가 있다고 생각합니다. 음주를 중단할 것을 강력하게 권합니다. 그리고 나는 당신을 기꺼이 도울 것입니다."라고 말할 수 있을 것이다. 다음 순서는 음주 목표를 협상하는 것이다. 금주는 대부분의 알코올사용장애 환자에게 가장 안전한 방법이다.

　남용이나 의존 정도가 약할 경우 그리고 대상자가 금주에 대한 의지가 없을 경우에는 음주 수준을 줄이는 것이 성공적일 수도 있다. 알코올중독인 경우에는 알코올 전문가에게 부가적인 평가를 의뢰하도록 하는 것이 바람직하다. 이를 위해 알코올 문제에 대해 의뢰가 가능한 지역사회 자원으로 알코올 관련 기관과 전문가 목록을 준비해 놓는 것이 필요하다. 마지막으로 추후 상담을 위한 약속을 잡도록 한다.

④ 4단계: 추후조사(지속적인 지지)

• 남용이나 의존 상태가 아닌 경우

　4단계에서는 추후조사가 이루어진다. 추후조사를 위하여 클라이언트를 만날 때마다 음주에 대해 기록하고 목표를 점검하도록 한다. 음주 목표를 달성하고 유지하는지를 평가한다. 음주 목표를 잘 달성하였다면 권고사항에 대해 지속적으로 고수할 것을 강화하고 지지하도록 한다. 클라이언트의 상태에 따라 음주 목표를 재협상하도록 하며, 목표를 잘 지킬 수 없었다면 다시 시작할 것을 격려하도록 한다. 적어도 일 년에 1회 선별 평가를 다시 하도록 한다.

　음주 목표를 달성하지 못했다 하더라도 변화는 쉽지 않다는 것을 클라이언트에게 알려 주도록 한다. 과정 중에 어떠한 긍정적인 변화라도 있으면 지지해 주며, 동시에 목표를 달성하는 데에 방해가 되는 장애를 다루도록 한다. 목표와 계획은 재협상하며 금주를 시도할 것을 격려한다. 음주 목표 달성을 위하여 중요한 타인들을 참여시키도록 하며, 클라이언트가 음주를 줄이거나 금주를 할 수 없다면 진단을 재사정하고 2단계로 넘어간다.

• 남용 또는 의존 상태

　추후조사에서 클라이언트를 만날 때마다 음주에 대해 기록하고 음주 목표를 점검하도록 한다. 음주 목표의 달성과 유지 정도를 평가하고 음주 목표를 잘 달성하였다면 권고사항을 지속적으로 고수할 것을 강화하고 지지한다. 클라이언트가 의뢰를 수용하였다면 전문가와 함께 사례를 조정하도록 한다.

음주 목표를 달성하지 못한 경우, 변화는 어렵다는 것을 클라이언트에게 알려 주도록 한다. 클라이언트에게 금주를 권하고 있다는 것을 분명히 하면서도 그간의 음주를 줄이거나 금주하려는 노력들을 지지하도록 한다. 적절하게 음주를 의학적·정신적·사회적 문제들과 관련시켜 다룬다. 그리고 중독 전문가에게 의뢰나 자문을 구하도록 하며 AA와 같은 자조집단을 권하고, 중요한 타인들을 참여시키도록 한다.

단기개입은 문제음주자들에 대한 집중적인 치료(intensive treatment)의 대안으로 비용이 적은 장점이 있다. 단기개입은 단주를 목표로 하기보다는 적정음주 혹은 폐해가 없는(harm free) 음주를 목표로 한다. 단기개입은 문제음주자에 대한 치료와 교육의 구분을 허무는 입장을 취한다.

단기개입은 치료보다는 교육이라고 기술하는 것이 적절하다. 여기에서 교육이라 함은 단순히 일반적인 알코올에 대한 정보를 제공하는 것 이상을 의미한다. 행동에서의 변화를 요하는 방법은 집중적인 치료방법의 형태를 띠는 일련의 사회적 학습 원리들에서 나온다. 단기개입은 교육적 측면들을 강조함으로써 문제음주의 진단에 내재된 라벨링 과정을 피할 수 있다(O'Connor, 2000).

단기개입에 가장 적합한 클라이언트는 알코올 의존 정도가 낮은 사람들이다. 단기개입이 알코올 전문가가 아닌 원조 전문직(nonspecialists)들에 의해 이루어질 경우에는 알코올 의존 정도가 약한 클라이언트와 매칭하는 것이 적절하다. 물론 알코올 전문가들은 더 깊이 관여할 수 있다. 단기개입은 의존 정도가 높거나 혹은 알코올 관련 폐해 정도가 심할 때에는 적절하지 않으며, 대신 집중적인 치료로 의뢰할 필요가 있다. 안전한 음주 수준 이상을 마시지만 알코올 관련 문제들의 징후를 보이지 않을 때에도 단기개입 대상이 될 수 있다(O'Connor, 2000).

집중적인 치료에 대한 접근이 제한적이거나 알코올 전문가로부터 도움을 요청하는 것에 대하여 심리적 장애가 있다면, 보다 심각한 문제들을 가지고 있는 클라이언트도 단기개입의 후보자가 될 수 있다. 이러한 경우에는 문제를 언급할 때의 수치심이나 죄의식 그리고 음주행위가 자신의 통제 밖이고 외부로부터 도움이 필요하다는 것을 인정하는 것을 어려워하고, 특히 정신의학적 진단과 관계가 있을 경우에 정신병원과 치료에 대한 두려움 등이 집중적인 치료를 꺼리는 이유가 될 수 있다(Thom, 1986).

단기개입에는 클라이언트가 보다 집중적인 치료를 추구해야 하는 상황에 놓여 있을 때에 조언을 하고, 필요할 경우에는 심각한 문제음주자를 알코올 전문가에 의한 서비스로 연결하는 절차들도 포함되어 있다. 요약하자면, 단기개입이 필요한 세 가지 유형의 표적 집단들은 다음과 같다(O'Connor, 2000).

- 해로운 집단(hazardous group), 즉 음주로 인해 나쁜 결과(adverse consequences)를 가질 위험에 처한 집단
- 낮은 혹은 중간 정도 수준으로 의존적인 문제음주자들
- 관례적인 치료 서비스에는 미치지 않는 높은 수준의 의존상태에 있는 문제음주자들

단기개입은 정상음주군이나 위험음주군에 속하는 클라이언트의 알코올 문제를 줄이는 데에 효과적이다. 단기개입은 심각한 알코올 의존 클라이언트가 전문적이고 집중적인 서비스를 받을 수 있도록 알코올중독 전문가나 전문 기관에 의뢰하기 위해서도 필요하다 (Moyer & Finney, 2004).

단기개입은 알코올사용장애 클라이언트가 아닌 위험음주자에게 권고하고 있다. 단기개입은 정상음주군 혹은 위험음주군에 속하는 클라이언트의 음주행위를 줄이는 데에 효과적이기 때문에 일차 의료 현장에서 건강 증진과 질병 예방의 방법으로 사용하기 적합하다. 심각한 의존을 가진 클라이언트가 전문적이고 집중적인 치료를 받을 수 있도록 전문 치료기관에 의뢰하기 위해서도 사용될 수 있다(Moyer & Finney, 2004).

단기개입은 사회복지사가 중독 행동의 변화를 위해 최소한 필수 요건을 갖춘다면 인지행동치료와 같은 훈련을 조금만 받았거나 또는 받지 않았더라도 가능하다(Bien, Miller, & Tonigan, 1993). 단기개입의 효과적인 상담기법으로서 동기강화면담은 알코올 문제에 관련된 인지와 변화를 위한 조언에 초점을 맞추고 있다. 단기개입이나 동기강화면담에 대한 지속적인 교육과 훈련이 뒷받침되면 알코올 문제를 가진 클라이언트를 돕는 사회복지사의 역량도 강화될 것으로 기대한다.

(2) 동기강화면담

동기강화면담은 단기개입과 더불어 사용된다. 동기강화면담은 클라이언트 자신이 취하는 행동변화 능력과 그로 인한 책임이 클라이언트 자신에게 있음을 강조한다. 동기강화면담은 클라이언트 중심 접근(client centered approach)이다. 클라이언트 자신의 가치관에 근거하여 스스로 문제행동을 변화시키는 동기를 부여하여 직접 행동으로 옮기도록 돕는 접

근방법이다.

음주로 인한 부정적인 결과가 있어서 단주에 대한 결심을 하지만 동시에 음주로 인해 당장 얻어지는 긍정적인 기대를 저버리지 못할 때 음주로 인한 손해와 이득을 설명하여 결정 균형(decisional balance)에서 원하는 방향으로 결정을 할 수 있도록 자기효능감을 증가시켜 주는 상담기법이다.

동기강화면담의 원리는 음주행태에 대해 수용하는 반영적 경청을 통한 공감 표현하기, 현재의 행동과 개인의 중요한 가치관 사이의 불일치를 통하여 변화동기를 만들며 행동변화에 대한 저항을 인정하고, 자기효능감을 지지해 주기 등이다.

동기강화면담의 성공적 요인은 전문가의 태도이다. 전문가는 클라이언트와 마주앉아 클라이언트에게 다가가 눈을 맞추고 클라이언트의 언어적·비언어적 메시지를 읽으며 클라이언트의 말을 한 번 반복하여 반응하는 경청을 하도록 해야 한다(Miller & Rollnick, 1991). 사회복지실천 가치와 거의 상응한다. 비엔, 밀러와 토니건(Bien, Miller, & Tonigan, 1993)은 효과적인 단기개입을 위한 기본적인 원칙을 FRAMES라는 약어로 설명하고 있다.

① F: 피드백(feedback) 제공

단기개입에서는 기본적으로 클라이언트에게 평가의 결과에 대한 피드백을 제공한다. AUDIT 등의 선별도구를 활용하여 그 결과를 클라이언트에게 제시하고 문제음주자의 위험 수준과 손상의 정도를 명확하게 알려 주도록 한다. 또한 피드백을 통해 음주에 대한 변화를 일으킬 수 있도록 한다.

② R: 책임감(responsibility) 강조

단기개입에서 자신의 음주는 그들 자신의 책임과 선택임을 충고한다. 자기통제에 대한 인지는 행동 변화와 유지 동기의 중요한 요소로, 음주에 대한 책임과 선택은 다른 사람이 아닌 클라이언트 자신에게 달려 있음을 강조하면서 그 책임과 선택을 격려하도록 한다.

③ A: 명확한 조언(advice)

클라이언트의 음주에 대해 말이나 글로 된 명료한 조언을 하도록 한다. 조언은 단기개입의 필수적인 요소로 자신의 음주로 인해 어떤 일들이 일어날 수 있는지, 어떻게 적정음주 또는 단주를 할 수 있는지 분명하고 명확하게 충고하여야 한다.

④ M: 대안(menu)의 제공

클라이언트가 자신의 변화를 위해 음주가 아닌 다른 대안적 방법들을 선택할 수 있도록 돕는다. 퇴근 후 술집에 가지 않기, 알코올을 비알코올 음료로 대체하기, 자신을 도와줄 사람 찾기, 취미활동 하기 등과 같은 대안들 중에서 자신의 상황에 맞는 적절한 선택을 할 수 있도록 돕는다.

⑤ E: 감정이입(empathy)

효과적인 단기개입의 상담자 스타일은 온화하고(warm), 반영적이며(reflective), 공감적이고(empathic), 이해심 있는(understanding) 접근방식이다. 지시적이고(directive), 공격적이며(aggressive), 권위주의적(authoritarian) 또는 강압적인(coercive) 단기개입, 소위 '직면(confrontaional)'이라고 하는 개입 방법은 효과적일 수 없으며 클라이언트에게 공감을 표현하고 감정이입적 태도를 보이는 것이 매우 중요하다.

⑥ S: 자기효능감(self-efficacy)

변화에 대한 클라이언트의 자기효능감을 격려하도록 한다. 변화에 대한 가능성을 낙관하는 태도로 클라이언트가 자신감을 갖도록 한다.

사회복지사는 알코올 전문가가 아니더라도 기본적으로 알코올 문제에 대하여 알고 있어야 한다. 사회복지사는 지역사회에서 알코올 문제와 관련하여 모든 클라이언트, 대략적으로 문제음주자, 알코올 의존자 등 세 유형의 클라이언트를 접하게 될 것이라고 보았다. 클라이언트 중에는 알코올 문제를 가지지 않은 클라이언트도 있을 수도 있고, 알코올 의존과 같은 심각한 수준의 알코올 문제를 가진 클라이언트도 있을 수 있다.

일단 모든 클라이언트를 대상으로 현재 그리고 과거의 음주에 대하여 질문할 것을 권하였다. 또한 음주량과 음주빈도 등을 포함하여 AUDIT과 같은 표준화된 스크리닝 도구를 사용할 것을 추천하였다. 더불어 알코올로 인한 부정적인 결과에도 신중하게 검토할 것을 제안하였다. 실제로 알코올로 인한 부정적인 결과가 클라이언트의 현재 문제일 수 있다. 문제음주자들에게는 단기개입 기법을 사용하여 포괄적인 사정을 하고, 한 번이지만 심도 깊은 세션 상담으로 상담자와 클라이언트 그리고 파트너가 사정을 근거로 목표를 정하기 위해 토론하는 시간을 가질 것을 제안하였다. 그리하여 함께 동의하여 만들어진 목표에 도달하기까지 헌신을 강조할 것을 권하였다. 이후 과정이 잘 진행되는지에 대한 추후조사

가 있어야 한다고 언급하였으며, 클라이언트의 현실적인 생활의 위협으로부터 바람막이
가 될 수 있는 안전망 제공의 필요성도 역설하였다.

알코올 의존 클라이언트의 경우에 대하여 사회복지사는 알코올의 신체적 의존 증상에
대하여는 숙지하여야 하며, 이들을 알코올 전문기관에 의뢰해야 하고, 때로는 지역사회에
있는 자조모임을 소개하는 것도 적절한 방안이라고 언급하였다.

특히 단기개입의 경우는 미국에서 제시하는 1단계 음주에 대한 질문, 2단계 알코올사용
장애에 대한 평가, 3단계 단기개입이 이루어지는데, 이때에 문제음주와 알코올 의존상태
인지에 따라 다르게 접근하게 된다. 마지막으로 4단계에서 추후조사가 이루어지며, 이때
에도 문제음주인지, 알코올 의존인지에 따라 다른 개입이 이루어진다.

2) 알코올 사업 담당 사회복지사의 역할

사회복지사들이 알코올이나 다른 약물(Alcohol or Other Drug: AOD) 문제를 가지는 클
라이언트들과 일한 지는 얼마 되지 않았다. 1990년대까지 약물 남용과 관련된 연구들은
매우 제한적으로 이루어져 왔다(Forrester & Harwin, 2006). 사회복지사들이 알코올이나 다
른 약물 문제를 가지는 클라이언트를 만날 때에 AOD 이슈들이 일차적으로 다루어지지
않고, AOD는 사회복지사가 다루어야 하는 실천 영역이 아니라고 생각되어 다른 곳으로
의뢰되는 경우들이 흔하게 이루어졌다(Hohman, Clapp, & Carrilio, 2006).

우리 문화는 음주에 대하여 지나치게 관대하면서 동시에 알코올 문제를 가지고 있는 사
람들에 대해서는 부정적이어서 알코올중독자들의 재기를 힘들게 한다. 이에 더하여 사회
복지사는 알코올 문제를 가지고 있는 클라이언트에 대하여 부정적인 태도를 가진다는 우
려의 목소리도 크다. 현시점에서 사회복지사들이 알코올중독자에게 개입할 수 있는 사회
적 재가도 승인받은 상황에서 알코올중독자들에 대한 우리의 태도를 점검하고, 더 나은
서비스 제공을 위하여 나아갈 방향을 잡아야 할 것이다.

다음에 제시하는 질문지는 알코올과 알코올 문제 인식 질문지(Alcohol and Alcohol
Problem Perception Questionnaire: AAPPQ version 4)이다(Anderson & Clement, 1987).
AAPPQ는 역할이론(role theory; Shaw, Cartwright, Spratley, & Harwin, 1978)에 근간을 두
고, 알코올중독자와 일하게 되는 전문가들이 알코올중독자들과 일하는 데에 있어서 충분
한 지식과 기술, 권리를 가지고 있는지, 환경으로부터 지지를 받고 있는지, 전문가들이 알
코올중독자들과 일하는 데에 임하는 동기는 어떠하며 자신이 선택한 일에 대한 만족과

Table 2. Reliability of the Alcohol and Alcohol Problems Perception Questionnaire

Factor	Items	Cronbach's α for domain	Total Cronbach's α
Role adequacy	Q1: I feel I have a working knowledge of alcohol and alcohol-related problems. Q2: I feel I know enough about the causes of drinking problems to carry out my role when working with drinkers. Q3: I feel I know enough about the alcohol dependence syndrome to carry out my role when working with drinkers. Q4: I feel I know enough about the psychological effects of alcohol to carry out my role when working with drinkers. Q5: I feel I know enough about the factors which put people at risk of developing drinking problems to carry out my role when working with drinkers. Q6: I feel I know how to counsel drinkers over the long term. Q7: I feel I can appropriately advise my patients about drinking and its effects.	.958	.914
Role legitimacy	Q8: I feel I have a clear idea of my responsibilities in helping drinkers. Q9: I feel I have the right to ask patients about questions about their drinking problems. Q10: I feel that my patients believe I have the right to ask them questions about drinking when necessary. Q11: I feel I have the right to ask a patient for any information that is relevant to their drinking problems.	.740	
Role support	Q12: If I felt the need when working with drinkers I could easily find someone with whom I could discuss any personal difficulties that I might encounter. Q13: If I felt the need when working with drinkers I could easily find someone who would help me clarify my professional responsibilities. Q14: If I felt the need I could easily find someone who would help me formulate the best approach to a drinker.	.901	
Motivation	Q15: I am interested in the nature of alcohol related problems and the responses that can be made to them. Q16: I want to work with drinkers. Q17: I feel that the best I can personally offer drinkers is referral to somebody else. Q18: I feel that there is little that I can do to help drinkers. Q19: Pessimism is the most realistic attitude to take toward drinkers.	.548	
Task specific self-esteem	Q20: I feel I am able to work with drinkers as well as others. Q21: All in all I am inclined to feel I am a failure with drinkers. Q22: I wish I could have more respect for the way I work with drinkers. Q23: I feel I do not have much to be proud of when working with drinkers. Q24: At times I feel I am no good at all with drinkers. Q25: On the whole, I am satisfied with the way I work with drinkers.	.684	.914
Work satisfaction	Q26: I often feel uncomfortable when working with drinkers. Q27: In general, one can get satisfaction from working with drinkers. Q28: In general, it is rewarding to work with drinkers. Q29: In general, I feel I can understand drinkers. Q30: In general, I liker drinkers.	.718	

출처: Anderson & Clement (1987), p. 755.

자신이 전문가로서의 자존감은 어떠한지를 점검할 수 있는 도구이다.

다음은 알코올 문제에 대한 귀하의 인식을 알아보기 위한 것입니다. 각 문항을 읽고 귀하가 동의하는 정도에 표시해 주시기 바랍니다.[2] 다음 질문지는 앞의 앤더슨과 클레멘트(Anderson & Clement, 1987)의 AAPPQ를 번역한 내용이다.

문항		매우 동의 하지 않는다	동의 하지 않는다	거의 동의 하지 않는다	그저 그렇 다	조금 동의 한다	동의 한다	매우 동의 한다
Q1	나는 알코올 및 관련 문제에 대한 유용한 지식을 가지고 있다.							
Q2	나는 알코올 문제가 있는 사람들을 대상으로 업무수행이 가능할 만큼 음주문제의 원인에 관해 충분히 알고 있다.							
Q3	나는 알코올 문제가 있는 사람들을 대상으로 업무수행이 가능할 만큼 알코올 의존에 관하여 충분히 알고 있다.							
Q4	나는 알코올 문제가 있는 사람들을 대상으로 업무수행이 가능할 만큼 알코올이 심리에 미치는 영향을 충분히 알고 있다.							
Q5	나는 알코올 문제가 있는 사람들을 대상으로 업무수행이 가능할 만큼 알코올 문제의 위험요인에 관하여 충분히 알고 있다.							
Q6	나는 장기적으로 알코올 문제를 가진 클라이언트를 상담하는 방법을 알고 있다.							
Q7	나는 알코올 문제를 가진 클라이언트에게 음주와 그 영향에 관하여 적절하게 조언할 수 있다.							
Q8	나는 알코올 문제가 있는 사람들을 돕는 방법에 대해 명확하게 알고 있다.							

[2] 설문지를 부탁하였는데, 흔쾌히 보내 주신 이화여자대학교 사회복지학과 전종설 선생님께 감사드린다.

Q9	필요한 경우, 나는 알코올 문제가 있는 사람들에게 그들의 음주에 관하여 질문할 권리가 있다.						
Q10	알코올 문제를 가진 클라이언트들은 내가 그들에게 그들의 알코올 사용에 대해 질문할 권리를 가지고 있다는 것을 알고 있다.						
Q11	나는 알코올 문제를 가진 클라이언트들에게 그들의 음주문제와 관련한 어떠한 정보라도 질문할 수 있다.						
Q12	나는 알코올 문제가 있는 사람들과 관련한 업무에서 생기는 개인적인 어려움을 의논할 수 있는 사람이 있다.						
Q13	알코올 문제가 있는 사람들과 관련한 업무에서 나의 전문적인 역할들을 명확하게 해 줄 사람이 있다.						
Q14	알코올 문제가 있는 사람들에 대한 최선의 개입 방법을 찾도록 나를 도울 사람이 있다.						
Q15	나는 알코올 관련 문제의 특성과 그 결과에 관심이 있다.						
Q16	나는 알코올 문제가 있는 사람들과 일하고 싶다.						
Q17	내가 알코올 문제가 있는 사람들에게 할 수 있는 최선은 그들을 다른 사람에게 의뢰하는 것이다.						
Q18	내가 알코올 문제가 있는 사람들을 도울 수 있는 부분은 거의 없다.						
Q19	알코올 문제를 가진 사람들을 대하는 가장 현실적인 태도는 비관적인 태도이다.						
Q20	나는 다른 영역의 클라이언트들과 마찬가지로 알코올 문제를 가진 사람들을 담당할 수 있다.						

Q21	모든 것을 고려해 볼 때, 나는 알코올 문제가 있는 사람들과 관련한 업무에서 실패자이다.						
Q22	나는 내가 알코올 문제가 있는 사람들과 일하는 방식에 대해 스스로 좀 더 존중할 수 있었으면 좋겠다.						
Q23	나는 내가 알코올 문제가 있는 사람들을 대하는 방식에 자신감이 없다.						
Q24	때로는 내가 알코올 문제가 있는 사람들과 일하는 데 소질이 없다고 생각한다.						
Q25	나는 내가 알코올 문제가 있는 사람들과 일하는 방식에 대해 대체로 만족한다.						
Q26	나는 알코올 문제가 있는 사람들과 일하는 데 있어 자주 불편감을 느낀다.						
Q27	사람들은 알코올 문제가 있는 사람들과 일하는 데서 만족감을 얻을 수 있다.						
Q28	알코올 문제가 있는 사람들과 일하는 것은 보람이 있다.						
Q29	나는 알코올 문제가 있는 사람들을 이해할 수 있다.						
Q30	나는 알코올 문제를 가지고 있는 사람들을 좋아한다.						

이주용과 전종설(2014)은 지역사회에서 알코올 사업을 담당하는 사회복지사들을 대상으로, 알코올 문제를 가진 클라이언트에 대한 태도에 영향을 미치는 요인을 살펴보고자 AAPPQ 버전 4(Anderson & Clement, 1987)를 사용하였다. AAPPQ 버전 4는 Q1~Q7의 7문항을 '역할 적절성(role adequacy)', Q8~Q11의 4문항을 '역할 합법성(role legitimacy)', Q12~Q14 3문항을 '역할에 대한 지지(role support)', Q15~Q19 5문항을 '동기(motivation)', Q20~Q25 6문항을 '구체적인 과업에 대한 자존감(task specific self-esteem)', Q26~Q30 5문항을 '일에 대한 만족(work satisfaction)'의 6요인, 총 30문항으로 구성되어 있다.

(1) 알코올중독 클라이언트에 대한 태도

알코올중독자를 돕기 위하여 알코올중독자에 대한 태도를 묻는 질문지는 앞서 제시한 AAPPQ 외에도 라우런, 호먼과 피니건(Loughran, Hohman, & Finnegan, 2010)이 물질사용(substance-using)을 하는 클라이언트와 일하는 사회복지사들을 대상으로 사용한 Drug and Drug Problems Perception Questionnaire(DDPPQ)가 있다.

DDPPQ는 알코올중독자를 치료하고자 하는 태도와 헌신을 측정하기 위하여 개발된 알코올 문제 질문지인 AAPPQ(Gorman & Cartwright, 1991)에 기반을 두고 있으며, AAPPQ의 문항에서 'alcohol'을 단순히 'drug'으로 대체하였다(Watson, Maclaren, & Kerr, 2006). 알코올중독자를 대상으로 사용하고자 할 때, 역으로 'drug'을 'alcohol'로 변경하여 DDPPQ를 사용해도 무난하리라 본다.

DDPPQ는 타당도 연구에서 역할 적절성, 역할 합법성, 역할에 대한 지지, 구체적인 과업에 대한 자존감, 동기, 일에 대한 만족의 여섯 가지 요인으로 이루어져 있음이 확인되었다. AAPPQ도 여섯 가지 요인으로 구성되어 있으며 요인별 명칭 또한 DDPPQ와 동일하다. 따라서 DDPPQ는 알코올 문제를 가지고 있는 클라이언트에 대한 사회복지사들의 태도를 이해하는 데 도움이 된다.

단, AAPPQ를 수정한 DDPPQ는 연구자와 연구 시점에 따라 한 요인에 포함된 문항들이 다른 요인으로 이동하여, 문항 수가 늘어난 요인도 있고 문항 수가 줄어든 요인도 있다. 하여간 DDPPQ는 AAPPQ에 비하여 문항 수가 줄어들었다. 라우런 등(2010)은 왓슨, 맥클라렌, 쇼와 놀런(Watson, Maclaren, Shaw, & Nolan, 2003)이 타당도를 검사한 DDPPQ를 연구에서 측정도구로 사용하였다. 왓슨 등(2003)이 검증한 DDPPQ에서는 AAPPQ의 30문항이 22문항으로 줄어들었다. 이후 왓슨은 다른 연구자들과 함께 DDPPQ를 최종 20문항으로 줄이면서 약간의 변화를 주었다(Watson et al., 2006).

이상의 알코올중독 클라이언트에 대한 태도 질문지들은 '역할 적절성' '역할 합법성' '역할에 대한 지지' '동기' '구체적인 과업에 대한 자존감' '일에 대한 만족'의 여섯 가지 요인으로 구성되어 있다. 요인별 정의를 살펴보면 다음과 같다.

① 역할 적절성
- '역할 적절성'은 알코올 문제를 가진 클라이언트와 일하는 데 필요한 지식과 기술들을 갖추고 있다는 느낌이다(Crothers & Dorrian, 2011).
- '역할 적절성'은 실천가들 자신들이 보기에 본인들이 적절한 지식을 가지고 있다고 보

는 것을 의미하고, '역할 합법성'을 실천가들이 일하는 특정 측면을 그들의 책임으로 간주하는 정도로 정의하기도 하였다(Shaw, Cartwright, Spratley, & Harwin, 1978).

- '역할 적절성'은 알코올 문제와 일하는 데에 있어서의 자기효능감(self-efficacy)이다 (Shaw et al., 1978).

② 역할 합법성

- '역할 합법성'은 음주자들과 일하기 위해서 가져야 하는 권리가 어느 정도인지를 인식 하는 것을 의미한다(Crothers & Dorrian, 2011).

③ 역할에 대한 지지

- '역할에 대한 지지'는 실천가들이 자신의 역할을 효과적으로 수행하기 위하여 동료로 부터 받는 지지와 관련이 있다(Watson et al., 2006).
- '역할에 대한 지지'는 수퍼바이저, 동료 혹은 기관으로부터 도움이나 지지를 받는 것 을 의미한다(Shaw et al., 1978).

④ 동기

- '동기'는 음주자들과 같이 일하고자 하는 마음을 말한다(Watson et al., 2006).

⑤ 구체적인 과업에 대한 자존감

- '구체적인 과업에 대한 자존감'은 음주자들과 일하고자 하는 전문가로서의 자존감을 말한다(Watson et al., 2006).
- 구체적인 과업에 대한 자존감은 그들이 물질사용자들과 일을 잘할 수 있다는 믿음이 다(Loughran et al., 2010).

⑥ 일에 대한 만족

- '일에 대한 만족'은 음주자들과 일하는 것에 대해 만족할 것을 기대하는 것을 말한다 (Watson et al., 2006).

(2) 알코올중독 클라이언트에 대한 태도의 구성요인들 간의 관계

① '역할 적절성'과 '역할 합법성'

역할 적절성	Q1	나는 알코올 및 관련 문제에 대한 유용한 지식을 가지고 있다.
	Q2	나는 알코올 문제가 있는 사람들을 대상으로 업무수행이 가능할 만큼 음주문제의 원인에 관해 충분히 알고 있다.
	Q3	나는 알코올 문제가 있는 사람들을 대상으로 업무수행이 가능할 만큼 알코올 의존에 관하여 충분히 알고 있다.
	Q4	나는 알코올 문제가 있는 사람들을 대상으로 업무수행이 가능할 만큼 알코올이 심리에 미치는 영향을 충분히 알고 있다.
	Q5	나는 알코올 문제가 있는 사람들을 대상으로 업무수행이 가능할 만큼 알코올 문제의 위험요인에 관하여 충분히 알고 있다.
	Q6	나는 장기적으로 알코올 문제를 가진 클라이언트를 상담하는 방법을 알고 있다.
	Q7	나는 알코올 문제를 가진 클라이언트에게 음주와 그 영향에 관하여 적절하게 조언할 수 있다.

알코올중독 클라이언트에 대한 태도의 여섯 가지 요인 중에 '역할 적절성'과 '역할 합법성' 요인은 원조 전문직들이 클라이언트의 알코올 혹은 다른 약물(AOD) 이슈를 언급하는 것을 주저하는가를 설명하는 주요 이론 구성체이다(Loughran et al., 2010).

'역할 적절성'은 동료나 수퍼바이저, 소속 기관으로부터 일을 잘할 수 있도록 지지받고 있다고 인식할수록, 즉 '역할에 대한 지지'를 높게 인식할수록, 사회복지사가 남성일수록, 사회복지사가 클라이언트를 확인하고 클라이언트에게 개입하는 훈련을 많이 받을수록, 알코올 혹은 다른 약물(AOD)을 가지고 있는 클라이언트와 많이 일할수록, 사회복지사는 자신이 AOD 문제를 가지고 있는 클라이언트와 일하는 데에 필요한 지식을 갖추고 있다고 인식하는 것으로 나타났다(Loughran et al., 2010).

사회복지사는 동료, 수퍼바이저, 기관으로부터 자신이 일을 효과적으로 하는 것을 지지한다고 인식할수록, 즉 역할에 대한 지지, 약물 사용 문제에 대한 개입에 관한 훈련을 받을수록, 알코올 문제를 가지고 있는 클라이언트와 일할 때에 자신이 클라이언트의 이슈들에 대하여 언급할 수 있는 권리가 있다고 인식하는 '역할 합법성'이 높은 것으로 나타났다(Loughran et al., 2010). 연령이나 실천 경험 연수는 '역할 적절성'과 '역할 합법성'과는 아무런 관계를 보이지 않았다(Loughran et al., 2010).

알코올중독자와 일하는 사회복지사는 알코올 문제를 가진 클라이언트를 확인하고 개입하는 훈련이 필요하다. AOD문제 클라이언트와 일하는 사회복지사의 경우에는 AOD에 관한 개입 훈련 프로그램에 참가한 경우에 '역할 적절성'과 '역할 합법성'에 대하여 긍정적으로 인식하는 것으로 나타났다. AOD를 확인하는 훈련은 '역할 적절성'에는 영향을 주었으나, '역할 합법성'에는 영향을 주지 못하였다(Loughran et al., 2010).

왓슨 등(2003)은 DDPPQ의 '역할 적절성' 요인이 기존의 AAPPQ의 7문항에 '구체적인 과업에서의 자존감'의 Q25 '나는 내가 알코올 문제가 있는 사람들과 일하는 방식에 대해 대체로 만족한다.'와 Q22 '나는 내가 알코올 문제가 있는 사람들과 일하는 방식에 대해 스스로 좀 더 존중할 수 있었으면 좋겠다.'의 두 문항이 추가되어 9문항으로 이루어졌다 (Watson et al., 2003). 이어 이루어진 후속연구에서는 DDPPQ의 '역할 적절성' 요인을 원래 AAPPQ 7문항 그대로 유지하였다(Watson et al., 2006).

역할 합법성	Q8	나는 알코올 문제가 있는 사람들을 돕는 방법에 대해 명확하게 알고 있다.
	Q9	필요한 경우, 나는 알코올 문제가 있는 사람들에게 그들의 음주에 관하여 질문할 권리가 있다.
	Q10	알코올 문제를 가진 클라이언트들은 내가 그들에게 그들의 알코올 사용에 대해 질문할 권리를 가지고 있다는 것을 알고 있다.
	Q11	나는 알코올 문제를 가진 클라이언트들에게 그들의 음주문제와 관련한 어떠한 정보라도 질문할 수 있다.

출처: Anderson & clement (1987).

역할 합법성	Q9	필요한 경우, 나는 알코올 문제가 있는 사람들에게 그들의 음주에 관하여 질문할 권리가 있다.
	Q10	알코올 문제를 가진 클라이언트들은 내가 그들에게 그들의 알코올 사용에 대해 질문할 권리를 가지고 있다는 것을 알고 있다.
	Q11	나는 알코올 문제를 가진 클라이언트들에게 그들의 음주문제와 관련한 어떠한 정보라도 질문할 수 있다.

출처: Watson et al. (2003).

| 역할
합법성 | Q9 | 필요한 경우, 나는 알코올 문제가 있는 사람들에게 그들의 음주에 관하여 질문할 권리가 있다. |
| | Q11 | 나는 알코올 문제를 가진 클라이언트들에게 그들의 음주문제와 관련한 어떠한 정보라도 질문할 수 있다. |

출처: Watson et al. (2006), pp. 206-215.

'역할 합법성' 요인은 AAPPQ에서는 Q8~Q11의 4문항이었는데, 왓슨 등(2003)은 Q9, Q10, Q11 3문항, 왓슨 등(2006)은 Q9, Q11의 2문항을 '역할 합법성' 요인으로 조정하였다.

② '역할 적절성' '역할 합법성' 및 '역할에 대한 지지'

역할에 대한 지지	Q12	나는 알코올 문제가 있는 사람들과 관련한 업무에서 생기는 개인적인 어려움을 의논할 수 있는 사람이 있다.
	Q13	알코올 문제가 있는 사람들과 관련한 업무에서 나의 전문적인 역할들을 명확하게 해 줄 사람이 있다.
	Q14	알코올 문제가 있는 사람들에 대한 최선의 개입 방법을 찾도록 나를 도울 사람이 있다.

동료, 수퍼바이저, 기관으로부터의 지지는 사회복지사의 '역할에 대한 지지'를 높여 '역할 적절성'과 '역할 합법성'에도 의미 있는 영향을 미치는 것으로 나타났다(Loughran et al., 2010). 기관의 분위기, 동료들의 인식, 수퍼바이저의 존재 및 체계적인 수퍼비전이 있을 경우에는 알코올중독자와 일하는 사회복지사의 '역할 적절성'과 '역할 합법성'에도 긍정적인 영향을 미쳐 사회복지사들이 알코올중독자와 일하는 것이 즐거울 수 있다.

'역할 적절성'은 알코올중독자가 일을 하는 데에 필요한 지식을 사회복지사가 갖추고 있다는 인식을 말한다. 미국 캘리포니아주의 경우에는 미국 사회복지 석사(Master of Social Work: MSW)를 마친 후 과정 면허제도(post-Master's social work licensure)에 AOD 15시간 수업 과정(course)을 요구하고 있다. 이 수업 과정은 사정, 치료, 정책, 가족치료, 법과 윤리 등의 내용 등을 담고 있다(Loughran et al., 2010). 이러한 과정을 밟게 되면 사회복지사는 지식 수준이 향상될 수 있어서 '역할 적절성'이 높아진다고 인식할 수 있다.

'역할 적절성'과 '역할 합법성' '역할에 대한 기대', 연령, 사회서비스 기관에서의 실천 경험 기간 등의 상관관계 분석 결과를 보면, 연령과 사회서비스 기관에서의 경험 기간은 강한 상관관계를 보였다. 반면에 연령과 사회서비스 기관에서의 경험 기간은 '역할 적절성'과 '역할 합법성'과는 부적 관계를 보였다. 그리고 '역할에 대한 지지'는 '역할 적절성'과 '역할 합법성'과 유의미한 상관관계를 보였다. '역할 적합성'과 '역할 합법성' '역할에 대한 지지' 변수들은 밀접하게 관련이 있거나 하나의 유사한 구성체를 측정한다고 볼 수 있다(Loughran et al., 2010). '역할에 대한 지지' 요인은 AAPPQ, DDPPQ(Watson et al., 2003, 2006) 모두에서 3문항으로 동일하게 나왔다. 문항에서 변화가 없었다.

③ '역할 적절성' '역할 합법성' '역할에 대한 지지' '동기' '구체적인 과업에 대한 자존감' '일에 대한 만족'의 관계

	Q15	나는 알코올 관련 문제의 특성과 그 결과에 관심이 있다.
	Q16	나는 알코올 문제가 있는 사람들과 일하고 싶다.
동기	Q17	내가 알코올 문제가 있는 사람들에게 할 수 있는 최선은 그들을 다른 사람에게 의뢰하는 것이다.
	Q18	내가 알코올 문제가 있는 사람들을 도울 수 있는 부분은 거의 없다.
	Q19	알코올 문제를 가진 사람들을 대하는 가장 현실적인 태도는 비관적인 태도이다.

왓슨 등(2003)과 왓슨 등(2006)은 '동기' 요인으로 Q18 '내가 알코올 문제가 있는 사람들을 도울 수 있는 부분은 거의 없다.'의 한 문항만을 채택하였다.

	Q20	나는 다른 영역의 클라이언트들과 마찬가지로 알코올 문제를 가진 사람들을 담당할 수 있다.
	Q21	모든 것을 고려해 볼 때, 나는 알코올 문제가 있는 사람들과 관련한 업무에서 실패자이다.
구체적인 과업에 대한 자존감	Q22	나는 내가 알코올 문제가 있는 사람들과 일하는 방식에 대해 스스로 좀 더 존중할 수 있었으면 좋겠다.
	Q23	나는 내가 알코올 문제가 있는 사람들을 대하는 방식에 자신감이 없다.
	Q24	때로는 내가 알코올 문제가 있는 사람들과 일하는 데 소질이 없다고 생각한다.
	Q25	나는 내가 알코올 문제가 있는 사람들과 일하는 방식에 대해 대체로 만족한다.

AAPPQ는 '구체적인 과업에 대한 자존감' 요인으로 Q20, Q21, Q22, Q23, Q24, Q25 등의 6문항을 제시하였는데, 왓슨 등(2003)은 Q22, Q23, Q24, Q25 등의 4문항을, 왓슨 등

(2006)은 Q21, Q22, Q23 세 문항만을 채택하였다.

	Q26	나는 알코올 문제가 있는 사람들과 일하는 데 있어 자주 불편감을 느낀다.
일에 대한 만족	Q27	사람들은 알코올 문제가 있는 사람들과 일하는 데서 만족감을 얻을 수 있다.
	Q28	알코올 문제가 있는 사람들과 일하는 것은 보람이 있다.
	Q29	나는 알코올 문제가 있는 사람들을 이해할 수 있다.
	Q30	나는 알코올 문제를 가지고 있는 사람들을 좋아한다.

'일에 대한 만족'은 AAPPQ에서의 Q30 '나는 알코올 문제를 가지고 있는 사람들을 좋아한다.' 문항만을 제외시켰다(Watson et al., 2003, 2006).

쇼 등(1978)은 역할이론을 통하여 전문가들이 AOD문제를 다루는 것을 꺼리는지를 설명하고자 하였다. 다행히 '역할 적절성'과 '역할 합법성'은 여기에 대한 물꼬를 트는 중요한 구성요인으로 연구되고 있다.

'역할 적절성'과 '역할 합법성' '역할에 대한 지지'는 문제음주자나 알코올중독자들과 일하고자 하는 동기를 강화시킬 뿐 아니라 '구체적인 과업에 대한 자존감'인 전문가로서의 자존감을 증가시킨다(Shaw et al., 1978). 레키(Leckie, 1990)는 쇼 등(1978)의 역할분석을 사회복지실천 훈련에 적용시키면서, 사회복지사들이 AOD를 다루는 데에 필요한 지식과 특정 기술 없이 훈련을 떠나는 일이 지속된다고 결론을 내렸다. 이러한 지식기반 없이 사회복지사가 AOD에 대한 '역할 적절성'을 가질 것을 기대하는 것은 합리적이지 않다고 주장하였다.

(3) 대안: AOD에 대한 교육과 지지

사회복지사들이 알코올 문제를 가지는 클라이언트와 일하는 데에 필요한 지식이나 기술이 없거나 부족하다고 느낀 채로 서비스를 주저하게 되는 경향이 있다. 이는 쇼 등(1978)이 말하는 '역할 적절성'에 대한 불안을 말한다. 알코올 문제를 다루는 것에 대하여 '역할 적절성'에 의문을 가지게 되면 알코올 문제의 단서를 인식하는 것에 어려움을 가지게 되며, 알코올 문제를 알아내는 것을 실패하여, 무망감을 느낄 수도 있다(Leckie, 1990).

그런 맥락에서 AAPPQ와 DDPPQ(Watson et al., 2003, 2006)는 알코올중독자와 일하는 사회복지사들이 왜 알코올중독자와 일하는 데에 주저하는지에 대하여 점검할 수 있는 객관적인 도구이다. AAPPQ와 DDPPQ를 통해서 사회복지사 자신은 알코올중독에 대하여 어느 정도의 지식과 기술을 가지고 있으며, 알코올중독자와 일할 때에 요구해야 하는 권리를 생각하고 있었는지에 대하여 자신을 돌아볼 수 있다.

사회복지사가 알코올중독자와 일하는 데에 있어서 기관은 얼마나 지지적이었는지, 동료들의 생각은 어떤지, 수퍼바이저의 인식은 어떠했는지, 거기에서 사회복지사는 지지를 받고 있다고 인식했는지를 알아볼 필요가 있다. 알코올중독자와 일하는 것에 대하여 동료, 수퍼바이저, 기관의 지지 없이는 알코올중독 클라이언트와 일하는 것에 대하여 적극적이기를 기대하기 어렵다.

알코올중독자와 일하는 것에 대한 만족이나 전문가로서의 자존감, 알코올중독자와 일하고자 하는 마음 등은 실제로 알코올중독에 대한 지식, 기술, 알코올중독자와 일하는 데에 있어서의 권리, 동료, 수퍼바이저, 기관으로부터의 지지에서 나오는 결과물일 수 있다.

'역할 적절성'과 '역할 합법성'을 높이기 위해서 대학에서는 학부와 대학원 과정에서 알코올중독에 관한 수업을 개설하여 AOD에 관한 교육을 시킬 필요가 있다. 현재의 사회복지대학협의회 교과과정에는 중독 과목이 누락되어 있다. 사회복지기관과 사회복지 관련 기관에서도 사회복지사가 알코올중독자와 일하는 것에 대한 격려와 지지를 시스템 차원에서 지지할 필요가 있다. '역할에 대한 지지'가 사회복지사의 '역할 적절성'과 '역할 합법성'에 큰 영향을 미쳤다는 연구결과가 이 논리를 뒷받침하고 있다(Loughran et al., 2010).

스키너, 로슈, 프리먼과 애디(Skinner, Roche, Freeman, & Addy, 2005)는 간호사와 정신건강 전문직들을 대상으로 '역할 적절성'과 '역할 합법성'이 이들의 '동기'와 '일에 대한 만족'에 영향을 미치는지에 대하여 알아보았다. 연구 결과, 간호사와 정신건강 전문직 모두에서 '역할 합법성'은 '일에 대한 만족'에 영향을 미쳤으며, 정신건강 전문직에서만 '역할 적절성'이 '일에 대한 만족'에 영향을 미쳤다. 간호사와 정신건강 전문직 모두에서 '역할 적절성'과 '역할 합법성'은 '동기'에 영향을 미치는 것으로 나타났다. 여기에서 AOD의 사정과 개입에 관한 훈련이 사회복지사가 기여할 수 있는 부분으로 가치가 있다고 언급되었다.

사회복지사들이 여전히 AOD 문제를 인식하는 것에 실패하거나 AOD에 관한 교육이 부족하여 다른 기관에 때 이른 의뢰를 하여 약물 이슈가 있는 클라이언트와 일하는 것을 피하지는 않는지도 연구해야 할 필요가 있다(Loughran et al., 2010).

3. 알코올중독자의 도움 요청[3]

알코올중독자는 본인은 물론이거니와 소중한 가족과 사회에 부정적인 영향을 미치고 있다. 하지만 대부분의 알코올중독자는 자신의 알코올 문제를 해결하기 위해 전문적인 도움을 요청하는 경우가 매우 드물다. 국민건강영양조사(보건복지부, 2010)에서는 우리나라 19세 이상 성인 중에서 남성은 11.7%, 여성은 2.2%가 알코올중독자인 것으로 나타났다. 그리고 남성 알코올중독자의 2.2%와 여성 알코올중독자의 0.0%만이 최근 일 년 동안 알코올 문제로 의료기관이나 보건소, 알코올상담센터(현 중독관리통합지원센터), 정신건강복지센터 등에서 상담을 받은 적이 있다고 보고하였다.

우리나라는 음주에 대하여 지나칠 정도로 관대하다. 반면, 알코올 문제에 대해서는 매우 부정적이며 사회적 낙인도 크다(주정, 2009). 알코올중독에 대한 사회적 낙인은 알코올중독자들이 전문적인 도움을 요청하는 것을 꺼리게 하는 요인이 된다. 이 외에도 알코올중독자들이 치료에 들어가기 어려운 또 다른 요인은 알코올 문제를 치료하는 비용이다.

많은 사례에서 가정이 있는 남성 알코올중독자가 경제적 능력을 상실하여 배우자가 가장 역할을 하며 힘들게 가계를 이끌어 가는 경우들을 쉽게 만날 수 있다. 그러다 보니 치료 비용을 감당하는 것이 실제로 매우 버겁다. 결혼을 하지 않은 남성 알코올중독자들은 알코올 문제로 일을 놓은 상태가 많으며 형제의 도움을 받는 등 성인으로서 독립적인 거주에 대한 욕구도 있기는 하지만 실질적인 대책을 마련하는 것은 거의 불가능한 상태에 처한 경우가 많다.

여성 알코올중독자들은 남성 알코올중독자들이 경험하는 이상의 어려움에 더하여 여성이라는 점이 작용하여 남성 알코올중독자들에 비해 알코올 문제를 치료받는 것에 대한 수치심과 당혹스러움을 더 많이 경험하는 것으로 나타났다(Thom, 1986).

알코올중독자들은 본인이 알코올중독 문제가 있어서 치료를 받아야겠다고 생각하여 전문적인 도움을 요청하기까지는 많은 시간이 소요되는 것으로 나타났다. 알코올중독자들은 대략 10년 정도 치료를 받지 않은 채 치료를 연기한다는 연구결과도 있다(Wang, Berglund, Olfson, & Kessler, 2004). 앞에서 남성 알코올중독자들의 2.2%와 여성 알코올중독자의 0.0%만이 최근 일 년 동안 알코올 문제로 전문적인 도움 요청을 하였다고 언급하였다. 알코올중독자는 전문가에게 도움을 요청하여 자신의 삶의 질을 이끌어 갈 필요가

3) 김혜련, 류지수(2015). 알코올 의존자의 초기 도움 요청에서 성별차이에 관한 연구. 정신보건과 사회사업, 43(1), 32-57.

있다. 어떤 특성을 가진 알코올중독자들이 전문적인 도움 요청을 하는지를 살펴보는 일은 전문가에게 있어서 알코올중독자를 돕는 데에 기본적인 정보여서 의미가 있다고 볼 수 있다.

1) 전문적인 도움 요청을 하는 알코올중독자의 특성

대부분의 알코올중독자는 본인의 알코올 문제를 해결하기 위하여 상담이나 치료를 받는 도움 요청을 하지 않는다. 도움 요청을 한 극소수에 불과한 알코올중독자들을 대상으로 이들이 도움 요청을 하게 된 데에는 어떤 요인들이 영향을 미쳤는지, 즉 도움 요청 유인 요인을 파악하게 되면 이들을 서비스로 끌어들이기 위한 전략을 개발할 수 있다.

알코올중독자들은 신체적 의존의 심각성 때문에 치료를 받지 않을까 생각할 수 있는데, 실제로는 신체적 의존보다 알코올 문제와 관련된 심리사회적 · 법적 · 의료적 · 직업적 문제들로 인한 압력 때문에 도움 요청을 하는 것으로 나타났다(Weisner, 1990). 알코올중독자들이 스스로는 술을 끊는 것이 어렵다고 생각하며, 가족문제를 경험하면서 가족들의 격려로 도움 요청을 하게 되었다고 한다. 직장문제는 영향력의 정도는 약하지만 도움 요청에서 중요한 역할을 하는 것으로 나타났다. 건강과 법적 문제도 치료에 들어가는 유인 요인으로 작용한 것으로 나타났다(George & Tucker, 1996). 즉, 알코올중독자들이 도움 요청을 하게 된 동기로 신체적 의존의 심각성보다는 알코올로 인한 사회적 결과에 주목할 필요가 있다.

알코올중독자들은 현재 문제들(current problems)을 가지고 있으며 이와 관련된 어려움을 해결하고자 도움 요청을 하게 된다. 알코올중독자들은 어떤 특정한 사건의 영향이라기보다는 그들의 삶에서 축적된 문제들이 주가 되어 치료에 들어오는 결정을 한다는 것이다. 여성 알코올중독자들과 남성 알코올중독자들은 현재 문제에서 차이를 보였는데, 샘플 수가 적은 한계가 있지만 여성 알코올중독자들은 무력감이나 배우자의 폭력, 가족에 대한 책임감에 대처하는 것에서 어려움을 호소하였다(Thom, 1987).

여성 알코올중독자들은 남성 알코올중독자들에 비하여 더 우울해하였으며 불안 정도도 높았으나 통계적으로 유의미한 차이는 보이지 않았다. 여성 알코올중독자들은 자녀를 잃을 수 있는 위협에 놓여 있다고 느꼈다. 폭력이나 공격성 이슈는 여성 알코올중독자보다는 남성 알코올중독자들에게서 통계적으로 유의미하게 보고되었다. 남성 알코올중독자들은 관계에서의 어려움도 보고하였다. 이는 별거에 대한 두려움 등의 결혼생활에서의 문제로 보인다. 남성 알코올중독자는 이성과의 관계형성을 힘들어하였으며, 관계를 오랫동안 유지하지 못할까 하는 두려움도 가지는 것으로 나타났다(Thom, 1987).

알코올중독자들이 처음부터 자발적으로 도움을 요청하는 경우는 극히 드물다. 남성 알코올중독자들의 경우에는 치료에 들어가는 데에 가장 큰 영향을 미치는 것이 배우자 혹은 동거자이다. 반면에 젊은 여성의 경우에는 어머니가 지속적으로 잔소리를 하여 치료에 들어오게 되었다고 보고하였으며, 또 다른 남성은 친척들로부터의 압력 때문에 치료에 들어오게 되었다고 하였다. 자녀, 친구, 직장동료들은 남성보다는 여성이 치료에 들어오는 데에 더 영향을 미치는 것으로 나타났다(Thom, 1986).

폴신과 웨이즈너(Polcin & Weisner, 1999)는 성별 차이는 제시하고 있지 않지만, 알코올중독자들이 도움 요청을 하는 데에 영향을 미친 사람은 가족, 친구, 직장동료, 의료관계자, 법적 관계자, 복지관계자 순으로, 가장 높은 비율을 차지한 원천은 가족이라고 하였다. 정리하면, 알코올중독자는 신체적 의존의 심각성보다는 음주로 인한 사회적 결과로 인하여 도움을 요청하며, 그동안의 생활에서 축적되어 나타난 현재 문제로 인하여 도움 요청을 한다는 것을 알 수 있다.

외국의 연구에서는 이미 알코올중독자의 도움 요청에 관련하여 풍성한 연구결과물들이 지속적으로 보고되고 있다. 하지만 우리나라는 알코올 문제에 대한 사회적 인식이 낮으며, 알코올중독자들을 위한 치료, 상담 서비스가 턱없이 부족하다. 이러한 상황에서 외국에서의 최근 연구결과보다는 초기에 이루어진 연구들이 우리나라 현장의 사회복지실천에 도움이 된다고 생각한다.

또한 임상 현장에서 알코올중독자들이 비교집단에 비하여 부모가 알코올중독자인 가족력을 가진 알코올중독자 성인자녀(Adult Children of Alcoholics: ACOAs)인 경우를 자주 발견할 수 있다. 알코올중독자의 배우자의 경우에는 비교집단에 비하여 배우자 자체가 알코올 문제를 가지고 있는 경우도 많다. 이러한 점들을 고려해 볼 때 알코올중독자의 ACOAs 여부와 배우자의 알코올중독 여부를 반드시 살펴볼 필요가 있다.

(1) 도움 요청 유인 요인

① 도움을 요청하게 된 동기

알코올중독자가 도움 요청을 하게 된 동기에서는 통계적으로 유의미한 성별 차이를 보이지 않았다. 병원이나 알코올 관련 기관에 도움 요청을 하게 된 동기에 대해서 남성과 여성 모두 '가족이나 친구가 치료를 받도록 격려하였다.'가 1순위, '가족이나 친구와의 관계 문제로 찾아가게 되었다.'가 2순위로 가족이나 친구가 남성과 여성 모두에게 도움 요청을 하게 된 가장 중요한 사람인 것으로 나타났다.

그다음으로 남성은 '치료를 받고 도움이 된 지인을 알고 있다.'를 3위, '건강 문제로 의사가 치료를 권하였다.'를 4위로 보고하였다. 여성은 3위와 4위가 바뀌어서 '건강 문제로 의사가 치료를 권하였다.'를 3위, '치료를 받고 도움이 된 지인을 알고 있다.'를 4위로 보고하였다. '직업 문제로 고용주 혹은 동료가 치료받기를 권하였다.'와 '법적 문제 혹은 법원명령으로 치료받게 되었다.'가 남녀 모두 5위와 6위로 보고하였다. 남성의 경우에는 연구 대상자의 80.7%가 남성이었던 터커(Tucker, 1995)의 연구결과와 도움 요청 동기 순위가 일치하였다.

⟨표 1-2⟩ 도움 요청 동기

내용	남(n=102)		여(n=51)		Tucker(1995)	
	%	순위	%	순위	%	순위
가족이나 친구가 치료를 받도록 격려하였다.	58.2	1	70.6	1	100.0	1
가족이나 친구와의 관계 문제로 찾아가게 되었다.	40.4	2	35.3	2	76.2	2
치료를 받고 도움이 된 지인을 알고 있다.	35.4	3	22.0	4	47.6	3
건강 문제로 의사가 치료를 권하였다.	32.7	4	29.4	3	38.1	4
직업 문제로 고용주 혹은 동료가 치료받기를 권하였다.	16.2	5	10.0	5	14.3	5
법적 문제 혹은 법원명령으로 치료받게 되었다.	5.1	6	8.0	6	9.5	6

출처: 김혜련, 류지수(2015), p. 42.

② 현재 문제

여성 알코올중독자는 남성 알코올중독자와는 달리, 알코올 자체가 자신의 주요 문제가 아니라고 인식하는 경향이 높다(Thom, 1986). 남성 알코올중독자들은 현재 경험하고 있는 문제들 중에 '신체적 건강 문제'에 66.3%로 가장 알코올중독 응답을 보였다. 반면에 여성 알코올중독자들은 '외로움'과 '우울'에 동일하게 70.0%로 가장 많은 응답 비율을 보고하였다. 우울의 경우 남성은 46.9%, 여성은 70.0%로 보고하고 있으며, 이는 통계적으로도 유의미한 차이를 보였다.

〈표 1-3〉 현재 문제

내용		남(n=102)		여(n=51)		x²
		%	순위	%	순위	
건강문제	신체적 건강문제	66.3	1	58.3	4	.902
심리정서적 문제	외로움	56.0	2	70.0	1	2.738
	우울	46.9	5	70.0	1	7.107**
	무력감	45.5	6	52.0	5	0.571
	인생의 무의미함	43.0	8	62.0	3	4.184*
	낮은 자아존중감	32.3	12	39.6	7	.752
	불안 또는 공황	30.6	13	35.4	9	.341
	자녀를 잃을까 하는 두려움	16.0	19	16.7	18	.012
관계 문제	결혼생활의 붕괴	35.4	10	25.5	13	1.413
	타인과의 관계형성에서의 어려움	28.0	14	22.4	15	.524
	자녀와의 문제	27.1	15	25.5	14	.039
	가까운 지인의 음주습관	24.0	17	17.0	17	.914
	본인의 폭력/공격성	22.4	18	18.4	16	.327
	배우자의 폭력/공격성	14.9	20	12.2	19	.188
현실적 문제	재정적인 문제	56.0	2	38.8	8	3.903*
	직업 문제	54.0	4	44.9	6	1.090
	실업	45.5	6	27.1	12	4.567*
	가족 부양의 책임	40.2	9	30.6	10	1.286
	주거 문제	33.0	11	28.6	11	.294
성생활 문제		24.5	16	4.1	20	9.345**

출처: 김혜련, 류지수(2015), p. 44.

다음으로, 남성 알코올중독자는 '외로움' 56.0%, '재정적인 문제' 56.0%, '직업 문제' 54.0%, '우울' 46.9% 등의 순으로 현재 문제로 보고하고 있다. 여성 알코올중독자들은 '인생의 무의미함' 62.0%, '신체적 건강 문제' 58.3%, '무력감' 52.0%, '직업 문제' 44.9% 등의 순으로 보고하였다.

톰(Thom, 1987)의 연구에서는 '실업'과 '재정적인 문제'에서 남성 알코올중독자와 여성 알코올중독자가 동일한 비율을 보고하였는데, 우리나라의 연구에서는 '실업'과 '재정적인 문제'에서 통계적으로 유의한 성별 차이를 보였다. 남성 알코올중독자들은 '재정적인 문제'와 '실업' '성생활 문제'와 같은 실생활에 관련된 항목에서 더 높은 비율을 보였다면, 여성 알코올중독자들은 '우울'과 '인생의 무의미함'과 같은 내면화된 문제를 현재 문제로 더 많이 인식하는 것으로 나타났다. 그리고 이는 통계적으로 유의미한 성별 차이를 보였다.

③ 도움 요청에 영향을 준 중요한 사람

도움 요청에 영향을 준 사람은 남녀 모두에게서 각각 44.0%, 37.2%로 '배우자/동거자'가 가장 높은 비율을 보였다. 다음으로, 남성 알코올중독자는 36.7%가 '사회복지사, 간호사, 임상심리사' 등의 원조 전문직이 도움 요청에 영향을 주었다고 응답하였다. 여성 알코올중독자는 '다른 친한 지인'과 '자녀'가 각각 34.9%를 차지하여 도움 요청에서 성별로 다른 양상을 보였다. 그다음 도움 요청에 영향을 미친 사람은 남녀 모두 '부모/자녀 외 가족 및 친척'이라고 보고하였다.

여성 알코올중독자는 도움 요청에 도움을 준 사람들로 '배우자/동거자' 다음으로 '다른 친한 지인'과 '자녀'를 동일한 비율로 보고하였는데, 남성 알코올중독자는 도움 요청을 준 사람으로 '배우자/동거자' '사회복지사, 간호사, 임상심리사 등'의 원조 전문직, '부모/자녀 외 가족 및 친척' 다음으로 '친한 치인'을 꼽았다.

'어머니'의 경우 남녀 모두에게 5번째 순위로 도움 요청에 영향을 주었다고 보고하였다. 여성의 경우 '사회복지사, 간호사, 임상심리사 등'의 전문직은 28.6%로 6위로 나타났다. '의사'의 경우 남성은 6위, 여성은 7위로 별 차이를 보이지 않았다.

흥미로운 점은 여성 알코올중독자의 경우 도움 요청에 영향을 준 사람으로 '자녀'가 2순위에 있었으나 남성 알코올중독자의 경우에는 7위에 머물렀다는 것이다. '아버지'의 경우는 남성 알코올중독자에게는 9위, 여성 알코올중독자에게는 8위로 알코올중독자들이 도움 요청을 하는 데에는 거의 영향을 미치지 못한 사람인 것으로 나타났다. '직장동료'도 남성 알코올중독자에게는 8위, 여성 알코올중독자에게는 9위로 도움 요청에 영향을 주는 데에는 미미한 존재인 것으로 나타났다.

〈표 1-4〉 도움 요청에 영향을 준 중요한 사람

원천	남(n=102)		여(n=51)	
	%	순위	%	순위
배우자/동거자	44.0	1	37.2	1
사회복지사, 간호사, 임상심리사 등	36.7	2	28.6	6
부모/자녀 외 가족 및 친척	36.4	3	32.6	4
다른 친한 지인	31.0	4	34.9	2
어머니	26.1	5	30.2	5
의사	25.8	6	21.4	7
자녀	20.9	7	34.9	2
직장동료	12.6	8	12.2	9
아버지	10.6	9	14.0	8

출처: 김혜련, 류지수(2015), p. 45.

(2) 음주관련 특성

① 자발적 도움 요청 여부

'현재 이용하고 있는 병원 또는 기관에 자발적으로 찾아가셨습니까?'라는 질문에 '그렇다'라고 응답한 비율이 남성 알코올중독자는 52.5%, 여성 알코올중독자는 46.9%로 나타났다.

② 도움 요청 지연기간

도움을 요청하기까지 남성 알코올중독자는 6~10년 걸렸다는 응답이 43.1%로 가장 많았으며, 여성 알코올중독자는 1~5년 걸린 경우가 45.1%로 가장 높게 나타났다. 남성 알코올중독자는 10년 이상이라고 응답한 경우가 11.8%였는데, 여성 알코올중독자는 2.0%만이 도움 요청을 하기까지 10년 이상 소요되었다고 응답하였다. 즉, 남성 일코올중독자가 여성 알코올중독자에 비하여 알코올 문제로 처음 도움을 요청하기까지 소요되는 기간이 더 긴 것을 알 수 있다. 성별에 따른 도움 요청 지연기간은 통계적으로 유의미한 차이를 보였다.

〈표 1-5〉 도움 요청 지연기간

구분		n(%)			x^2
		전체	남	여	
도움 요청 지연기간	1년 이내	35(22.9)	20(19.6)	15(29.4)	11.219**
	1~5년	49(32.0)	26(25.5)	23(45.1)	
	6~10년	56(36.6)	44(43.1)	12(23.5)	
	10년 이상	13(8.5)	12(11.8)	1(2.0)	

* $p<.05$, ** $p<.01$, *** $p<.001$
출처: 김혜련, 류지수(2015), p. 47.

③ 가족력

알코올중독자 자녀 선별검사(CAST-6)를 통해 알코올중독자 본인이 부모가 알코올중독자인 성인자녀(ACOAs)인지 여부를 알아보았다. 그 결과, 남성 알코올중독자의 62.6%, 여성 알코올중독자의 68.0%가 ACOAs인 것으로 나타났다.

④ 배우자의 알코올 문제 여부

• 기혼/동거 배우자의 알코올 문제 여부

배우자의 알코올 문제 여부를 알기 위하여 결혼상태가 기혼/동거인 응답자만을 대상으로 분석하였다. 배우자의 알코올 문제 여부를 측정하기 위하여 프랭크, 그레이엄, 지잔스키와 화이트(Frank, Graham, Zyzanski, & White, 1992)의 Family CAGE(F-CAGE)를 사용하였다. F-CAGE에서 가족의 음주관련 문제들에 대한 한 문항으로 분석한 결과, 남성 알코올중독자의 배우자는 32.4%가 알코올 문제를 가지고 있었으며, 여성 알코올중독자의 배우자는 45.0%가 알코올 문제를 가지고 있는 것으로 나타났다. 통계적으로 유의미한 성별 차이를 보이지는 않았으나, 남성 알코올중독자보다는 여성 알코올중독자의 배우자가 알코올 문제를 더 많이 가지고 있는 것을 알 수 있다.

• 이혼/별거/사별 상태에서 이전 배우자의 알코올 문제 여부

이전 배우자의 알코올 문제 여부는 남성 알코올중독자의 경우에는 40.7%, 여성 알코올중독자의 경우에는 54.5%로 조금 더 높게 나타났다. 앞에서 언급된 기혼/동거 배우자의 알코올 문제 여부와 비교하여 보면, 이혼/별거/사별 상태에서 이전 배우자의 알코올 문제

〈표 1-6〉 결혼상태에 따른 배우자의 알코올 문제 여부

결혼상태	배우자/이전 배우자 음주문제	n(%)			X²
		전체	남	여	
기혼/동거	유	20(37.0)	11(32.4)	9(45.0)	.864
	무	34(63.0)	23(67.6)	11(55.0)	
이혼/사별/별거	유	17(44.7)	11(40.7)	6(54.5)	.602
	무	21(55.3)	16(59.3)	5(45.5)	

* p<.05, ** p<.01, *** p<.001
출처: 김혜련, 류지수(2015), p. 48.

여부는 남성 알코올중독자와 여성 알코올중독자 모두 약간 더 높게 나타났다.

2) 전문적인 도움 요청을 하지 않는 알코올중독자

많은 알코올중독자는 본인의 알코올 문제를 인정하지 않으려는 경향이 있다. 자신의 문제를 인정한다 하더라도 도움 요청을 위한 행동으로 옮기기까지는 많은 시간이 걸린다. 이렇듯 알코올중독자들은 변화 단계(stage of change) 중에서 숙고 전 단계(pre-contemplation)나 숙고 단계(contemplation)에 머무르는 경우가 많으며, 변화에 대한 준비가 되었다 하더라도 도움 요청을 위한 준비가 되어 있지 않을 수도 있다(Freyer et al., 2005).

알코올중독자의 경우, 배우자가 도움 요청에 영향을 준 사람에서 1순위로 나타났다. 알코올중독자가 변화를 거부하고 있는 숙고 전 단계에 있을 경우에도 알코올중독자의 변화를 위해 배우자에게 접근하여 간접적으로 알코올중독자에게 변화에 대한 동기를 부여할 수 있다(Thomas, Santa, Bronson, & Oyserman, 1987). 배우자 단독으로 지역사회에 있는 종합사회복지관에서 알코올중독자 가족을 위한 개입을 시도할 수 있다.

여성 알코올중독자는 남성 알코올중독자에 비해 알코올 문제를 주요 문제로 인식하지 않으며 실제로 도움 요청 비율도 상대적으로 훨씬 더 저조하다. 여성 알코올중독자는 현재 문제를 알코올 문제보다 우울 등과 같은 정서적 문제로 인식하여 중독관리통합지원센터나 알코올 병원과 같은 알코올 전문기관보다는 정신건강복지센터, 보건소, 종합사회복지관 등에 도움을 요청할 가능성이 높을 것으로 보인다.

이에 정신건강복지센터나 건강가정지원센터, 종합사회복지관과 같은 지역사회 기관에서도 우울로 도움을 요청한 여성의 경우에는 알코올 문제 여부에 대한 스크리닝과 같은 개입의 가능성을 열어 두어야 할 것이다. 따라서 중독관리통합지원센터와 정신건강복지센터, 종합사회복지관과 같은 지역사회 내의 전달체계 간의 연계가 있을 시에 알코올 문제를 가진 여성을 돕는 데에 훨씬 더 실질적이고 효과적인 방안이 되지 않을까 생각한다. 이런 맥락에서 직접적으로 알코올중독자와 일하지 않는다고 생각할 수 있는 지역사회에서 일하는 사회복지사도 알코올 문제를 가진 클라이언트에 대하여 긍정적인 인식을 가질 필요가 있고, AUDIT을 시행할 수 있으며, 단기개입과 동기강화면담에 관한 교육과 훈련이 필요하다고 본다.

토론문제

1. 우리나라 사람들은 알코올 문제를 어떻게 인식하고 있는지에 대하여 토론하시오.

2. 알코올 문제를 정의하고 토론하시오.

3. 문제음주, 알코올 남용, 알코올 의존, 폭음 등의 차이에 대하여 설명하고 토론하시오.

4. 적정음주에 대하여 정의하고, 절주 정책에 대하여 토론하시오.

5. 대학생의 폭음에 대하여 토론하시오.

6. 알코올중독자 개인을 중심으로 환경과의 관계를 생태학적 관점에서 토론하시오.

7. 저소득층은 알코올 문제와 관련하여 어떤 어려움을 경험할 수 있는지 토론하시오.

8. 우리나라의 알코올 문제 해결을 위해서 개인과 국가에게 어떤 인식과 정책이 요구되는지에 대하여 토론하시오.

9. 알코올중독자에 대하여 어떤 느낌이나 생각이 드는지 이야기하고 그에 대한 해결방안을 토론해 보시오.

10. 주위에 알코올중독자와 그 가족이 있는지 생각하고 의견을 나누고 이야기해 보시오.

11. 단기개입과 동기강화면담을 학우들 혹은 동료들과 역할극으로 해 보고 토론해 보시오.

12. AAPPQ의 30문항을 가지고 학우들 혹은 동료들과 토론해 보시오.

13. 전문적인 도움 요청을 한 알코올중독자들의 특성에 관한 내용에 대하여 어떤 생각이 들었는지 의견을 나누어 보시오.

14. 전문적인 도움 요청을 하지 않은 알코올중독자들에 대하여 어떤 생각이 드는지 얘기해 보시오.

참고문헌

김민혜, 조병희, 손슬기, 양준용, 손애리(2018). 문제 음주자의 사회문화적 특성에 따른 성별 차이. 알코올과 건강행동연구, 19(1), 17-32.

김수환, 김유리, 김건우, 김광현(2016). 제6기 국민건강영양조사 결과를 바탕으로 한 30세 이상 1인 가구 성인의 건강행태. 가정의학, 7(3), 330-336.

김용석(2000). 대처수단으로서의 음주동기와 음주행위/음주문제간의 관계. 정신보건과 사회사업, 9, 5-23.

김용석(2003). 직장 내 음주문화와 직장인의 음주 및 직무수행간의 관계에 대한 탐색적 연구. 지역사회정신보건학회, 7-34.

김용석, 이석호(2020). 소득 수준, 음주수준 및 음주폐해의 관계. 음주폐해역설의 검증. 정신건강과 사회복지, 48(3), 35-56.

김혜련, 류지수(2015). 알코올 의존자의 초기 도움 요청에서 성별차이에 관한 연구. 정신보건과 사회사업, 43(1), 32-57.

도은영, 홍영란(2014). 기초생활수급자의 문제음주 정도에 영향을 미치는 요인. 한국콘텐츠학회논문지, 14(9), 371-380.

박윤영(1998). 영구임대아파트 단지 내 생활보호대상자의 빈곤문화 존재 가능성에 관한 연구: 서울시를 중심으로. 보건과 복지, 1, 110-128.

박정민, 허용창, 오욱찬, 윤수경(2015). 주거빈곤이 건강에 미치는 영향에 관한 종단연구. 한국사회복지학, 5, 137-159.

보건복지부(2010). 2009 국민건강통계 국민건강영양조사 제4기 3차년도(2009). 보건복지부 건강정책과.

보건복지부(2021). 2021년 정신건강사업안내. 세종: 보건복지부.

보건복지부, 국립정신건강센터(2021). 중독정신건강 표준 사례관리 매뉴얼 2021년 개정판. 세종: 보건복지부.

서명희(2018). 1인 가구 삶의 만족도 예측요인: 성별, 연령별, 비혼과 유배우에 따른 비교분석. 미간행 충북대학교 대학원 박사학위논문.

유종일, 윤석준, 주상영, 이진순(2015). 피케티 어떻게 읽을 것인가. 경기: 한올.

윤명숙(2001). 기초생활보장수급자의 정신건강실태와 재활. 한국사회복지학회 학술대회자료집, 408-424.

윤명숙, 김성혜, 채완순(2008). 기초생활보장수급자들과 일반인의 문제음주와 정신건강 비교연구. 알코올과 건강행동연구, 9(2), 13-26.

이강숙(2011). 절주상담과 과학적 근거. 대한의사협회지, 54(10), 1047-1052.

이계성(2012). 알코올사용장애의 치료. 대한당뇨병학회지, 13(2), 85-90.

이기풍, 곽의향, 유제춘(2011). 일 도시지역 영구 임대주택 거주자의 알코올 문제 및 일반인구 집단과의 비교. 사회정신의학, 16(2), 112-121.

이숙현(2020). 패널자료를 이용한 주거빈곤과 문제음주의 관계 분석. 보건사회연구, 40(1), 520-559.

이용표(2001). 알코올중독 기초생활보장 수급자와 일반 수급자의 정신건강 특성, 주관적 삶의 질 및 서비스 욕구에 관한 비교연구-자활사업의 재활프로그램 대상자를 중심으로. 알코올과 건강행동연구, 2(2), 5-12.

이은희(2021). 음주문제가 있는 자활근로사업 참여자의 음주경험에 관한 질적연구. 한국콘텐츠학회논문지, 21(10), 723-737.

이재경, 이래혁(2016). 저소득층의 물질적 어려움과 음주: 자아존중감과 가족갈등의 매개효과를 중심으로. 한국콘탠츠학회논문지, 16(7), 552-565.

이주용, 전종설(2014). 사회복지사의 알코올중독 내담자에 대한 태도에 영향을 미치는 요인. *Journal of the Korean Data Analysis Society,* 16(5), 2605-2621.

이하나, 조영태(2019). 중년 1인가구와 다인가구의 건강행태 및 질병 이환 비교. 보건사회연구, 39(3), 380-407.

이혜경, 이계희(2008). 일 지역 직장인 음주실태 조사. 정신간호학회지, 17(2), 182-190.

장승옥, 신상헌(2008). 직장인의 알코올 사용 위험수준, 근무환경 그리고 알코올 남용요인. 한국심리학회지: 일반, 27(2), 469-484.

정슬기, 김용석, 송진희, 이수비, 이수영(2015). 음주의 사회경제적 빈곤·불평등 영향 요인 규명 및 취약계층 음주문제개선과 회복을 위한 실천적·정책적 전략개발. 보건복지부, 중앙대학교 산학협력단.

정슬기, 이수비(2015). 빈곤과 소득불평등 인식에 따른 문제음주 발달궤적의 변화. 보건교육건강증진학회지, 32(5), 43-51.

정슬기, 장승옥, 김성천(2007). 중고생 청소년의 알코올 남용의 심각성 정도에 영향을 미치는 요인 비교: CRAFFT 선별도구 2점과 3점을 기준으로. 정신보건과 사회사업, 26, 144-167.

제갈정(2010). 근로자 음주문제와 사업장 특성과의 구조적 관계. 미간행 인제대학교 대학원 박사학위논문.

제갈정, 김광기, 이종태(2010). 근로자 특성과 사업장의 조직 환경 특성이 음주문제에 미치는 구조적 관계. 보건과 사회과학, 28, 5-31.

조성진, 서국희, 남정자, 서동우, 조맹제(1998). 알코올 의존 고의심군의 사회인구학적 특성 및 위험요인. 신경정신의학, 37(6), 1186-1200.

주정(2009). 한국의 음주실태와 알코올 관련정책 방향. 복지행정논총, 19(1), 73-115.

통계청(2021). 2020년 사망원인 통계결과(보도자료, 2021. 9. 27. 배포).

통계청(2022). 2021년 인구주택총조사 결과(보도자료, 2022. 7. 28. 배포).

한경훈, 김용민, 허선(2019). 비수급 빈곤층의 규모와 특징에 관한 연구: 소득과 재산 분포를 중심으로. 비판사회정책, 65, 205-236.

American Psychiatric Association (1994). *Diagnostic and Statistical Manual of Mental Disorders* (4th ed.). Washington, DC: American Psychiatric Association.

Ames, G. M., & Janes, C. R. (1987). Heavy and problem drinking in an American blue-collar population: Implications for prevention. *Social Science & Medicine, 25*(8), 949-960.

Anderson, B. K., & Larimer, M. E. (2002). Problem drinking and the workplace: An individualized approach to prevention. *Psychology of Addictive Behaviors, 16*(3), 243-251.

Anderson, P., & Clement, S. (1987). The AAPPQ revisited: the measurement of general practitioners' attitudes to alcohol problems. *British Journal of Addiction, 82,* 753-759.

Babor, T. F., Higgins-Biddle, J. C., Saunders, J. B., & Monteiro, M. G. (2001). *AUDIT: The Alcohol Use Disorders Identification Test, Guidelines for Use in Primary Care* (2nd ed.). World Health Organization.

Babor, T., Higgins-Biddle, J. C., Saunders, J. B., & Monteiro, M. G. (2001). *The Alcohol Use Disorders Identification Test: Guidelines for use in primary care.* Geneva: World Health Organization.

Barber, J. G. (1991). *Beyond Casework.* London, Macmillan.

Barber, J. G. (1994). *Social Work with Addictions.* New York: New York University Press.

Bien, T. H., Miller, W. R., & Tonigan, J. S. (1993). Brief interventions for alcohol problems: A review. *Addiction, 88*(3), 315-336.

Blum, T. C., Roman, P. M., & Martin, J. K. (1993). Alcohol consumption and work performance. *Journal of Studies on Alcohol, 54,* 61-70.

Bronfenbrenner, U. (1979). *The Ecology of Human Development: Experiments by Design and Nature.* Massachusetts, MA: Havard University Press.

Carroll, K. M., & Schottenfeld, R. (1997). Nonpharmacologic approaches to substance abuse treatment. *Medical Clinics of North America, 81*(4), 927-944.

Clark, W. B., & Hilton, M. E. (Eds., 1991). *Alcohol in America: Drinking Practices and Problems*. New York Albany: State University of New York Press.

Corrigan, P. W., Watson, A. C., & Miller, F. E. (2006). Blame, shame, and contamination: the impact of mental illness and drug dependence stigma on family members. *Journal of family psychology, 20*(2), 239.

Cranford, J. A., McCabe, S. E., & Boyd, C. J. (2006). A new measure of binge drinking: prevalence and correlates in a probability sample of undergraduates. *Alcoholism: Clinical and Experimental Research, 30*(11), 1896-1905.

Crothers, C. E., & Dorrian, J. (2011). Determinants of nurses' attitudes toward the care of patients with alcohol problems. *International Scholarly Research Network Nursing*, published online 2011 May 11. doi: 10.5402/2011/821514.

Cunradi, C. B., Caetano, R., Clark, C. L., & Schafer, J. (1999). Alcohol-related problems and intimate partner violence among white, black, and hispanic couples in the US. *Alcoholism: Clinical and Experimental Research, 23*(9), 1492-1501.

Dawson, D. A., Grant, B. F., & Li, T. K. (2005). Quantifying the risks associated with exceeding recommended drinking limits. *Alcoholism Clinical and Exp erimental Research, 29*(5), 902-908.

Dufour, M. C. (1999). What is moderate drinking? Defining "drinks" and drinking levels. *Alcohol research & health: the journal of the National Institute on Alcohol Abuse and Alcoholism, 23*(1), 5-14.

Farrell, M., & Lewis, G. (1990). Discrimination on the grounds of diagnosis. *British journal of addiction, 85*(7), 883-890.

Forrester, D., & Harwin, J. (2006). Parental substance misuse and child care social work: Findings from the first state of a study of 100 families. *Child and Family Social Work, 11*, 325-335.

Frank, S. H., Graham, A. V., Zyzanski, S. J., & White, S. (1992). Use of the Family CAGE in screening for alcohol problems in primary Care. *Archives of Family Medicine, 1*, 209-216.

Freyer, J., Tonigan, J. S., Keller, S., Rumpf, H. J., John, U., & Hapke, U. (2005). Readiness for change readiness for help-seeking: A composite assessment of client motivation. *Alcohol and Alcoholism, 40*(6), 540-544.

Frezza, M., di Padova, C., Pozzato, G., Terpin, M., Baraona, E., & Lieber, C. S. (1990). High blood alcohol levels in women: the role of decreased gastric alcohol dehydrogenase activity and first-pass metabolism. *New England Journal of Medicine, 322*(2), 95-99.

George, A. A., & Tucker, J. A. (1996). Help-seeking for alcohol-related problems: Social contexts surrounding entry into alcoholism treatment or Alcoholics Anonymous. *Journal of Studies on Alcohol, 57*(4), 449-457.

Goffman, E. (1963). Stigma: Notes on the management of spoiled identity. London: Penguin.

Gorman, D. M., & Cartwright, A. K. J. (1991). Implications of using the composite and short versions of the Alcohol and Alcohol Problems Perception Questionnaire(AAPPQ). *British Journal of Addictions, 86,* 327-334.

Groh, D. R., Jason, L. A., & Keys, C. B. (2008). Social Network Variables in Alcoholics Anonymous: A literature review. *Clinical Psychology Review, 28*(3), 430-450.

Guy-Evans, O. (2020). *Bronfenbrenner's ecological systems theory.* https://www. simply psychology.org/Bronfenbrenner. html.

Hilton, M. E. (1991). A note on measuring drinking problems in the 1984 National Alcohol Survey. In W. B. Clark & M. E. Hilton (Eds.), *Alcohol in America: Drinking practice and problems* (pp. 51-70). Albany: State University of New York Press.

Hohman, M., Clapp, J. D., & Carrilio, T. E. (2006). Development and validation of the Alcohol and Other Drug Identification (AODI) scale. *Journal of Social Work Practice in the Addictions, 6*(3), 3-12.

Institute of Medicine (1990). *Broadening the Base of Treatment for Alcohol Problems.* Washington, DC: National Academy Press.

Isaacs, J., & Moon, G. (1985). *Alcohol Problems: The Social Work Response.* Portsmouth: Social Services Research and Intelligence Unit.

Kokavec, A., & Crowe, S. F. (1999). A comparison of cognitive performance in binge versus regular chronic alcohol misusers. *Alcohol and Alcoholism, 34*(4), 601-608.

Leckie, T. (1990). Social work and alcohol. In S. Collins (Ed.), *Alcohol, Social Work and Helping* (pp. 43-66). London: Tavistock/Routledge.

Lee, H. K., Lee, C. T., & Kweon, Y. S. (2006). Developing effective guideline for moderate drinking. *Journal of Korean Academy of Addiction Psychiatry, 10,* 73-85.

Livingston, J. D., & Boyd, J. E. (2010). Correlates and consequences of internalized stigma for people living with mental illness: a systematic review andmeta-analysis. *Social Science &*

Medicine, 71(12), 2150-2161. https://doi.org/10.1016/j.socscimed.2010.09.030.

Loughran, H., Hohman, M., & Finnegan, D. (2010). Predictors of role legitimacy and role adequacy of social workers working with substance using clients. *British Journal of Social Work, 40*, 239-256.

Mangione, T. W., Howland, J., Amick, B., Cote, J., Lee, M., Bell, N., & Levine, S. (1999). Employee drinking practices and work performance. *Journal of Studies on Alcohol, 60*, 261-270.

Mayfield, D., McLeod, G., & Hall, P. (1974). The CAGE questionnaire: Validation of a new alcoholism screening instrument. *American journal of psychiatry, 131*(10), 1121-1123.

Miller, W. R., & Rollnick, S. (1991). *Motivational interviewing: preparing people to change addictive behavior.* New York: Guilford Press.

Moyer, A., & Finney, J. W. (2004). Brief interventions for alcohol problems: Factors that facilitate implementation. *Alcohol research & health, 28*(1), 44-50.

Naimi, T. S., Brewer, R. D., Mokdad, A., Denny, C., Serdula, M. K., & Marks, J. S. (2003). Binge Drinking among US Adults. *Journal of American Medical Association, 289*(1), 70-75.

National Institute on Alcohol Abuse and Alcoholism (1995). *The Physicians' Guide to Helping Patients with alcohol problems.* The National Institutes of Health.

National Institute on Alcohol Abuse and Alcoholism (2004). NIAAA Council approves definition of binge drinking. *NIAAA Newsletter, 3.*

O'Connor, P. G. (2000). Primary care setting. In G. Zering, A. Saria, M. Kurz, & S. O'Malley (Eds.), *Handbook of Alcoholism* (1st ed., pp. 165-172). CRC Press.

Okoro, C. A., Brewer, R. D., Naimi, T. S., Moriarty, D. G., Giles, W. H., & Mokdad, A. H. (2004). Binge drinking and health-related quality of life: Do popular perceptions match reality? *American journal of preventive medicine, 26*(3), 230-233.

Orford, J., & Edwards, G. (1977). *Alcoholism: A comparison of treatment and advice, with a study of the influence of marriage.* Published for the Institute of Psychiatry by the Oxford University Press, Walton Street, Oxford OX2 6DP.

Perlman, H. H. (1961). The role concept and social case work: Some explorations *Social Service Review, 35*, 370-381.

Polcin, D. L., & Weisner, C. (1999). Factors associated with coercion in entering treatmet for alcohol problems. *Drug and Alcohol Dependence, 54*(1), 63-68.

Shaw, S. J., Cartwright, A., Spratley, T. A., & Harwin, J. (1978). *Responding to Drinking Problems*. London, Croom-Helm.

Skinner, N., Roche, A. M., Freeman, T., & Addy, D. (2005). Responding to alcohol and other drug issues: The effect of role adequacy and role legitimacy on motivation and satisfaction. *Drugs: Education, Prevention, and Policy, 12*(6), 449-463.

Sobell, L. C., Cunningham, J. A., & Sobell, M. B. (1996). Recovery from alcohol problems with and without treatment: Prevalence in two population surveys. *American Journal of Public Health, 86*(7), 966-972.

Steinbauer, J. R., Cantor, S. B., Holzer, C. E., & Volk, R. J. (1998). Ethnic and sex bias in primary care screening tests for alcohol use disorders. *Annals of Internal Medicine, 129*(5), 353-362.

Thom, B. (1986). Sex differences in help-seeking for alcohol problems-1. The Barriers to help-seeking. *British Journal of Addiction, 81*(6), 777-788.

Thom, B. (1987). Sex differences in help-seeking for alcohol problems-2. Entry into treatment. *British Journal of Addiction, 82*(9), 989-997.

Thomas, E. J., Santa, C., Bronson, D., & Oyserman, D. (1987). Unilateral family therapy with the spouses of alcoholics. *Journal of Social Service Research, 10*, 145-162.

Tucker, J. A. (1995). Predictors of help-seeking and the temporal relationship of help to recovery among treated and untreated recovered problem drinkers. *Addiction, 90*(6), 805-809.

U.S. Department of Health & Human Services (2005). *Helping Patients Who Drink Too Much, A Clinician's Guide*. Washington, D.C.: U.S. Department of Health & Human Services.

Vik, P. W., Tate, S. R., & Carrello, P. (2000). Detecting college binge drinkers using an extended time frame. *Addictive Behaviors, 25*(4), 607-612.

Wang, P. S., Berglund, P. A., Olfson, M., & Kessler, R. C. (2004). Delays in initial treatment contact after first onset of a mental disorder. *Health Services Research, 39*(2), 393-416.

Watson, H., Maclaren, W., & Kerr, S. (2006). Staff attitudes towards working with drug users: Development of the drug problems perceptions questionnaire. *Addiction, 102*, 206-215.

Watson, H., Maclaren, W., Shaw, F., & Nolan, A. (2003). Measuring Staff Attitudes to People with Drug Problems: The development of a Tool, Edinburgh, Effective Interventions Unit, Scottish Executive Drug Misuse Research Programme, available online at www.scotland.

gov.uk/Publications/2003/08/17735/23437

Wechsler, H., Davenport, A., Dowdall, G., Moeykens, B., & Castillo, S. (1994). Health and behavioral consequences of binge drinking in college. *Journal of American Medical Association, 272*(21), 1672-1677.

Wechsler, H., Dowdall, G. W., Davenport, A., & Rimm, E. B. (1995). A gender-specific measure of binge drinking among college students. *American Journal of Public Health, 85*(7), 982-985.

Wechsler, H., & Isaac, N. (1992). 'Binge' drinkers at Massachusetts colleges. *Journal of American Medical Association, 267*(21), 2929-2931.

Weingardt, K. R., Baer, J. S., Kivlahan, D. R., Roberts, L. J., Miller, E. T., & Marlatt, G. A. (1998). Episodic heavy drinking among college students: Methodological issues and longitudinal perspectives. *Psychology of Addictive Behaviors, 12*(3), 155.

Weisner, C. (1990). The role of alcohol-related problematic events in treatment entry. *Drug and Alcohol Dependence. 26*(2), 93-102.

Weisner, C., Greenfield, T., & Room, R. (1995). Trends in the treatment of alcohol problems in the US general population, 1979 through 1990. *American journal of public health, 85*(1), 55-60.

Weisner, C., & Schmidt, L. (1993). Alcohol and drug problems among diverse health and social service populations. *American Journal of Public Health, 83*(6), 824-829.

Weissenborn, R., & Duka, T. (2003). Acute alcohol effects on cognitive function in social drinkers: Their relationship to drinking habits. *Psychopharmacology, 165*(3), 306-312.

Wilsnack, R. W., Vogeltanz, N. D., Wilsnack, S. C., & Harris, R. (2000). Gender differences in alcohol consumption and adverse drinking consequences: cross-cultural patterns. *Addiction, 95*(2), 251-265.

Windle, M. (2000). Parental, sibling, and peer influences on adolescent substance use and alcohol problems. *Applied developmental science, 4*(2), 98-110.

World Health Organization (2001). *AUDIT: The alcohol use disorders identification test: Guidelines for use in primary health care.* World Health Organization.

World Health Organization (2004). *Global Status of Alcohol Report 2004*, Geneva, WHO Department of Mental Health and Substance Misuse.

World Health Organization (2001). *AUDIT: The alcohol use disorders identification test:*

Guidelines for use in primary health care (No. WHO/MSD/MSB/01.6 a). World Health Organization.

Zemore, S. E., & Kaskutas, L. A. (2004). Helping, spirituality and alcoholics anonymous in recovery. *Journal of Studies on Alcohol and Drugs, 65*(3), 383.

알코올 문제에 대한 이론적 접근

정슬기(중앙대학교)

사람은 왜 술을 마시는가? 술이 인체에 미치는 영향은 비슷함에도 불구하고 왜 어떤 이들은 알코올에 의존하게 되거나 문제성 음주를 하게 되는가? 이러한 질문에 대한 답은 여러 각도에서 모색되어 왔고, 지금도 진행 중에 있다. 알코올 문제나 중독의 원인을 이해하는 것은 문제 예방과 개입의 지침이 되기 때문에 더욱 중요하다. 알코올 문제의 원인은 어떤 한 가지로 설명하기 어려우며 여러 원인이 복합적으로 작용한다. 따라서 이를 설명하는 이론적 접근도 매우 다양하다. 이러한 접근은 알코올 문제를 신체적 차이나 유전적 영향으로 설명하는 생물학적 관점, 알코올 문제의 이해와 치료에 지대한 영향을 미친 질병모델, 개인의 내면적 요인이나 인성을 주요한 원인으로 보는 심리적 관점, 그리고 개인이 몸담고 있는 사회나 환경의 영향을 설명하는 사회환경적 관점으로 나누어진다. 최근에는 이 모든 관점을 통합하여 알코올 문제를 설명하는 통합적 모델이 많은 관심을 받고 있다.

1. 생물학적 관점과 질병모델

1) 생물학적 관점

알코올 문제나 중독을 설명하는 생물학적 관점은 크게 유전적 영향을 강조하는 설명과 생물학적 차이를 강조하는 설명으로 나누어진다. 각각에 대해 살펴보자.

(1) 유전적 영향

알코올 문제와 관련한 유전적 영향에 대한 연구는 지난 20년간 활발하게 진행되어 왔다. 1981년에 3천 명의 입양아를 대상으로 한 클로닝거 등(Cloninger et al., 1988)의 연구는 현재까지 인용되는 대표적인 연구이다. 친부모가 알코올중독자인 아이들은 알코올중독자가 아닌 부모에게 입양되어 성장해도 알코올중독자로 성장할 확률이 높았다. 입양된 아이들 중 성인기에 알코올중독자가 된 이들은 두 개의 유형으로 나누어졌다. 첫 번째 유형은 청년기에 적절한 음주를 하다가 이후에 알코올중독으로 발전해 간 유형으로 전반적으로 특별한 반사회성을 보이지 않았다. 두 번째 유형은 공격적인 남성 알코올중독자이면서 범죄행동 가능성이 높은 유형으로 상대적으로 소수가 이에 속했다. 두 번째 유형에 속하는 공격적 성격의 알코올중독자들은 친부모가 아닌 다른 가정에 입양돼도 알코올중독자로 성장할 확률이 20%에 가까웠다. 이 결과를 토대로 연구자들은 두 번째 유형의 경우 가족의 유전적 소인이 강한 영향을 미쳤다는 결론을 내렸다. 그 후 클로닝거 등의 연구와 유사한 연구들이 수행되었다. 약물중독자와 중독자의 친척을 대상으로 한 연구에서는 친척 중 약물중독자가 있는 집단은 그렇지 않은 집단에 비해 약물중독자가 될 가능성이 8배 높다는 결과가 나왔고(Merikangas et al., 1998), 중독 경향이 가족 내에서 전이된다고 주장한 연구도 있었다. 또한 연구는 남성 중 알코올중독이 발생할 가능성의 약 50%는 유전적 특성에 의한 것이라고 보고했다(Prescott & Kendler, 1999). 하지만 여기서 고려해야 할 것은 설사 50%가 유전적 특성에 의한 것이라고 하더라도 나머지 50%는 다른 요인으로 인해 결정되었다는 사실이다. 즉, 가족이 공유하는 특성이나 경험하는 환경 등 여러 다른 요인이 작용하는 것을 의미한다.

20세기 후반에 와서 의학 전문가 사이에 중독을 유전적 장애의 일종으로 보는 시각도 대두되었다. 실제로 중독문제의 발달에 개인의 유전형질이 지대한 역할을 한다는 증거가 존재한다. 하지만 각고의 노력에도 불구하고 단일한 '알코올중독 유전자'를 밝히는 데에는 실패했다. 최근 경향은 중독을 단일한 유전적 소인(선행인자)보다는 여러 유전적 소인(polygenetic)의 결과로 설명하며, 더 중요한 것은 알코올중독을 유전적 소인만으로는 설명할 수 없다고 강조한다는 점이다(Coley et al., 2017; Nurnberger & Bierut, 2017).

흔히 유전적 선행인자를 가지고 있다는 것을 유전적으로 이미 결정되었다는 의미로 오해하는 경우가 많다. 예컨대, 한 알코올중독자가 자신의 부모가 모두 알코올중독자라고 이야기하면 그 사람은 알코올중독을 부모로부터 물려받았다고 이야기한다. 즉, 알코올중독과 관련한 유전적 소인을 가지고 있다면 알코올중독을 피할 수 없다고 생각하기 쉽다. 하지만 유전적 소인이란 특정한 상태를 경험할 가능성이 타인에 비해 높다는 의미일 뿐 이미 결정되어 있는 상태를 의미하는 것은 아니다. 중독문제는 개인의 경험과 환경에 따라 얼마든지 달라질 수 있다.

(2) 생물학적 차이

알코올에 대한 취약성은 사람에 따라 다르다. 이러한 차이는 알코올을 분해하는 생물학적인 차이로 설명할 수 있다. 사람에 따라 알코올 분해의 속도나 분해의 기능은 각각 다르다. 알코올이 신체에 들어가면 대부분 간에서 분해되는데, 알코올의 분해과정에서 주요한 역할을 하는 두 개의 효소는 알코올 탈수소효소(ADH)와 알데히드 탈수소효소(ALDH)이다. 이 중 알데히드 탈수소효소 중에는 상대적으로 기능이 저조한 ALDH의 변형이 존재한다. 이런 비활동적 알데히드 탈수소효소를 가지고 있는 사람이 술을 마시게 되면 미처 분해되지 못한 알코올의 독성이 상대적으로 더 오랫동안 몸속에 남아 있게 되고, 그로 인해 얼굴이 붉어지는 홍조 반응, 메스꺼움, 두통 등의 불편함을 느끼게 된다. 이러한 비활동적인 알코올 분해효소는 주로 아시아인들에게 나타나며 한국인도 여기에 포함된다(Agarwal, Harada, & Goedde, 1981). 특히 동아시아인 중 많게는 50%까지 비활동적 분해효소를 가지고 있다고 보고된 경우도 있는데(Goedde et al., 1992), 이들은 상대적으로 알코올 문제로부터 스스로를 보호하는 인자를 가지고 있다고 볼 수 있다. 실제로 캐나다와 미국에서 아시아 남성을 대상으로 한 연구에 따르면 비활동적 알코올 분해효소를 가지고 있는 집단은 활동적 분해효소를 가진 집단에 비해 음주량이 60% 이상 적었고, 폭음하는 비율은 3배 이상 낮았으며, 술을 마시지 않는 사람의 수도 3배 이상이었다(Tu & Israel, 1995). 즉, 알코올 분해가 더 활발하게 이루어지는 신체적 조건을 가진 사람은 상대적으로 술을 더 많이 마시고, 폭음 가능성도 높으며, 알코올 문제 발생 확률도 높다. 하지만 비활동적 알코올 분해효소를 가진 사람 중에서도 알코올 문제나 중독을 경험하는 이들이 있는데, 이는 중독을 생물학적인 요인으로만 설명하기에는 부족하다는 것을 잘 보여 준다.

20세기 후반에 들어서 알코올중독자와 비알코올중독자 간에 생물학적 차이가 있다는 연구들이 활발하게 진행되었다. 이 연구들은 알코올에 대한 알코올중독자의 반응이 일반인과 다르다는 것을 보여 주었다. 한 연구에서는 알코올중독자 부모의 자녀 12명과 비알코올중독자의 자녀 11명을 대상으로 신경안정제 성분의 약물을 투여했다. 그 결과 알코올중독자의 자녀가 비교집단에 비해 약물에 대한 긍정적 반응, 즉 기분이 향상되는 반응을 더 많이 보고했다(Ciraulo et al., 1996). 또 한 연구는 알코올중독자의 자녀 227명(모두 남성)과 비중독자의 자녀 227명을 선발하여 알코올중독의 생물학적 요인을 검증했다(Schukit, 1994). 알코올중독자의 자녀 40%가 표준 용량의 알코올에 대해 낮은 반응을 보인 것과는 대조적으로, 비중독자의 자녀는 10%만이 알코올에 대한 낮은 반응을 보였다. 이 연구에서 알코올 효과에 대한 낮은 반응을 보인다는 것은 상대적으로 알코올 효과에 둔감하기 때문에 더 자주, 더 많이 술을 마실 수 있다는 것을 의미한다. 같은 연구자는 알코올중독자의 자녀들을 10년간 추적하며 향후 중독 여부를 조사하였다. 연구 결과, 중독자의 자녀 223명 중 알코올에 대해 상대적으로 미약한 반응을 보였던 이들의 56%가 알코올중독자가 된 반면, 했다고 해도 알코올에 둔감한 반응을 보이지 않은 이들 중 14%만 중독을 경험했다.

이처럼 중독에 영향을 미치는 유전적 소인이 존재한다는 증거와 알코올중독과 비알코올중독자 간의 생물학적 차이가 있다는 연구결과들이 제시됐다. 하지만 중요한 것은 유전적·생물학적 소인은 환경요인과의 상호작용을 통해서만 알코올중독으로 발현될 수 있다는 것이다(Barondes, 1999; Coley et al., 2017).

2) 질병모델

중독을 설명하는 핵심적 모델로 자리 잡고 있는 질병모델(혹은 의료모델)은 알코올중독치료에 크게 기여한 모델이다. 질병모델은 인간행동의 많은 부분을 생물학적 소인에 근거하여 설명하며 중독 역시 생물학적 역기능에 의해 발생한다고 본다. 이 모델에 따르면 알코올중독은 심장질환이나 당뇨병과 같은 만성질환이고, 여기에 기여하는 생물학적 소인이 있으며, 진행성 질병이다. 예컨대, 어떤 이들은 특정 물질(알코올 또는 다른 약물)의 효과에 신체적으로 취약하며 해당 물질 사용에 대한 조절 능력이 떨어진다고 설명한다.

1951년 세계보건기구는 알코올중독을 의료문제로 규정했다. 이를 시작으로 1956년 미국의학협회(AMA)는 알코올중독을 공식적인 질병(disease)으로 선포했으며, 미국정신의학회는 1965년부터 알코올중독을 질병이라는 용어로 설명하기 시작했다. 그 이전까지 알코올중독은 도덕적 문제로 간주되었다. 사회적으로나 의학적으로나 알코올중독자는 도덕적 결함을 가진 자라는 인식이 팽배했던 시대에 젤리넥(E. M. Jellinek)은 알코올중독을 암이나 폐렴과 유사한 질병이라고 주장하며 이를 새로운 시각으로 조명하는 질병모델을 제시했다(Doweiko, 2009; Jellinek, 1952, 1960). 이 모델은 단주모임(AA)의 주요한 기반이 되는 동시에 많은 알코올중독치료의 이론적 기반을 제공했다(Fisher & Harrison, 2009).

질병모델은 알코올중독을 일차적인 질병으로 간주한다. 즉, 알코올중독은 다른 이유나 문제로 인해 이차적으로 발생한 문제가 아닌 그 자체로서 존재하는 일차적 질병이라는 것이다. 이는 알코올중독을 개인의 심리적 상태나 주변 상황으로 인해 발생하는 이차적 문제로 설명하는 심리적 모델과 구분된다. 질병모델에 따르면 알코올중독은 질병이며 술에 대한 조절능력 상실과 점차적으로 진행되는 증상, 그리고 치료하지 않으면 죽음에 이른다는 특징을 갖는다. 알코올중독자는 일반인과 구별되는 특성을 가지고 있다. 이들은 자신의 음주량을 예측하거나 조절할 수 있는 능력이 부족하기 때문에 적당한 음주가 불가능하며, 그렇기 때문에 음주로 인해 신체적·사회적·직업적·정서적 문제를 경험한다. 젤리넥에 따르면 이 질병은 다음과 같은 단계로 진행된다. 첫 단계인 중독 전 단계(prealcoholic phase)에서는 일시적인 긴장완화를 위해 혹은 일상적 스트레스를 완화시키기 위해 음주를 하지만 어느 시점에 다다르면 단지 일시적인 긴장완화를 위해서가 아닌 일상적인 음주로 변화하게 되고 전구증상 단계(prodomoral phase)로 넘어간다. 전구증상 단계로 들어서면 알코올에 대한 내성이 증가하고, 음주행위에 대해 죄책감을 느끼기 시작하며 음주로 인한 일시적 기억상실을 경험한다. 세 번째 단계는 신체적 의존이 나타나는 위기 단계(crucial phase)로서, 음주에 대한 조절능력이 상실되고, 지속적으로 알코올을 갈망하며, 자기연민에 빠지기도 하고, 친구나 사회활동으로부터 멀어지며 신체적 영양상태에 무관심해진다. 이 단계에서 중독자는 일시적으로 음주를 중단하고 조절능력을 되찾으려 시도하지만 실패와 시도를 반복한다. 이 단계에서도 음주가 계속되면 마지막 단계인 만성 단계(chronic phase)로 진행되는데, 강박적인 음주행동과 사고력장애가 생기며 진전(떨림, tremor)이 나타난다. 이러한 단계는 연속으로 진행되며, 중간에 긴 금주기간이 있다고 해도 이전 단계로 다시 돌아갈 수 없다. 이 질병은 치료가 어려우며, 일단 진행이 되면 문제없이 음주하던 상태로 돌아갈 수 없기 때문에 유일한 치료방법은 금주뿐이다[단주모임 혹은 익명의 알코올중독자 모임(AA)도 이 원칙을 강조한다]. 알코올중독이란 만성질환이기 때문에 오랜 단주를 통해서도 완치될 수 없으며, 따라서 단주 중인 중독자는 단주기간에 상관없이 '회복 중인 중독자'이다(Royce, 1989).

일부 학자들은 질병모델의 근거로 알코올중독과 다른 만성질환과의 유사성을 설명한다(McLellan, Lewis, O'Brien, & Kleber, 2000). 우선, 알코올중독은 당뇨병, 천식, 고혈압 등 만성질환과 유사한 유전적 전이를 보인다. 일란성 쌍생아와 이란성 쌍생아 간 만성질환 발병률과 비교했을 때도 알코올중독은 유사한 발병률을 보였다. 치료에 대한 순응(comply with treatment)이나 재발률도 유사하며, 치료하지 않으면 상태가 악화되고 완전한 치료가 불가능하다는 것도 비슷하다. 이들 질병은 모두 적절한 치료를 통해 관리할 수 있으며 평생 관리가 필요하다는 공통점을 갖는다.

질병모델이 중독을 설명하는 강력한 모델로 자리 잡게 되면서 이에 대한 비판적 견해도 제시되었다. 우선, 젤리넥의 연구방법에 대한 비판이다. 젤리넥의 모델은 AA 회원을 대상으로 한 설문 자료에 기반한 것이다. 젤리넥은 1,600명의 AA 회원들에게 설문지를 배포했는데 그중 158명이 설문에 응답했고, 최종적으로 98개가 분석에 사용됐다. 게다가 설문대상에 여성은 포함되지 않았다(본인도 자료의 한계점을 인정했다). 따라서 이 결과를 모든 알코올중독자에게 일반화하기에는 무리가 있다는 비판을 받는다. 젤리넥은 모든 알코올중독자가 AA 회원과 동일할 것이라고 가정했고 응답하지 않은 사람도 응답한 사람과 비슷한 특성을 가졌다고 전제했다는 비판으로부터도 자유롭지 못하다. 또 다른 한계점은 알코올중독의 진행 단계가 모든 알코올중독자에게서 동일하게 나타나는 현상이 아니라는 점이다. 실제로 알코올중독의 진행 단계를 조사한 일부 연구에 따르면, 젤리넥의 설명대로 중독이 진행되는 이들은 중독자의 25~30%에 지나지 않았다(Sobell & Sobell, 1993). 결국 알코올중독은 항상 특정 방식이나 단계로만 진행되는 것이 아니며, 개인에 따라 진행 단계가 뒤바뀌거나 생략되는 다양한 형태로 나타난다는 것을 의미한다. 이러한 한계에도 불구하고 질병모델은 여전히 그 위치를 돈독하게 유지하고 있고, 이와 관련한 여러 연구가 지속적으로 진행 중이다.

(1) 질병모델의 장점

질병모델이 가장 크게 기여한 점은 무엇보다 알코올중독에 따르는 사회적·도덕적 낙인을 감소시키고 치료가 필요한 질병이라는 점을 강조한 것이다. 이전까지 알코올중독자를 범죄자나 의지가 약한 사람으로 간주했다면 이제는 질병으로 고통받는 사람, 따라서 치료가 필요한 사람으로 바라보게끔 기여했다는 점은 큰 의미를 갖는다. 둘째, 알코올중독에 따른 낙인이나 비난 또는 죄책감을 덜어 줌으로써 알코올중독으로 힘들어하는 개인과 그 가족이 치료에 좀 더 다가갈 수 있도록 해 주었다. 중독을 의지력 부족이나 성격적 결함이라고 생각하면 치료를 회피하기 쉽다. 도움을 요청한다는 사실 자체가 나약함을 인정하는 것으로 해석되기 때문이다. 하지만 질병 개념을 수용하면 치료를 보다 쉽게 받아들일 수 있다. 셋째, 알코올중독자에게 질병의 개념을 설명하면 그들의 음주행위가 다른 사람과 다르다는 점을 설명하는 데 도움이 된다. 질병 개념을 이해하면 중독자는 다른 이들과 생물학적으로 차이가 있다는 점을 알게 된다. 당뇨병 환자가 평생 동안 건강한 일반인과 차별되는 식이요법을 해야 하는 것과 마찬가지로, 알코올중독자는 비중독자와 똑같이 음주해서는 안 된다는 것을 인식할 수 있다. 질병모델에서 강조하는 알코올중독자의 합리적 음주행동은 금주이다. 음주를 할 경우 심각한 문제가 발생하는 신체조건을 가지고 있는 사람이라면 금주를 통해 이를 방지할 수 있다. 적절한 음주를 하려고 해도 이는 조절 능력 상실로 이어지고 결국 심각한 결과를 피할 수 없게 된다는 점을 이해시키는 데 용이하다(Fisher & Harrison, 2009). 넷째, 알코올중독을 의학적으로 설명하게 되면서 중독 분야에 대한 연구 지원의 정당성이 부여되었고 활발한 연구가 가능하게 되었다. 그 외에도 알코올중독이 질병으로 인식됨에 따라 중독치료에 대한 보험처리가 가능하게 되었다는 점도 빼놓을 수 없다.

(2) 질병모델의 단점

질병모델의 주요 단점으로 지적되는 것은 알코올중독자가 책임감을 회피할 수 있다는 점이다. 알코올중독자는 알코올중독이라는 질병에 무력하기 때문에 부적절한 행동이나 범죄행위도 질병으로 인한 것으로 돌릴 가능성이 있다. 하지만 질병모델의 옹호자들은 이에 대해 단호한 입장을 취한다. 이들은 중독이라는 질병에 취약하고 중독문제를 가지게 되는 것이 개인의 통제를 벗어나는 일이라고 해도 중독으로부터 회복할 책임은 전적으로 중독자 개인에게 있다는 점을 강조한다. 중독이라는 질병을 인지하고 이로 인한 부정적 결과를 인지한다면 회복하려는 노력은 본인의 책임이 되어야 한다. 즉, 알코올로 인한 여러 문제나 범죄행위를 음주나 질병 탓으로 돌리는 것은 부적절하며 용인되기 어렵다는 것이다. 질병모델이 가지고 있는 또 다른 단점은 알코올중독의 전형적 단계를 경험하지 않는 중독자가 자신의 중독문제를 부인하고 치료를 회피할 위험이 있다는 점이다. 알코올중독은 다양한 형태로 나타나며 모든 알코올중독이 젤리넥이 설명한 단계에 따라 진행되는 것은 아니다. 따라서 전형적인 단계에 따라 진행되지 않는다고 판단하는 경우 치료의 필요성을 묵과할 수 있고, 전문가 역시 이러한 오류를 범할 수 있는 위험이 있다.

3) 성격이론

중독적 성격(addictive personality, alcoholic personality)이라는 개념은 1980년 이전부터 중독을 설명하는 이론으로 주목받아 왔다. 중독에 대한 타고난 성격특성이 존재하며, 유전적으로 이러한 특성을 가지고 있기 때문에 알코올중독으로 발전한다는 주장이다. 한때 이 이론은 알코올 분야 연구자들의 관심을 끌었다. 일반적으로 중독적 성격이론의 핵심에는 유전적 성격소인으로 인해 알코올이나 약물에 쉽게 중독될 수밖에 없다는 결정론적 시각이 자리 잡고 있다.

클로닝거는 3차원 성격이론이라는 성격의 생사회적 모델을 제시하고 유전적으로 물려받은 성격특성이 환경과의 상호작용을 통해 특정 성격으로 강화되고 두드러진다고 설명했다. 그는 3차원 성격이론을 알코올사용장애에 적용하여 성격과 알코올중독의 연관성을 설명하고자 했다. 클로닝거가 제시한 세 가지 성격요인은 위해회피(harm avoidance), 새로운 경험추구(novelty seeking), 보상의존성(reward dependence)이다. 클로닝거, 시그바르드순과 보우먼(Cloninger, Sigvardsoon, & Bohman, 1988)은 약물사용 경험이 없는 11세 아이들의 성격특성을 파악한 후 28세까지 정기적으로 이들을 관찰하여 알코올중독이 발현되는 양상을 추적 조사했다. 연구 결과, 어린 시절 새로운 경험추구(충동이나 공격성과 유사) 성향이 높고 위해회피 성향이 낮은 성격이 알코올 남용을 예측하는 강력한 요인이라는 것을 발견했다. 또한 새로운 경험추구 성격은 청년기의 알코올중독, 물질남용, 범죄행동을 예측하는 요인이라고 보고했다. 성격요인과 가족 위험요인(알코올중독자 부모)이 알코올중독에 미치는 영향을 분석한 연구는 알코올중독자 자녀의 새로운 경험추구 성격요인이 알코올중독을 예측한다는 것을 발견했다(Grucza et al., 2006). 하지만 더 많은 연구에 따르면 새로운 경험추구나 위해회피 성향과 같은 성격특성이 알코올중독을 예측한다는 가설검증의 결과가 일관되지 않았고(Howard, Kivlahan, & Walker, 1997), 중독적 성격을 검증하려 했던 반세기 동안의 여러 연구는 일관되거나 성공적인 결과를 제시하지 못했다.

이처럼 알코올중독을 예측하는 성격요인에 대한 오랜 관심과 연구에도 불구하고 '중독적 성격'의 존재를 뒷받침해 주는 연구결과는 부족하다고 할 수 있다. 즉, 중독관련 성격에 대해서는 다음과 같이 결론 내릴 수 있다. 성격특성(새로운 경험추구 성향 등)은 알코올중독의 위험성을 증가시킬 수 있다. 하지만 알코올중독을 결정적으로 유발시키는 성격이 존재한다고 단정할 수 있는 연구결과는 제한적이며, 알코올중독자의 성격은 일반인의 성격만큼이나 다양하다.

2. 심리적 관점

알코올중독을 설명하는 심리적 관점은 중독의 원인을 개인 내적 요인에서 찾는 관점이다. 중독 자체가 일차적 문제라는 질병모델과 달리, 심리적 관점의 주된 논지는 알코올이나 약물 문제가 개인의 심리적인 문제나 상태로부터 기인하는 이차적인 문제라는 점이다. 개인 내적 문제가 정서적 고통을 유발하고, 사람들은 일시적으로 고통을 달래기 위해 알코올이나 약물을 사용하게 되는데, 이러한 패턴이 지속되면 알코올 문제나 중독으로 발전할 수 있다는 주장이다. 심리적 요인에 기반을 두고 알코올 문제를 설명하는 이론은 매우 다양하다. 이 장에서는 심리적 관점 중 많이 인용되는 정신분석모델, 그리고 인지행동주의 모델의 범주에 포함되는 사회학습이론과 알코올기대이론에 대해 알아보자.

1) 정신분석모델

프로이트(S. Freud)가 발전시킨 정신분석모델의 기본 전제는 사람의 행동을 이해하기 위해서는 행동을 동기화시키는 내적 요인이나 감정에 대한 통찰력을 가져야 한다는 것이다. 이 모델은 인간행동의 근원을 무의식에서 찾으며, 무의식에 대한 이해를 통해서 행동에 대한 통찰력을 갖게 한다. 정신분석이론은 알코올 문제나 중독을 다음과 같이 설명한다.

첫째, 전통적 정신분석학파는 알코올 문제가 원초아(id)가 가지고 있는 무의식적인 죽음본능이나 자기파괴적 경향으로부터 온다고 설명한다. 중독은 무의식 속에 억눌려 있는 기억이 밖으로 표출되는 증세로서, 억압된 생각과 이를 방어하고자 하는 기능 간의 갈등이 표출되는 것이다(Leeds & Morgenstern, 1996).

둘째, 자아 심리학(ego psychology)은 자아에 초점을 두는 관점인데 중독에 대한 최근의 정신분석치료는 주로 이 관점을 기반으로 하고 있다. 여기서 중독은 결핍된 자아의 결과이다. 중독문제를 가진 사람은 스스로를 적절하게 돌보는 능력이 결여되어 있으며, 건강, 안전·경제적 문제, 법적 문제와 같은 위험에 스스로를 불필요하게 노출시킨다. 약물사용으로부터 안정감이나 기쁨을 얻기 때문에 위험한 행동으로 인한 결과는 중요하게 생각하지 않는다. 따라서 이 관점에 기반한 치료의 목적은 외부 세계의 요구에 대처하는 능력을 발달시켜 자아의 힘을 키우도록 조력하는 데 있다.

셋째, 정신분석 접근은 중독을 방어 기제의 하나로 설명한다(Khantzian, 1997; Wurmser, 1984). 중독자는 압도적인 불안, 우울, 지루함, 죄책감, 수치심 등의 부정적 감정으로부터 스스로를 보호하기 위해 술을 마신다. 강박적인 음주나 약물사용은 스스로에 대한 치료, 즉 자가치료의 방편으로서 심리적인 고통을 감소하기 위한 노력이다. 이 접근은 불안과 우울과 같은 부정적 감정을 음주의 원인으로 본다. 중독은 대부분 심각한 심리적 문제와 연관되어 있다(Khantzian, 1997). 중독으로 인해 심리가 파괴되는 경우도 있지만 주로 심각한 자아손상이나 자아의 불안정으로 인해 약물에 더욱 취약해지고 의존으로 이어진다. 이를 주장하는 학자들은 알코올이나 약물에 대한 법적 통제는 개인의 내재된 심리적 문제를 다루지 않은 채 음주나 약물사용에만 초점을 두기 때문에 표면적인 개입에 그칠 수밖에 없다고 강조한다.

이처럼 학파에 따라 중요하게 다루는 점은 다를 수 있지만, 중독문제를 설명하는 정신분석모델은 몇가지 공통점을 가지고 있다. 첫째, 알코올이나 약물 사용은 내재되어 있는 심리적 장애가 밖으로 나타나는 것이다. 둘째, 중독자가 가지고 있는 심리적 문제는 알코올 문제에 선행하는 것이며, 알코올이나 약물사용으로 인한 결과가 아니다. 셋째, 중독을 동질적인 장애로 간주한다. 즉, 약물의 종류나 중독의 진행과정 혹은 심각성 정도는 크게 중요하게 생각하지 않는다. 넷째, 중독은 심각한 심리적 문제가 있음을 알려 주는 신호이다(Thombs & Osborne, 2019). 중독자 중 충격적인 심리적 외상을 경험한 사람이 상대적으로 많다는 증거는 정신분석모델을 지지하는 결과라고 볼 수 있다. 이 이론을 지지하는 경험적 근거가 상대적으로 부족한 경향에도 불구하고 정신분석 접근은 여전히 일부 치료현장에서 꾸준하게 사용되고 있다.

2) 인지행동주의 모델

(1) 행동주의 모델

전통적 행동주의 모델에 의하면 알코올이나 약물 사용은 학습된 행동이며, 고전적 조건화 혹은 조작적 조건화 과정을 통해 생성되고 유지되는 행동이다. 고전적 조건화란 특별한 반응을 유발하지 않는 자극(중성자극)이 조건 없이 반응을 유발하는 자극(무조건자극)과 반복적으로 연결되면 나중에는 무조건자극이 없어도 반응(조건반응)을 유발하게 되는 과정이다. 고전적 조건화 모델에서 음주행동은 학습과정을 통해 형성되는데, 예를 들면 특정한 사람과 특정한 시간 혹은 장소에서 술 마시는 행동이 반복되면 이후 그 사람을 그 장소에서 만나면 술을 마시게 되는(혹은 마시고 싶은) 조건화된 반응으로 나타난다.

반면, 스키너(B. F. Skinner)에 의해 체계화된 조작적 조건화는 유기체가 바람직한 결과를 얻기 위해 조작행동을 하는 과정을 설명한다. 여기서 조작행동은 사람이 환경에 능동적으로 수행하는 행동을 말한다. 조작행동은 자극에 대한 수동적 반응이 아닌 자발적 의도를 가진 행동이며, 행동에 따른 결과로 유지되는 것으로 결과에 따라 증가하기도 하고 감소하기도 한다. 음주를 했을 때 결과가 긍정적이면 유사한 상황에서 음주할 가능성이 증가하게 되고(강화), 반대로 결과가 부정적이면 음주 가능성이 감소한다(처벌). 조작적 조건화에서 강화인(reinforcer)은 행동의 발생 비율을 증가시키는 요인으로, 사람에 따라 다르고 결핍상태에 따라 다르게 나타나기도 한다. 예컨대, 군 복무기간 동안 술을 전혀 마실 수 없는 사람은 언제나 마실 수 있는 사람에 비해 술에 대한 갈망이 다를 수 있고, 술이 중요한 강화인으로 작용한다. 조작적 조건화 모델에서 알코올이나 약물 사용은 강화된 행동이다. 강화는 정적 강화와 부적 강화로 구별되며 두 가지 모두 행동의 발생 비율을 증가시킨다.

술을 마시고 친구와 유쾌한 시간을 가지거나 주변 사람들로부터 술 잘 마신다는 피드백을 받은 청년이 그 후에도 친구들과 빈번하게 술자리를 한다면 이는 정적으로 강화된 행동이라고 설명할 수 있다.

부적 강화는 혐오적 자극으로부터 시작되는데 싫어하는 자극을 없애는 행동을 통해 결과적으로 긍정적 효과를 경험하는 과정이다. 시끄러운 소리를 내는 알람시계를 끄는 행동은 부적 강화의 한 예이다. 여기에서 강화인은 알람을 멈추게 함으로써 오는 고요함이다. 어떤 사람이 우울, 분노, 불안, 신체적 고통 등의 상황에 대처하기 위해 술을 마셨다고 하자. 이때 음주로 인해 불안이 감소되는 효과를 경험하면 이후 유사한 상황에서 음주를 다시 할 가능성이 높다. 불안이나 우울을 다스리기 위해 음주한다는 자가치료이론(self-medication)도 강화이론에 기반하여 설명할 수 있다. 부적 강화의 또 한 예는 중독의 금단증상을 없애기 위해 음주하는 경우이다. 금단증상은 알코올 의존자의 체내에 있는 알코올 수치가 감소하면서 나타나는 증상으로 떨림, 불안, 불면, 갈망, 신경과민 등으로 나타난다. 중독자는 다시 술을 마셔서 이러한 불편한 상태를 없애려고 한다. 즉, 금단증상을 잠재우고 불편함에서 벗어나고자 술을 마시는 과정을 부적 강화로 설명할 수 있다. 여기에서 강화인은 음주를 통해 얻는 편안함이다(Stevens & Smith, 2005).

강화와 반대로 처벌(punishment)은 행동의 발생 비율을 감소시킨다.[1] 강화인과 마찬가지로 처벌요인도 사람에 따라 다르다. 어떤 사람은 소량의 알코올에도 신체적 혹은 심리적으로 부정적 반응을 보인다. 술을 마시면 얼굴이 심하게 붉어지거나 어지럽거나 속이 메스꺼운 반응을 보이는 사람에게 음주는 처벌로 작용한다. 이러한 불편함(처벌요인)은 술 마시는 행동을 감소시키며, 결과적으로 알코올 의존의 가능성은 낮다. 하지만 종종 술로 인한 부정적 결과에도 불구하고 계속해서 음주하는 사람들을 볼 수 있다. 행동주의에 따

---

1) 처벌과 부적 강화는 자주 혼동되지만 이 둘은 서로 반대의 결과를 가져온다. 즉, 처벌은 행동을 감소시키고 부적 강화는 행동을 증가시킨다.

르면 이는 부정적 결과에 비해 긍정적 효과가 상대적으로 크기 때문이다. 게다가 음주로 인한 부정적 결과는 긍정적 효과에 비해 시간상 늦게 나타나는 경향이 있기 때문에 긍정적 효과를 상쇄하지 못한다는 주장도 있다. 음주로 인한 숙취나 과음으로 인한 사회적 문제와 같은 부정적 결과는 음주행동과 분리되어 뒤늦게 나타나기 때문에 음주와 직접적으로 연결시키는 힘이 상대적으로 약하다는 것이다.

행동주의 모델의 장점은 무엇보다도 객관적인 관찰과 측정이 가능한 행동에 초점을 둔다는 데에 있다. 따라서 음주문제의 원인을 이해하는 데 있어서도 강화의 과정이나 행동학습 과정을 비교적 구체적으로 파악할 수 있다. 중독을 설명하는 생물학적 요인이나 거시적 환경을 고려하지 않는다는 제한점도 가지고 있지만 행동주의 모델은 중독치료 현장에서 유용한 모델로 활용되고 있다.

(2) 인지적 요인을 강조하는 모델

인지행동모델에서 인지를 좀 더 강조하는 모델로는 사회학습이론과 알코올기대이론을 들 수 있다. 여기서 인지는 사고, 이해, 자기언어, 내면의 대화, 기대, 신념 등을 뜻하는 개념으로, 외부 환경의 자극은 이러한 인지적 요인들을 매개로 관찰 가능한 행동으로 나타난다. 이 이론들은 인지적 요인이 중독행동의 시작과 유지에 어떻게 작용하는지에 초점을 둔다. 각 이론에 대해서 알아보도록 하자.

① 사회학습이론

사회학습이론(social learning theory)은 인간행동의 대부분이 무의식에 의해 지배된다는 정신분석이론이나 보상과 같은 외부 조건에 의해서만 형성된다는 급진적 행동주의를 거부한다. 또한 개인의 고정된 특성이 중독을 유발한다는 결정론적 설명이나 중독이 일정한 단계를 거치며 발전한다는 설명(질병모델)에도 반대한다. 사회학습이론은 행동주의에 뿌리를 두고 있지만 인간의 행동이 고전적 조건화나 도구적 조건화 과정 등 외부 조건에 의해서만 형성된다는 설명에는 한계가 있다고 주장한다. 사회학습이론의 핵심개념인 상호결정론에 따르면 인간행동은 개인적 요인과 행동과 환경 간 계속되는 상호작용의 결과이다.

사회학습이론의 대표적 학자인 앨버트 밴듀라(Albert Bandura)는 인지적 요인을 강조하여 사회학습이론을 사회인지이론이라고 부르기도 했다. 내면적인 인지과정은 행동의 중요한 요인이며 환경의 영향을 중재한다(Thombs & Osborn, 2019). 특히 음주와 관련해서는 관찰학습(모델링), 자기효능감, 음주에 대한 기대와 같은 인지적 요인이 중요하다.

관찰학습이란 타인의 행동과 그 행동으로 인한 결과를 관찰하며 그와 유사한 행동을 나타내는 학습방법이다. 사람은 자신이 중요하게 생각하는 타인의 행동을 관찰하고 그 행동을 모방한다. 그 후 자신이 모방한 행동에 따른 긍정적 강화를 경험하면 그 행동을 지속한다. 예컨대, 청소년이 부모나 친구들의 음주행동을 목격하고 이후에 그 행동을 따라 하는 과정을 생각해 보자. 우선, 이 청소년이 행동을 실행으로 옮기기 전에 술 마시는 행위를 인식하고 기억한다는 것은 외부 환경에 대한 인지적 과정이 작동한다는 것을 의미한다. 그 인지과정의 결과로 이 청소년은 술 마시는 행위를 재현한다. 그런데 이 행동의 결과는 다양한 형태로 나타날 수 있다. 친구들이 이 행동에 환호하고 이후 술자리에 초대한다면 이 행동은 강화될 것이다. 이런 긍정적 강화는 개인의 내면으로부터 올 수도 있는데, 자신이 친구들과 비슷한 행동을 한다는 것에 자부심을 느낄 수도 있다. 또한 긍정적 강화는 긴장이 풀린다거나 나른해지는 신체적 형태로도 나타날 수 있으며, 이런 긍정적 결과는 향후 음주행동을 지속하는 데 강한 강화요인으로 작용하게 된다(Szalay, Strohl, & Doherty, 2002).

사회학습이론은 사람의 생각이 어떻게 행동으로 이어지고 어떤 행동 유형을 선택하는지 설명하기 위해 자기효능감(self-efficacy) 개념을 적용시킨다. 자기효능감이란 주어진 상황에 효율적으로 대처하기 위해 적절한 행동을 할 수 있다는 믿음이다. 자기효능감은 위협적이거나 위해한 상황에 직면했을 때 대처할 수 있는 실제 능력에 직접적으로 영향을 미친다. 술을 마시는 행동이나 자제하는 행동은 모두 자기효능감이나 술로 인한 결과기대(이후 알코올기대이론 참조)에 의해 결정된다. 모임을 앞두고 사람들과 어울리는 것에 자신이 없고 불안해하는 한 사람이 있다고 가정해 보자. 이 사람은 술을 마시면 좀 더 자신감을 가지고 사람들과 어울릴 수 있다고 생각한다(자기효능감). 그리고 실제로 모임에서 술을 마시고 더 자연스럽게 사람들과 어울리는 경험을 한다면 그 후 사람들과 모일 때마다 술 마시는 행동이 강화될 것이고, 음주로 인한 결과기대는 더욱 견고해질 것이다.

알코올 남용은 술의 즉각적인 효과와 스트레스 완화에 대한 기대가 다른 대처 능력보다 앞설 때 나타나는 행동이다. 스트레스나 심리적 어려움에 대처하기 위해 술을 마시는 행동이 반복되면 그 즉자적인 효과에 익숙해진다. 또한 어려움에 대한 대안적 대처기술을 개발하지 못하면 술에 의존하게 될 확률은 높아진다. 술이 가져다주는 효과에 대한 기대와 대안적 방법에 대한 낮은 자기효능감은 계속되는 음주와 중독으로 이어질 수 있다(Abrams & Niaura, 1987).

사회학습이론의 또 하나의 중요 요소인 환경에는 가족, 또래, 사회적 규범과 음주문화 등이 포함된다. 사회화 과정에서 접하는 가족이나 또래의 음주행동은 음주문화를 반영한다. 어떤 상황과 장소 그리고 어떤 맥락에서 술을 마시는지 등의 음주 패턴은 가족이나 또래를 통해 학습된다. 술 마시는 것을 학습하는 것은 심리사회적 발달과 사회화의 일부이다. 음주에 대한 아동이나 청소년의 생각, 태도, 기대는 술을 마시기 이전부터 형성되는데 주로 문화, 가족, 또래의 사회적 영향을 받는다. 특히 대중매체가 묘사하는 음주는 직접적으로 음주행동 형성에 영향을 미친다(이에 대해서는 사회환경적 관점에서 더 설명할 것이다). 개인이 가지고 있는 특성은 사회화 요인이나 상황과 상호작용하며 음주행동을 만들어 간다. 이런 특성은 생물학적인 것일 수도 있고 심리적인 것일 수도 있다. 유전적 요인으로 인해 중독 위험이 증가할 수 있고, 대처기술 부족이나 부정적 감정을 다루는 능력의 부족이 알코올 문제로 이어질 수도 있다. 주변에 건강한 음주모델이 부재하거나 위험한 음주를 하는 모델이 있다면 이 역시 알코올 문제의 위험을 증가시키는 요인이 된다.

② 알코올기대이론

알코올이나 약물 남용을 설명하는 인지행동모델에서 주목하는 또 하나의 개념은 결과에 대한 기대(outcome expectancy)이다. 사회학습이론의 한 요소로 포함되기도 하는 결과기대는 외부의 자극과 이에 대한 반응을 매개하는 인지적 요인을 의미한다. 기대는 어떤 상황에서 행하는 행동과 그로 인한 결과로 예상되는 생각이다(Goldman, 1994). 예컨대, '만일 ～한다면 ～것이다'라는 행동과 결과의 관계에 대한 예상이다. 이 이론은 음주에 대한 이해와 기대가 어떻게 음주행동에 영향을 미치는가에 초점을 둔다. 기대이론에 따르면 음주를 하는 것은 음주로 인해 얻게 되는 결과를 예상하고 이를 통해 강화되기 때문이다.

음주에 대한 기대는 사람에 따라 다른데, 여러 실험연구를 통해 알려진 알코올에 대한 기대는 대표적으로 사회성 증진, 즐거움, 긴장해소, 성기능 향상, 메스꺼움, 공격성 등이다. 이는 크게 긍정적 기대와 부정적 기대로 나눌 수 있다. 이러한 기대는 실제 음주량, 음주행동, 혹은 생리적 반응보다는 인지적 요인에 기반하고 있다. 알코올에 대한 부정적 기대가 높거나 긍정적 기대가 낮으면 술을 덜 마시게 되는 반면, 강한 긍정적 기대는 과도한 음주로 이어진다는 연구결과들이 있다. 음주기대는 음주에 대한 개인의 신념이나 생각이기 때문에 사회화 과정을 통해 학습되고, 가족, 또래집단, 문화, 대중매체(주류광고와 같은)의 영향을 받는다. 흥미로운 것은 음주기대가 주로 청소년기 이전에 형성된다는 점이다(Wiers, Sergeant, & Gunning, 2000). 자신이 직접 술을 마시지 않아도 타인의 음주행동을 관찰하면서, 또는 대중매체를 통한 주류광고 등에 노출되면서 형성된다. 초등학생이 가지고 있는 음주기대를 분석한 연구에 따르면 나이가 증가함에 따라 음주에 대한 긍정적 기대 역시 증가했다(Miller et al., 1990). 주목할 점은 어린 시절에 가지고 있는 긍정적인 음주기대가 향후 청소년기 및 청년기의 음주시작, 음주의도, 음주량을 예측한다는 것이다(Christiansen et al., 1989; Stacy et al., 1990). 이처럼 인지에 방점을 둔 인지행동이론은 인지적 요인이 외부 조건과 행동을 매개한다는 것을 강조한다.

3. 사회환경적 관점

심리적 모델이 알코올 문제의 원인을 개인 내적 요인에서 찾는다면, 사회환경적 관점은 음주행태와 음주문제를 둘러싼 환경의 영향에 주목한다. 즉, 개인의 취약성이나 특성보다는 개인이 속한 사회의 문화, 규율, 구조와 같은 사회적 요인을 강조한다. 한 사회가 가지고 있는 음주에 대한 태도, 허용 정도, 규제 정도, 접근 용이성, 그리고 더 나아가 사회불평등의 정도는 그 사회구성원의 알코올 행동에 영향을 미치는 요인으로 작용한다. 여기에서는 알코올 접근 용이성과 홍보 그리고 사회구조적 측면을 강조하는 중독의 사회적 결정요인에 대해 살펴보기로 하자.

1) 사회적 태도: 접근 용이성과 홍보

알코올에 관대하고 허용적인 분위기는 그 사회가 가지고 있는 음주에 대한 태도를 반영하며 구성원의 높은 알코올 소비량으로 연결된다. 알코올에 대한 접근 용이성(혹은 가용성, availability) 정도는 음주에 대한 한 사회의 태도와 관계 있는 지표이다. 2010년 세계보건기구는 해로운 알코올 사용 감소를 위한 글로벌 전략(WHO, 2010)을 결의하고, 주요 전략의 하나로 접근 용이성을 낮추는 제도를 제안했다. 접근 용이성에는 영업시간, 영업일수, 판매 장소나 위치 등이 포함된다. 알코올에 대한 접근성이 용이하면 그 사회의 평균 알코올 소비량은 증가하게 되고, 알코올 소비량이 높아질수록 알코올 문제 위험은 증가할 수밖에 없다. 접근성과 관련한 정책, 법, 제도 등은 알코올 문제를 예방하는 데 큰 역할을 담당하며, 특히 청소년 같은 알코올에 취약한 대상의 알코올 소비를 낮추는 데 효과적이다. 시간과 장소에 구애받지 않고 술을 마시거나 구매할 수 있는 한국에서는 접근성 정책이

다소 생소하게 느껴질 수 있다. 하지만 대부분의 OECD 국가는 알코올 구매시간과 요일을 통제하는 정책을 가지고 있다. 미국의 경우, 주마다 조금씩 다르긴 하지만 구매시간이 법적으로 정해져 있고(예: 새벽 1시~오전 7시 사이 주류판매 금지), 일요일 주류판매 금지정책을 지키는 주도 많다. 영국, 스페인, 노르웨이를 포함하여 다수의 유럽국가에서도 특정시간 이후 소매점 주류판매를 금지하는 정책을 철저하게 지키고 있다.

공공장소 음주 역시 알코올 접근을 용이하게 하는 요인으로서 구성원의 음주를 부추기는 환경요인이다. 많은 국가는 공원, 해변, 강가와 같은 공공장소에서 음주를 금지하거나 제한하는 정책을 가지고 있다. 미국의 거의 모든 주는 공원과 같은 개방된 공공장소에서 개봉된 술을 소지하거나 마시는 것을 금지하고 있다. 뉴질랜드에서는 절반 이상의 지방정부가 공공음주를 전면적으로 금지해 오고 있다. 이 밖에도 프랑스, 영국, 일본 등 OECD 주요국들 모두 어느 정도의 공공장소 음주정책을 시행하고 있다. 공공장소 음주는 누구나 알코올에 쉽게 접근하게 만들기도 하지만 무엇보다 미성년자와 같이 알코올 문제로부터 보호해야 할 대상을 음주에 쉽게 노출시킨다는 점에서 더욱 큰 문제이다. 실제로 공공장소 음주 금지정책을 시행하는 지역에서는 미성년자 음주, 기물 파손, 폭력 건수가 감소한다는 여러 연구결과가 보고된 바 있다(Babor et al., 2010).

한 사회구성원의 음주에 영향을 미치는 또 하나의 중요한 환경요인은 알코올 관련 홍보와 마케팅이다. 1960년대 이후 대중매체가 급속하게 발달하면서 모든 종류의 마케팅이 증가했다. 주류산업도 예외는 아니었고 세계 곳곳에서 주류광고가 증가하기 시작했다. 특히 인터넷 매체의 발달과 확산은 주류 마케팅 증가에 크게 기여했다. 주목할 점은 마케팅의 효과는 성인보다 젊은층(혹은 불행하게도 아동들)에게 더욱 강력하게 전달된다는 점이다. 주류산업 마케팅의 핵심은 주류 시장에 새로운 음주자들을 지속적으로 영입하는 것이다. 기존 음주자는 결혼, 가족, 노화 등의 이유로 점차적으로 자연스럽게 알코올 소비량이 감소할 집단으로 간주한다. 따라서 주류산업은 일반 음주자는 물론 예비 음주자나 평균보다 적게 마시는 집단을 마케팅의 목표로 설정하고 지속적이고 적극적인 홍보 전략을 구사한다. 여기에 청소년을 포함한 젊은 층은 주류산업의 소중한 잠재적 고객이며, 특히 최근에는 여성을 겨냥하는 적극적인 마케팅이 이루어지고 있다.

마케팅의 가장 핵심은 광고라고 할 수 있다. 실제로 주류광고는 젊은 층(아동 포함)의 음주의도에 영향을 미치고, 비음주자를 음주자로 변화시키는 역할을 한다. 주류광고는 호기심을 증가시키고 이러한 호기심은 음주행동으로 이어진다. 여러 연구에 따르면 주류광고에 대한 노출은 성인뿐 아니라 상대적으로 마케팅에 민감하게 반응하는 청소년이나 젊은

층의 음주에 영향을 미친다. 한 연구에서는 주류광고를 잠깐이라도 접한 대학생들의 경우 알코올이 사회적으로 유익할 것이라는 기대를 갖게 되었고, 주류광고에 대한 노출이 실제 알코올 소비량으로 이어지는 것으로 나타났다(Wilks, Vandanega, & Callan, 1992). 이와 유사한 또 다른 연구에서는 맥주광고를 반복해서 시청한 대학생들이 시청하지 않은 학생들에 비해 맥주의 위험을 더 낮게 평가하고 음주에 대한 긍정적 인식을 갖는다는 것을 발견했다(Slater & Domenech, 1995). 아직 음주를 시작하지 않은 청소년 중에서도 광고에 노출되는 정도가 높을수록 향후 음주의도가 높다는 연구결과들도 있다. 한 종단연구에 따르면 18세에 주류광고에 대한 호감도가 높았던 청소년들은 21세 때 과음 정도가 높았고, 26세 때는 음주빈도가 더 높았다(Casswell, Pledger, & Pratap, 2002).

주류광고가 젊은 층의 음주행동에 작용하는 과정은 다음과 같다. 우선, 주류광고에 노출되면서 광고에 대한 호감을 갖게 되고, 이런 호감은 광고 속 등장인물을 모방하고 싶은 생각으로 이어지며, 광고 속 음주행위를 모방하면 긍정적인 결과가 있을 것이라는 기대를 갖게 된다. 특히 광고에는 젊은 층이 선호하는 이미지, 아이디어, 문구나 유머 감각 등이 포함되는 경우가 많기 때문에 주류광고에 대한 호감과 생각은 알코올 소비와 구매의도에 영향을 준다(Jernigan et al., 2017).

주류 홍보나 광고가 미치는 이러한 직접적인 영향 외에도 알코올을 긍정적이고 일상생활의 활력소와 같은 것으로 홍보하는 마케팅은 음주에 대한 사회적 규범에 영향을 미치고 더 허용적인 태도나 정책을 야기할 수 있다(Casswell, 1997; Critchlow & Moodie, 2021). 그리고 결국 이러한 환경은 그 사회의 알코올 소비량을 증가시키는 요인으로 작용한다. 따라서 이런 문제에 대응하기 위해서는 국가 차원의 전략과 정책이 요구된다. 세계보건기구는 주류 마케팅이 미치는 부정적 영향을 최소화시키기 위한 마케팅 규제 전략을 결의하고 회원국들에게 이를 권고했다. 국가에 따라서는 주류광고를 국가가 규제하는 경우도 있고 주류산업이 자발적으로 규제 내용을 결정하도록 자율규제에 맡기기도 한다. 주류 마케팅 규제 전략에는 주류 마케팅 내용과 횟수 제한, 주류광고 금지, 광고 시간이나 장소 규제, 광고매체 제한, 주류판매 촉신을 목석으로 하는 각종 스폰서 규제, 젊은 층을 대상으로 하는 주류 마케팅 규제 등 다양한 내용이 포함된다.

알코올에 대한 접근 용이성과 음주에 대한 긍정적 기대를 유발시키는 마케팅 규제 정도는 그 사회가 음주에 대해 가지고 있는 태도와 문화를 반영한다. 허용적인 태도와 문화를 가질수록 그 사회의 알코올 소비량은 증가할 수밖에 없으며, 특히 청소년과 같은 보호대상에게는 더욱 부정적인 영향을 미친다. 주류산업이라는 거대한 힘에 맞서 알코올 폐해 감소 전략을 실행하기 위해서는 국민의 건강이 더 중요하다는 사회구성원들의 합의와 국가의 적극적인 의지가 필요하다.

2) 중독의 사회적 결정요인

일반적으로 건강문제에 대한 논의는 건강과 관련한 개인의 행동을 중심으로 이루어진다. 알코올 문제도 마찬가지인데, 술을 마시는 것은 결국 개인이 하는 행위이므로 흔히 개인의 특성, 유전적 요인, 심적인 어려움, 스트레스 등을 문제의 주된 원인으로 지목하고 문제에 대한 개입도 개인의 행동을 변화시키는 것에 초점을 맞춘다. 좀 더 시각을 키워 알코올 문제에 기여하는 환경적 요인을 다루더라도 주로 언급되는 환경의 범위는 가족, 또래, 허용적 문화, 알코올정책의 정도이다. 지금까지 더 큰 사회구조의 맥락에서 중독문제를 이해하려는 노력은 거의 주목을 받지 못했다.

질병은 인간과 환경 사이에 문제가 있다는 것을 암시하는 것이며, 건강상태는 사회적 환경을 반영하는 지표이다. 사회경제적 조건에 따라 건강 수준의 차이가 나타나는 현상을 건강격차 혹은 건강불평등이라고 한다. 건강불평등 연구는 건강에 영향을 미치는 사회적 결정요인을 밝히고자 노력하며, 불평등과 같은 사회구조적 환경에 주목한다(Marmot & Wilkinson, 2006).

건강과 관련한 주요한 사회구조적 문제라고 하면 일반적으로 빈곤을 떠올리기 쉽다. 즉, 열악한 주거 환경, 영양섭취 부족, 교육 기회 부족, 취약한 물질적 환경으로 인해 건강문제가 발생한다는 것이다. 물론 이러한 요인도 중요하다. 하지만 그렇다면 물리적으로 좋은 조건을 갖춘 선진국의 구성원들은 그렇지 않은 국가의 구성원보다 전체적으로 더 나은 건강지표를 보여야 하는데 몇몇 선진국 구성원의 건강은 후진국보다도 못하다. 영국의 건강불평등 연구자 리처드 윌킨슨(Richard Wilkinson)은 한 사회의 건강 및 사회 문제에 영향을 미치는 주요한 요인으로 소득불평등을 지목한다. 부유한 국가에서 생기는 문제는 사회의 부가 충분하지 않아서가 아니라 동일한 사회 내에서 사람들 간의 물질적 차이가 너무 크기 때문에 발생한다는 것이다. 윌킨슨은 선진국으로 분류되는 30여 개 국가의 자료를 토대로 기대수명, 비만, 정신질환(알코올 및 약물 중독 포함) 등의 건강 및 사회 문제를 분석하였다. 연구 결과, 국가의 국민소득과 건강 및 사회 문제 간에는 상관관계가 없었다. 하지만 소득불평등을 중심으로 분석한 결과, 불평등이 증가할수록 건강 및 사회 문제 지수도 증가하였다. 즉, 소득불평등이 심한 국가일수록 건강문제가 심각하고 사회결속력이나 폭력 등의 사회문제 정도가 높았다(Wilkinson & Pickett, 2012).

　소득불평등은 구체적으로 개인의 건강에 어떻게 영향을 미칠까? 계층 간의 건강격차는 의료서비스 이용의 차이로만 발생하는 것이 아니다. 여기서 중요한 질문은 왜 가난한 사람들이 더 많은 질병에 걸리는가이다. 건강불평등 연구자들은 물질적 생활 수준 차이뿐 아니라 여러 심리사회적 요인이 질병 발생률이나 사망률에 영향을 미친다는 것을 알게 되었다(Wilkinson, 2005). 건강과 직접적으로 관련이 있는 사회심리적 요인으로 주목하는 요인들은 사회적 지위, 낮은 통제력, 우울, 불안, 절망, 낮은 신뢰, 스트레스, 노동 강도에 미치지 못하는 사회적/물질적 대가, 고용, 주거 불안정 등이다. 일반적으로는 이런 요인들이 개인의 성격이나 능력의 차이로 인해 발생하는 결과라고 생각할 수 있다. 하지만 여러 연구에 따르면 건강에 영향을 미치는 개인의 감정상태는 개별적 요인보다는 사회적 맥락에 따라 달라진다. 예컨대, 해고, 실업, 차별, 배제 등은 스트레스를 유발하는 근본적 원인인데, 이러한 구조적 환경으로부터 기인하는 스트레스에 개인적으로 대응하는 것은 쉽지 않은 일이다. 스트레스가 만병의 근원이라는 것은 대부분이 동의하는 명제이다. 하지만 그 스트레스가 어디에서 오는가, 즉 원인의 원인이 무엇인가를 아는 것이 건강불평등을 이해하는 핵심이다.

　음주는 건강관련 습관이 사회적 환경이나 조건으로부터 영향을 받는다는 것을 잘 보여주는 예이다. 약물이나 알코올중독관련 사망은 사회계급의 차이를 더 민감하게 반영한다. 술을 마시는 행위의 주체는 개인이고 음주는 개인의 선택이다. 하지만 그런 개인의 선택 역시 사회적 영향 아래 놓여 있을 수밖에 없다. 음주습관의 사회적 패턴을 보면 개인을 넘어서는 사회적 원인이 있다는 것을 알 수 있다. 사회경제적 지위가 높은 사람 혹은 소득분위가 높은 사람들이 알코올 소비는 더 많이 하는 반면, 실제 음주로 인한 피해, 위험음주, 혹은 알코올중독은 사회적 지위가 낮은 이들이 더 많이 경험한다(Marmot, 2017). 이러한 현상은 영국, 미국뿐 아니라 한국에서도 나타나는 공통적인 현상이다(보건복지부, 2017, 2018; 정슬기, 김용석, 송진희, 이수비, 이수영, 2015). 또한 소득불평등과 음주의 관계를 분석한 결과를 보면 뉴욕시의 경우 소득불평등이 심한 동네의 음주빈도가 더 높았고, 유럽의 13개 국가에서는 소득불평등이 심할수록 알코올 소비량이 높게 나타났다(Wilkinson & Pickett, 2018). 불법약물 사용과 도박행동에서도 유사한 현상이 나타난다. 23개 선진국을 분석한 한 연구에서는 소득격차가 심한 국가일수록 불법약물 사용이 높았고, 미국의 50개 주에서도 소득불평등이 높은 주일수록 약물 과용으로 인한 사망자 수가 많았다(Wilkinson & Pickett, 2009). 또한 16개 국가를 대상으로 소득불평등과 문제성 도박의 관계를 살펴본 결과, 소득불평등이 높은 국가일수록 문제성 도박 비율이 높았다(Williams, Volberg, & Stevens, 2012). 이처럼 불평등은 음주, 약물, 도박을 망라하는 중독성 행동과 긴밀하게 연결되어 있음을 알 수 있다. 건강불평등 연구자 마이클 마멋(Michael Marmot)은 음주가 질병과 사망의 원인이라고 말하는 데에서만 그치지 않고 원인의 원인, 즉 음주 패턴을 결정하는 요인이 무엇인지 질문해야 한다고 주장한다. 과음이 몸에 해롭다는 것은 누구나 알고 있다. 금주 혹은 절주를 위해서는 큰 결단이 필요하고 때로는 극기에 가까운 훈련이 필요하다. 건강을 지키기 위한 이러한 결단은 개인의 역량을 필요로 하는데, 빈곤과 불평등은 개인의 역량을 심하게 박탈한다. 배제, 좌절, 분노, 수치심으로 어우러진 삶에서는 위로를 주는 대체물이 계속 필요하며, 극기에 가까운 결단을 기대하기란 어렵다.

불평등이 심화된 사회일수록 구성원은 사회적 지위에 더욱 민감할 수밖에 없고, 상대적 박탈감은 점점 증가한다. 이런 사회에서 자존감과 지위를 유지하는 것은 많은 스트레스를 유발한다. 실제로 인간과 유사하게 사회적 서열에 매우 민감한 긴꼬리원숭이를 대상으로 한 실험연구는 사회적 지위에 따라 약물사용이 달라진다는 것을 보여 주었다. 모든 조건을 동일하게 유지한 상태에서 원숭이가 속한 집단을 바꾸어 이전 소속집단에 비해 사회적 서열이 달라진 원숭이들을 관찰했다. 그 결과, 서열이 낮아진 원숭이는 코카인을 더 많이 섭취했고, 실제로 코카인 중독에 더 쉽게 빠졌다. 반대로 지배적 위치에 있는 원숭이에게서는 코카인 사용 취약성이 감소하는 신체적 반응이 나타났다(Morgan et al., 2002). 이런 연구결과는 인간에게도 적용시킬 수 있다. 현대사회의 고도의 경쟁과 점점 벌어지는 소득격차는 사회적 결속을 약화시키고 지위불안을 증가시킨다. 이러한 조건에서 인간은 다양한 중독성 물질에 의존하기 쉽다(Wilkinson & Pickett, 2018). 이러한 일련의 연구는 거시적 환경인 사회구조, 사회불평등, 그리고 불평등으로부터 오는 박탈, 배제, 소외감 등이 개인의 중독행동에 영향을 미친다는 것을 잘 보여 준다.

4. 통합적 관점

지금까지 알코올 문제를 설명하는 다양한 모델을 살펴봤다. 20세기까지 알코올 문제 치료전문가나 상담가들은 일반적으로 특정 모델에 기반하여 훈련을 받았고, 그 특정 모델의 렌즈로만 알코올 문제를 바라보았다. 다른 모델은 효과가 없거나 잘못된 접근이라고 생각하는 경향이 있었고 자신이 훈련받은 모델이 치료에 가장 효과적이고 확실한 방법이라고 믿었다. 하지만 최근 대부분의 중독전문가들은 알코올중독이 다양한 요인에 의해 발생하는 문제라는 것에 동의한다. 즉, 역기능적 알코올 사용 패턴은 다양하게 나타나며 여기에는 여러 요인이 작용하고 그로 인한 결과도 각기 다르게 나타나기 때문에 여러 유형의 치료와 개입이 필요하다고 주장한다. 따라서 대부분의 치료현장은 다학제적 전문가로 이루어진 팀 접근과 통합적으로 문제를 바라보는 접근을 지향한다. 여기에서는 알코올 문제를 통합적 관점에서 접근하는 생물심리사회모델과 공중보건모델을 중심으로 살펴보기로 하자.

1) 생물심리사회모델

중독문제는 매우 다양한 양상으로 나타난다. 사례를 통해 몇 개의 유형을 살펴보자. 63세인 A씨는 고등학교 때부터 술을 많이 마시기 시작했다. 아버지는 거의 매일 술을 마시는 사람이었고, A씨는 아버지 같은 사람이 되지 않겠다고 다짐했지만 한번 마시기 시작하면 만취할 때까지 마셨다. 음주운전, 음주폭행, 음주로 인한 사람관계 등의 문제를 겪으면서 가족들의 제안으로 40대에 치료를 받기 시작했고, 치료 후 두 번의 재발을 경험했지만 AA에 열심히 참여하며 현재 10년째 단주 중이다. 42세인 B씨는 중학교 때 친구들과 호기심으로 술을 마시기 시작했다. 20대가 되면서 거의 매일 과음하다시피 했고 여러 문제로 30대에는 중독관리센터의 의뢰로 입원치료를 받았다. 하지만 35세에 결혼을 하고 출산을 하면서 술을 대폭 줄였고, 가끔 마시기는 하지만 지난 7년째 술로 인한 아무런 문제 없이 생활하고 있다. 53세 C씨는 대학 입학 후 신입생 환영회 때 처음으로 술을 마시기 시작했다. 다른 친구들에 비해 잘 안 취하고 잘 마신다는 평가를 받으면서 점점 과음이 생활화되었다. 30대 초반에 들어간 직장은 술을 잘 마셔야 유능하다는 분위기가 팽배했고, 음주를 회사생활의 중요한 일부로 평가했다. 이런 분위기에서 거의 매일 과음하던 C씨는 어느 날 자신이 직장생활이 어려울 정도로 술을 마신다는 자각하에 스스로 병원에 찾아가 치료를 받았다. 그 후 18년간 술을 끊고 성실하게 직장생활을 하던 중 지난해 구조조정을 사유로 해고통지를 받았다. C씨는 상실감과 분노를 통제하기 어려워 다시 술을 마시기 시작했다.

이처럼 알코올 문제는 다양한 이유로 발생할 수 있고 사람에 따라 여러 형태로 발현되고 통제된다. 생물학적 혹은 유전적 특성으로 인해 문제음주가 발현되는 경우도 있고 음주를 조장하는 또래문화나 직장문화로 인해 과음이 일상화되고 이런 습관이 중독으로 이어지기도 한다. 또한 해고나 실업과 같이 개인의 역량만으로는 대처하기 어려운 사회적 조건으로 인해 문제음주를 하게 되는 경우도 있다. 원인이 다양한 만큼 발생하는 문제에 대한 개입이나 해결 방식도 다양하다. 전문적인 치료를 통해야만 문제가 해결되는 경우도 있고, 삶의 변화와 주어진 책임이 증가하면서 자연스럽게 문제가 해결되기도 한다. 어떤 이들은 전문적 도움 없이 스스로 문제를 해결하기도 한다.

중독 분야의 전문가들이 치료현장에서 주로 만나는 이들은 대부분 중독문제로 인해 삶의 여러 측면에서 심각한 문제를 경험한 이들이다. 스스로 문제를 자각하고 성공적으로 단주나 절주한 사람들이나 계속되는 과음에도 불구하고 심각한 문제를 경험하지 않은 사람들은 치료현장에서 만나기 쉽지 않다. 따라서 치료에서 만나는 특정한 사람들에 기반하여 중독의 원인에 대한 개념을 확인하고 이론으로 정립할 위험이 존재한다. 즉, 특정한 틀로만 중독을 설명하려는 오류를 범할 가능성이 있다. 실제로 치료를 필요로 하는 많은 이의 중독 유형은 질병모델로 설명할 수 있고 이 모델에 기반한 개입으로 수많은 사람이 회복의 길에 들어선다. 하지만 문제음주를 설명하는 다른 방법도 있다는 것을 염두에 두어야 대상자의 특성에 맞는 적절한 개입을 할 수 있다. 이처럼 중독의 다양한 특성을 반영하고자 하는 모델이 생물심리사회모델이며(Fisher & Harrison, 2009) 이를 치료개입에 적용시키는 경우 여러 대안을 함께 고려하는 절충주의 접근이라고도 한다. 통합적 모델이라고 할 수 있는 생물심리사회모델은 중독의 원인을 설명하는 데 생물학적·심리적·인지적·사회적·환경적 요인을 함께 고려하며, 이는 치료에서도 마찬가지이다. 생물심리사회모델은 어느 한 요인을 배제하거나 무시하지 않는 정확한 사정과 개입을 가능하게 하며, 따라서 중독관련 전문가들은 생물심리사회모델의 중요성을 인식하고 대부분의 치료는 다학제 전문가로 이루어진 팀을 기반으로 이루어진다.

2) 공중보건모델

중독이나 문제음주에 대한 개입은 그 문제의 원인을 어디에서 찾느냐에 따라 달라진다. 질병모델의 신봉자라면 중독의 문제는 개인의 특성에서 비롯되는 것이라고 생각하기 때문에 주류판매 시간을 제한하거나 공공장소 음주를 제한하는 접근 용이성 정책이 크게 효과적이라고 생각하지 않을 것이다. 사회환경적 요인을 강조하는 관점에서는 기질적 혹은 유전적 특성을 가진 소수의 중독자에게만 초점을 맞추는 개입은 지극히 제한적이라고 평가한다. 앞에서 설명한 질병모델, 정신분석모델, 사회학습이론, 알코올기대이론, 접근 용이성 관점, 사회적 결정요인 모두 과학적 증거에 기반한 관점들이다. 하지만 모든 중독문제를 설명할 수 있는 단 하나의 모델은 존재하지 않는다. 각 모델이 가지고 있는 강점이 있지만 하나의 모델로는 모든 중독을 설명하지 못하는 한계점도 존재한다.

생물심리사회모델과 마찬가지로, 공중보건모델(public health model)은 다양한 특성을 가진 중독문제를 통합적으로 설명하려는 노력 중 하나이다. 공중보건모델은 중독문제를 단일 차원에서 이해하기보다는 다양한 차원으로 인식할 때 많이 활용된다. 공중보건모델은 특정 건강관련 문제가 개인의 특성으로만 발생하는 것이 아니라는 전제에서 출발한다. 공중보건모델에서는 건강문제가 질병을 매개하는 매개체(agent), 질병을 경험하는 사람(host), 질병이 발생하는 사회환경적 맥락(environment)의 세 가지 요인의 상호작용으로 발생한다고 설명한다(Dicker et al., 2006; Hester & Miller, 2003).

첫째, 매개체는 일반 질병에서는 주로 박테리아 등의 미생물이지만 알코올 문제에서는 에틸알코올이다. 술의 주성분인 에틸알코올은 파괴적인 잠재력을 가지고 있으며 알코올 자체가 갖는 위험이 문제의 원인이 될 수 있다. 이를 잘 보여 주는 예는 미국 역사에서 찾을 수 있다. 1920년 미국은 전국적으로 금주령(Prohibition)을 선포했다. 알코올은 해롭고 위험한 것이기 때문에 개인이 음주를 조절하는 것은 불가능하며, 따라서 절제만이 문제를 예방할 수 있다고 주장하며 음주를 위법행위로 규정했다. 주류를 불법으로 양조하고 유통하는 범죄조직의 성행 등 여러 부작용을 남기기도 한 금주령은 1933년에 폐지되었지만, 금주법 시행 전과 비교하면 이 기간 동안 알코올 소비량이 절반 이하로 감소했던 것은 사실이다.

하지만 알코올이 가지고 있는 위해성이 알코올 문제로 발현되기까지는 공중보건모델의 둘째 요인인 개인의 특성이 작용한다. 즉, 이 장의 전반부에서 설명한 알코올에 대한 개인의 신체적 반응이나 유전적 취약성, 스트레스 대처기술, 또는 술에 대한 기대와 같은 인지적 요인들이 여기에 해당된다.

셋째 요인은 환경인데 공중보건모델에서 초점을 두는 환경은 알코올 사용을 용이하게 하는 사회적 분위기나 정책, 그리고 술에 대한 호기심을 자극하는 홍보 전략 등이다. 공중보건모델에 따르면 중독 혹은 문제음주가 발생하는 것은 매개체로서의 알코올과 술을 마시는 사람과 그러한 조건을 조성하는 사회환경의 상호작용 결과이다(Hester & Miller, 2003).

이처럼 공중보건모델은 개인뿐 아니라 매체가 가지고 있는 특성과 개인의 특성, 그리고 개인을 둘러싼 사회환경적 요인의 영향을 동시에 주목하는 통합적 접근이다. 문제를 해결하기 위해서는 이 세 가지 영역 모두를 고려하는 개입이 요구된다. 이 모델은 중독문제에 대한 책임을 사용자에게만 국한하는 개인적 접근에서 나아가 지역사회의 역할과 사회의 책임을 강조한다는 면에서 의미가 있다.

　이 장에서는 알코올 문제를 설명하는 다양한 이론적 접근을 살펴보았다. 유전적 영향을 강조하는 생물학적 관점에서부터 알코올중독을 질병으로 설명하는 질병모델, 개인 내적 문제로부터 알코올 문제가 이차적으로 발생하는 것을 강조하는 심리적 관점, 외부의 자극에 의해 음주가 시작되고 알코올을 어떻게 인지하는지에 따라 음주행동이 달라지는 과정을 설명하는 인지행동이론, 개인의 특성이나 취약성보다는 음주에 대한 한 사회의 태도나 문화, 그리고 사회구조의 영향에 주목하는 사회환경적 관점에 이르기까지, 알코올 문제 및 중독 원인론에는 다양한 시각이 존재한다. 알코올 문제의 원인을 제대로 이해하는 것은 문제를 예방하고 개입하는 길잡이가 되기 때문에 매우 중요하다. 실천 현장에서 만나는 사람들은 각각 다른 이유로 알코올 문제를 경험하고 있기 때문에 우리에게는 여러 렌즈를 통해 문제의 원인을 파악할 수 있는 역량이 필요하다. 많은 경우 알코올 문제는 어느 한 가지의 이론으로만 설명하기 어려우며, 따라서 생물심리사회적 요인을 모두 포함하는 통합적 관점으로 문제를 이해하고 이를 기반으로 개입계획을 세워야 한다. 여기에는 알코올 문제를 가진 개인의 행동을 변화시키는 노력뿐 아니라 알코올 문제 예방과 개입을 위한 정책 마련, 더 나아가서는 알코올 문제에 영향을 미치는 사회적 요인을 변화시키는 노력도 포함된다.

토론문제

1. 알코올 문제의 원인을 설명하는 생물학적 관점으로 대표되는 질병모델과 심리적 관점의 가장 큰 차이는 무엇인지 생각해 보시오.

2. 알코올 문제에 대한 개입에서 질병모델이 가지고 있는 장점을 생각해 보고 질병모델이 회복에 어떻게 기여할 수 있는지 토론해 보시오.

3. 알코올 문제를 바라보는 통합적 관점에 기반하여 생물학적 관점과 심리적 관점의 한계점을 생각해 보고 이를 보완할 수 있는 개입 방법을 토론해 보시오.

4. 중독에 영향을 미치는 사회적 결정요인에 기반하여 현재 우리 사회에서 알코올 및 다른 중독문제에 기여할 수 있는 사회적 조건의 예를 생각해 보시오.

참고문헌

보건복지부(2017). 2016년 국민건강영양조사.

보건복지부(2018). 2017년 정신질환실태조사.

정슬기, 김용석, 송진희, 이수비, 이수영(2015). 음주의 사회경제적 빈곤, 불평등 영향 요인 규명 및 취약계층 음주문제개선과 회복을 위한 실천적 · 정책적 전략 개발. 세종: 보건복지부.

Abrams, D. B., & Niaura, R. S. (1987). Social learning theory. In H. Blane & K. Leonard (Eds.), *Psychological theories of drinking and alcoholism*. New York: The Guilford Press.

Agarwal, D. P., Harada, S., & Goedde, H. W. (1981). Racial differences in biological sensitivity to ethanol: The role of alcohol dehydrogenase and aldehyde dehydrogenase isozymes. *Alcoholism: Clinical and Experimental Research, 5*(1), 1216.

Babor, T. et al. (2010). *Alcohol: No Ordinary Commodity: Research and Public Policy*. Oxford: Oxford University Press.

Barondes, S. H. (1999). An agenda for psychiatric genetics. *Archives of General Psychiatry, 56*, 549-552.

Casswell, S. (1997). Public discourse on alcohol. *Health Promotion International, 12*, 251-257.

Casswell, S., Pledger, M., & Pratap, S. (2002). Trajectories of drinking from 18 to 26: identification and prediction. *Addiction, 97*, 1427-1437.

Christiansen, B. A., Smith, G. T., Roehling, P. V., & Goldman, M. S. (1989). Using alcohol expectancies to predict adolescent drinking behavior after one year. *Journal of Consulting and Clinical Psychology, 57*(1), 93-99.

Ciraulo, D. A., Sarid-Segal, O., Knapp, C., Ciraulo, A. M., Greenblatt, D. J., & Shader, R. I. (1996). Liability to alprazolam abuse in daughters of alcoholics. *The American Journal of Psychiatry, 153*(7), 956-958.

Cloninger, C. R., Sigvardsoon, S., & Bohman, M. (1988). Childhood personality predicts alcohol abuse in young adults. *Alcoholism: Clinical and Experimental Research, 12*, 494-505.

Coley, R. L., Sims, J., & Carrano, J. (2017). Environmental risks outweigh dopaminergic genetic risks for alcohol use and abuse from adolescence through early adulthood. *Drug and Alcohol Dependence, 175*, 106-118.

Critchlow, N., & Moodie, C. (2021). Understanding the broader impacts of alcohol marketing: Time for a research agenda which includes adults. *Alcohol and Alcoholism, 56*(5), 614–616.

Dicker, R., Coronado, F., Koo, D., & Parrish, R. G. (2006). *Principles of Epidemiology in Public Health Practice* (3rd ed.). U.S. Department of Health and Human Services, GA, USA.

Doweiko, H. E. (2009). *Concepts of Chemical Dependency* (7th ed.). Pacific Grove, CA: Brooks/Cole.

Fisher, G. L., & Harrison, T. C. (2009). *Substance Abuse: Information for school counselors, social workers, Therapists, and Counselors.* Boston, MA: Pearson.

Goedde, H. W., Agarwal, D. P., Fitze, G. et al. (1992). Distribution of ADH2 and ALDH2 genotypes in different populations. *Human Genetics, 88,* 344–346.

Goldman, M. S. (1994). The alcohol expectancy concept: Applications to assessment, prevention, and treatment of alcohol abuse. *Applied and Preventive Psychology, 3*(3), 131–144.

Grucza, R. A., Cloninger, R., Bucholz, K. K., Constantino, J. N., Schuckit, M., Dick, D. M. et al. (2006). Novelty seeking as a moderator of familial risk for alcohol dependence. *Alcoholism: Clinical and Experimental Research, 30*(7), 1176–1183.

Hester, R. K., & Miller, W. R. (2003). *Handbook of Alcoholism Treatment Approaches: Effective Alternatives* (3rd ed.). Boston, MA: Allyn and Bacon.

Howard, M. O., Kivlahan, D., & Walker, R. D. (1997). Cloninger's tridimensional theory of personality and psychopathology: applications to substance use disorders. *Journal of Studies on Alcohol, 58,* 48–66.

Jellinek, E. M. (1952). Phases of alcohol addiction. *Quarterly Journal of Studies on Alcohol, 13,* 673–674.

Jellinek, E. M. (1960). *The disease concept of alcoholism.* New Haven, CT: College and University Press.

Jernigan, D., Noel, J., Landon, J., Thornton, N., & Lobstein, T. (2017). Alcohol marketing and youth alcohol consumption: A systematic review of longitudinal studies published since 2008. *Addiction, 112(*Suppl 1), 7–20.

Khantzian, E. J. (1997). The self-medication hypothesis of substance use disorders: a reconsideration and recent applications. *Harvard Review of Psychiatry, 4*(5), 231–244.

Khantzian, E. J., Halliday, K. S., & McAuliffe, W. E. (1990). *Addiction and the Vulnerable Self: Modified Dynamic Group Therapy for Substance Abusers.* New York: Guilford Press.

Leeds, J., & Morgenstern, J. (1996). Psychoanalytic theories of substance abuse. In F. Rotgers, D. S. Keller, & J. Morgenstern (Eds.), *Treating substance abuse: Theory and technique.* New York: Guilford Press.

Marmot, M. (2017). 건강격차: 평등한 사회에서는 가난해도 병들지 않는다. 동녘.

Marmot, M., & Wilkinson, R. (2006). *Social Determinants of Health* (2nd ed.). Oxford University Press.

McLellan, A. T., Lewis, D. C., O'Brien, C. P., & Kleber, H. D. (2000). Drug dependence, a chronic medical illness: Implications for treatment, insurance, and outcome evaluation. *Journal of the American Medical Association, 284,* 1689–1695.

Merikangas, K. R., Stolar, M., Stevens, D. E., Goulet, J., Preisig, M. A., Fenton, B., Zhang, H., O'Malley, S. S., & Rounsaville, B. J. (1998). Familial transmission of substance use disorders. *Archives of General Psychiatry, 55*(11), 973–979.

Miller, P. M., Smith, G. T., & Goldman, M. S. (1990). Emergence of alcohol expectancies in childhood: A possible critical period. *Journal of Studies on Alcohol, 51*(4), 343–349.

Morgan, D., Grant, K. A., Gage, H. D. et al. (2002). Social dominance in monkeys: Dopamine D2 receptors and cocaine self-administration. *Nature Neuroscience, 5*(2), 169–174.

Nurnberger, J. J., & Bierut, L. J. (2007). Seeking the connections: Alcoholism and our genes. *Scientific American, 296*(4), 46–53.

Prescott, C. A., & Kendler, K. S. (1999). Genetic and environmental contributions to alcohol abuse and dependence in a population-based sample of male twins. *The American Journal of Psychiatry, 156*(1), 34–40.

Royce, J. E. (1989). *Alcohol Problems and Alcoholism: A Comprehensive Survey* (Rev. ed.). NY: Free Press.

Schukit, M. A. (1994). Low level of response to alcohol as a predictor of future alcoholism. *American Journal of Psychiatry, 151*(2), 184–189.

Slater, M., & Domenech, M. M. (1995). Alcohol warnings in TV beer advertisements. *Journal of Studies on Alcohol, 56,* 361–367.

Sobell, M. B., & Sobell, L. C. (1993). *Problem Drinkers.* New York: Guilford Press.

Stacy, A. W., Widaman, K. F., & Marlatt, G. A. (1990). Expectancy models of alcohol use. *Journal of Personality and Social Psychology, 58*(5), 918-928.

Stevens, P., & Smith, R. L. (2005). *Substance Abuse Counseling: Theory and Practice.* Upper Saddle River, NJ: Pearson.

Szalay, L. B., Strohl, J. B., & Doherty, K. T. (2002). *Psychoenvironmental Forces in Substance Abuse Prevention.* New York: Kluwer Academic Publishers.

Thombs, D. L., & Osborn, C. J. (2019). *Introduction to Addictive Behaviors* (5th ed.). NY: Guilford.

Tu, G. C., & Israel, Y. (1995). Alcohol consumption by Orientals in North America is predicted largely by a single gene. *Behavior Genetics, 25*(1), 5965.

Wiers, R. W., Sergeant, J. A., & Gunning, W. B. (2000). The assessment of alcohol expectancies in school children: measurement or modification? *Addiction, 95*(5), 737-746.

Wilkinson, R. (2012). 평등해야 건강하다. 서울: 후마니타스

Wilkinson, R. G., & Pickett, K. E. (2009). Income inequality and social dysfunction. *Annual Review of Sociology, 35,* 493-512.

Wilkinson, R., & Pickett, K. (2012). 평등이 답이다: 왜 평등한 사회는 늘 바람직한가? 서울: 이후.

Wilkinson, R., & Pickett, K. (2018). *The Inner Level: How More Equal Societies Reduce Stress, Restore Sanity and Improve Everyone's Well-being.* Penguin Random House.

Wilks, J., Vandanega, A. T., & Callan, V. J. (1992). Effect of television advertising of alcohol on alcohol consumption and intentions to drive. *Drug & Alcohol Review, 11,* 15-21.

Williams, R. J., Volberg, R. A., & Stevens, R. M. G. (2012). *The population prevalence of problem gambling: Methodological influences, standardized rates, jurisdictional differences and world-wide trends.* Ontario, Canada: Ontario Problem Gambling Research Centre & the Ontario Ministry of Health and Long Term Care.

World Health Organization (2010). *Global Strategy to Reduce Harmful Use of Alcohol.* Geneva: WHO Press.

Wurmser, L. (1984). The role of superego conflicts in substance abuse and their treatment. *International Journal of Psychoanalysis and Psychotherapy, 10,* 227-258.

제**2**부

알코올 문제의
사정과 개입

<table>
<tr><td>제3장</td><td></td></tr>
</table>

사정

김용석(가톨릭대학교)

사정(assessment)은 클라이언트 문제의 본질과 문제해결을 위해서 해야 할 일들을 결정하기 위해 필요한 정보를 수집하고, 탐색하며, 조직하고, 분석하는 활동을 포함한다. 클라이언트의 알코올 문제에 대한 사정결과에 기초하여 개입계획이 수립되고 수립된 계획에 따라 개입이 이루어지기 때문에 사정은 매우 중요하다. 이 장은 클라이언트의 알코올 문제를 사정하는 방법을 세 단계로 구분하여 설명한다. 첫 번째 단계는 선별 단계로 클라이언트의 알코올 문제 사정을 위해 우선적으로 알코올 문제의 가능성을 결정하는 단계이다. 두 번째 단계는 선별된 알코올 문제를 보다 심도 있게 진단하는 단계이다. 세 번째 단계는 심리사회적 기능을 사정하는 단계로 알코올 문제를 삶의 다양한 영역과 연결하여 사정한다. 또한 이 장은 선별, 진단, 심리사회적 기능의 사정을 위해 유용한 도구들도 소개한다.

1. 사정의 정의와 목적

사정이란 무엇인가? 사정의 정의를 다루기에 앞서 데이터와 정보 간의 관계를 이해하는 것이 유용하다. 콤튼, 갤러웨이와 코노이어(Compton, Galaway, & Cournoyer, 2005)는 데이터(data)와 정보(information)를 구분하고 있다. 이들에 따르면, 데이터는 사회복지사가 실천의 초기 단계에서 클라이언트와 클라이언트가 가지고 있는 문제를 이해하기 위하여 클라이언트, 클라이언트의 문제, 그리고 클라이언트의 환경에 관해 수집된 인식, 사고, 감정들이다. 그러나 데이터는 그 자체로는 유용하지 못하다. 수집된 데이터는 체계적이고 조직적으로 정리되어야 유용해지며 이렇게 가공된 데이터가 정보이다. [그림 3-1]은 데이터와 정보의 관계를 보여 주고 있다.

[그림 3-1] 데이터와 정보의 관계

출처: Compton et al. (2005), p. 254.

　초기 단계에 수집된 데이터를 유용하고 의미 있게 만들기 위해서는 사정이 필요하다. 사정은 사회복지실천에서 기본적이면서 핵심적인 과정이다. 다양한 학자가 사정을 정의하고 있는데 그중에서 사회복지 문헌에서 자주 인용되는 몇 가지 정의를 소개하면 다음과 같다. 사이포린(Siporin, 1975)은 사정을 원조과정이 기초하는 과정(process)이자 산물(outcome)로 정의하였다. 과정으로서의 사정은 정보의 수집과 조직, 정보에 관해 판단을 내리는 것을 의미하며 산물로서의 사정은 개입계획을 수립하는 데 유용하게 사용될 수 있는 클라이언트의 기능에 관한 진술문을 뜻한다. 헵워스, 루니와 라슨(Hepworth, Rooney, & Larsen, 1997)은 사정을 계약하고, 목표를 설정하며, 개입계획을 수립하기 위한 기초과정이라고 정의하면서 개입의 효과는 사정의 정확성과 밀접하게 관련되어 있다고 주장하였다. 콤튼 등(2005)에 따르면, 사정은 클라이언트 문제의 본질과 문제해결을 위해서 해야 할 일들을 결정하기 위해 필요한 정보를 수집하고, 탐색하며, 조직하고, 분석하는 활동을 포함한다.

　사정의 목적은 효과적인 개입을 위해 필요한 정보를 제공하는 것이라고 할 수 있다. 이를 위해 당신은 사정과정에서 다음과 같은 노력을 기울여야 한다(Compton et al., 2005).

- 문제의 본질, 범위, 지속기간, 심각성, 긴급성 파악하기
- 클라이언트가 문제를 어떻게 인식하고 있는지 이해하기
- 클라이언트가 원하는 결과 이해하기
- 클라이언트와 클라이언트 환경의 강점, 자원, 잠재력 확인하기
- 변화대상을 명확히 하고, 목표와 하위목표를 세우고, 목표를 달성하기 위한 개입계획을 마련하고, 목표달성 정도를 평가하기 위해 데이터를 수집하고 정보를 신중하게 검토하기

2. 알코올 문제의 사정

앞에서 언급하였듯이 사정의 목적은 효과적인 개입을 계획하기 위해 필요한 정보를 제공하는 것이다. 그렇다면 알코올 문제의 사정은 어떻게 해야 하고 어떤 정보를 제공해야 하는가? 사실 이런 질문에 대해 정해진 답은 없다. 알코올중독 전문가에 따라서 혹은 실천 현장에 따라서 알코올 문제를 사정하는 방법이 다를 것이고 어떤 방법을 택하는지에 따라 제공되는 정보 내용도 다를 것이다. 관련 문헌을 통해 알코올 문제를 사정하는 방법과 내용을 살펴보는 것이 필요하다.

알코올 및 약물 남용 분야에서 저명한 학자로 알려진 도노반(Donovan, 1999)은 약물 남용의 사정 단계를 4단계로 구분하고 있다. 첫 번째는 선별(screening) 단계이다. 이 단계의 주요 과제는 문제가 존재하는지를 결정하는 것으로, 알코올 문제를 가지고 있거나 혹은 그럴 가능성이 높은 개인들을 찾아내는 단계이다. 두 번째는 문제 사정(problem assessment) 단계이다. 선별 단계에서 확인된 알코올 문제의 정도를 결정하는 단계로, 알코올 문제의 본질, 범위, 심각성 등을 사정한다. 세부적인 사정 영역으로는 음주 패턴, 진단, 음주결과 기대, 재발위험, 대처 방식, 자기효능감 등이다. 세 번째는 개인 사정(personal assessment) 단계이다. 이 단계는 개인의 문제를 진단적으로 분류하는 것을 넘어 삶의 다른 영역을 사정한다. 예를 들어, 성격, 정신병리, 정서상태, 사회적 기능 등이 사정 영역에 포함된다. 마지막 단계는 치료 관련 요인을 사정하는 단계이다. 사정 영역으로는 변화 준비, 치료 장애 요소, 치료 목표, 치료서비스 활용 등이다.

알코올 문제의 사정 단계를 7단계로 구분하기도 하는데, ① 고위험 음주자를 선별하는 단계, ② 고위험 음주자로 선별된 음주자를 진단하는 단계, ③ 음주와 관련 있는 클라이언트 문제의 심각성을 사정하는 단계, ④ 금단증상을 사정하는 단계, ⑤ 음주와 관련 있는 상황적 특성(예: 갈망, 음주관련 고위험 상황, 음주결과 등)을 사정하는 단계, ⑥ 심리사회력 기능(예: 대인관계, 변화동기, 고용, 재정 등)을 사정하는 단계, ⑦ 현재 음주 패턴을 사정하는 단계이다(King & Bordnick, 2002).

사회복지학자인 맥니스와 디니토(McNeece & DiNitto, 2012)는 그들이 저술한 약물 남용 교재에서 선별, 진단, 사정을 구분하여 설명하고 있다. 그들에 따르면, 선별은 간단한 선별도구(예: CAGE)를 사용하여 클라이언트의 알코올 문제 가능성을 결정하는 단계이다. 진단은 클라이언트의 알코올 문제를 확인하는 단계이며 이를 위해 주로 진단도구를 사용한다. 주로 사용되는 진단도구로는 미국정신의학회의『정신질환의 진단 및 통계 편람(Diagnostic and Statistical Manual of Mental Disorders: DSM)』과 세계보건기구의『국제질병분류(International Classification of Disease)』가 있다. 사정은 알코올 문제의 확인을 넘어 클라이언트의 알코올 문제를 심리적 안녕, 대인관계를 포함한 사회적 상황, 재정상태, 고용, 교육, 건강 등과 연결하여 심층적으로 고려하는 단계를 의미한다. 사정의 결과는 치료계획을 수립하는 기반이 된다.

이 외에도『물질남용의 예방과 치료: 사회복지사, 상담가, 치료사, 상담교사를 위한 지식(Substance Abuse: Information for School Counselors, Social Workers, Therapists, and Counselors)』를 저술한 피셔와 해리슨(2008)은 앞에서 설명한 것처럼 사정을 단계별로 구분하지는 않고 알코올 문제의 사정에서 고려해야 할 영역들을 제시하였으며 그 영역은 다음과 같다.

- 알코올과 다른 약물 사용력: 음주량, 음주빈도, 상황(혼자, 친구들과 함께), 구입방법, 사용방법 등
- 가족력: 알코올과 다른 약물 문제 관련 가족력, 학대, 경제적 어려움, 갈등을 포함한 가족문제 등
- 사회력: 사회활동과 대인관계의 변화 등
- 법적 문제: 음주운전, 폭행, 공공장소에서의 주정 등
- 교육 경력: 특히 청소년 대상 사정에서 중요함. 중퇴, 학습장애 등
- 직업 경력: 직무수행, 실업, 군대 경력 등
- 병력: 위염, 위궤양, 지방간을 포함한 의료적 문제 등

이상에서 여러 연구자가 알코올 문제의 사정을 위해 고려해야 할 내용을 정리하면 〈표 3-1〉과 같다. 각 연구자가 주장하는 내용들을 비교하면 차이점도 있지만 공통적인 요소를 발견할 수 있다. 첫째는 선별이다. 연구자들은 알코올 문제의 사정을 위해 우선적으로 클라이언트의 알코올 문제 가능성을 결정하는 단계를 공통적으로 제시하였다. 둘째는 선별된 알코올 문제를 보다 심도 있게 사정하는 것이다. 연구자에 따라 이 단계를 진단, 문제 사정, 또는 알코올 및 다른 약물 사용력 등으로 달리 명명하나 내용적으로는 유사하다. 즉, 알코올 문제의 심각성, 구체적인 음주 패턴, 금단증상, 음주기대, 재발위험 등 알코올 문제의 범위를 결정하고 음주행위의 다양한 측면을 사정하는 내용이 포함된다. 셋째는 심

〈표 3-1〉 알코올 문제 사정을 위해 고려할 내용

연구자	사정 내용
Donovan (1999)	• 알코올 문제 가능성 선별 • 음주 패턴, 진단, 음주효과 기대, 재발위험, 대처 방식, 자기효능감 • 성격, 정신병리, 정서상태, 사회적 기능 • 치료관련 요인 사정
King & Bordnick (2002)	• 알코올 문제 가능성 선별 • 진단 • 알코올 문제의 심각성 • 금단증상 • 음주관련 상황적 특성 • 심리사회적 기능 • 현재 음주 패턴
McNeece & DiNitto (2012)	• 알코올 문제 가능성 선별 • 진단 • 알코올 문제를 심리적 안녕, 사회적 상황, 재정상태, 고용, 교육, 건강과 연결하여 사정
Fisher & Harrison (2010)	• 알코올 및 다른 약물 사용력 • 가족력 • 사회력 • 법적 문제 • 교육 경력 • 직업 경력 • 병력

리사회적 기능에 대한 사정이다. 개인의 알코올 문제는 삶의 다양한 측면에 영향을 미치기 때문에 모든 연구자는 단순히 알코올 문제에 대한 사정만이 아니라 알코올 문제를 삶의 다양한 영역과 연결하고 있다. 따라서 이 장에서는 알코올 문제의 사정을 선별, 알코올 문제의 심각성 진단, 심리사회적 기능의 사정으로 구분하여 설명한다.

3. 알코올 문제의 선별

1) 선별과 선별도구

선별(screening)의 목적은 문제를 가질 위험이 많거나 혹은 문제의 초기 단계에 있는 개인들을 찾아내서 이들에게 조기에 개입을 제공함으로써 문제로 인한 폐해를 최소화하는 데 있다(Stewart & Connors, 2004/2005). 문제가 이미 심각한 상태에서 개입을 하게 될 때 개입의 효과도 장담할 수 없고 개입을 위한 비용도 많이 들기 때문에 고위험 개인들을 조기에 발견하는 작업은 매우 중요한 일이다.

선별하기 위해서는 사용 가능한 선별도구가 개발되어야 한다. 왜냐하면 사회복지 연구와 실천에서 선별도구를 사용하여 클라이언트의 문제 수준을 파악해야 하는 경우가 종종 있기 때문이다. 알코올 문제를 예로 들면, 연구자들은 알코올 문제가 있는 집단과 그러한 문제가 없는 집단을 비교하기 위해 특정 기준에 따라 조사대상자를 분류해야 한다. 분류하는 방법은 다양하겠지만, 선별도구를 사용하여 조사대상자의 문제 수준을 구분하는 것이 일반적인 방법이다. 실천가들은 알코올 문제가 있는 개인들에게 적절한 서비스를 제공하기 위해 우선적으로 클라이언트의 문제 수준을 제대로 사정해야 한다. 사회복지사는 사정을 위해 클라이언트로부터 수집한 질적인 정보를 관련 이론과 연결하는데, 이에 더하여 선별도구를 사용한다면 사회복지사의 사정을 더욱 의미 있게 만들 수도 있다.

사회복지실천을 위해 선별도구를 사용한다는 것은 클라이언트의 문제나 욕구를 측정한다는 의미이기도 하다. 측정은 사회복지 연구에서 필수적이다. 역량강화, 사회적 지지, 이용자 만족 등을 연구하기 위해서는 우선적으로 이러한 추상적 개념들을 측정할 수 있어야 하며, 일반적으로 사회복지 연구자들은 표준화된 척도를 사용하여 추상적 개념들을 측정한다. 측정은 사회복지실천을 위해서도 필요하다. 과학적 사회복지실천 분야에서 저명한 허드슨(Hudson, 1978)에 따르면, 클라이언트의 문제를 측정할 수 없다면 그 문제는 존재하지도 않고 그 문제를 치료할 수 없다. 즉, 사회복지 연구를 위해 추상적인 개념을 측정해야 하듯이 사회복지실천에서도 클라이언트 문제를 이해하고, 그들에게 적절한 개입을 제공하여 그 문제를 해결하기 위해서는 그들의 문제를 측정해야 한다는 의미로 해석할 수 있겠다.

2) 성인의 알코올 문제를 선별하는 도구

(1) 알코올사용장애 선별검사

알코올사용장애 선별검사(Alcohol Use Disorder Identification Test: AUDIT)는 세계보건기구(WHO)에 의해서 개발된 알코올 문제 선별도구이다. 알코올사용장애 선별도구는 알코올 문제를 가질 위험이 있는 개인을 조기에 발견하기 위한 선별도구로서 개인이 일 년 동안 경험한 알코올 의존 증상, 음주와 관련된 문제, 음주 빈도와 양을 측정한다(Barber & Grant, 1989). 알코올사용장애 선별검사는 모두 10개 문항으로 구성되어 있으며 각 문항에 대한 응답에 0~4점이 부여된다. 따라서 이 선별도구의 가능한 점수범위는 최소 점수가 0점이며 최대 점수가 40점이다. 알코올사용장애 선별검사에서 총점이 8점 이상인 개인은 위험 수준의 음주자로 고려된다. 알코올사용장애 선별검사는 다수의 국내 연구(예: 김용석, 1999; 윤명숙, 박현정, 2011; 정슬기, 2007)에서 널리 사용되어 왔다.

〈표 3-2〉 알코올사용장애 선별검사

문항	0	1	2	3	4
1. 얼마나 자주 술을 마십니까?	전혀 마시지 않는다.	한 달에 한 번 이하	한 달에 2~4번	일주일에 2~3번	일주일에 4번 이상
2. 보통 술을 마실 때 몇 잔 정도 마십니까?	1~2잔	3~4잔	5~6잔	7~9잔	10잔 이상
3. 지난 일 년 동안 한번에 술을 6잔 이상 마시는 경우가 얼마나 자주 됩니까?	전혀 없다	몇 달에 한 번	한 달에 한 번 정도	일주일에 한 번 정도	매일 또는 거의 매일
4. 지난 일 년 동안 술을 마시기 시작하면 중간에 그만둘 수 없었던 적은 얼마나 자주 됩니까?	전혀 없다	몇 달에 한 번	한 달에 한 번 정도	일주일에 한 번 정도	매일 또는 거의 매일
5. 지난 일 년 동안 해야 할 일을 술 때문에 하지 못한 적은 얼마나 됩니까?	전혀 없다	몇 달에 한 번	한 달에 한 번 정도	일주일에 한 번 정도	매일 또는 거의 매일
6. 지난 일 년 동안 과음을 한 다음날 해장술을 마셔야 했던 적은 얼마나 됩니까?	전혀 없다	몇 달에 한 번	한 달에 한 번 정도	일주일에 한 번 정도	매일 또는 거의 매일

7. 지난 일 년 동안 술을 마신 후에 죄책감을 느끼거나 후회한 적은 얼마나 됩니까?	전혀 없다	몇 달에 한 번	한 달에 한 번 정도	일주일에 한 번 정도	매일 또는 거의 매일
8. 지난 일 년 동안 술을 마시고 필름이 끊긴 적이 얼마나 됩니까?	전혀 없다	몇 달에 한 번	한 달에 한 번 정도	일주일에 한 번 정도	매일 또는 거의 매일
9. 술로 인해 다치거나 다른 사람을 다치게 한 적이 얼마나 됩니까?	지금까지 한 번도 없었다.		있지만 지난 일 년 동안은 없었다.		지난 일 년 동안 1번 이상 있었다.
10. 친척, 친구나 의사와 같은 주변 사람들이 귀하의 음주를 걱정하거나 술을 줄이도록 권한 적이 얼마나 됩니까?	지금까지 한 번도 없었다.		있지만 지난 일 년 동안은 없었다.		지난 일 년 동안 1번 이상 있었다.
					총점

(2) CAGE

아마도 CAGE는 가장 적은 문항 수로 구성된 선별도구일 것이다. CAGE는 4개 문항으로 구성되어 있으며 이 도구의 이름은 각 문항의 핵심 단어의 머리글자를 사용하여 만들어졌다. CAGE의 문항은 〈표 3-3〉과 같다. 4개 문항 중 2개 문항 이상에 '예'로 응답한 개인을 알코올 문제가 있는 개인으로 고려한다(Cherpitel, 1997).

〈표 3-3〉 CAGE

문항	예	아니요
1. 귀하는 스스로 술을 줄여야겠다고 느껴 본 적이 있습니까? (Cut down)		
2. 귀하의 음주에 대해 비난하는 사람 때문에 화가 났던 적이 있습니까? (Annoyed)		
3. 귀하의 음주에 대해서 죄책감을 느껴 본 적이 있습니까? (Guilty)		
4. 귀하는 숙취를 없애기 위해 아침에 일어나자마자 술을 마신 적이 있습니까? (Eye-opener)		

(3) 한국형 알코올중독 선별검사

한국형 알코올중독 선별검사는 한국 실정에 맞는 알코올중독 선별검사의 필요성을 느껴 외국에서 개발된 여섯 가지 선별도구에 기초하여 세 차례의 예비조사를 거쳐 개발되었다(김경빈 외, 1991). 이 도구는 12개 문항으로 구성되어 있고 각 문항에 대해 '예' 또는 '아니요'로 응답한다. 각 문항의 응답마다 상이한 가중치가 부여되는데 가중치 총점이 11점 이상이면 알코올중독 치료병동에 입원될 정도의 최소 수준으로 해석한다(김경빈 외, 1991). 일반 성인을 대상으로 실시한 조사(김용석, 1999)에서 가중치 총점이 11점 이상인 비율이 4.2%로 나타났다.

〈표 3-4〉 한국형 알코올중독 선별검사

문항	예	아니요	가중치
1. 자기연민에 잘 빠지며 술로 이를 해결하려 한다.			1.5
2. 혼자 술 마시는 것을 좋아한다.			2.4
3. 술 마신 다음 날 해장술을 마신다.			3.3
4. 취기가 오르면 술을 계속 마시고 싶은 생각이 지배적이다.			3.6
5. 술을 마시고 싶은 충동이 일어나면 거의 참을 수가 없다.			3.3
6. 최근에 취중의 일을 기억하지 못하는 경우(필름 끊김)가 있다. (6개월 동안 2회 이상)			2.4
7. 대인관계나 사회생활에 술이 해로웠다고 느낀다.			1.0
8. 술로 인해 직업기능에 상당한 손상이 있다.			2.8
9. 술로 인해 배우자나 보호자가 나를 떠났거나 떠난다고 위협한다.			2.8
10. 술 깨면 진땀, 손 떨림, 불안이나 좌절 혹은 불면증을 경험한다.			5.0
11. 술이 깨면서 공포나 섬망, 몸이 심하게 떨리는 것을 경험하거나 혹은 헛것을 보거나 헛소리를 들은 적이 있다.			5.0
12. 술로 인해 생긴 문제로 치료 받은 적이 있다.			2.1

(4) 미시간 알코올 선별검사

미시간 알코올 선별검사(Michigan Alcoholism Screeening Test)도 가장 널리 사용되는 선별도구 중 하나로 평생 의존 증상, 음주관련 문제, 의료적 결과, 과거의 치료를 측정한다. 미시간 알코올 선별검사는 25개 문항으로 구성되어 있으며 가능한 총점은 53점이다. 총점이 4점 이하이면 정상음주자, 5~6점이면 알코올 문제, 7~9점이면 알코올중독, 10~20점이면 보통 수준의 알코올중독, 20점 이상은 심각한 알코올중독으로 해석된다(Fisher & Harrison, 2008). 여러 연구자에 의해서 수정본이 개발되었다. 간략형 미시간 알코올 선별검사는 수정본 중의 하나로 10개 문항으로 구성되어 있으며 이 검사의 이상적인 절단점수 (cutoff score)는 6점으로 보고되어 있다(Pokorny, Miller, & Kaplan, 1972).

이상에서 소개한 선별도구 이외에 알코올 연구와 실천을 위해 종종 사용되는 선별도구들을 정리하면 〈표 3-5〉와 같다.

〈표 3-5〉 성인용 알코올 및 약물 남용 선별도구

선별도구	문항 수	적용된 집단
AUDIT	10(3)	1차 의료 세팅, 응급센터, 수술, 정신건강의학과 환자, 음주운전자, 범죄자, 일반 직원 등
CAGE	4	1차 의료 세팅 환자
Five-Shot Questionnaire	5	초기 단계의 남성 과음자
Mac	49	알코올 문제를 부인하는 알코올중독자
MAST	25	알코올중독자, 일반의료 환자, 정신건강의학과 환자
RAPS4	4	응급센터 및 1차 의료 세팅 환자
SAAST	35	일반의료 환자
SASSI	100	입원, 외래 환자
T-ACE	4	임산부
TWEAK	5	여성

출처: Connors & Volk (2003), pp. 21-35.

3) 청소년의 알코올 문제를 선별하는 도구

(1) 청소년 문제 선별도구

청소년 문제 선별도구(Problem-Oriented Screening Instrument for Teenagers: POSIT)는 다양한 유형의 청소년 문제를 측정하기 위해 개발된 도구로 여러 연구에서 널리 사용되어 왔다. 이 도구는 총 139개 문항으로 구성되어 있으며 모두 열 가지 문제 영역(약물 남용, 신체건강, 정신건강, 가족관계, 친구관계, 교육, 직업, 사회기술, 여가, 공격성 및 비행)을 다루고 있다. 약물 남용을 측정하는 문항은 17개이며 이를 라티머, 윈터스와 스틴치필드(Latimer, Winters, & Stinchfield, 1997)가 11개 문항으로 재구성하였다. POSIT은 '예' '아니요' 응답 형식을 취하고 있으며 각 문항에 대해 '예'라고 응답한 경우 1점, '아니요'라고 응답한 경우 0점이 주어진다. POSIT의 총점이 1점 이상이면 약물 남용 가능성이 높은 것이며 전문적인 진단이 요구되는 수준이다(Latimer et al., 1997). 한국어판 POSIT의 타당도는 총점 2점을 사용하였을 때 약물 남용 청소년을 선별하는 정도가 91%로 매우 정확하였고, POSIT과 DSM의 알코올 남용 진단 기준 간의 높은 상관관계(r=.73)를 보여 타당도가 입증되었다(Kim, 2010). 국내 연구에서 사용한 한국어판 POSIT 약물 사용/남용 척도는 다음 〈표 3-6〉과 같다.

〈표 3-6〉 한국어판 POSIT 약물 사용/남용 척도

문항	예	아니요
1. 술, 담배, 또는 약물에 중독되었다고 느낀 적이 있습니까?	(1)	(0)
2. 원하는 효과를 내기 위해 술, 담배, 또는 약물의 양을 늘리기 시작했습니까?	(1)	(0)
3. 술, 담배, 또는 약물 때문에 평소에 하지 않았던 일을 한 적이 있습니까?	(1)	(0)
4. 약물을 사용하는 중이거나 또는 취중에 했던 일을 잊어버린 적이 있습니까?	(1)	(0)
5. 가족이나 친구들이 술, 담배, 또는 약물을 끊으라고 말한 적이 있습니까?	(1)	(0)
6. 술, 담배, 또는 약물을 하고 싶은 지속적인 욕구가 있습니까?	(1)	(0)
7. 술, 담배, 또는 약물 사용을 조절할 수 없다고 느낀 적이 있습니까?	(1)	(0)
8. 자신의 술, 담배, 또는 약물 사용 때문에 친구나 가족들과 심한 논쟁을 한 적이 있습니까?	(1)	(0)
9. 술, 담배, 또는 약물을 하느라 돈을 다 써서 다른 활동을 못한 적이 있습니까?	(1)	(0)
10. 술, 담배, 또는 약물을 하면 기분이 자주 바뀐 적이 있습니까?	(1)	(0)
11. 술 또는 약물에 취해 다른 사람이나 자신을 상해한 적이 있습니까?	(1)	(0)

(2) CRAFFT

CRAFFT는 나이트와 동료들(Knight et al., 1999)에 의해서 개발된 청소년용 선별도구이다. 나이트 등은 기존의 선별도구들을 검토하면서 선행연구들에서 적절한 문항들로 평가된 문항들과 임상적으로 중요한 문항들 총 9개 문항으로 초기 CRAFFT를 구성하였다. 모든 문항은 알코올뿐 아니라 약물을 포함하도록 수정되었다. 초기 CRAFFT는 14~18세 청

소년들을 대상으로 평가되었는데 9개 문항들 중 3개 문항이 제외되어 6개 문항으로 구성된 최종 CRAFFT가 완성되었다. 6개 문항은 다음 〈표 3-7〉과 같으며, 이 선별도구의 명칭은 각 문항의 핵심단어의 머리글자(Car, Relax, Alone, Forget, Friends, Trouble)를 사용하여 만들어졌다. CRAFFT는 개발된 이후 여러 차례에 걸쳐 평가받아 왔다. 나이트와 동료들(Knight, Sherritt, Shrier, Harris, & Chang, 2002)은 청소년들을 대상으로 해서 CRAFFT를 다른 선별도구들(AUDIT, POSIT, CAGE)과 비교하였는데, CRAFFT의 선별능력이 가장 뛰어난 것으로 보고하였다. CRAFFT는 또한 소수민족 청소년(Cummins et al., 2003)을 대상으로 한 연구에서도 뛰어난 선별능력을 보였으며 프랑스어판 CRAFFT의 선별능력도 양호하였다(Bernard et al., 2005).

CRAFFT는 국내 연구들(김성천, 장승옥, 이명숙, 정슬기, 2005; 김용석, 2010)에서 사용되어 왔으며 한국어판 CRAFFT에 대한 평가도 이루어졌다. 〈표 3-7〉은 국내 연구(김용석, 2010)에서 사용된 한국어판 CRAFFT이다.

〈표 3-7〉 한국어판 CRAFFT

문항	예	아니요
1. 술 또는 약물을 사용했거나 취한 사람(자신을 포함하여)이 운전하는 차 또는 오토바이를 타 본 적이 있습니까?		
2. 긴장을 풀기 위해, 자신에 대해 더 좋은 느낌을 갖기 위해, 또는 어울리기 위해 술 또는 약물을 사용한 적이 있습니까?		
3. 혼자 있는 동안에 술을 마시거나 또는 약물을 사용한 적이 있습니까?		
4. 약물을 사용한 사이에, 또는 취중에 했던 일을 기억하지 못 한 적이 있습니까?		
5. 가족 또는 친구들이 술 또는 약물을 줄이라고 나에게 말한 적이 있습니까?		
6. 술을 마시거나 또는 약물을 사용하던 중 다른 사람에게 폐를 끼친 적이 있습니까?		

(3) 약물사용 잠재군 선별척도

약물사용 잠재군 선별척도는 청소년 약물사용 잠재군을 선별하기 위한 목적으로 국내 연구자들에 의해서 개발되었다(이기영, 김영미, 임혁, 박미진, 박선희, 2005). 이 도구는 모두 39개 문항으로 구성되어 있으며 총 8개의 하위영역(개인적 성향, 과감성 및 충동성, 학교 및

친구 관련 문항, 부모관계, 음주관련 문항, 흡연관련 문항, 약물관련 문항)으로 구분된다. 하위영
역들이 제시하듯이 이 도구는 알코올을 포함한 약물사용에 대한 문항들뿐만 아니라 약물
사용 청소년의 개인적 특성, 부모관계, 또래관계, 주변 환경의 특성 등을 측정하고 있다.
음주와 관련된 문항들은 음주효과에 대한 기대, 지난 일 년간 음주 경험, 음주관련 또래
압력, 가까운 친구의 음주 유무 등이다.

앞서 소개한 선별도구 이외에 청소년용으로 개발된 알코올 및 약물 남용 선별도구들이
〈표 3-8〉에 제시되어 있다. 〈표 3-8〉의 선별도구들은 크게 네 가지 종류로 구분될 수 있
다. 첫째는 알코올만을 다루고, 둘째는 알코올을 포함한 모든 종류의 약물을 다루며, 셋째
는 알코올 이외의 약물만을 다루고, 넷째는 알코올 및 약물 남용 문제와 다른 영역의 문제
를 선별한다.

〈표 3-8〉 청소년용 알코올 및 약물 남용 선별도구

	선별도구	개발자
알코올 문제만 선별하는 도구	Adolescent Alcohol Involvement Scale	Mayer & Filstead (1979)
	Adolescent Drinking Index	Harrell & Wirtz (1989)
	Rutgers Alcohol Problem Index	White & Labouvie (1989)
	Adolescent Obsessive−Compulsive Drinking Scale	Deas et al. (2001)
알코올과 약물 문제를 선별하는 도구	Drug and Alcohol Problem Quick Screen	Schwartz & Wirtz (1990)
	Personal Experience Screening Questionnaire	Winters (1992)
	Substance Abuse Subtle Screening Inventory for Adolescents	Miller (1985)
약물문제만 선별하는 도구	Adolescent Drug Involvement Scale	Moberg & Hahn (1991)
	Drug Abuse Screening Test for Adolescents	Martino et al. (2000)
	Assessment of Substance Misuse in Adolescent	Willner (2000)
알코올/약물 문제와 다른 영역의 문제를 선별하는 도구	Problem−Oriented Screening Instrument for Teenagers	Rahdert (1991)
	Drug Use Screening Inventory	Tarter et al. (1992)

출처: Winters (2003), pp. 101-123.

4. 알코올 문제의 진단

선별과정을 통해서 클라이언트가 알코올 문제를 가지고 있거나 그럴 가능성이 높게 나타나면 클라이언트의 알코올 문제가 얼마나 심각한지를 사정해야 한다. 알코올 문제의 정도가 심한 클라이언트는 일정 기간 동안 입원치료를 필요로 할 수 있으며 알코올 문제의 정도가 그리 심하지 않은 클라이언트에게는 외래치료가 적절할 수 있을 것이다. 이처럼 클라이언트의 알코올 문제의 심각성을 파악하는 것은 클라이언트에게 가장 적절한 개입계획을 수립하기 위해 선행되어야 할 작업이다.

1) 정신질환의 진단 및 통계 편람 제5판

『정신질환의 진단 및 통계 편람 제5판(Diagnostic and Statistical Manual of Mental Disorder-5, 이하 DSM-5)』은 알코올 문제의 진단을 위해 가장 널리 사용되는 진단 기준을 제공한다. 여러 연구가 이 진단 기준을 사용하고 있으며 알코올 분야에서 사용되는 여러 척도도 이 진단 기준을 토대로 하여 개발되었다 해도 과언이 아니다. 비록 사회복지사들이 진단을 내리는 경우는 흔하지 않지만 알코올 분야에 종사하는 사회복지사들은 알코올 남용과 알코올 의존의 진단 기준을 숙지한다면 클라이언트의 알코올 문제의 심각성을 판단하는 데 도움이 될 것이다.

알코올사용장애의 진단 기준(American Psychiatric Association, 2015)은 다음과 같다. 지난 12개월 동안 다음 항목들 중 최소한 2개 이상을 경험한 개인은 알코올사용장애를 가지는 것으로 진단받는다.

〈알코올사용장애 진단 기준〉

A. 임상적으로 현저한 손상이나 고통을 일으키는 문제적 알코올 사용 양상이 지난 12개월 사이에 다음의 항목 중 최소한 2개 이상으로 나타난다.

1. 알코올을 종종 의도했던 것보다 많은 양, 혹은 오랜 기간 동안 사용함
2. 알코올 사용을 줄이거나 조절하려는 지속적인 욕구가 있음. 혹은 사용을 줄이거나 조절하려고 노력했지만 실패한 경험들이 있음

3. 알코올을 구하거나, 사용하거나, 그 효과에서 벗어나기 위한 활동에 많은 시간을 보냄

4. 알코올에 대한 갈망감, 혹은 강함 바람, 혹은 욕구

5. 반복적인 알코올 사용으로 인해 직장, 학교 혹은 가정에서의 주요한 역할 책임 수행에 실패함

6. 알코올의 영향으로 지속적으로 혹은 반복적으로 사회적 혹은 대인관계 문제가 발생하거나 악화됨에도 불구하고 알코올 사용을 지속함

7. 알코올 사용으로 인해 중요한 사회적·직업적 혹은 여가 활동을 포기하거나 줄임

8. 신체적으로 해가 되는 상황에서도 반복적으로 알코올을 사용함

9. 알코올 사용으로 인해 지속적으로 혹은 반복적으로 신체적·심리적 문제가 유발되거나 악화될 가능성이 높다는 것을 알면서도 계속 알코올을 사용함

10. 내성, 다음 중 하나로 정의됨

   a. 중독이나 원하는 효과를 얻기 위해 알코올 사용량의 뚜렷한 증가가 필요

   b. 동일한 용량의 알코올을 계속 사용할 경우 효과가 현저히 감소

11. 금단, 다음 중 하나로 나타남

   a. 알코올의 특징적인 금단 증후군[1]

   b. 금단증상을 완화하거나 피하기 위해 알코올(혹은 벤조디아제핀 같은 비슷한 관련 물질)을 사용

2) DSM-IV와 DSM-5 비교

미국정신의학회(American Psychiatric Association)는 2013년 DSM-5를 출간하였다. DSM-5는 이전 판인 DSM-IV와 상당 부분에서 동일하지만, 몇 가지 중요한 차이점을 가지는데 그 내용을 정리하면 다음과 같다.

---

1) 알코올 금단의 진단 기준(American Psychiatric Association, 2015)은 다음과 같다.

A. 알코올을 과도하게 장기적으로 사용하다가 중단(혹은 감량)한다.

B. 진단 기준 A에서 기술된 것처럼 알코올을 사용하다가 중단(혹은 감량)한 지 수 시간 혹은 수일 이내에 다음 항목 중 두 가지(혹은 그 이상)가 나타난다.

  1. 자율신경계 항진(예: 발한, 또는 분당 100회 이상의 빈맥)　　2. 손 떨림 증가　　3. 불면

  4. 오심 또는 구토　　5. 일시적인 시각적·촉각적·청각적 환각이나 착각　　6. 정신운동 초조

  7. 불안　　8. 대발작

① 용어의 변화

- DSM-Ⅳ: 알코올 관련 장애를 알코올 남용과 알코올 의존으로 구분하였다.
- DSM-5: 알코올 남용과 알코올 의존을 알코올사용장애로 통합하였다. 알코올사용장애에 대한 기준과 함께 알코올중독, 알코올 금단, 알코올로 유발된 장애, 명시되지 않은 알코올 관련 장애를 위한 진단 기준이 포함되었다.

② 진단 기준의 변화

- DSM-Ⅳ: 남용과 의존에 대한 기준이 구분되었다.
- DSM-5: 알코올사용장애에 대한 기준과 함께 알코올중독, 알코올 금단, 알코올로 유발된 장애, 명시되지 않은 알코올 관련 장애를 위한 진단 기준이 포함되었다.

③ 기준 삭제

- DSM-5: 진단 기준에서 법적 문제를 삭제하였다.

④ 기준 추가

- DSM-5: 알코올사용장애 진단 기준에 갈망을 포함하였다. DSM-Ⅳ는 갈망을 진단 기준으로 포함하지 않았다.

〈표 3-9〉 DSM-Ⅳ와 DSM-5의 비교

DSM-Ⅳ		DSM-5	
지난 12개월 동안		지난 12개월 동안	
알코올 남용	반복적인 음주로 인해 직장, 학교 등에서 업무를 수행하는 못한 경우	1	의도했던 것보다 많이 혹은 오랜 기간 술을 마신 적이 있음	최소한 2개 이상의 증상을 경험한 개인은 알코올사용장애를 가지는 것으로 진단됨.
	신체적으로 해가 되는 상황에서도 거듭된 음주	2	술을 줄이거나 끊으려고 했으나 실패함	
	음주와 관련된 법적 문제를 일으킴 (DSM-5에 포함되지 않음)	3	술을 구하거나, 사용하거나, 그 효과에서 벗어나기 위한 활동에 많은 시간을 보냄	
	음주로 인해 대인관계 문제를 경험	4	술에 대한 갈망감, 혹은 강함 바람, 혹은 욕구 (DSM-5에 새로 추가됨)	
	내성 경험	5	반복적인 음주로 인해 직장, 학교 등에서 업무를 수행하는 못한 경우	

알코올 의존	금단증상 경험	6	음주로 인해 대인관계 문제를 경험	알코올사용 장애의 심 각도는 다 음과 같이 정의됨.
	의도했던 것보다 많이 혹은 오랜 기간 술을 마신 적이 있음	7	음주로 인해 중요한 사회적·직업적 혹은 여가 활동을 포기하거나 줄임	
	술을 줄이거나 끊으려고 했으나 실패함	8	신체적으로 해가 되는 상황에서도 반복적으로 술을 마심	
	술을 구하거나, 사용하거나 그 효과에서 벗어나기 위한 활동에 많은 시간을 보냄	9	음주로 인해 신체적·심리적 문제가 유발되거나 악화될 가능성이 높다는 것을 알면서도 계속 음주	경도: 2~3 개의 증상이 있음
	음주로 인해 중요한 사회적·직업적 혹은 여가 활동을 포기하거나 줄임	10	내성 경험	중등도: 4~5개의 증상이 있음
	음주로 인해 신체적·심리적 문제가 유발되거나 악화될 가능성이 높다는 것을 알면서도 계속 음주	11	금단증상 경험	고도: 6개 혹은 그 이상의 증상이 있음

출처: National Institute on Alcohol Abuse & Alcoholism (2016).

3) 진단을 위한 도구

〈표 3-10〉은 알코올 문제를 진단하기 위해 사용할 수 있는 도구들이다. 표에는 총 18개의 진단도구와 각 도구의 용도가 나열되어 있다. 대부분의 도구들은 알코올 남용과 의존을 측정하는 도구들이며 음주결과를 측정하는 도구(예: Drinker Inventory of Consequences)와 음주 통제력을 측정하는 도구(예: Impaired Conrol Scale, Temptation and Restraint Inventory)도 포함되어 있다. 이들 진단도구는 연구와 실천을 위해 사용할 수 있다. 그러나 모두 영어로 되어 있고 한국어로 번안되어 있지 않다. 따라서 이 도구들의 국내 활용도를 높이기 위해서는 한국어판의 개발이 시급하다.

〈표 3-10〉 진단도구

도구	용도
Alcohol Craving Questionnaire(ACQ-NOW)	급성 알코올 갈망 측정
Alcohol Dependence Scale(ADS)	알코올 의존의 심각성 측정
Clinical Institute Withdrawal Assessment(CIWA-AD)	금단증상의 심각성 측정

Composite International Diagnostic Interview(CIDI core) Version 2.1	DSM-IV와 ICD-10 진단 기준 측정
Diagnostic Interview Schedule for DSM-IV(DIS-IV) Alcohol Module	알코올 남용과 의존의 측정
Drinker Inventory of Consequences(DrInC)	음주결과 측정
Drinking Problem Index(DPI)	55세 이상 성인의 알코올 문제 측정
Ethanol Dependence Syndrome(EDS) Scale	알코올 의존 증상 측정
Impaired Conrol Scale(ICS)	음주 통제력 측정
Personal Experience Inventory for Adults(PEI-A)	약물의 사용과 결과 측정
Psychiatric Research Interview for Substance and Mental Disorders(PRISM)	DSM-IV 진단과 관련 요인 측정
Semi-Structured Assessment for the Genetics of Alcoholism(SSAGA-II)	DSM-IV와 ICD-10 진단 기준 측정
Severity of Alcohol Dependence Questionnaire(SADQ)	알코올 의존의 심각성 측정
Short Alcohol Dependence Data(SADD)	알코올 의존 측정
Substance Abuse Module(SAM) Version 4.1	CIDI의 detailed version
Substance Dependence Severity Scale(SDSS)	DSM-IV와 ICD-10 진단 기준 측정
Substance Use Disorders Diagnostic Schedule(SUDDS-IV)	DSM-III와 DSM-III-R 물질사용장애 측정
Temptation and Restraint Inventory(TRI)	음주 통제력 측정

출처: Maisto, McKay, Tiffany, & Diagnosis (2003), pp. 55-73.

　구조적 임상면접[Structured Clinical Interview for DSM-5(SCID-5)]은 알코올사용장애의 진단을 위해 사용할 수 있다. SCID는 DSM-5에 포함된 다양한 정신장애를 사정하는 반구조화된 면접이다. 물질사용장애와 관련하여 SCID는 알코올을 포함한 여덟 가지 물질(알코올, 카페인, 대마, 환각제, 흡입제, 아편제, 자극제, 담배)을 다루고 있다. 면접인은 피면접인이 각 물질사용장애의 증상을 평생 동안 경험한 적이 있었는지, 현재 경험하고 있는지, 그리고 그 증상을 처음으로 경험했던 때를 결정한다. 사회복지사가 클라이언트의 알코올사용장애를 사정하기 위해 SCID를 사용하려면 먼저 SCID에 대한 훈련을 받아야 한다. 훈련은 6시간 정도의 시청각 교육과 사용자 매뉴얼 내용 이해 및 습득으로 구성되어 상대적으로 간단하다. SCID는 신뢰도와 타당도가 입증되었으며 사회복지사들이 클라이언트의 알코올 문제의 심각성을 사정하기 위해 유용하게 사용할 수 있는 도구이다(Bellack & Hersen, 1998; Sobell et al., 1994; Soderstrom et al., 1997: King, 2002: 10에서 재인용). SCID에 대한 추가적인 정보는 https://www.appi.org/products/structured-clinical-interview-for-dsm-5-scid-5에서 찾을 수 있다.

5. 알코올 문제에 대한 포괄적 사정

선별은 문제를 가질 위험이 많거나 혹은 문제의 초기 단계에 있는 개인들을 찾아내는 활동이고 진단은 클라이언트의 알코올 문제의 심각성을 파악하는 활동이라고 하였다. 선별과 진단은 클라이언트의 알코올 문제의 가능성과 심각성만을 파악하는 일이기 때문에 알코올중독 전문가는 클라이언트의 알코올 문제를 확인한 다음, 알코올 문제에 관한 상세한 정보를 수집해야 한다. 예를 들면, 클라이언트 문제의 발생과 관련 있는 요인, 그 문제로 인해 초래된 결과, 그리고 문제해결을 위해 활용 가능한 클라이언트의 장점과 자원 등에 대한 정보를 수집하고 이들 정보를 분석하고 종합하는 노력을 기울여야 한다. 이러한 정보는 개입계획을 수립할 때 매우 유용하게 사용될 것이다. 따라서 클라이언트의 알코올 문제에 대한 선별 및 진단과 더불어 알코올 문제에 대한 포괄적 사정이 필요하다.

1) 기능분석

기능분석(functional analysis)은 클라이언트의 문제와 다양한 요인 간의 관계를 이해하는데 매우 유용한 방법이다(Cournoyer, 2013). 알코올중독 전문가와 클라이언트는 기능분석을 통해 클라이언트의 알코올 문제와 관련 있는 요인들을 인식할 수 있으며 이러한 인식은 클라이언트의 문제해결을 위한 계획을 수립하는 데 기초가 될 수 있다.

기능분석을 수행하기 위해서는 먼저 클라이언트 문제에 관한 기본 정보를 수집해야 한다. 기본 정보에는 클라이언트 문제의 발생(문제의 기원, 문제가 처음 발생했을 때의 상황), 문제의 전개과정(문제의 발달과 경과 탐색: 문제가 언제 그리고 어떻게 악화되고 개선되었는지, 클라이언트가 문제를 어떻게 다루고 대처했는지), 문제의 발생빈도, 문제의 상황적 맥락(문제가 언제, 어디서, 어떻게 나타났는지 탐색), 문제의 강도/심각도, 문제의 지속시간 등이 포함된다. 알코올 문제를 예로 들면 〈표 3-11〉과 같이 기본 정보를 수집할 수 있다.

〈표 3-11〉 문제: 과도한 음주

발생	아내가 이혼 절차를 밟기 시작했던 16개월 전에 발생
전개과정	점차 악화됨, 클라이언트와 아내가 화해를 시도했던 약 일주일 동안 개선됨
빈도	매일
상황적 맥락	저녁시간 거실에서 과도하게 음주함, 그다음 잠에 빠짐
강도/심각도	매번 7~10온스의 보드카를 마심
지속시간	매번 3~4시간 동안 지속됨

출처: Cournoyer (2013), p. 317.

클라이언트의 문제에 대한 기본 정보를 수집한 다음, 문제가 발생하기 전의 현상, 문제와 동시에 발생한 현상, 그리고 문제 발생 후의 현상에 관한 정보를 〈표 3-12〉와 같이 정리한다. 표를 보면, 첫 번째 열에는 클라이언트의 과도한 음주와 관련된 개인적 요인(신념, 행동, 감정, 감각)과 상황적 요인(상황적 맥락)이 나열되어 있고, 두 번째 열부터 마지막 열까지는 각 요인에 대하여 문제가 발생하기 전의 현상(원격, 근접 선행요인), 문제와 동시에 발생한 현상(동시발생 요인), 그리고 문제가 발생한 후의 현상(후속 요인)을 보여 주고 있다. '행동'을 보면, 클라이언트의 아버지가 매일 밤 술을 마셨고 그런 아버지의 비위를 맞추려는 클라이언트의 행동이 클라이언트 문제(과도한 음주)의 원격 선행요인이고(두 번째 열), 술을 마시기 전에 거실로 이동한 행동이 문제의 근접 선행요인이며(세 번째 열), 네 번째 열에서는 클라이언트의 음주행위를 구체적으로 분석하였으며, 마지막 열에서는 클라이언트가 과도하게 술을 마신 후에 의식을 잃고 잠에 빠졌다는 것을 보여 주고 있다. '감정'을 보면 클라이언트가 자신의 부모에 대해 가지고 있는 감정(두 번째 열)과 술 마시기 전의 클라이언트 감정상태(세 번째 열), 음주하였을 때 클라이언트의 부정적인 감정이 다소 누그러지고(네 번째 열), 그리고 클라이언트는 음주한 후에 죄책감과 후회를 한다(다섯 번째 열)는 것을 알 수 있다.

〈표 3-12〉는 클라이언트와 부모와의 관계, 부모의 이혼, 아버지의 잦은 음주, 자신의 이혼이 클라이언트의 과도한 음주와 관련 있는 요인들이라는 것을 알 수 있다. 또한 표는 클라이언트가 음주하기 전의 상황과 음주한 후의 결과에 대해서도 알려 준다. 이 장의 서두에서 언급하였듯이 사정의 목적은 효과적인 개입을 위해 필요한 정보를 제공하는 것이다. 알코올중독 전문가가 기능분석을 잘 활용하면 클라이언트의 알코올 문제를 심층적으로 분석할 수 있고 개입계획을 수립하는 데 유용한 정보를 얻을 수 있다.

〈표 3-12〉 기능분석: 문제: 과도한 음주

	원격 선행요인	근접 선행요인	동시발생 요인	후속 요인
자기진술, 신념 또는 이미지	• 자신의 부모가 이혼했던 아동기에 발생했던 일을 기억한다.	• 나는 다시 혼자야. • 나는 항상 혼자일 거야. • 아내 없는 삶은 견딜 수 없어. • 언제 술 한잔할 수 있을까? 그러면 기분이 나아질 거야? • 아버지의 괴로움과 불행을 마음에 그린다.	• 아, 그것은 기분을 좋게 할 거야. • 그것은 아내의 잘못이야. • 언젠가 아내는 자신이 한 일을 알게 될 거야.	• 나는 알코올중독자가 아니야. • 나는 아버지처럼 인생을 끝내지는 않을 거야. 단지 일시적일 뿐이야.
행동	• 아버지를 편안하게 하려 했던 시도가 실패했던 것을 기억하는데 아버지는 매일 밤 맥주를 마시면서 TV를 시청하였다.	• 거실로 들어간다.	• 주중에 그는 오후 6시부터 잠자리에 들었던 11시까지 보드카를 마셨다. • 주말에 그는 오후 1시부터 술을 마시기 시작했다.	• 의식을 잃고 잠들었다.
감정	• 아버지에 대해서는 동정을, 이혼을 주도했던 어머니에 대해서는 분노의 감정을 가진 것을 기억한다.	• 분노, 외로움, 스트레스, 슬픔	• 덜 분노하고 스트레스도 덜 느꼈다. • 슬픔은 남아 있지만 약해졌다.	• 술에 깬 후 죄의식을 느끼고 후회하였다.
감각	• 아동기에 두통, 복통, 긴장이 있었던 것을 기억한다.	• 동요, 긴장, 눈물어림	• 감각이 무뎌졌다. 신체적 긴장이 줄었고 울음을 그쳤다.	• 다음 날 아침 깨어났을 때 약간의 숙취를 느꼈고, 술 마시고픈 상한 욕구를 느꼈다.
상황적 맥락	• 자신의 아내가 18개월 전에 이혼을 신청했다.	• 초저녁에 집에 도착했다. • 주말에 집에 있었다.	• 커다란 안락의자에 앉아 TV를 시청했다.	• 잠에 빠졌다.

출처: Cournoyer (2013), p. 318.

2) 중독 심각도 평가의 활용

알코올 문제는 삶의 다양한 영역에 막대한 영향을 끼친다. 알코올 문제가 있는 클라이언트는 직장생활을 유지하기 어려워할 수도 있고, 배우자 또는 자녀와의 문제를 경험할 수도 있으며, 정신과적 문제를 경험할 수도 있다. 이처럼 알코올 문제가 있는 클라이언트는 알코올 문제 이외에도 여러 문제를 동시에 가지고 있기 때문에 알코올중독 전문가는 클라이언트의 알코올 문제를 진단한 다음, 클라이언트가 삶의 다양한 영역에서 겪고 있는 문제들을 확인하고 그에 따라 적절한 개입계획을 세워야 한다.

중독 심각도 평가(Addiction Severity Index: ASI)는 알코올 문제가 있는 클라이언트의 심리사회적 문제를 사정하는 데 적합한 도구이다. ASI는 맥클렐런 등(McLellan, Luborsky, O'Brein, & Woody, 1980)에 의해서 개발되었으며 현재 제5판이 나와 있다. ASI는 알코올중독 클라이언트의 일곱 가지 잠재 문제 영역을 사정하기 위해 고안된 반구조화된 면접이다. 일곱 가지 문제 영역과 각 영역에서 측정하는 주요 내용은 다음과 같다.

- 정신과적 상태: 정신과적 문제의 치료 횟수, 알코올 및 약물 사용과 관련 없는 정신과적 문제 경험 등
- 법적 상태: 구속 또는 기소된 횟수, 수감기간, 불법적 일에 관여한 횟수 등
- 약물사용: 지난 30일 사용빈도, 평생 사용빈도, 사용 경로, 단주 및 단약 기간, 재발, 치료 등
- 알코올 사용: 지난 30일 사용빈도, 평생 사용빈도, 사용 경로, 단주 및 단약 기간, 재발, 치료 등
- 가족 및 사회적 기능: 알코올 문제, 약물문제, 또는 정신과적 문제와 관련된 가족력, 결혼상태,
- 동거인의 알코올 또는 약물 문제, 여가시간, 가족 및 주변인과의 관계, 학대 경험 등
- 고용: 학력, 훈련 또는 기술교육 참여기간, 직업, 수입, 실업수당, 직장문제 등
- 신체적 상태: 입원 횟수, 만성적인 신체질환 유무, 처방약 복용, 신체장애 관련 연금 수혜 등

이상에서 보는 바와 같이 ASI는 클라이언트의 알코올 및 약물 사용뿐 아니라 알코올 및 약물 사용과 관련성이 밀접한 삶의 영역들의 문제들을 사정하는 도구이다. ASI는 총 7개

의 하위척도와 200개 문항으로 구성되어 있으며 몇 가지 점수를 제공한다. 첫째, 클라이언트(응답자)는 문제의 심각성과 개입에 대한 욕구를 주관적으로 평가한다. 평가를 표준화하기 위해 사용되는 5점 척도를 사용하며 '전혀 아니다'에 0점을, '매우, 극도로'에 4점을 부여한다. 둘째, 면접자가 각 영역의 심각성을 평가한다. 면접자는 각 문제 영역의 증상의 양, 기간, 정도에 대한 기록을 토대로 평가한다. 평가를 위해 10점 척도가 사용되는데 '문제없음, 치료가 필요 없다'에 0 또는 1점, '경한 문제, 치료가 아마도 필요 없을 것이다'에 2 또는 3점, '중등도 문제, 부분적인 치료가 필요하다'에 4 또는 5점, '상당한 문제, 치료가 필요하다'에 6 또는 7점, 그리고 '심각한 문제, 치료가 절대적으로 필요하다'에 8 또는 9점을 부여한다. 셋째, ASI는 합성점수(composite scores)도 제공하는데, 이는 객관적이고 수학적인 측정에 바탕을 둔 점수이다. 각 영역의 합성점수를 계산하는 방법은 각기 다른데, 신체적 상태의 합성점수를 계산하는 방법을 소개하면 다음과 같다.

A. 지난 30일 동안 얼마나 많은 신체적인 문제를 경험해 왔나? (   )일

B. 지난 30일 동안 이러한 신체적인 문제로 인하여 고통을 겪거나 고생을 하였는가? (0~4점)

C. 이러한 신체적 문제에 대한 치료의 필요성을 어느 정도 느끼는가? (0~4점)

합성점수 계산방법: A/90 + B/12 + C/12

출처: 김대진 외(2010), p. 34.

ASI는 약물 남용 치료 현장에서 근무하는 훈련된 전문가들에 의해서만 사용되어야 한다. ASI는 약물남용 치료 프로그램에서 가장 널리 사용되는 사정체계가 되었기 때문에 우리가 이렇게 말하고 있는 것이다. 심지어 당신이 약물 남용 치료를 담당하지 않는다 하더라도 최소한 ASI에 대한 기본적인 이해는 가지고 있어야만 한다. ASI는 무료로 다운받을 수 있으며(http://www.tresearch.org/resources/instruments/ASI_5th_Ed.pdf) ASI의 한국어판도 개발되어 사용되고 있다(김대진 외, 2010).

1. 사정의 목적을 설명하시오.
2. 알코올 문제를 사용하는 세 가지 방법을 설명하시오.
3. 선별과 진단을 구분하여 설명하시오.

참고문헌

김경빈, 한광수, 이정국 외(1991). 한국형 알콜중독 선별검사 제작을 위한 예비연구(Ⅲ): 국립서울 정신병원 알콜중독 선별검사(Ⅰ). 신경정신의학, 3(3), 569-581.

김대진, 조근호, 채숙희(2010). 2009 마약류중독자 실태조사. 가톨릭대학교, 보건복지부.

김성천, 장승옥, 이명숙, 정슬기(2005). 청소년 음주실태 조사 및 분석 연구. 청소년보호위원회.

김용석(1999). 국내외 알코올사용장애 선별도구의 비교를 통한 한국성인의 알코올사용장애에 관한 역학 조사. 한국사회복지학, 37, 67-88.

김용석(2010). 청소년 약물남용 선별도구(CRAFFT)의 타당화 연구. 정신보건과 사회사업, 34, 30-55.

윤명숙, 박현정(2011). 장애인 문제음주자의 삶의 경험. 재활복지, 15(1), 149-178.

이기영, 김영미, 임혁, 박미진, 박선희(2005). 청소년 약물남용 잠재군 선별척도(SPDA) 활용을 위한 타당화 연구. 한국사회복지학, 57(3), 305-335.

정슬기(2007). 여자 대학생의 문제음주 영향요인 분석: 남자 대학생과 비교. 정신보건과 사회사업, 27, 176-198.

American Psychiatric Association (2015). 정신질환의 진단 및 통계 편람(제5판). (*Diagnostic and Statistical Manual of Mental Disorders,* 5th ed.). 권준수 외 공역. 서울: 학지사. (원서는 2013년에 출간).

Babor, T. F., & Grant, M. (1989). From clinical research to secondary prevention: International collaboration in the development of the alcohol use disorders identification test (AUDIT). *Alcohol Health & Research World, 13*(4), 371-374.

Bernard, M., Bolognini, M., Plancherel, B., Chinet, L., Laget, J., Stephan, P., & Halfon, O. (2005). French validity of two subtance-use screening tests among adolescents: A comparison of the CRAFFT & DEP-ADO. *Journal of Substance Use, 10*(6), 385-395.

Cherpitel, C. J. (1995). Screening for alcohol problems in the emergency department. *Annals of Emergency Medicine, 26*(2), 158–166.

Cherpitel, C. J. (1997). Brief Screening instruments for alcoholism. *Alcohol Healt and Research World, 21*(4), 348–351.

Compton, B. R., Galaway, B., & Cournoyer, B. R. (2005). *Social Work Process* (7th ed.). Belmont, CA: Brooks/Cole.

Connors, G. J., & Volk, R. J. (2003). Self-Report Screening for Alcohol Problems Among Adults. In J. P. Allen & V. B. Wilson (Eds.), *Assessing Alcohol Problems: A Guide for Clinicians & Researchers* (2nd ed., pp. 21–35). NIH Publication No. 03-3745, Bethesda, MD.

Cournoyer, B. R. (2013). 사회복지실천기술(The Social work skills workbook). 김용석, 이석호, 전종설 공역. 서울: 박영사. (원저는 2011년에 출간).

Cummins, L. H., Chan, K. K., Burns, K. M., Blume, A. W., Larimer, M., & Marlatt, G. A. (2003). Validity of the CRAFFT in American-Indian and Alaska-native adolescents: Screening for drug and alcohol risk. *Journal of Studies on Alcohol, 64,* 727–732.

Donovan, D. M. (1999). Assessment strategies and measures of addictive behaviors. In B. S. McCrady & E. E. Epstein (Eds.), *Addictions: a comprehensive guidebook* (pp. 187–215). New York: Oxford University Press.

Fisher, G. I., & Harrison, T. (2010). 물질남용의 예방과 치료: 사회복지사, 상담가, 치료사, 상담교사를 위한 지식(Substance abuse: Information for School counselors, social workers, therapists, and counselors). 장승옥, 최현숙, 김용석, 정슬기 공역. (재)한국음주문화연구센터. (원저는 2008년에 출간).

Hepworth. D. H., Rooney, R. H., & Larsen, J. A. (1997). *Direct Social Work Practice: Theory and Skills* (5th ed.). Pacific Grove, CA: Brooks/Cole Publishing Company.

Hudson, W. W. (1978). First axioms of treatment. *Social Work, 23*(1), 65.

Kim, Y. (2010). Korean version of the revised Problem-Oriented Screening Instrument for Teenagers substance use/abuse scale: a validation study. *Journal of Social Service Research, 36,* 37–45.

King, M. E., & Bordnick, P. S. (2002). Alcohol use disorder: A social worker's guide to clinical assessment. *Journal of Social Work Practice in Addictions, 2*(1), 3–30.

Knight, J. R., Sharier, L., Bravender, T. D., Farrell, M., Vander Bilt, J., & Shaffer, H. J. (1999).

A new brief screen for adolescent substance abuse. *Archives of Peidatrics & Adolescent Medicine, 153,* 591-596.

Knight, J. R., Sherritt, L., Shrier, A., Harris, S. K., & Chang, G. (2002). Validity of the CRAFFT substance abuse screening test among adolescent clinic patients. *Archives of Peidatrics & Adolescent Medicine, 156,* 607-614.

Latimer, W. W., Winters, K. C., & Stinchfield, R. D. (1997). Screening for drug abuse among adolescents in clinical and correctional settings using the Problem-oriented Screening Instrument for Teenagers. *American Journal of Drug and Alcohol Abuse, 23*(1), 79-98.

McLellan, A. T., Luborsky, L., O'Brien, C. P., & Woody, G. E. (1980). An improved diagnostic instrument for substance abuse patients: The Addiction Severity Index. *Journal of Nervous & Mental Diseases, 168,* 26-33.

Maisto, S. A., McKay, J. R., Tiffany, S. T. (2003). Diagnosis. In J. P. Allen & V. B. Wilson, (Eds.), *Assessing alcohol problems: A guide for clinicians and researchers* (2nd ed., pp. 55-73), Bethessda, MD: National Institute on Alcohol Abuse and Alcoholism.

McNeece, C. A., & DiNitto, D. M. (2012). *Chemical dependency: A system approach* (4th ed.). Upper Saddle River, NJ: Pearson.

National Institute on Alcohol Abuse & Alcoholism (2016). Alcohol use disorder: A comparison between DSM-IV and DSM-5, https://pubs.niaaa.nih.gov/publications/dsmfactsheet/dsmfact.htm

Pokorny, A. D., Miller, B. A., & Kaplan, H. B. (1972). Brief MAST: A shortended version of the Michigan Alcoholism Screening Test. *American Journal of Psychiatry, 129,* 324-345.

Siporin, M. (1975). *Introduction to social work practice.* New York: Macmillan.

Stewart, S. H., & Connors, G. J. (2004/2005). Screening for alcohol problems: What makes a test effective? *Alcohol Research & Health, 28*(1), 5-16.

Winters, K. C. (2003). Assessment of Alcohol and Other Drug Use Behaviors among Adolescents. In J. P. Allen & V. B. Wilson (Eds.), *Assessing Alcohol Problems: A Guide for Clinicians and Researchers* (2nd ed., pp. 101-123). NIH Publication No. 03-3745, Bethesda, MD.

개입

제4장

장수미(청주대학교)

알코올 문제에 대한 개입은 효과가 있는가?

문제가 아무리 심각해 보이더라도 알코올 문제를 가진 대부분의 사람은 전문적 개입을 받으면 효과를 볼 수 있다. 관련 연구에서는 알코올 문제로 인해 치료를 받은 사람의 1/3 정도는 일 년 후 더 이상 증상이 나타나지 않았고, 그 외 사람들도 상당히 음주를 줄일 수 있었으며 알코올 관련 문제도 감소하였음이 보고되었다.

(National Institute of Heath, 2014)

알코올 문제에 대한 개입은 어느 시점의 개입인지, 개입의 목표가 무엇인지, 개입이 이루어지는 기관이 어디인지, 어떤 이론적 기반을 바탕으로 하는지 등에 따라 약물치료, 인지행동치료, 동기강화상담, 12단계모델, 가족치료, 지지집단의 활용 등 매우 다양하며, 대개 여러 가지 개입이 통합적으로 실시된다.

미국물질남용치료센터(Center for Substance Abuse Treatment: CSAT)에서는 물질남용의 개입원칙으로 다음의 두 가지를 지적하였다. 첫째, 물질남용의 치료에서는 중독의 원인과 중독문제를 지속시키는 생리심리사회적(bio-psycho-social) 요인을 파악하고 클라이언트의 신체건강, 정신건강, 사회경제적 결핍 및 장애가 다루어져야 한다. 둘째, 알코올중독은 만성적이고 재발하는 질환이므로 회복의 전 과정 동안 연속적인 개입이 이루어져야 한다(김기태, 안영실, 최송식, 이은희, 2005: 101에서 재인용). 이상의 원칙은 대표적인 물질(substance)인 알코올 문제에 대한 개입에서도 매우 중요하다. 효과적인 개입을 위해서는 중독의 원인 파악이 전제되어야 하며, 중독의 특성상 단주 이후 회복과정에서의 개입도 매우 중요하다. 또한 알코올 문제에 대한 개입은 의학적 처치만으로 이루어지지 않으며, 중독클라이언트의 심리사회적 어려움에 대한 통합적인 서비스가 제공되어야 함을 강조하는 것이기도 하다.

이 장에서는 이러한 원칙을 바탕으로, 알코올중독으로 진단된 이후 시작되는 입원치료부터 급성기 이후 외래치료, 지역사회에서 실시되는 다양한 개입 유형을 살펴보고자 한다.

1. 입원치료와 외래치료

알코올 문제에 대한 개입을 시기별로 살펴본다면 크게 입원치료와 외래치료로 구분된다. 과도한 음주로 인해 신체적으로 취약하며 금단증상이 심한 상태에서는 사망의 위험도 발생할 수 있으므로, 알코올에 대해 통제가 불가능한 상태에서 해독(detoxification)과 알코올 문제에 대해 병식(insight)을 가지도록 입원치료는 필수적이다. 해독이란 신체의 알코올 성분을 제거하는 과정이며, 음주를 중단함으로써 발생하는 금단증상(withdraw symptoms)을 치료하는 것이 주된 목적이다. 대부분의 중독클라이언트는 과도한 음주로 인해 신체상태가 극도로 악화된 상태에 있거나 심각한 금단증상으로 힘든 상태에서 입원하게 되므로 해독과정을 통해 컨디션을 회복하는 것이 필수이다. 해독은 신체적·정신적 상태를 주의 깊게 살펴야 하므로 종합병원의 정신건강의학과 또는 알코올전문병원에서 입원치료를 통해 실시된다. 해독을 통해 생리적 의존을 감소시키는 것은 이후에 진행될 심리적·행동적 치료를 잘 받을 수 있도록 하는 기초가 되며, 해독 이후 본격적인 치료가 진행된다.

그런데 많은 중독클라이언트는 해독 이후 신체 컨디션이 좋아지면 퇴원하려는 경향을 보인다. 이는 자신의 알코올 문제를 부정(denial)하거나 최소화하는 경향, 병식의 부족으로 인해 치료를 받으려는 동기가 낮기 때문이다. 하지만 해독 이후 본격적으로 실시되는 심리적·행동적 치료를 받지 않으면 치료는 시작되지 않은 것과 다름이 없다. 따라서 이 단계에서 해독이란 중독클라이언트를 다시 음주할 수 있는 좋은(?) 상태로 돌려놓는 셈이 되므로 사회복지사를 비롯한 치료진들은 해독기간 동안 적극적인 개입을 통하여 중독클라이언트가 치료동기를 갖도록 하는 것이 중요하다.

입원치료를 통해 금단증상이 사라지고 병식이 발생하면 통상적으로 퇴원 후 외래치료가 진행되는 것이 순서이다. 입원치료가 종료된 후 회복이 유지되기 위해서는 지속적인 치료계획이 제공되어야 한다. 외래치료는 중독클라이언트가 단주를 지속하고 회복 중심의 라이프 스타일을 유지하는 데 초점을 맞추어야 한다.

외래치료의 장점을 살펴보면 입원치료에 비해서 비용이 경감되고, 입원치료 기간에 집중적으로 학습된 사회기술을 일상생활에 적용해 볼 기회를 가질 수 있다. 또한 중독클라이언트는 외래치료를 받으면서 자신이 거주하고 있는 지역사회에 점차 정착하게 되며, 자조집단에 참여하면서 동료 클라이언트와 지지관계를 구축할 수 있게 된다. 외래치료 기간 동안에는 치료진의 모니터링을 통해 재발경고신호(relapse warning sign)를 포착하여 재발방지책을 마련할 수 있다. 반면, 단점으로는 입원치료와 달리 통제하기 어려운 여러 가지 환경에 노출될 수 있고, 사실상 외래치료 시간 이외에는 치료진에 의한 모니터링의 어려움으로 재발 위험성이 높아질 수 있다. 의료적 문제가 발생할 경우 즉각적인 관리도 어렵다. 이상을 종합하여 외래치료의 장점과 단점을 정리하면 〈표 4-1〉과 같다.

〈표 4-1〉 외래치료의 장점과 단점

장점	단점
• 입원치료에 비해 비용 경감 • 치료 연장 효과 • 학습된 기술을 적용할 수 있는 기회 제공 • 지역사회 지지기반을 수립할 기회 마련 • 재발방지 가능 • 클라이언트의 책임감 강화 • 치료와 자조집단 연결 • 동료 클라이언트와 지지관계 구축	• 통제하기 어려운 환경으로 재발위험 • 치료 외 시간 모니터링 어려움 • 응급 의료문제에 대해서는 통제 어려움

출처: SAMHSA (2003).

알코올 문제 클라이언트에 대한 약물치료는 금단증상에 대한 관리, 우울증, 불안장애 등 공존 정신질환에 대한 치료, 만성질환 등의 의료적 문제에 대한 치료 등을 포함한다. 현재 미국에서는 알코올중독치료를 위해 여러 약물이 개발되었고 미국 식품의약국(Food and Drug Administration: FDA) 승인을 받았다. 날트렉손(Naltrexone)은 과도한 음주를 줄여 주는 데 도움이 되며, 아캄프로세이트(Acamprosate)는 중독을 억제시켜 단주 유지에 도움이 되는 약물이다. 디설피람(Disulfiram)은 알코올의 신체대사를 막아 구토, 안면홍조, 두통 등의 불쾌한 증상을 일으켜, 복용 시 음주를 피하도록 하는 약물이다. 약물은 알코올 중독에서 회복하는 데 중요한 수단이 될 수 있다. 하지만 모든 사람이 이러한 약물에 반응하는 것은 아니라는 점도 주의해야 한다(NIH, 2014).

약물치료는 전문의로부터 약물을 처방받아 실시되며, 단독으로 제공되기도 하지만, 대부분 다른 유형의 서비스와 통합되어 실시된다. 약물치료는 초기 해독과정을 겪는 동안 특히 중요하며 공존 정신질환에 대한 치료를 위해서도 사용된다. 치료진은 퇴원 후 정신과 약물을 처방받고 있는 중독클라이언트의 약물 복용 및 부작용에 대해 주의 깊게 모니터링해야 하고, 정기적으로 병원을 방문하는지 확인해야 한다(SAMHSA, 2003).

알코올 문제에 대한 개입의 시작은 수집된 정보를 바탕으로 한 사정(assesment) 결과에 따라 개별화된 치료계획을 수립하는 것이다. 계획은 클라이언트의 신체적 · 정서적 · 인지적 · 행동적 · 사회적 변화를 반영하는 포괄적 목표를 수립하는 것이다. 또 계획은 클라이언트가 바라는 목표에 따라 수립되며, 초기 사정의 결과에 기반해야 한다. 계획은 사회복지사와 클라이언트 모두에게 로드맵이 될 수 있어야 하고, '클라이언트가 무엇을 해야 하며, 어떻게 목표를 달성할 수 있는지' 이해할 수 있는 것이어야 한다. 계약 역시 계획의 한 부분으로서, 계약은 클라이언트가 동의하는 구체적인 의지의 표현(commitment)으로서 개입의 내용과 구조가 무엇인지를 명확히 하도록 한다. 초기 단계에서 이루어진 계획을 통해 약물치료, 개별상담, 집단상담, 가족 교육 및 상담, 자조집단의 활용, 기타 다양한 개입이 이루어진다. 다음에서는 각각의 유형에 대한 소개를 통해 알코올 문제 클라이언트에 개입하는 사회복지사사의 이해를 돕고자 한다.

2. 개별상담과 집단상담

1) 개별상담

알코올 문제 개입에서 개별상담은 접수(intake) 단계에서부터 시작되며, 개인력, 가족력, 사회력 조사를 위한 정보수집부터 개입에 장벽이 되는 특정한 개인의 문제를 다루면서 지속적으로 실시된다. 특히 초기 단계에서 개별상담은 치료에 대해 저항을 가지며 변화동기가 낮은 중독클라이언트와 치료적 관계(therapeutic relationship)를 형성하고, 치료에 참여시키도록 하는 매우 중요한 수단으로서 다음의 측면에서 도움이 된다(SAMHSA, 2003).

• 개입 목표를 검토하고 명확히 함으로써 개입과정에 클라이언트의 참여를 지속시킨다.

- 개입과정에서 발생하는 클라이언트의 두려움과 불안을 다룬다.
- 클라이언트-사회복지사 관계를 강화하여 클라이언트의 참여율을 증진시킨다.
- 어렵고 힘든 상황에서 클라이언트가 건강하게 대응하도록 하고 최선의 해결책을 찾도록 한다.

이와 같이 개별상담을 통해 치료적 관계를 형성하고, 치료동기를 갖도록 하는 것이 개별상담의 가장 중요한 과업이라 할 수 있다. 이 과업이 달성되면, 개별상담은 물론이고 이후의 집단상담, 가족상담에서 인지행동치료, 동기강화상담, 부부 및 가족 치료 등 다양한 모델을 활용하여 본격적인 개입이 이루어진다. 〈표 4-2〉는 중독클라이언트에게 주로 활용되는 개입모델이다.

〈표 4-2〉 다양한 개입모델

- **인지행동치료**(cognitive-behavioral therapy): 사회복지사와 일대일 관계 혹은 소집단에서 이루어진다. 인지행동치료에서는 과도한 음주를 야기하는 개인의 감정이나 상황이 무엇인지 밝혀내고 재발을 일으키는 스트레스를 다루는 데 초점을 둔다. 인지행동치료의 목표는 과도한 음주를 가져오는 사고 과정을 변화시키고 음주문제의 단초(trigger)가 되는 일상생활의 상황에 대처하는 데 필요한 기술을 개발하는 것이다.
- **동기강화상담**(motivational interviewing): 음주행동을 변화시킬 수 있도록 동기를 만들고 강화하는 데 목적이 있으며 단기간에 이루어진다. 치료를 받는 것의 장단점(pros & cons)을 밝히는 데 초점을 두고 음주습관 변화를 위한 계획을 수립한다. 또한 자기효능감을 기르고 수립된 계획을 실행할 수 있는 기술을 개발시킨다.
- **단기개입**(brief intervention): 일대일이나 소집단으로 이루어지는 단기개입은 시간 제한적이다. 사회복지사는 중독클라이언트의 음주 패턴 및 잠재적 위험요소에 대한 정보를 제공한다. 사회복지사는 클라이언트가 목표를 수립하도록 돕고, 변화할 수 있도록 목표 달성을 위해 구체적인 아이디어를 제공한다.
- **부부 및 가족 상담**(marital and family counseling): 개입과정에서 배우자와 가족 구성원과 협력하여 가족관계를 개선시키고 재건하는 데 초점을 둔다. 가족상담이 제공되면 개별상담만 진행될 때와 비교하여 단주(유지) 기회가 증가되는 것으로 알려져 있다.

출처: NIH (2014).

중독클라이언트와의 개별상담을 위해 사회복지사는 상담자로서의 바른 태도와 상담기술이 필요하다. 이는 사회복지학 전공 교과목인 사회복지실천론 및 실천기술론에서 배우고 훈련하는 기본적인 기술과 다르지 않으며, 이때 배운 기술을 중독클라이언트의 특성과

역동을 고려하여 적용하는 과제가 남아 있다. 다음에서는 중독클라이언트와의 개별상담에서 핵심 기술인 공감하기, 저항 다루기를 설명하고, 개별상담에서 유의해야 할 점에 대해 소개하고자 한다(김성이, 2002; Jarvis, Tebbutt, Mattick, & Shand, 2005).

첫째, 공감(empathy)이란 의사소통의 한 형태로서, 사회복지사가 직접 경험하지 못한 상황이나 사건을 클라이언트를 통해 듣게 될 때 그것을 진심으로 이해하는 것이다. 이는 마치 "다른 사람의 신발을 신고 서 있는 것"을 의미하며 그들의 눈으로 세상을 바라보는 것이다. 공감하기 위해서는 클라이언트를 존중하는 자세가 필요하며 공감을 통해 치료적 관계가 촉진된다. 공감은 동정(sympathy)과는 다른데, 만약 사회복지사가 클라이언트를 동정한다면 클라이언트 편을 들려고 하여 상황을 객관적으로 보기가 어렵다. 공감한다는 것은 클라이언트의 의견을 따르는 것을 의미하는 것이 아니라 클라이언트의 관점을 수용한다는 것이다.

둘째, 중독클라이언트는 자신의 음주문제를 부정하고 최소화하는 특성으로 인해 대체로 상담 장면에서 저항(resistance)이 크다. 저항은 사회복지사의 말을 무시하거나 말하는 도중에 끼어들거나 논쟁하는 양상 등으로 나타난다. 저항은 자신이 변화할 필요가 없다는 수많은 이유에 대한 표출이므로 중독클라이언트의 저항을 촉발하거나 강화하지 않도록 유의해야 한다. 밀러와 롤닉(Miller & Rollnick, 1991)은 "저항과 함께 구르기(rolling with resistance)"라는 표현을 썼다. 이는 중독클라이언트의 저항을 다루는 비직면적인 방법으로서 반영적 경청기술을 사용할 수 있다. 중독클라이언트와 치료적 관계가 확고히 형성된 상태라면 직면(confrontation)을 통해 저항을 다루기도 한다. 직면은 클라이언트가 거짓말을 하거나 사실을 부정할 때 자신과 마주하도록 하는 기술로서, 클라이언트의 이야기가 이전에 했던 이야기와 불일치할 때, 이야기의 내용이 행동과 불일치할 때 사용한다.

셋째, 중독클라이언트와의 개별상담에서 특히 유의해야 할 점으로는 클라이언트를 판단하거나 평가하는 태도나 반응은 피해야 한다는 것이다. 예를 들어, 명령하고 요구하는 것, 경고나 협박하는 것, 충고를 하거나 해결책을 제공하는 것, 논쟁하거나 설득하는 것, 도덕적 판단을 내리는 것, 비판하는 것, 지나친 확신을 주거나 동정하는 것, 움츠러들거나 일관되지 않은 태도 등은 중독클라이언트와의 상담에서는 특히 경계해야 할 것이다. 즉, 중독클라이언트와의 개별상담에서 사회복지사는 클라이언트를 '있는 그대로 이해해야 하는 것'으로 '반드시 이렇게 해야 한다'는 식의 접근은 금물이다.

2) 집단상담

집단상담은 매우 효과적인 개입 유형으로 집단과정(group process)과 집단역동(group dynamic)을 잘 활용할 수 있는 훈련된 사회복지사에 의해 실시되어야 한다. 반사회성 성격장애(anti-social personality disorder) 등의 성격장애가 있는 클라이언트, 인지기능의 장애가 있는 클라이언트 등 일부는 집단상담 참여가 어려울 수 있으므로, 집단상담에 적절한지에 대해서는 치료 팀에서 논의 후 결정해야 한다.

사회복지사는 집단상담을 실시하기 전 모든 중독클라이언트에 대하여 집단에서 적절한 행동이 무엇인지, 출석, 정직성, 다른 성원에 대한 피드백, 비밀보장 등 세부적인 집단규칙에 대해 설명하여야 한다. 이러한 부분에 대하여 사회복지사는 정확하고 구체적으로 설명하고 집단 성원 모두 동의하는 시간을 갖는 것이 이후 집단상담의 효과를 가져오는 기본 전제가 된다. 특히 사회복지사는 집단 발달의 초기 단계에서 집단규칙에 대한 동의, 집단 목표에 대한 공유를 위해 충분한 시간을 갖고 집단 성원과 논의해야 한다. 중독클라이언트는 집단에서 고립되거나 소외되는 경향이 흔히 있다. 집단은 일상생활이 재현되는 장(場)이 되므로, 집단상담을 통하여 클라이언트가 고립되는 경향을 중단시키며, 알코올 없이 살아가는 삶에 대한 두려움과 불안을 탐색하며, 재사회화를 경험할 수 있도록 한다.

집단의 크기는 집단상담의 목적에 따라 다른데, 보통 8~12명 정도가 추천되나(Velasquez et al., 2001) 일반적으로 7명 내외가 좋다. 그 이유는 너무 적은 수의 경우는 집단 성원 간 상호작용이 쉽지 않고, 너무 많은 수의 경우 한 명의 사회복지사가 이끌고 가기는 어렵기 때문이다. 공동진행자(co-worker)는 보통 치료진 중의 한 명(정신건강전문요원 등)이 가능하며, 치료진 간의 정기적 회의를 통해 집단 상황을 점검하고 공통의 목표를 갖기 위해 협력하는 것이 매우 중요하다. 집단상담은 주 1회 정도로 진행하며 외래에서 진행되는 경우 집단에서 배운 기술을 클라이언트가 직접 일상생활에 적용해 보고 피드백을 받도록 한다.

음주거절훈련, 문제해결훈련, 의사소통훈련 등은 집단을 활용하여 실시되는 대표적인 사회기술훈련 프로그램이나. 중독클라이언트들은 음주상태에서의 감정표현과 의사표현에 익숙해 왔으므로 낮은 사회기술(social skills)로 인해 알코올이 없으면 자기표현이 쉽지 않은 경향이 있다. 따라서 술을 마시지 않고서도 타인과 즐거운 시간을 보낼 수 있으며, 하고 싶은 말을 전달하며 감정을 표현하는 법을 새로 배우는 것이 필요하다. 예를 들어, 음주를 권하는 상황에서 효과적으로 거절하는 법을 배우는 음주거절 기술은 집단 성원에게 술을 거절하는 데 어려움을 겪는 상황을 설명하도록 하고 자기주장적 반응에 대해 함께 브레인스토밍하고, 거절 상황에 대해 역할극을 실시한다. 그 후 역할극에 참여하는 사람과 지켜보는 사람들 간에 역할극 내용에 대해 피드백을 주고받는다. 이때 언어적인 표현(대화 등), 비언어적인 표현(눈빛, 목소리의 단호함 등), 적절한 대안 등 음주거절에 필요한 요소를 유인물이나 동영상으로 만들어 제공할 수 있다(King et al., 2012).

이러한 사회기술 증진을 위한 프로그램은 집단을 활용하는 것이 효과적인데, 집단은 개별로 실시했을 때는 발생하기 어려운 여러 치료적 요인을 갖고 있기 때문이다. 다음은 얄롬(Yalom, 2001)이 제시한 집단의 치료적 요인을 정리한 것이다(Flores, 2007에서 재인용).

- 희망 심어 주기(instillation of hope)로서 집단에서 좋아진 다른 사람을 보는 것, 다른 사람이 좋아지는 과정을 목격함으로써 집단상담이 효과적이라는 것을 알게 되며 치료에 대한 믿음을 갖게 된다. 즉, 중독클라이언트는 집단 경험을 통해 상담이 효과가 있을 것이라는 기대가 생기며 확고해진다.
- 보편성(universality)은 자신이 다른 사람과 다르지 않다고 느끼는 것이다. 즉, 집단 내에서 유사한 경험을 함으로써 동질감을 느끼며 '우리가 모두 한배를 타고 있다'는 공통분모를 인식함으로써 집단 내에서 상호지지가 발생한다.
- 정보전달(imparting information)은 주로 집단 발달의 초기 단계에서 이루어진다. 중독 및 중독과 관련된 이슈에 대해 구체적인 정보를 제공하거나 조언을 하는 것이다.
- 이타주의(altruism)는 타인을 돕고 있다는 것과 이것이 삶에서 중요하다는 느낌을 갖는 것이다. 중독클라이언트는 집단상담을 통해서 잠시 동안이라도 자신을 잊고 타인을 돕는 것에 집중하며, 이를 통해 자신이 필요한 존재임을 느끼게 된다.
- 초기 가족의 교정적 재현(corrective recapitulation of the primary family group)이다. 집단은 많은 측면에서 가족과 유사한데, 집단 내에서 과거 가족 경험이 재현된다. 즉, 집단상담에서 미해결된 가족문제가 반복되면서 교정의 기회를 갖는다.
- 사회기술의 발달(development of socializing techniques)로서 집단에서 사회기술을 새롭게 학습하고 적용해 봄으로써 사회기술을 발달시킬 수 있다.
- 모방행동(imitative behavior)으로서 집단 성원을 동일시함으로써 집단 내에서 다른 성원의 모습을 보고 들음으로써 대리학습이 발생한다.
- 통찰(insight)은 자신의 행동과 자신이 타인에게 하는 행동, 왜 그렇게 행동했는가에 대해 이해하게 되며 자신에 대해 객관적인 관점을 갖게 되는 것이다. 즉, 집단경험을 통해 자기인식(self-awareness)의 기회를 갖는다.

- 대인관계 학습(interpersonal learning)은 자신이 타인과 어떻게 관계를 맺고, 다른 사람은 자신과 어떻게 관계를 맺는지를 경험하고 배움으로써 만족스러운 대인관계를 형성할 수 있게 되는 것이다.
- 집단응집력(group cohesiveness)으로서 정서적 공유, 따뜻하고 친밀한 감정, 소속감, 인정받고 있음을 느낌으로써 '우리'라는 느낌이 확립된다. 집단응집력은 효과적인 치료를 위한 선행조건이다.
- 정화(catharsis)는 집단에서 긍정적 감정과 부정적 감정을 표현하는 것인데, 이를 통해 어떻게 감정을 표현해야 할지 배울 수 있다.
- 실존적 요인(existential factors)으로 자신의 삶에 대한 책임은 전적으로 본인에게 있음을 배우는 것이다.

중독클라이언트는 집단에서 이루어지는 치료적 경험을 통해 변화하는데, 사회복지사는 집단 성원 간의 상호작용을 통해 집단의 치료적 요인이 발생할 수 있도록 집단을 운영할 계획과 전략을 세우는 것이 중요하다.

3. 알코올 교육과 재발방지

1) 알코올 교육

알코올 교육은 중독으로부터의 회복과정에 대한 구체적인 정보를 제공하는 것으로 개별 혹은 집단 형태 모두 가능하다. 특히 초기 단계에서 교육을 통해 알코올중독에 대한 객관적인 정보를 제공하고 평가도구를 활용하여 검사결과를 해석하는 것은 효과적인 개입수단이 될 수 있다.

동질적인 어려움을 갖는 중독클라이언트로 구성된 집단 성원을 교육할 때는 대규모 집단을 대상으로 하는 일방적인 강의형식보다 소집단으로 나누어 교육 후 교육 내용에 대해 서로의 경험과 느낌을 나눔으로써 집단 성원의 상호작용을 촉진하는 방식이 효과적이다. 즉, 중요한 것은 교육 자체보다는 교육 내용에 대한 중독클라이언트의 반응을 살피고 함께 논의하는 것이다. 따라서 알코올 교육은 완전히 정보제공에 초점을 둔 교육적 접근보다는 심리교육(psycho-education) 형태를 추천한다. 심리교육은 알코올중독에 대한 정보나 중독으로 인한 영향을 함께 다룸으로써 클라이언트의 중독에 대한 이해와 함께 앞으로 치료동기를 갖게 하는 데 효과적으로 활용할 수 있다(King et al., 2012).

알코올 교육 동안 클라이언트의 집중시간은 대체로 길지 않으므로 가능하면 교육과 교육에 대한 나눔(sharing)은 간단하고 집중적으로 제공되는 것이 좋다. 보통 1회 교육에서 인사말, 집단 성원 소개, 정보제공(20분), 상호 피드백, 마무리를 포함하여 40~50분 정도가 적절하다. 고령의 클라이언트, 저학력의 클라이언트는 물론이고 치료현장에 오는 클라이언트들은 긴장하며 불안한 상태이므로 이해하기 쉬운 용어와 전달매체를 사용해야 한다. 교육효과를 최대화하기 위해 시청각 자료와 출판물 등을 적극 활용하는 것이 좋다.

교육은 개입 초기 저항이 높은 중독클라이언트에게 실시하기 좋은 형태이며, 일반적으로 우리 문화에서는 교육에 대해 수용적인 경향이 있으므로 교육적인 접근법을 적극 활용하는 것이 효과적이다. 일반적인 알코올 교육의 주제는 다음과 같다.

- 중독의 역동과 중독의 과정
- 치료와 회복의 역할과 과정
- 중독의 의학적 측면
- 단주의 중요성
- 처방약물의 적절한 사용
- 자조집단 및 지지집단의 활용
- 영성과 외부 지지자원의 개발
- 회복에서 영양, 운동, 여가의 역할
- 대인관계 기술
- 성(sex, sexuality)과 회복
- 갈등해결 방법
- 중독과 가족역동
- 건강한 관계와 가족기능
- 재발의 단서 파악
- 재발방지 기술
- 알코올 및 약물 거절기술

2) 재발방지

재발방지(relapse prevention)를 위한 개입은 필수적이다. '재발(relapse)'이라는 용어는 원래 질병으로서의 '중독'에 초점을 두는 것으로 질병상태로 되돌아간다는 의미이다. 반면, 재발의 형태를 보다 세분화할 때 'lapse(or slip)'란 예전의 오래된 행동으로 단기간 혹은 일회적으로 돌아감을 의미하며 이 경우 완전한 회귀(return)는 아니다. 재발방지는 lapse가 완전한 relapse로 돌아가는 것이 아니라는 개념에 기초하며, 'lapse'나 'slip' 역시 행동변화 과정의 일부임을 받아들이는 것이다.

재발은 파국이나 실패를 의미하지 않는다(Nelson, 2012). 재발방지란 재발을 야기하는 고위험 상황(high-risk situation)과 촉발요인을 찾아내고 대처방법을 준비하는 것이다. 즉, 사회복지사는 중독클라이언트가 '언제, 어디서, 누구와 함께, 무엇을 할 때, 어떤 기분일 때' 가장 알코올에 대한 유혹을 느꼈는지 고위험 상황을 자세히 밝혀내도록 돕는다. 표준화된 도구를 사용하기도 하고, 매일 일지(diary)를 쓰면서 클라이언트 스스로 모니터링을 통해 찾아낼 수도 있다(Jarvis et al., 1995).

재발이 되면 '멈추고, 살펴보고, 귀 기울여야(stop, look and listen)' 한다(Witkiewitz & Marlatt, 2007). 즉, 재발 상황에 대해 비관하여 절망에 빠지지 말고 오히려 재발의 이유가 무엇이고 다음에는 동일한 상황에서 어떻게 다르게 대처할지를 살펴보아야 한다. 사회복지사는 재발이 곧 실패를 의미하지 않음을 분명히 전함으로써 중독클라이언트를 격려하며 시간을 가지고 다시 시작하도록 한다.

말랫과 고든(Marlatt & Gordon, 1985)의 재발방지모델은 대처 기술과 대처 전략에 초점을 둔다. 재발방지를 위해서는 클라이언트가 라이프 스타일의 균형을 갖도록 하는 것이 중요한데, 우선 일과 생활의 균형으로 최소 8시간의 수면, 건강한 식단과 운동, 명상하기, 종교의식 참여하기, 여가활동 하기 등에 대해 살펴본다. 재발방지를 위한 개입은 다른 사회복지서비스와 병행하는 것이 좋으며, 중독클라이언트의 사회적 관계망과 지지자원을 살피고, 가족과 의미 있는 타자(significant others)를 재발방지 계획에 관여시키고 자조집단에 참여하도록 격려하며, 여가활동을 격려한다(Jarvis et al., 2005).

알코올 문제 개입에서는 많은 경우 중독클라이언트 본인보다 가족이 먼저 알코올 문제의 심각성을 느끼고 주변이나 전문기관에 도움을 구하는 경우가 많다. 실제로 가족이 중독문제에 대하여 도움을 찾기까지는 오랜 시간이 걸리고 결단이 필요한데, 가족이 치료를 망설이는 이유는 다음과 같이 다양하다(광주서구중독관리통합지원센터, 2017).

- 중독에 대한 사회적 선입견과 편견 때문에
- 중독 자체에 대한 무지 때문에
- 강한 의지가 있으면 나을 수 있다고 생각하기 때문에
- 중독자 본인의 강한 거부로 인해서
- 다른 가족(시댁, 처가, 형제)의 협조가 되지 않아서
- 직장에서 불이익을 받을까 봐
- 경제적인 어려움(병원비, 생활비) 때문에
- 창피함, 수치스러움, 두려움, 무서움 등 죄책감, 안쓰러움의 감정 때문에

가족이 치료를 위한 결단을 내리고, 치료에 적극적으로 참여하는 것은 성공적인 개입을 위해 결정적이다. 하지만 가족들은 어떻게 도와야 할지에 대해 확신이 서지 않기 때문에 알코올 문제에 대한 정확한 이해와 지지방법에 대한 교육이 필요하다(NIH, 2014). 가족교육을 통해 가족은 치료와 회복과정에 대한 이해가 증진되며, 가족이 어떻게 도울 수 있는지에 대해 배우게 된다. 가족교육에서 주로 다루는 주제는 다음과 같다.

- 치료 및 회복의 역동과 가족관계
- 재발경고신호와 재발방지
- 중독가정의 어려움
- 조장(enabling)과 부정(denial)
- 건강한 가족기능
- 건강한 분리와 냉정한 사랑(tough love)
- 가족 의사소통과 문제해결
- 알아넌(Al-anon), 알라틴(Alateen), 기타 가족지지 체계

가족은 중독클라이언트를 도와야 하는 동시에 자신을 돌보는 것도 매우 중요하다. 중독에 대한 회복은 가족이 아닌 중독자 본인에게 궁극적인 책임이 있음을 잊지 말고, 가족이 우울이나 불안 등의 증상이 있으면 자신을 위하여 전문적인 도움을 받아야 한다. 또 회복에 장애가 되는 가족의 오래된 어려움이나 갈등을 다루기 위해서는 가족상담도 필요하다. 가족상담의 목표 중 하나는 중독 및 회복과정에서 발생하는 가족역동에 대해 가족 성원이 충분히 이해하도록 하는 것이고, 가족이 중독과 관련된 가족의 문제가 무엇인지 밝혀내고

해결할 수 있도록 돕는 것이다.

가족문제가 중독의 원인이 되거나 치료의 장애가 되는 결정적 요인으로 밝혀졌다면 가족상담보다 더욱 깊이 있는 통찰을 요구하는 가족치료를 적극적으로 고려해야 한다. 가족치료는 가족의 역기능을 다루거나 가족 성원 간 의사소통 패턴 파악 및 개선, 관계의 회복을 다루는 것으로(김기태 외 2005; Nelson, 2012), 전문가에 의해 이루어져야 한다. 중독자에 대한 가족의 대처는 가족 상담 및 치료에서 다루는 주요 이슈로서 〈표 4-3〉의 예시는 가족의 적절한 대처방법을 제시한다.

〈표 4-3〉 알코올중독에 대한 가족의 올바른 대처방법

- 가족 혼자의 힘으로 모든 것을 해결하려고 하지 않는다. 알코올 문제는 가족이 잘못해서 발생하는 것이 아니므로 가족이 수치심을 느낄 필요가 없다. 전문기관과 친구, 친척, 유사한 어려움을 겪고 있는 다른 가족과 상담하고 의논하여 해결책을 찾아본다.
- 가족의 역할은 중독자가 단주생활을 하고 회복을 위해 노력할 때 도와주고 격려하는 것이다. 중독자가 단주결심을 하고 단주생활을 유지할 수 있도록 가족의 일관된 지지가 필요하다. 회복의 목적은 단주 유지이므로 가족도 회복을 위해 도와주고 격려해 주어야 한다.
- 단주의 결정적 계기는 단주이익이 더 크고 술을 마시면 오히려 손해라는 점을 깨달을 때이다. 알코올로 인한 문제의 심각성을 인식하도록 알코올 문제에 대해 '직면'하도록 도와준다. 직면은 중독자를 감정적으로 비난하는 것이 아니라 언제, 어디서, 무엇을 했는지 구체적으로 자신의 상황을 바라보도록 하는 것이다.

출처: 광주서구중독관리통합지원센터(2017).

4. 치료공동체와 자조집단

1) 치료공동체

치료공동체(Therapeutic Community: TC)란 "치유를 공동의 목표로 하는 사람들이 모여 공동체를 이룬 사회 조직"이다(De Leon, 2000). 즉, 치료공동체란 공동체 생활과 책임감을 배울 수 있도록 제공되는 구조화된 환경으로서, 현대 치료공동체의 모델이 된 시나논(Synanon)은 1958년 캘리포니아에서 처음 만들어져 알코올중독자를 위한 거주 프로그램으로 발전하였고, 실제 현장에서 치료공동체라는 말을 사용한 것은 약물범죄자를 대상으로 실시된 1965년 뉴욕의 데이탑 빌리지(Daytop villege)이다. 오늘날에는 교도소, 병원,

단기입원시설, 여성보호시설, 소년보호위탁시설, 노숙자보호센터, 청소년수련원 등 다양한 집단에서 치료공동체 모델이 활용되고 있다(이재호, 2017).

　치료공동체는 크게 정신장애인의 치료를 위한 병동형 치료공동체와 지역사회에 기반을 둔 거주형 치료공동체 두 가지로 나눌 수 있다. 치료공동체는 주로 장기 집단거주시설에서 시행되어 왔으나 최근에는 단기거주시설, 통원치료시설에도 시행되고 있다. 특히 교정시설, 지역사회보호시설, 쉼터 등에서도 치료공동체를 도입하거나 치료공동체 철학의 기본요소와 관점을 통합하여 운영하기도 한다(최상국, 2007).

　치료공동체에서 중독클라이언트를 보는 관점은 중독클라이언트는 변화가 가능하며 공동체의 성원은 상호 변화를 조장할 수 있어야 한다는 것이다. 또한 공동체의 성원은 개인이 자신에 대한 책임을 져야 하고 공동체 전체가 변화를 향해 나아가야 한다고 본다. 따라서 결국 치료공동체의 접근방법은 개인이 스스로를 변화시키기 위한 방법으로 공동체를 사용하는 것이다. 즉, 치료공동체의 구조(철학, 생활다짐, 역할, 조직 등), 인력(입소자, 스태프 등), 활동(집단, 세미나, 미팅, 모임, 작업, 놀이, 학습 등)은 개인의 치유, 배움, 변화를 위해 실시된다(최상국, 2007). 중독클라이언트는 치료공동체에서 치료자에게 의존하기보다 레지던트(residents)라고 불리는 구성원들 간의 자조적 태도에 의해 치유의 힘을 갖는다. 한 구성원은 다른 구성원들로부터 도움이나 지지를 받기도 하고, 한편으로는 어려움에 처한 다른 구성원을 돕거나 지지하기도 한다. 치료공동체에서 중독클라이언트는 변화에 대해 주도권을 가지며 적극적인 역할을 한다. 즉, 다른 사람을 돕기도 하고 도움을 받기도 하는 환경에서 자조적 접근을 함으로써 치료자에게 의존하여 도움을 청하는 의존 성향을 최소화하도록 격려된다(김성이, 2002).

2) 자조집단

　중독클라이언트가 자조집단(self-help group)에 참여하는 것은 치료에 매우 도움이 되는 것으로 알려져 있다. 중독 분야에서 자조집단은 1930년대에 AA(Alcoholics Anonymous)의 탄생으로 시작되었다. 단 2명의 회원으로 시작한 AA는 현재 2백만 명의 회원으로 성장하였는데, 그 영향력은 막강하며 자조집단의 치료적 기제와 효과 역시 잘 알려져 있다(Kelly & White, 2012). AA는 알코올중독에서 회복하는 방법으로 12단계를 제시하였는데, 그 내용은 〈표 4-4〉와 같다.

〈표 4-4〉 AA 12단계	
1단계	우리는 알코올에 무력했으며, 스스로 생활을 처리할 수 없게 되었다는 것을 깨닫고 시인했다.
2단계	우리보다 위대한 힘이 우리를 건전한 본 정신으로 돌아오게 해 주실 수 있다는 것을 믿게 되었다.
3단계	우리가 이해하게 된 대로 그 신의 보살핌에 우리의 의지와 생명을 완전히 맡기기로 결정했다.
4단계	철저하고 대담하게 우리의 도덕적 생활을 검토했다.
5단계	솔직하고 정확하게 우리가 잘못했던 점을 신과 자신에게, 또 어느 한 사람에게 시인했다.
6단계	신께서 우리의 이러한 모든 성격상 약점을 제거해 주시도록 우리는 준비를 완전히 했다.
7단계	겸손한 마음으로 신께서 우리의 약점을 없애 주시기를 간청했다.
8단계	우리가 해를 끼친 모든 사람들의 명단을 만들어서 그들에게 기꺼이 보상할 용의를 갖게 되었다.
9단계	어느 누구에게도 해가 되지 않는 한, 할 수 있는 데까지 어디서나 그들에게 직접 보상했다.
10단계	계속해서 자신을 반성하여 잘못이 있을 때마다 즉시 시인했다.
11단계	기도와 명상을 통해서 우리가 이해한 대로의 신과 의식적인 접촉을 증진하려고 노력했다. 그리고 우리를 위한 그의 뜻만 알도록 해 주시며, 그것을 이행할 수 있는 힘을 주시도록 간청했다.
12단계	이런 단계로써 생활해 본 결과, 우리는 영적으로 각성되었고 알코올중독자들에게 이 메시지를 전하려고 노력했으며, 우리의 모든 면에서도 이러한 원칙을 실천하려고 했다.

자조집단에의 참여는 입원치료와 퇴원 후 장기적 회복과정을 연결하는 가교 역할을 한다. 퇴원 후 외래치료는 제한된 시간에 제한된 개입을 제공하므로 치료기간 이외에도 서비스는 지속되어야 한다. 이때 자조집단은 퇴원 후 중독클라이언트에 대한 지속적 지지를 위해 매우 중요하다.

자조집단의 효과는 매우 다양한 것으로 나타난다. 일례로 정서 조절의 어려움은 중독자에게는 매우 흔한 문제이다. 특히 우울과 같은 부정적 정서는 재발을 초래하는 요인인데, 자조집단의 참석은 사회적 지지를 받는 느낌을 주고 집단에서 동질감과 희망을 통해 소속감도 느끼게 한다. 또 자조집단 참석을 통해 변화된 태도와 행동이 삶의 즐거움이 되기도 한다. 자조집단의 참여는 주관적 웰빙(wellbeing)만을 증진시키는 것이 아니라 부정적 정서도 해소하는 것으로 알려져, 자조집단에 참석을 할수록 알코올 사용이 더 낮고 우울도 감소하는 것으로 나타났다(Kelly, Stout, Magill, Tonigan, & Pagano, 2010).

사회복지사는 클라이언트가 자조집단에 참여하기 전에 AA의 철학, 규칙, 12단계 프로그램 등에 대해 자세한 설명을 제공해야 한다. 중독클라이언트는 개방모임과 폐쇄모임, 후원자(sponsor)의 개념이나 역할, 12단계 프로그램의 전통에 대해 미리 배워야 한다. 또한 단순히 모임에 출석만 하는 것이 아니라 적극적으로 참여하도록 격려되어야 한다. 중독클라이언트는 자조집단에 대해 처음에는 저항하는 경우가 많다. 어떤 클라이언트들은 병원치료만 받겠다고 거부하기도 한다. 그럴 경우 사회복지사는 저항의 이유를 탐색함과 동시에 중독클라이언트를 도울 수 있는 대안적인 방법도 탐색할 수 있도록 도와야 한다. 또한 사회성이 낮은 중독클라이언트의 경우 AA라는 새로운 환경에 접근하고 참여하는 것이 쉽지 않기 때문에 처음 참여 시 사회복지사의 주의 깊은 안내가 필요하다.

중독클라이언트에 대한 개입에서 12단계 치료에 대한 논란과 비판이 있으나(Flores, 2007), 12단계 치료는 동기강화상담, 인지행동치료과 함께 주요 개입방법으로 그 실증적 효과에 대한 검증이 이루어지고 있다(Project MATCH Research Group, 1997). 따라서 중독클라이언트에 개입하는 사회복지사는 주요 개입모델을 잘 이해하고 실제로 실천현장에서 적용할 수 있도록 훈련해야 할 것이다. 〈표 4-5〉는 12단계 치료, 동기강화상담, 인지행동치료를 비교한 것이다.

〈표 4-5〉 12단계 치료, 동기강화상담, 인지행동치료의 비교

12단계 치료	동기강화상담	인지행동치료	치료 목표
1단계	전 숙고 (중독부정 단계)	해독 및 신체회복 중독에 대한 교육	중독문제 고민
	숙고 (중독시인 단계)		중독임을 인정
2단계	준비 (단주결심 단계)		단주결심
3단계	실행 1 (단주 단계)	인지행동치료	단주방법 익히기
4~7단계	실행 2 (성격회복 단계)	스트레스 관리훈련 등	인격 성숙
8~9단계	실행 3 (관계회복 단계)	대인관계훈련 등	관계 개선
10단계	유지 1	재발방지교육 회복일지	재발방지
11단계	유지 2	자원봉사 직업재활	역할수행
12단계	유지 3	메시지 전달	단주에 대한 보상 누림

출처: 김한오(2015) 재구성.

5. 사례관리

중독클라이언트의 퇴원은 중독에 대한 병식(insight)이 생겼다고 판단할 시점에 이루어

진다. 클라이언트는 입원치료 동안 개인상담을 통해 자신에 대해 이해하고, 집단 및 가족 상담, 교육 프로그램에서 배운 사회기술과 관계회복을 위한 노력을 실제로 지역사회에서 살아가면서 적용해 보기 시작한다. 이때 중독클라이언트는 단주 과정에서 발생하는 심리적 어려움뿐만 아니라 경제적 곤란, 일자리 문제, 부부 갈등, 양육과 부양, 금융, 법률, 주거 등의 영역에서 어려움과 욕구를 가질 수 있다. 이와 같은 다양한 욕구에 대한 개입은 중독클라이언트의 회복을 위해 필수적인 것으로, 이를 해소하기 위한 사례관리 서비스가 제공된다.

사례관리는 지역사회 중독 전문기관인 중독관리통합지원센터뿐만 아니라 종합사회복지관, 행정복지센터 등 보건과 복지, 공공과 민간 등 다양한 기관에서 이루어진다. 지역사회의 어느 기관이든지 중독클라이언트를 만나게 되는 사회복지사는 클라이언트가 필요로 하는 서비스에 대해 타 기관과 연계하여 사례관리를 진행하게 된다. 사회복지사는 생심리사회적 사정(bio-psycho-social assessment)을 실시 후, 사정결과를 바탕으로 목표 및 계획을 수립하여 타 기관과의 연계를 통해 서비스를 제공한다. 이러한 통합적인 사례관리는 중독클라이언트의 회복에 결정적인 요소가 된다. 다음에서는 중독관리통합지원센터를 중심으로 중독클라이언트에 대한 사례관리의 원칙, 전반적 과정과 세부 내용을 살펴보고자 한다(국립정신건강센터, 2020; 광주광역정신건강증진센터, 2016).

1) 사례관리 원칙

다양하고 복합적인 이슈를 갖는 중독클라이언트 사례관리의 원칙은 다음과 같다. 첫째, 포괄성으로 신체적·정신적 어려움은 물론 소득, 직업, 양육, 교육, 법률, 금융, 주거 등에 대한 욕구에 개입하며 대상자 본인과 가족에 대한 서비스를 포함하는 것이다. 따라서 사회복지사뿐만 아니라 다학제적으로 구성된 팀에 의한 접근이 필요하다. 둘째, 지속성으로 중독은 단기적 상담과 치료, 교육으로 회복되는 것이 아니므로 중독클라이언트의 병력, 병식의 수준 등에 따라 지속적인 서비스가 제공되어야 한다. 셋째, 연계성은 보건과 복지의 욕구를 모두 가지는 중독클라이언트는 보건기관과 복지기관의 연계와 협력을 통한 통합 서비스가 요구되며, 이때 사례관리자는 서비스 전달체계 간 중개자의 역할을 주로 담당한다. 넷째, 유연성으로서 중독클라이언트의 회복과정에는 단주와 재발이 반복될 수 있기 때문에 상황에 대해 적절히 대응하고, 계획의 조정도 계속해서 필요하다.

2) 사례관리 과정 및 내용

지역사회에서 중독클라이언트에 대한 사례관리는 대상자 발견, 초기상담, 등록, 초기사정, 개별서비스계획 수립, 서비스 제공, 평가, 퇴소의 과정으로 이루어진다([그림 4-1] 참조).

대상자 발견은 주로 지역 내 의료기관, 정신건강복지센터, 정신재활시설, 종합사회복지관, 행정복지센터 등 다양한 현장에서 의뢰를 통해 사례관리 기관으로 유입된다. 초기상담[1] 이후 기관 내 사례 회의를 통해 대상자의 등록 여부를 결정하는데, 이때 수급자 및 차상위계층, 이주 여성 및 자녀, 새터민 등의 사회적 취약계층은 등록 우선순위에 있다. 등록은 대상자 및 가족의 동의를 받고 진행된다. 이후 초기사정 결과에 기반하여 여러 평가도구를 활용하여 개별서비스계획(ISP: Individual Service Plan)을 수립한 후, 타 기관 프로그램 등 지역사회 자원과 연계하여 서비스가 제공된다. 6개월에 1회 이상 정기적인 재평가를 통해 퇴소(종결)를 결정한다.

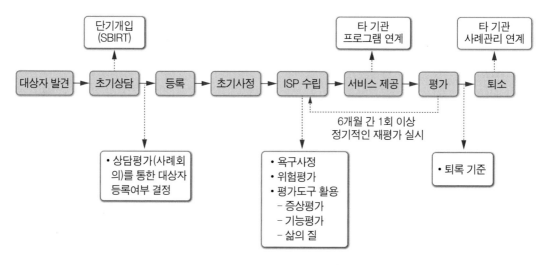

[그림 4-1] 지역사회 중독클라이언트 사례관리 과정

출처: 국립정신건강센터(2020).

---

1) 초기상담 단계에서 활용할 수 있는 SBIRT는 중독문제를 가진 고위험군을 조기에 선별하여 이들에게 적절한 치료적 개입 및 전문기관에 의뢰하는 선별(Screening), 단기개입(Brief Intervention), 치료의뢰(Referral to Treatment) 체계이다. 미국의 Substance Abuse and Mental Health Services Administration(SAMHSA)에서 개발되어 중독의 심각도를 신속하게 선별하여 치료의 적절한 수준을 결정하도록 하고, 중독에 대한 병식, 변화동기를 증가시키기 위한 단기개입을 제공하며, 좀 더 집중적인 치료가 필요한 경우 치료 세팅으로 의뢰하도록 구성된다(김희경 외, 2020).

사례관리의 주요 내용은 욕구에 기반한 개별화된 서비스를 전화 및 내소 상담, 입원 및 외래 연계, 재정 관리, 가정방문, 회복 프로그램 등을 기관 내부와 외부의 자원을 통하여 제공하는 것이다. 개인·가족·집단 상담을 시행하며, 중독클라이언트가 재발위험 등 신체적·정신적·사회적 응급상황에서 대처할 수 있는 지원체계를 구축할 수 있도록 지원한다. 또한 지역사회 내 적응력 강화와 대처능력을 도모하며 재발방지 및 삶의 질 향상을 도모하는 것이다. 이때 주의해야 할 사항은 사례관리 내용이 중독클라이언트의 병식 수준, 변화동기의 정도에 따라 차별화하여 서비스가 제공된다는 점이다. 예컨대, 자신의 중독문제에 대해 병식이 부족하고 변화동기가 낮은 클라이언트의 경우는 중독문제에 대한 인식, 변화의 필요성과 가능성에 대한 지지, 가족에 대한 정서적 지지 중심으로 개입한다. 반면, 단주 중인 클라이언트에 대해서는 재발에 대한 경계를 강화함으로써 재발 고위험 상황에 대처할 수 있도록 돕는다.

중독클라이언트가 사례관리 기관의 등록을 거부할 경우 가족이 사례관리의 대상으로 서비스를 받을 수 있다. 가족 구성원은 중독클라이언트로 인해 오랜 기간 우울, 불안, 자살사고 등 정신건강의 어려움을 겪을 수 있고, 신체 질환, 가정폭력, 가족 갈등 및 해체, 재정적 어려움, 주거 문제, 공동의존, 성인 아이 증상 등 다양한 문제와 욕구를 지니고 있다. 이때 가족도 사례관리 과정에서 가족교육, 가족 대상 집단 프로그램, 자조모임, 지역사회 자원연계 등을 통해 도움을 받을 수 있다.

6. 기타: 예술치료, 마음챙김, 숲 체험

예술치료(art therapy)란 음악, 미술, 무용/동작, 연극, 모래놀이와 같은 '예술' 매체가 기존의 심리치료에 통합된 전문 분야로서, 마음의 상처가 있거나 정신적 질환이 있는 사람들에게 치유의 목적으로 하는 모든 표현예술 활동을 의미한다(이지영, 2016). 중독클라이언트에 대한 예술치료는 다양한 예술매체를 활용하여 개별 혹은 소집단을 대상으로 실시한다. 예컨대, 미술표현은 분노, 적대감 등의 부정적 정서를 긍정적인 방법으로 해소하는 정화의 기능을 가지고 있다(Malchiodi, 1998). 중독클라이언트는 해결되지 않은 갈등 상황으로 발생하는 우울과 불안을 피하기 위해 중독행동을 계속하므로 미술을 통하여 부정적 정서를 표현하고 정화하는 데 도움을 줄 수 있다(김제영, 오가영, 2015). 즉, 내면의 어려움이나 분노를 자기주장적으로 표현할 때 우울과 불안이 감소되므로 미술치료는 중독클라이언트에게 효과적인 개입방법이 된다. 최근의 예술치료는 한 가지의 매체만 활용하지 않고 두 가지, 세 가지 매체를 혼합하여 적용하는 통합예술치료가 이루어지고 있으며 그 효과성도 보고되고 있다(이에스더, 2015: 이지영, 2016에서 재인용). 창의적 표현을 하는 모든 예술활동은 치유성이 있고, 예술활동 자체만으로도 사람들이 자신의 마음을 표현할 기회를 제공한다. 실제로 선행연구에서는 예술치료가 중독클라이언트의 우울, 자아정체감, 자기효능감, 심리적 안녕감, 변화동기 부여, 회복탄력성 증가에 긍정적 영향을 미치고 있다는 실증적 결과가 제시되고 있다(이지영, 2016).

최근 중독클라이언트에 대한 마음챙김(mindfulness)의 적용이 시도되고 있다. 마음챙김은 불교의 명상수행의 한 방법으로서, 의도를 갖고 판단 없이 지금 이 순간에 진행되는 것에 주의를 두어 알아차림 하는 것으로(Kabat-Zinn, 1994), 중독치료에서 마음챙김을 기반으로 하는 다양한 개입방법이 개발되어 있다. 마음챙김 기반 스트레스 감소(Mindfulness-Based Stress Reduction: MBSR)는 대표적인 방법으로 보디스캔, 정좌명상, 요가 등으로 구성되며 주 1회, 회기당 2시간 30분~3시간이 소요되고 총 8~10회기가 진행된다. 마음챙김 기반 인지치료(Mindfulness-Based Cognitive Therapy: MBCT)는 MBSR을 바탕으로 인지치료적 요소를 더한 것으로, 다양한 명상 기법이 사용되는데, 중독클라이언트들이 느끼는 우울한 감정을 있는 그대로 받아들이도록 하여 그것에 덜 영향을 받도록 한다. 한편, 마음챙김 기반 재발방지(Mindfulness-Based Relapse Prevention: MBRP)는 재발경고신호를 인식하고 재발 단서에 대한 알아차림을 증가시켜 효과적인 대처기술의 개발과 자기효능감을 강화시키도록 한다(김성진 외, 2019).

마음챙김은 중독으로부터의 회복에 핵심적인 역할을 한다고 알려졌다. 수행이란 깨어 있는 상태로, 자기를 바라봄으로써 자동화된 자기의 마음과 행동을 조절하여 자기 안에 현존하는 성인과 붓다를 만나 기쁨과 평화의 마음상태를 가지게 되는 과정이다. 개인이 수행을 통하여 내적 충만감을 가지면 타인으로부터 인정받고자 하는 욕구가 줄어들며 분노감도 적게 일어난다(박상규, 2016: 87). 따라서 회복 단계에서 성격문제, 대인관계의 어려움, 가족갈등 등 여러 가지 심리사회적 어려움을 갖는 중독클라이언트에게 마음챙김 프로그램은 마른주정(dry drunk)이 나타나는 단계에서 효과적인 시도가 될 것이다(박상규, 2016).

숲 체험, 즉 산림치유란 숲에 존재하는 다양한 환경요소를 활용하여 인체의 면역력을 높이고, 신체적·정신적 건강을 회복시키는 활동이다(산림청, www.forest.go.kr/newkfsweb/html/htmlp). 숲이란 나무들이 모여 있는 유기체 집단으로, 숲에서의 야영은 정신병의 치료, 이상행동의 교정, 사회성의 증가, 알코올중독치료, 소년범의 재범 감소, 신체 균형 조절, 스트레스 해소나 우울 증세의 감소, 심리적 안정과 같은 다양한 치유 효과가 있는 것으로 보고되고 있다(김지혜, 이현림, 2006). 숲이 갖고 있는 피톤치드, 햇빛, 음이온, 소리, 경관, 산소 등은 인간의 심리사회적 측면에 긍정적인 영향을 미쳐 심리적 안정과 회복의 기능을 가져온다. 숲 체험은 우울과 불안 감소, 자존감 향상, 스트레스 감소, 적대감과 공격성 감소 등 정신건강에 긍정적 영향을 미치고, 중독클라이언트의 자기효능감, 자기통제력의 강화에 효과적이므로(조현섭 외, 2008; 차진경, 김성재, 2009; Schreyer & Driver, 1990) 앞으로 숲의 치유적 기능을 활용한 프로그램 개발이 제안된다.

토론문제

1. 알코올 문제에 대한 다양한 개입 유형을 비교해 보시오.
2. 사회복지실천론과 기술론에서 배운 사회복지실천 과정과 기술을 알코올 문제를 가진 클라이언트에게 적용할 때 유의해야 할 점에 대해 논하시오(예: 접수 단계에서 관계형성).
3. 본인이 지역사회복지관에 근무하는 사회복지사라고 가정하고, 알코올 문제를 가진 클라이언트에 대한 개입 프로그램을 기획해 보시오.
4. 알코올 문제에 대한 효과적인 개입을 위해 필요한 사회복지사의 역량에 대해 논하시오.

참고문헌

광주광역정신건강증진센터(2016). 중독통합사례관리 매뉴얼.

광주서구중독관리통합지원센터(2017). 중독가족 회복교실. 서울: 신정.

국립정신건강센터(2020). 중독정신건강 표준 사례관리 매뉴얼.

김기태, 안영실, 최송식, 이은희(2005). 알코올중독의 이해. 서울: 양서원.

김성이(2002). 약물중독총론. 경기: 양서원.

김성진, 정도운, 전동욱, 문정준(2019). 중독질환에서 마음챙김에 기반한 개입의 효과. *Journal of Korean Academy of Addiction Psychiatry, 23*(1), 9-16.

김제영, 오가영(2015). 알코올중독자의 우울과 불안 감소를 위한 미술치료 사례연구. 미술치료연구, 22(2), 585-602.

김지혜, 이현림(2006). 숲 체험을 통한 조직캠프 집단상담이 아동의 학교적응에 미치는 효과. 상담학연구, 7(3), 849-864.

김한오(2015). 12단계 중독치료 워크북. 경기: 눈 출판그룹.

김희경, 이인숙, 고윤우, 이미형(2020). 지역사회기반 SBIRT-AC 효과성 연구. *Journal of Korean Academy of Addiction Psychiatry, 24*(2), 77-87.

박상규(2016). 중독자의 회복과정에서 한국적 수행법의 활용. 한국심리학회지: 중독, 1(1), 85-104.

윤병수(2016). 중독 치유를 위한 마음챙김의 심리적 및 신경생물학적 기제. 한국명상학회지, 6(1), 15-28.

이재호(2017). 중독치료를 위한 치료공동체 운영매뉴얼. 서울: 신정.

이지영(2016). 알코올중독자의 회복탄력성을 위한 예술치료 프로그램의 효과성 사례 연구: 음악, 그리기, 이야기(MDN) 기법을 중심으로. 계명대학교 대학원 석사학위논문.

조현섭, 조성민, 차진경(2008). 숲치유 프로그램이 알코올의존자 및 가족에게 미치는 치유 효과성 연구. 한국심리학회지: 건강, 13(3), 727-743.

차진경, 김성재(2009). 숲 체험을 통한 알코올의존자의 치유경험. *Journal of Korean Academy of Nursing, 39*(3), 338-348.

최상국(2007). 치료공동체, 이화사이버아카데미 알코올약물남용상담과정(I) 자료집. 이화여자대학교 멀티미디어교육원.

De Leon, G. (2000). *The Therapeutic Community: Therory, model, and method.* Springer publishing company.

Flores, P. (2007). 중독집단치료(*Group Psychotherapy with Addicted Populations, Haworth Press*). 김갑중 외 공역. 경기: 눈 출판그룹.

Jarvis, T., Tebbutt, J., & Mattick, R. (1995). *Treatment Approaches for Alcohol and Drug Dependence: an introductory guide.* Chichester: John Wiley & Sons Ltd.

Jarvis, T., Tebbutt, J., Mattick, R., & Shand, F. (Eds.) (2005). *Treatment approaches for Alcohol and Drug dependence* (2nd ed.). Chichester: John Wiley & Sons.

Kabat-zinn, J. (1994). *Whererver you go, there you are: Mindfulness meditation in everyday life.* NY: Hyperion.

Kelly, J. F., Stout R. L., Magill, M., Tonigan J. S., & Pagano, M. E. (2010). Mechanisms of Behavior Change in Alcoholics Anonymous: Does AA lead to better alcohol use outcomes by reducing depression symptoms? *Addiction, 2010 Apr, 105*(4), 626-636.

Kelly, J. F., & White, W. L. (2012). Broadening the Base of Addiction Mutual-Help

Organizations. *Journal of Groups in Addiction & Recovery, 13*(6), 82–101.

King, R., Lloyd, C., Meehan, T., Deane, P., & Kavanagh, D. J. (2012). 정신사회재활의 실제 (*Manual of Psychosocial Rehabilitation, Wiley–Blackwell Publishing*). 신성만, 강상경, 이영문, 정숙희 공역. 서울: 시그마프레스. (원저는 2012년에 출간).

Malchiodi, C. A. (1998). *Understanding children's drawing.* New York: Guilford Press.

Marlatt, G., & Gordon, J. (1985). *Relapse prevention: Maintenance streategies in the treatment of addictive behaviors.* NY: Guilford Press.

Miller, W. R., & Rollnick, S. (1991). *Motivational interviewing: Preparing people to change addictive behavior.* New York: Guilford Press.

National Institute on Health (2014). *Treatment for Alcohol Problems: Finding and Getting Help.* NIH Publication No. 14-7974.

Nelson, A. (2012). *Social Work with Substance Abusers.* SAGE.

Project MATCH Research Group (1997). Matching Alcoholism Treatments to Client Heterogeneity: Project MATCH Posttreatment Drinking Outcomes. *Journal of Studies on Alcohol and Drugs, 58,* 7–29.

Schreyer, R., & Driver, B. L. (1990). The benefits of wildland recreation participation: What we know and where we need to go. *General Technical Reports, 196,* 20–35.

Substance Abuse and Mental Health Service Administration (2003). Intensive outpatient treatment for alcohol and other drug abuse, Treatment Improvement Protocol(TIP) Series. US department of health and human services.

Velasquez, M. M., Maurer, G. G., Crouch, C., & DiClemente, C. C. (2003). 알코올 및 약물중독환자를 위한 집단치료(*Group Treatment for Substance Abuse*). 다사랑병원알코올중독연구소 역. 서울: 하나의학사. (원저는 2001년에 출간).

Wikiewitz, K., & Marlatt, G. (2007). *Therapist's guide to evidence–based relapse prevention.* Toronto, Canada: Elsevier.

Yalom, I. D. (2001). 최신 집단정신치료의 이론과 실제(제4판). (*The theory and practice of group psychotherapy,* 4th ed.). 최해림, 장성숙 공역. 서울: 하나의학사. (원저는 1995년에 출간).

제**3**부

알코올 문제의
상담과 치료모델

동기강화상담

고윤순(한림대학교 사회복지학부)

　동기강화상담(Motivational Interviewing: MI)은 비자발적인 알코올 남용자를 위한 개입방법으로 개발되었다. 동기강화상담은 변화의 동기가 매우 약한 중독자들의 동기를 강화시키기 위한 대화기술 혹은 의사소통 방법으로 발전되었다. 동기강화상담은 다른 치료모델과 마찬가지로 시간이 지나면서 기술이 정교해지며 진화하여 왔다. 이 장에서는 동기강화상담의 이론적 배경, 기본원리, 상담기술 등에 대해서 살펴보고자 한다. 우선, 동기강화상담의 이론적 배경으로 자기결정이론, 정신, 초이론적 변화모델에 대해서 논의한다. 그리고 동기강화상담의 기본원리로 초기의 원리와 추후 발표된 원리(RULE)에 대해서 살펴본다. 동기가 약한 알코올중독자를 위한 동기강화상담의 초기상담기술(OARS)에 관하여 예를 들면서 설명하고, 나아가 변화대화를 변화준비언어(DARN)와 변화실행언어(CAT)로 나누어 논의한다. 실천현장에 도움이 되도록 하기 위하여 알코올 남용 청소년을 위하여 개발된 동기강화상담 집단프로그램의 예를 제시하여 그 특징과 유용성을 논의한다. 끝으로 알코올중독자의 치료에 있어서 동기강화상담의 활용방법에 대해서 살펴보겠다.

1. 발전배경 및 정의

1) 발전배경

　동기강화상담(MI)의 개발은 1980년대 후반부터 알코올과 약물 남용문제를 가진 사람들에게 개입하기 위한 방법으로 시작되었다. 동기강화상담의 창시자들은 알코올과 약물 중독자들을 치료함에 있어서 초기에 탈락률이 많은 이유와 치료성공률이 낮은 것에 주목하였다. 그리하여 효과적인 치료를 위해서는 중독자들의 변화에 대한 동기가 중요하므로 치료자들은 중독자들이 변화에 대한 동기를 가지도록 그리고 변화동기를 계속 유지하도록 돕는 데 전념해야 함을 절감하였다. 전통적인 질병모델(disease model)과 AA 모델이 중독자들의 문제의식 부인(denial)을 저항으로 보고 이에 대한 직접적인 직면(confrontation)으로 '부인의 저항'을 부수는 것이 효과적인 치료의 시작임을 강조해 온 반면, 동기강화상담자들은 약물중독자들에게 있어서 '저항'을 자연스러운 현상으로 이해하고 받아들이며 이를 활용하는 데에 관심을 가지게 되었다.

동기강화상담에 관한 체계적인 이론과 개입기법은 밀러(Miller)의 1991년의 저서 『약물남용치료에 있어서 변화를 위한 동기강화(Enhancing Motivation for Change in Substance Abuse Treatment)』와 밀러와 롤닉(Miller & Rollnick, 1991)의 『동기강화상담(Motivational Interviewing: Preparing People for Change Addictive Behavior)』에서 소개되었다. 밀러는 미국에서 그리고 롤닉은 영국의 약물중독 환자들을 위한 치료현장에서 동기강화상담법을 실천하면서 협력하는 동료들과 함께 그 기법을 정교화하고 확장시켰다. 동기강화상담법은 질병모델과 AA 모델이 주를 이루던 시대에 대안치료 접근에 대한 관심이 급증하던 의료 환경 속에서 미국 보건성 약물치료센터의 후원으로 연구되면서 약물중독치료 분야에 새로운 대안방법으로 관심을 받게 되었다.

동기강화상담의 개발 초기에는 비자발적인 알코올중독자가 치료를 받도록 준비시키는 단계에서 짧게 15분 정도의 동기강화를 목적으로 하는 대화기술을 활용하였는데, 이에 대한 효과성이 입증되었다. 그리하여 동기강화상담은 협동정신을 강조하는 내담자중심 접근방식의 매력으로 인하여 약물중독치료의 초기개입에 특히 유용한 기법으로 활용되었다(Westra, 2012). 동기강화상담으로 초기개입을 하고 그 이후에 질병모델, 다양한 인지행동모델을 활용한 접근방식들의 효과성이 입증되고 알코올중독자의 변화과정에 따른 다양한 상담기법이 개발됨으로써 동기강화상담은 좀 더 널리 사용되기 시작하였다. 그 후 알코올과 약물 중독치료 분야뿐 아니라 현재에는 다른 건강문제 및 정신건강 분야에도 폭넓게 활용되고 있다(박예진, 2020; Levounis et al., 2017; Rollnick et al., 2008).

2) 동기강화상담의 정의

Motivational Interviewing은 '동기화 면접' '동기화시키는 면담' '동기강화면담' '동기면담' 등으로 번역할 수 있다. 여기서 동기강화상담 창시자들은 '면담(interview)'의 의미가

'therapy' 'treatment' 'counseling' 등의 단어들과는 그 내포하는 뜻이 다름을 지적한다. 'interview(인터뷰)'라는 단어는 평등한 존재라는 의미와 무언가를 향하여 함께 간다는 의미를 포함한다. 한국어로 번역함에 있어서는 동기면담, 동기화 면접, 동기화 면담, 동기강화면담, 동기강화상담 등의 용어가 사용되었으나, 창시자들이 강조한 개입의 목적인 '동기강화'와 '상담 스타일'을 합하여 '동기강화상담'을 주로 사용하였다.

동기강화상담은 '내담자의 양가감정을 탐색하고 해결함으로써 그 사람의 내면에 있는 변화동기를 강화시킬 목적으로 하는 내담자 중심적이면서 지시적인 상담방법'이라고 정의되며, 다음과 같은 특징을 지닌다(Miller & Rollnick, 2007). 첫째, 로저스(Rogers)의 내담자중심상담의 정신을 계승하면서도, 로저스의 접근법이 비지시적인 데에 반해 동기강화상담은 지시적이고 목표 지향적이며 의도적이다. 둘째, 동기강화상담은 면담기술의 모음이라기보다는 효과적인 의사소통 방법으로 내담자에게 내재되어 있는 변화동기를 이끌어내고자 한다. 셋째, 특히 내담자의 양가감정을 탐색하고 그것을 해결하는 데 초점을 두되, 내담자의 가치관과 신념에 맞지 않는 변화를 강조하지 않는다.

2. 동기강화상담의 이론적 배경

1) 자기결정이론

라이언(Ryan)과 데시(Deci)의 자기결정이론(self-determination theory)에 의하면 인간의 기본심리 욕구는 자율감(autonomy), 소속감(belonging), 유능감(competence)이고, 이 세 가지 욕구가 충족되었을 때 긍정적인 목표를 추구하고 부정적인 목표는 회피하는 방식으로 동기가 활성화된다(신성만, 2019; Ryan & Deci, 2000). 즉, 내재적 동기는 최초의 심리 욕구와 기능적 측면에서의 심리 욕구(유능감, 목표감)가 조화롭게 균형을 이룰 때 활성화된다. 자기결정이론에서 주장하는 내재적 동기(intrinsic motivation)의 개념과 동기의 활성화 조건으로 자율감과 유능감 욕구가 균형적으로 충족되어야 한다는 주장은 동기강화상담의 정신과 원리를 설득력 있게 설명한다.

2) 동기강화상담의 정신

동기강화상담은 비자발적인 알코올 남용자의 문제해결을 위해 내담자와 상담자가 함께 노력하는 방법이므로 인간의 내재적 욕구와 동기에 대해서 이해하는 것이 동기강화상담 정신(spirit)의 기초가 된다. MI에서 동기는 인간에 내재되어 있음을 전제로, 보이지 않는 동기를 찾아서 활성화되도록 돕고, 내담자가 원하는 것을 스스로 결정하도록 지원한다. 이때 치료자가 내담자를 존중하며 협동하는 방식을 사용한다.

동기강화상담의 정신은 초기 상담기술, 필요한 추가 개입, 변화대화를 사용하는 데 전제가 되는 철학과 원리를 말한다. 구체적인 기술을 습득하기에 앞서 MI 정신에 대한 이해를 강조하는 이유는 이 정신을 잘 이해하지 못하면 구체적인 기술들이 효과를 발휘할 수 없기 때문이다.

모델 개발자가 2판 저서(Miller & Rollnick, 2002)에서 논의한 초기 동기강화상담 정신 세 가지는 협동정신, 유발성, 자율성이고 이는 대응되는 상담과 대조적인 모습을 보임을 설명한다(신성만 외 공역, 2007; 신성만, 2019; 〈표 5-1〉 참조).

〈표 5-1〉 동기강화상담과 대응되는 상담

동기강화상담	대응되는 상담
협동정신 내담자의 관점을 존중하고 내담자와 파트너 정신으로 진행하는 것	직면 내담자의 관점이 잘못되었다고 보고, 내담자가 현실을 깨닫고 수용하게 만듦
유발성 변화에 대한 동기가 내담자에게 내재되어 있다고 보고 내담자의 느낌, 관점, 가치관을 이용	교육 변화에 필요한 자원이 내담자에게 없다고 보고, 내담자를 계몽시키고 내담자의 부족한 부분을 채우고자 함
자율성 내담자에게 선택의 자유권과 능력이 있다고 생각하고 이를 촉진함	권위 내담자에게 해야 할 일이 무엇인지 말해 줌

출처: 신성만 외 공역(2007); 신성만(2019).

동기강화상담의 정신은 모델이 발전됨에 따라서 심화 수정되어, 개발자의 3판 저서 (Miller & Rollnick, 2013)에서는 기존의 협동정신과 유발성에 수용과 연민이 추가되었다(신성만, 2019). 이 변화는 그간 정교해진 이론적 작업과 상담기술들의 가치를 반영하는 것으로 보인다. 변화를 위해 내담자가 필요로 하는 많은 것을 이미 내담자는 가지고 있는데 MI 상담자가 이것을 유발해 내야 한다고 유발성은 그 내용이 확장되었다. 수용은 내담자를 받아들이는 것인데 내담자의 행동을 허용하거나 현재 상태에 머물러 있으려 하는 것을 묵인해야 함을 의미하지는 않는다. 그리고 연민을 가진다는 것은 타인(내담자)의 복지를 위해서 적극적으로 노력하고, 타인의 필요에 우선 관심을 갖는 것이다.

3) 초이론적 변화단계모델

동기강화상담에서는 비자발적인 알코올중독 내담자의 변화에 대한 준비도를 잘 이해하는 것이 상담자가 효과적으로 상담할 수 있는 출발이 된다고 주장한다. 변화준비도에 관한 개념은 디클레멘테와 프로체스카(DiClemente & Prochaska, 1985)에 의해 개발된 초이론적 변화단계모델(Trans Theoretical Model: TTM)에서 처음으로 소개되었다. 이 개념은 그 이후에도 계속 개념적 발전을 해 왔다. 이들의 변화단계모델은 MI에서 상담자가 현재 내담자의 변화에 대한 준비 정도를 잘 이해하고 그 단계에 적합한 개입을 하도록 돕는데 매우 유용한 이론적 근거를 제공하고 있다. 이 모델에 의하면 변화의 단계(the stages of changes)는 내담자의 변화에 대한 준비상태에 따라 여섯 단계가 있다. 상담자는 각 단계에 있는 내담자의 변화 준비도를 잘 이해하고 적합한 상담 개입방법을 사용해야 한다(DiClemente, 1991; DiClemente & Prochaska, 1985).

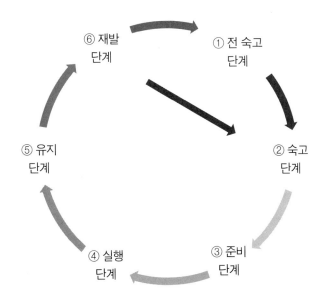

[그림 5-1] 준비도에 따른 변화 단계

출처: 김주은(2021).

(1) 전 숙고 단계(Pre-contemplation Stage)

대개 전 숙고 단계에 있는 내담자는 의뢰되어 온 경우이고 비자발적이다. 내담자는 자신의 알코올 문제를 전혀 인식하지 못하며, 행동을 변화시킬 의향이 없고 변화를 위한 활동에도 참여하지 않는다. 치료자는 이러한 내담자의 행동을 주로 저항으로 이해한다. MI 상담자는 알코올 문제를 가진 내담자가 왜 변화에 대해서 저항하고 있는지 이해하고, 이러한 저항을 잘 다루어서 변화로 이끌 전략들을 개발해야 할 것이다. 저항은 다양한 형태로 나타날 수 있는데 주저(reluctance), 반항(rebellion), 포기(resignation), 합리화(rationalization)로 요약할 수 있다(Miller & Rollnick, 2002).

이러한 내담자를 위하여 MI 상담자는 다음과 같은 개입전략을 활용한다.

- 주저하는 내담자: 경청, 공감적 피드백, 그리고 적절한 시기에 필요한 정보제공
- 반항하는 내담자: 내담자 의견을 존중하며 가능한 선택을 같이 생각해 보기
- 포기한 내담자: 희망을 심어 주기, 변화의 장애물 탐색하도록 돕기
- 합리화하는 내담자: 공감, 반영적 경청, 음주의 장단점 함께 논의하기

출처: Miller & Rollnick(2002)를 바탕으로 저자가 정리함.

(2) 숙고 단계(Contemplation Stage)

MI 상담자는 전 숙고 단계에 있거나 재발상태에 있는 내담자가 가능하면 빨리 숙고 단계로 들어가도록 하는 것에 많은 노력을 해야 한다. 숙고 단계로 들어가야 변화를 위한 시작이 되기 때문이다. 이 단계에 있는 내담자는 자신이 알코올 문제가 있음을 인식하고 인정하며, 문제를 해결하기 위한 방법을 생각하기 시작한다. 이 단계의 내담자는 변화를 위하여 결심을 하고 행동을 취하여야 하는데 그렇지 못하다. 그러므로 MI 상담자는 내담자가 가능하면 다음의 준비 단계로 빨리 진전하도록 도와야 한다. 이 단계에 몇 개월 이상 머무르면 만성적 숙고(chronic contemplation) 상태라고 한다. 이 단계의 내담자는 매우 강한 양가감정을 경험하므로, 상담자는 인내심을 가지고 양가감정을 다루어야 한다. 결정저울의 원리를 활용하여 알코올 사용의 장단점과 변화의 이점과 단점을 내담자와 같이 탐색하는 것이 도움이 될 것이다.

(3) 준비 단계(Preparation Stage)

변화를 위해 필요한 준비를 하고 그것을 행동에 옮기겠다는 결심을 하는 단계이다. 상담자는 내담자가 어떤 변화를 위하여 어떤 계획을 세울 것인지 그 내용을 구체적으로 준비하도록 돕는 것이 중요하다. 이 단계에서는 내담자의 양가감정이 변화 쪽으로 기울어지기는 했으나 언제든지 다른 방향으로 움직일 수 있다는 것을 염두에 둘 필요가 있다. 변화의 이점에 대해서 강조하고, 내담자의 내외적 강점을 많이 발견하여 활용하도록 도와야 한다(고윤순, 2013). 가능하면 작은 변화를 시도하도록 하고, 원하는 진전이 이루어지지 않을 경우가 발생할 수도 있으므로 미리 대비할 필요가 있다.

(4) 실행 단계(Action Stage)

내담자는 준비된 계획 내용을 실행하여 변화를 추구한다. 구체적으로 준비한 절주, 술자리 회피하기, 대안활동(운동, 취미생활) 등 계획했던 활동을 실행한다. 필요하면 추가적인 치료 프로그램에 참여하고, 알코올 문제 해결을 위해 많은 시간과 노력을 투자한다. 이 단계에서 MI 상담자는 내담자의 노력과 성취를 인정하고 지지해 주는 역할을 한다. 이미 성공한 내용을 강조하면서 내담자의 자기효능감이 증진되도록 주력해야 한다. 또한 필요하면 계획을 수정하도록 돕고 변화의 과정을 내담자가 잘 관찰하여 강화하도록 지원해야 한다.

(5) 유지 단계(Maintenance Stage)

바람직한 변화가 계속되도록 유지하는 단계이다. 이 단계에서 상담자는 내담자가 성공적으로 행하는 활동이 계속되도록 격려하고 내담자 스스로 성공의 정도와 유지방안을 준비하도록 도와야 한다. 또 하나 이 단계에서 신경을 써야 하는 부분은 재발을 예방하기 위해서 구체적으로 준비하는 것이다. 알코올 남용 치료에 있어서 치료의 목표는 단주(abstinence)를 계속 성공적으로 유지하는 것일 수도 있지만, 술을 적절한 양만 마시는 조절음주(controlled drinking)를 실천하는 것일 수도 있다. 이 단계에서는 유발되어 강화된 내담자의 동기가 잘 유지되도록 한다.

(6) 재발 단계(Relapse Stage)

유지에서 실패하여 재발하는 단계이다. MI 상담자는 이곳에 머무르는 내담자의 준비도를 잘 이해하여 가능하면 빠른 시일 안에 숙고 단계로 진입하도록 도와야 한다. 재발 단계에 있는 내담자는 이미 숙고-준비-실행-유지 단계를 거쳐서 어떻게 변화해야 하는지에 대한 성공적 경험이 있으므로 이것이 다시 유발되도록 도와주는 것이 매우 중요하다.

〈변화 단계를 활용하여 MI 집단 세션 운영하기〉
• 프로그램명: 나는 어디에 있는가?
• 3~5명의 알코올 남용자 청소년, 대학생, 성인으로 그룹을 구성한다.
• 세팅: 사회복지관, 알코올치료센터, 대학교상담센터, 학교교육복지사실 등
• MI 상담사: 사회복지사, 치료자, 상담자, 교육복지사
• 회기: 1~10회기 정도 구성(회기당 50분~1시간)
• 방법
  – 변화 단계 그림을 화이트보드에 그린다.
  – 집단지도자가 다음의 질문을 하고, 그룹 구성원들이 돌아가면서 답변한다.
  – 질문
    '나는 지금 변화의 단계 중 어디에 있습니까? 그림에 자신이 머무르고 있다고 생각하는
    단계에 동그라미를 쳐 주세요.'
    '왜 그 단계에 머물러 있다고 생각하십니까?'
    '다음 단계로 넘어가기 위해서 무엇이 필요하다고 생각하십니까?'
    '이전에 다음 단계에 머물렀던 기간이 있었다면 어떻게 가능했습니까?'
  – 그룹 구성원이 답변하는 동안 다른 구성원은 메모하면서 경청한다. 답변은 화이트보드
    한구석에 메모하면서(다른 구성원들이 볼 수 있도록) 진행한다. 타인의 답변을 들으면서
    본인에게 어떻게 도움이 되는지 다시 돌아가면서 이야기한다.
  – 다음 회기를 하게 된다면 시간을 정한다.

출처: 김주은(2021) 재구성.

3. 동기강화상담의 단계 및 주요 개념

1) 동기강화상담의 4단계

동기강화상담은 관계형성하기(engaging), 초점 맞추기(focusing), 유발하기(evoking), 계획하기(planning)의 4단계가 있고 다음과 같이 진행된다(Rosengren, 2018). 우선, 다른 모

델들은 상담 초기 '계획하기'에 많은 시간을 보내는 것과는 대조적으로, MI에서는 처음에 상담자-내담자의 관계형성에 정성을 들이고 따라서 이곳에 많은 시간을 투자한다. 그다음, 초점 맞추기 단계에서는 내담자가 무엇을 얘기하고 싶은지 스스로 선택하도록 격려한다. 세 번째, 유발하기 단계에서는 상담자가 머릿속에 변화의 방향성을 가지고 있으면서 내담자의 대화 속에서 관련 내용이 나오면 그 방향으로의 변화를 유발시켜야 한다. 마지막으로, 계획하기 단계는 변화가 촉진되어 진행되도록 결심을 실행에 옮기기 위한 구체적인 방법을 수립하는 단계이다. MI 4단계의 특징은 MI의 정신을 활용하여 어떤 활동을 하기 전에 상담자와 내담자 사이에 충분한 라포가 형성되는 것을 중요하게 여기고(협력정신), 내담자의 자율성을 존중하고 유발성을 활용하여 진행한다는 점이다.

2) 동기강화상담에서 주요 개념

(1) 양가감정

동기강화 상담자는 알코올중독자가 양가감정(ambivalence)을 가지고 있다는 것을 이해하고 이에 관해서 작업하는 것이 중요하다. 사람들은 변화에 대해서 대개 양가감정을 가지고 있으며, 특히 변화가 자신에게 좋은 점이 있을 경우에 더욱 그렇다. 양가감정을 가지는 이유는 변화가 가져올 이득도 있지만, 현 상황을 바꾸는 것이 불편하기 때문이기도 하다(신성만, 김주은, 2018). 양가감정을 가진 내담자가 변화의 이점에 대해서 한 가지 생각한 다음, 변화의 단점을 생각하게 되면 더 이상 변화에 대해서 생각하지 않고 멈추게 된다. 이럴 때 내담자는 변화를 향하여 진전하지 못하는 본인의 상태를 주로 '그러나'를 사용하여 표현한다. "건강을 생각하면 술을 끊고 싶어요. 그러나 그렇게 재미있는 술친구들을 못 만날 것을 생각하면 사는 게 재미가 없을 것 같아요."

그러므로 MI 상담자는 이렇게 멈추어 선 내담자가 변화를 향하여 나아갈 수 있도록 도와주어야 한다. 즉, 내담자가 한 말 중에 변화에 관련된 이야기를 반영해 줌으로써 내담자가 정지해 있는 것이 아니라 변화에 대해서 계속 더 많이 이야기하도록 해야 한다. 이런 반영에 관해서는 뒤(5. 1. 초기 상담기술)에서 자세히 설명하겠다.

(2) 결정저울

상담자가 양가감정으로 어려움을 겪고 있는 내담자를 이해하고 돕는 데에는 결정저울(decisional balance)의 작동원리를 생각해 보면 도움이 된다. 저울이 균형을 이루고 있으면 양쪽의 무게가 같다는 뜻이다. 그런데 균형을 이루고 있는 저울의 한쪽에 아주 작은 무게의 추를 얹으면 그쪽이 무거워져서 그쪽으로 기울어진다. 즉, 알코올 남용자가 가진 동기의 정도가 '변화' 쪽과 '무변화' 쪽이 정확히 같으면 저울이 균형을 이루겠지만, 조금이라도 '변화' 쪽의 동기가 크면 '변화' 쪽으로 기울어질 것이다. 이렇게 균형을 깨는 '작은 추'가 그쪽으로 기울어지도록 결정하는 결정저울이 되는 것이고, 동기강화 상담자는 내담자의 동기가 변화 쪽으로 기울어지도록 하는 결정저울을 추가하도록 노력하여야 한다(신성만, 2010; Rollnick, Miller, & Butler, 2008).

이 원리는 시소놀이에서 몸무게가 무거운 사람 쪽으로 시소가 기울어지는 것과 같은 원리이다. 알코올 남용문제를 가진 내담자는 변화가 가져오는 이점과 동시에 단점으로 양가감정을 가지고 우왕좌왕하면서 현재의 상태에서 머물러 있다. 내담자가 변화하도록 도우려면 상담자는 내담자의 마음이 100% 변화 쪽으로 기울도록 해야 하는 것일까? 결정저울의 원리는 동기강화 상담자에게 새로운 아이디어를 제공한다. 즉, 변화하고자 하는 마음이 변화하지 않으려는 마음보다 조금이라도 더 많으면 변화하려는 마음 쪽으로 저울이 기울어진다는 것이다. 이 원리에 의하면, 1%라도 변화하려는 마음이 더 많으면 변화할 수 있다는 것이다. 그러므로 이 원리에 대한 이해와 믿음은 상담자가 멈추어 서 있는 내담자에게 변화에 대한 동기를 유발시키는 데 희망을 불어넣을 수 있다. 조금이라도 변화하려는 마음이 더 들도록 하면 되기 때문이다.

4. 동기강화상담의 기본 원리

1) 동기강화상담의 초기 원리(Miller & Rollnick, 2002)

동기강화 상담자들은 알코올 문제를 가진 내담자를 상담할 때 개발자들이 초기에 발표한 다음의 네 가지 기본 상담원리를 유능하게 활용할 수 있어야 한다(신성만, 김주은, 2018; Miller & Rollnick, 1991, 2002).

(1) 원리 1: 공감 표현하기

MI는 내담자 중심적이고 공감을 강조하는 접근법이다. 동기를 유발시키고 강화하기 위해서는 안전하고 개방적인 치료환경이 필요하다. 상담자의 공감표현은 치료의 초기부터 매우 중요하며 치료기간 내내 유지되어야 한다. 특히 치료 초기에는 내담자가 낙인감이나 수치심을 가지고 있을 수 있으므로, 내담자를 수용하고 존중하며 내담자가 하는 말을 공감해 주는 것이 매우 필수적이다. 공감표현 기술은 수용적인 태도 유지, 반영적 경청 태도 유지, 내담자의 양가감정에 대한 수용 태도 등이다.

(2) 원리 2: 불일치감 만들기

내담자의 알코올 남용 행동과 내담자가 중요하게 생각하는 인생의 목적이나 가치관 사이에 불일치감을 만들어서 이를 증폭시키는 것이다. 즉, 내담자가 알코올 문제와 관련된 부정적인 결과 상황으로 인하여 본인이 원하는 삶(건강, 직장, 가족관계 등)이 어떻게 훼손되고 있는지 탐색하도록 돕는다. 이 과정에서 유의할 것은 내담자가 문제와 자신을 동일시하지 않도록 돕는 것이다. 즉, 내담자(사람)와 문제행동(알코올 남용)을 분리해서 바라보도록 도와야 한다. 이러한 불일치감의 증폭은 궁극적으로 본인의 삶의 불편, 나아가 변화 필요성의 증가와 함께 변화에 대한 동기를 강화시키는 것이다. 그러나 불일치감이 너무 커서, 문제에 압도되어 자신감이 떨어지고, 좌절감이 더 커지지 않도록 주의를 기울일 필요가 있다.

(3) 원리 3: 저항과 함께 구르기

동기강화상담에서 내담자의 저항을 다루는 방법은 대응되는 상담모델과 다르다. 우선, 저항을 내담자만의 문제로 인식하는 것이 아니라, 상담을 포함한 현재의 대처 방식이 내담자에게 적합하지 않거나 불편하다는 뜻으로 이해하는 것이다. 즉, 저항을 접근방식의 수정이 필요하다는 신호로 받아들일 필요가 있다. 전통적인 접근법들이 저항에 대하여 직면(confrontation)을 강조하는 반면, 동기강화상담에서는 저항에 직접 맞서지 말고 같이 흘러가라고 제안한다. 상담자가 내담자의 저항을 인식하면 '내담자와 왈츠를 추듯'이 한 발짝 물러서 같이 저항이 지나가도록 한다. 저항에 강하게 맞서면 저항이 더 강해질 것이고 부드럽게 대하면 부드러워질 것이라고 믿기 때문이다. MI가 비자발적인 내담자를 위한 상담법이고 비자발적인 내담자는 다양한 형태의 저항을 보이기 때문에 MI 상담자는 저항을 다루는 전략적인 방법을 잘 숙지하고 활용해야 한다.

(4) 원리 4: 자기효능감 지지해 주기

MI에서 내담자는 처음에는 비자발적이고 저항을 보이지만, 상담자가 내담자를 수용하고 내담자의 내적 자원을 유발하면 내담자의 동기가 활성화된다. 즉, 자신의 문제를 인식함과 동시에 낙인과 절망의 상황으로부터 변화에 대한 바람과 자신감이 함께 커지는 것이다. 알코올 문제를 성공적으로 다룰 수 있다는 생각과 그럴 수 있는 능력을 자기효능감으로 이해할 수 있다. 자기효능감을 발견하도록 돕는 과정은 긍정적인 경험에 대한 탐색과 인식과정을 포함한다. 상담자는 내담자의 삶에서 경험한 성공의 예들을 발견함으로써 자기효능감을 발견하고 강화되도록 유발시켜야 한다.

2) 동기강화상담의 추가 원리

동기강화상담의 창시자들이 나중에 발표한 또 다른 MI 원리는 RULE로 표현된다(Rollnick et al., 2008). RULE은 Resist(교정반사에 저항하기), Understand(내담자의 동기 이해하기), Listen(경청하기), 그리고 Empower(내담자의 역량 강화하기)를 말한다.

(1) 교정반사에 저항하기

상담자는 내담자를 빨리 돕고 싶기 때문에 습관적으로 내담자의 문제 상황을 교정해 주려고 한다. 이러한 교정반사(righting reflex)는 내담자가 양가감정을 가지고 있다는 점을 고려하지 못한 방법이다(Rollnick et al., 2008). 동기강화상담은 상담자가 내담자를 직접 교정해 주는 것이 아니라 내담자가 지니고 있는 내적인 동기와 능력을 유발하여(유발성) 내담자 스스로 변화를 선택하도록 하는 것이기 때문이다. 이러한 교정행위는 오히려 내담자의 저항을 키우는 결과를 가져올 것이다. 그러므로 상담자는 본인의 교정반사의 충동 경향을 인지하고 그렇게 하지 않도록 저항해야 한다.

상담자의 다음과 같은 행동은 내담자의 저항을 증가시킨다.

- 내담자가 문제를 가지고 있다는 것을 설득시키는 것
- 변화의 이점을 주장하는 것
- 내담자의 동의를 얻지 않고 변화의 방법을 말해 주는 것
- 변화하지 않았을 때의 결과에 대해서 경고하는 것

출처: 김주은(2021).

(2) 내담자의 동기 이해하기

MI에서는 내담자가 변화에 대한 이유를 가지고 있고, 그 동기가 변화를 유발한다고 생각한다. 그러므로 상담자는 알코올 문제를 가진 내담자의 이야기를 들으면서 그의 관심, 가치관, 동기를 이해하도록 노력해야 한다. MI 상담자는 내담자가 현재의 알코올 관련 문제 상황에 대해서 어떻게 생각하는지, 그리고 변화를 위한 동기는 어떤지 탐색하도록 유발하는 방법을 활용하여 상담해야 할 것이다.

> 제한된 시간 상황에서 상담을 해야 한다면, MI 상담자는 다음과 같이 시작할 수 있을 것이다.
>
> "왜 변화를 원하시는 것인가요? 그리고 변화를 위해 어떻게 하실 건가요?"
>
> 출처: Rollnick et al. (2008).

(3) 경청하기

MI 상담자는 내담자를 수용하고 내담자의 말을 공감하면서 경청해야 한다. 수용은 내담자의 가치관이나 행동에 동의나 찬성하는 것이 아니라, 현재의 상태를 그대로 받아 주는 것을 의미한다. 수용은 내담자의 의견과 관점을 존중하고 이해하려고 노력하는 태도를 견지하는 것이다. 또한 경청을 하면서 적절한 반영(경청적 반영)을 제공하면 도움이 될 것이다.

(4) 내담자의 역량 강화하기

MI에서 내담자가 스스로 변화하도록 역량을 강화하는 것은 내담자의 자기효능감을 향상시키는 것으로 이해된다. 자기효능감은 자신이 원하는 것을 이룰 수 있는 능력으로 이는 이전에 관련된 영역에서 성공적인 경험이 있다면 도움이 될 것이다. 그러므로 상담자는 알코올 문제를 가진 내담자가 언제 어떤 영역에서 본인 스스로 변화를 시도했는지, 그리고 어떤 효과가 있었는지 탐색하도록 도울 필요가 있다.

> 상담자는 내담자의 삶 전반에서 성공 경험을 탐색하도록 하고, 이 경험을 알코올 문제 영역에 적용하도록 할 수 있다.
>
> "당신이 스스로 결정해서 변화를 시도했던 얘기를 해 볼까요? …… 그렇군요. 그것을 통해서 무엇을 배웠나요? 그 경험을 이제 알코올 문제에 어떻게 활용할 수 있을까요?"
>
> 출처: 고윤순(2012) 재구성.

5. 초기 상담기술 및 변화대화

1) 초기 상담기술

동기강화상담에서 내담자의 동기를 키우는 대화의 네 가지 초기 상담기술을 OARS라고 부른다(김주은, 2021; 신성만 2019; Rosengren, 2018). 이 기술들은 내담자와 좋은 관계를 형성하고, 양가감정의 불안을 탐색하며, 공감을 표현하면서 내담자가 바람직한 방향으로 나가는 준비를 잘하도록 돕는 기술들이다. 이 기술은 열린질문(Open-ended questions), 인정하기(Affirmation), 반영적 경청(Reflective listening), 요약하기(Summaries) 등이고, OARS는 각 영어명의 머리글자에서 따온 것이다.

(1) 열린 질문

열린 질문은 대화의 주제, 이야기하는 정도를 결정함에 있어서 내담자가 스스로 결정하도록 자율성을 부여하므로 편한 분위기를 조성한다. 이 질문으로 알코올 남용 내담자는 자신의 현재 삶을 탐색하고 상담자와 논의할 내용을 결정하여 대답하게 된다. 당연히 열린 질문에 대한 답변은 닫힌 질문에 대한 답변보다 내용이 풍부하고 동기강화에 활용할 수 있는 다양한 소재를 제공할 수 있을 것이다.

- 얼마나 자주 와인을 드시나요? (닫힌 질문)
- 선생님의 음주습관은 어떤가요?

　(상황) 어제도 술 마시고 왔다고 아내가 많이 잔소리를 했지만, 같이 맞장구치며 말싸움하는 대신 혼자 심호흡 명상을 하면서 내가 우리 부부 사이에 원하는 것이 무엇인지 생각해 보았다.

- 같이 말싸움하고 싶은 것을 어떻게 참으셨어요?
- 명상을 하면서 부부 사이에 원하는 것이 무엇인지 생각해 보니 어떤 생각이 들던가요?

출처: 고윤순(2017), 김주은(2021) 재구성.

(2) 인정하기

인정하기는 내담자 사람 자체와 그의 강점을 긍정적으로 표현해 주는 칭찬이다. 그런데 인정하기는 '듣기 좋은 소리'를 하는 것이 아니라 근거에 기반하여 제공해야 하므로 쉬운 일이 아니다. 특히 알코올 문제를 가지고 상담하러 온 내담자에게 상담 초기에 인정하기 기술을 사용하기는 쉽지 않다. 아직 내담자를 인정해 줄 강점의 파악이 제대로 안 되었기 때문이다. 그러므로 인정하기 기술은 대화 시 경청하여 인정할 만한 소재를 잘 기억(메모)해 두었다가 적절한 시기에 해야 하는 어려움이 있다. 섣불리 사용했다가는 효과가 없거나 역효과를 가져올 수도 있다. 인정을 위한 소재는 성공적인 결과만을 대상으로 하지 말고 노력, 가치관, 인내, 성격적 강점 등 다양한 영역을 탐색하면 도움이 될 것이다.

〈인정자료 찾기 및 인정하기 연습〉

1. 다음 영역에서 내담자 강점 목록을 만들고 다음의 질문에 대답하라.
   - 노력
   - 가치관
   - 성공적 경험
   - 관계
   - 성격
   - 기타
2. 내담자가 이 강점을 어떻게 표현하는가?
3. 이 강점은 내담자에게 어떻게 도움이 되는가?
4. '당신' 진술을 사용해서 인정하기를 기록해 보라.

출처: 신성만, 김성재 외 공역 (2020), p. 161 재구성.

(3) 반영적 경청

반영적 경청을 통해 내담자가 한 말에 대하여 그 의미, 혹은 표현하지 않은 의미에 대해서 추측해 보고, 그 추측이 맞는지 점검해 볼 수 있다. 적절한 반영을 통해 내담자가 자신이 한 말이 잘 이해되었다고 느낄 수 있고 나아가 더 깊이 자기 자신을 들여다보고 이해하는 것을 돕는다. 동기강화상담에서 반영은 매우 주요한 상담기술이고 효과가 크다. 반영은 다양한 방식으로 할 수 있다. 단순반영은 내담자가 한 이야기 내용과 거의 비슷하게 하는 반면, 복합반영은 내담자가 표현한 것보다 더 깊은 내용을 포함하고, 변화(향상) 방향성을 담고 있어야 한다. 양면반영은 내담자가 한 말 속에서 양가감정에 초점을 두어 중립적인 입장을 취하지만 변화의 이점을 후에 표현하여 의도적 방향성을 제시한다.

- (클라이언트) 내가 도대체 왜 이곳(치료센터)에 와서 이런 얘기를 해야 하는지 모르겠네요.
- (상담자 단순반영) 치료를 받아야 하는 이유를 잘 모르시군요.
- (상담자 복합반영) 다른 사람이 당신에 대한 결정을 내려서 많이 화가 나셨군요.
- (상담자 양면반영) 한편으로는 여기에 오고 싶지 않았고, 또 다른 한편으론 무언가 변화시킬 필요가 있다는 것을 알고 있었군요.

출처: 김주은(2021).

또한 반영은 반영의 깊이에 따라 내담자가 진술한 것보다 다소 과장하는 확대반영과 반대로 약간 낮은 강도로 반영하는 축소반영이 있다. 확대반영을 진정성을 가지고 얘기하면 내담자가 어떤 입장에서 물러나게 할 수도 있다.

- (클라이언트) 내가 남편으로서 좀 다르게 행동할 수도 있긴 했는데, 와이프가 그렇게 계속 바가지만 안 긁었다면 그렇게 왕창 내가 술 마시고 사고치지는 않았을 거예요.
- (상담자 확대반영) 모든 잘못이 부인께 있네요. 선생님이 술을 많이 드시고 사고를 낸 것도 다 부인 때문에 그런 것 같네요.
- (상담자 축소반영) 부인의 잔소리 때문에 화가 많이 나셨겠군요.
- (상담자 양면반영) 술 마시고 사고 내신 것이 부인에게 책임이 있기도 하고, 또 선생님도 뭔가 달리 행동했으면 어땠을까 하는 생각이 드시는군요.

출처: 김주은(2021), Rosengren(2018) 재구성.

상담에서 반영적 경청과 질문의 비율을 어떻게 구성하는 것이 상담에 도움에 될까? 관계형성과 협력관계를 중시하는 동기강화상담에서는 반영적 경청이 질문보다 많기를 장려한다. 대개 반영적 경청 대 질문이 2:1 혹은 그 이상 되는 것을 선호한다(김주은, 2021). 반영적 경청이 내담자와 상담자의 라포 형성에 도움이 되는 반면, 질문이 경청을 방해할 수도 있기 때문이다.

(4) 요약하기

요약하기는 경청한 내용을 정리하여 대화가 진전하는 것을 도와준다. 수집요약(collecting summary)은 모인 정보를 되돌려 주어서 대화를 진전시키는 데 도움이 된다. 연결요약 (linking summary)은 내담자가 앞에 한 말과 현재의 말을 연결하여서 두 정보 사이의 불일치성이나 양가감정을 부각시키는 것이다. '그러나'는 앞의 진술을 모두 부정하고, '그리고'는 두 생각 모두에 동등한 무게를 주지만, 실제적으로는 뒷부분이 강조된다. 전환요약 (transitional summary)은 상담 중 상담의 주제나 상황을 전환하려고 할 때 사용하는 데 핵심 질문에 무게를 두고 사용하게 된다.

- (연결요약) 너(음주와 비행으로 보호관찰 중인 고등학생 청소년)는 너의 부모님, 선생님, 보호관찰관 모두 너를 네 마음대로 하게 내버려 두기를 원하는구나. 그리고 너는 학교도 안 가고 네 맘대로 하는 것이 네가 정말 하고 싶은 것인지 확신이 없구나. (뒷부분 강조)
- (전환요약) (위의 청소년) 지금까지 아주 중요한 얘기를 많이 했으니까 요약해 볼게.
  너는 친구들과 거의 매일 술을 마시는구나. 음주 후 자전거를 훔쳐서 현재 보호관찰 중이네. 부모님이나 선생님이 네게 신경 써 주기를 바라는구나. 학교에서 상담사도 별로 도움이 안 되었네. 너는 어른들한테 참견 받지 않고 친구들과 하고 싶은 것 하면서 살고 싶구나. 여기서 상담은 그냥 보호관찰관이 가라고 해서 온 거고. 그런데 궁금한 것이 있는데, 너는 여기에 오는 것이 네게 어떤 도움이 될 거라고 생각하니?

출처: Rosengren(2018) 재구성.

---

2) 변화대화

동기강화상담은 알코올중독 문제를 가진 내담자의 생활에서 변화를 유발시키려는 목적이 있으므로 변화대화(change talk)를 의도적으로 이끌어 나간다. 변화내화는 내담자의 변화를 촉진하는 대화이다. 상담자는 변화대화가 발생하도록 질문을 준비하고, 내담자와의 대화 속에서 변화관련 내용을 민감하게 인식하고 상담에 활용해야 한다. 변화대화에는 변화준비언어(DARN)와 변화실행언어(CAT)가 있는데 상담자는 내담자의 대화 속에서 이러한 변화대화를 감지하고 그 차이를 파악하여 변화가 진전되도록 해야 한다.

(1) 변화준비언어

변화준비언어(DARN)에는 열망(desire), 능력(ability), 이유(reason), 필요성(need) 단어를 포함하는 네 가지의 변화준비 관련 진술이 있다.

- 변화열망: 변화의 열망을 담은 진술은 변화에 대한 바람을 나타내지만 결심공약이라고 보기는 어렵다. 이런 말이 나오는 것은 내담자가 변화를 위한 준비가 되었다는 것을 의미한다.
  - 상황이 변화되었으면 좋겠어.
  - 이것은 내가 원하는 모습이 아니야.

- 변화능력: 내담자가 변화할 수 있다는 것을 표현하는 말이다. 자기효능감에 관련된 진술이다.
  - 내가 무엇을 해야 하는지 알아요. 그것을 할 수 있을 거예요.
  - 저는 모든 사람이 저에 대해서 생각하는 것이 틀렸다는 것을 증명할 거예요.

- 변화이유: 변화가 가져오는 이익이 있음을 표현하는 말이다.
  - 내가 음주운전을 하지 않았더라면, 그렇게 경찰서에서 창피당하지 않았을 겁니다.
  - 2차를 안 가고 좀 일찍 퇴근하면, 아들이 잠자기 전에 숙제를 봐 줄 수 있을 텐데……

- 변화필요성: 내담자의 현재의 삶에 어려움이 있음을 표현하는 말이다. 즉, 현재 상황이 변화해야 한다는 것을 인식하는 표현이다.
  - 내가 그동안 얼마나 고생했는데, 이런 식으로 계속 살 수는 없어.

출처: 고윤순(2013), 김주은(2021), Rosengreen(2018) 재구성.

(2) 변화실행언어

변화가 일어날 가장 분명한 상황은 알코올 남용문제를 가진 내담자가 변화실행언어(CAT)를 사용하는 것이다. 변화실행언어에는 결심공약(commitment), 실행활성화언어(activation), 실천하기(taking steps)에 관한 진술이 있다.

- 결심공약: 변화에 대한 결심을 담은 진술로 변화 가능성이 크다.
  - 나는 술이 있는 모임에는 가지 않을 예정이다.
  - 나는 이제 2차는 가지 않을 계획이다.

- 실행활성화언어: 변화를 할 방향으로 기울어지고 있다는 신호이다.
  - 저는 ~를 해 볼 마음이 있어요.
  - 저는 이번 기회에 담배도 끊어 볼까 고민 중이에요.

- 실천하기: 변화의 방향으로의 작은 실천에 관한 진술이다.
  - 저는 지난주에 냉장고를 청소하고 맥주와 안주를 치웠어요.
  - 오늘 회사에서 술은 안 마시고 식사만 하는 회식방법에 대해서 논의했어요.

출처: 신성만(2019), Rosengren(2018) 재구성.

6. 동기강화상담 집단프로그램

동기강화상담은 비자발적인 알코올 및 약물중독자들을 위해서 개발되었으므로 우선 약물남용 분야에서 많이 활용되었다. 그런데 다른 중독 분야, 건강, 정신건강 분야에서도 치료 초기에 내담자의 동기강화가 주요 이슈이므로, MI 기법을 활용하면서 사용 영역이 확장되어 왔다(강덕규, 2007; 강호엽, 2021; 강호엽, 이현주, 2017; 신성만, 권정옥, 2008; 신성만 외, 공역 2022; 신수경, 조성희 공역, 2009; Hohman, 2012; Levounis et al., 2017; Rollnick et al., 1999). MI의 효과성은 여러 나라에서 계속 입증되고 있는데 최근에는 프랑스(Csillik et al., 2021), 우크라이나(Polshkova et al., 2020), 케냐(Harder et al., 2020) 등에서 연구가 발표되었다.

국내에서 MI 관련 연구는 지난 15년 동안에 활발히 진행되었는데, 개인상담에 관한 연구보다는 집단상담프로그램의 개발과 효과성에 대한 연구가 많다. 최근 국내 MI 프로그램의 효과성에 관한 박예진(2020)의 연구에서는 2006~2019년 출간된 논문 중 연구기준에 적합한 MI 집단프로그램에 관한 34개의 연구를 분석하였다. [1]

특히 우리나라에서 청소년 인터넷 중독이 심각한 사회문제로 대두됨에 따라 MI를 활용한 집단프로그램의 효과성에 관한 연구가 활발히 행해져 왔다(김남조, 2009; 신성만 외 2015; 이지혜, 2012). 한편, 손유림(2015)의 청소년을 위한 MI 집단프로그램은 청소년의 내적동기, 자아존중감, 일반적 자기효능감, 진로성숙도 등 동기와 관련된 여러 영역에서 효

---

[1] 분석에 포함된 논문은 심각한 비뚤림이 없고 연구설계가 동일한 연구들을 선정하였다. 분석 결과, 연구대상자는 아동·청소년 다음에 환자가 많았고, MI 집단프로그램은 자기효능감 증진, 우울완화에 효과가 있는 것으로 나타났다. 효과에 관한 메타분석 결과, 자기효능감은 0.839로 큰 효과 크기를, 자기통제력도 0.878로 큰 효과 크기를 가진 것으로 나타났다.

과가 있는 것으로 나타난 점이 주목할 만하다.

1) 알코올 문제를 위한 MI 집단프로그램

알코올 문제를 위하여 MI 모델은 개인, 가족뿐 아니라 집단프로그램 형식으로 활발하게 활용되었다. 발표된 연구를 살펴보면, 다른 문제에서와 마찬가지로 알코올 문제를 위한 동기강화상담은 집단프로그램에 관한 연구가 많다.

알코올 문제를 가진 내담자를 대상으로 MI 집단프로그램을 개발하여 효과성을 연구한 논문들을 보면 다양한 영역에서의 향상을 보고하고 있다. MI 집단프로그램은 금주자기효능감(박정임, 구미라, 2004; 채정아, 2006), 음주거절효능감(강경화, 2016), 자기효능감(박미선, 2011), 음주기대효과(강경화, 2016; 채정아, 2006), 강박음주갈망(김상숙, 2008), 변화동기(김귀랑, 2013; 송수진, 2012; 임애리, 2010), 변화단계(김상숙, 2008; 박미선, 2011), 병식(임애리, 2010) 등의 영역에서 효과가 있는 것으로 나타났다. 한편, 개발된 MI 집단프로그램의 효과성이 입증되지 않은 영역도 보고되었다. 단주자기효능감(김귀랑, 2013; 이정경, 2013; 임애리, 2010), 부정적 음주결과기대(강경화, 2016), 변화동기(박정임, 구미라, 2004), 변화단계(채정아, 2006) 등의 영역에서 효과성이 입증되지 않았는데, 그 내용과 이유에 대해서 주의 깊게 살펴볼 필요가 있다. 따라서 알코올 문제를 가진 내담자의 치료를 위하여 MI 집단상담프로그램을 개발할 때에는, 이러한 선행연구결과를 활용하여 치료의 효과를 제고하도록 노력해야 할 것이다.

알코올 문제를 위한 MI 집단프로그램 개발과 효과성에 관한 연구에서 발견되는 한 가지 주요 한계는 알코올 문제해결과 직접 관련된 종속변수에 대한 연구를 찾기 어렵다는 점이다. 즉, MI 집단상담이 알코올 남용 감소, 금주/단주유지에 효과적인지 연구할 필요가 있고, 이러한 영역의 치료효과를 관찰하기 위한 탐색적 연구가 시급하다.

2) 알코올 남용 청소년 집단치료 프로그램의 예

다음은 알코올 남용 청소년을 위한 동기강화상담 집단프로그램의 예이다. 여기에 제시된 MI 집단프로그램은 다른 치료를 받기 전에 준비단계에서 제공되는 MI 프로그램이 아니고, 알코올 남용 청소년의 변화를 위하여 주 치료모델로 사용되도록 개발되었다. 인터넷 중독문제와 알코올 문제를 위해서 개발되어 효과가 입증된 그간의 프로그램은 5회기(김남조, 2009), 6회기(김상숙, 2008; 손유림, 2015; 신성만 외, 2015; 이정경, 2013; 이지혜,

2012), 8회기(박미선, 2011; 정명희, 2006), 9회기(Santa Ana, 2005), 10회기(임애리, 2010), 16회기(이지혜, 2012) 등 다양하다. 여기에 제시하는 집단프로그램은 6회기로 구성되었고, 이는 6~10회기로 구성된 인터넷 중독 혹은 다른 중독문제를 위하여 개발된 MI 집단프로그램들을 참고하여 개발하였다.

〈표 5-2〉 알코올 남용 청소년을 위한 MI 집단프로그램

세션	제목	목표 및 집단활동 내용	준비물
1	나는 어디에? (변화단계 인식)	1. 프로그램 소개, 규칙결정, 친해지기 활동 2. 알코올 남용자의 변화단계 및 나의 현재 단계 이해 3. 활동: 변화단계 퀴즈게임, 사전평가	명찰, 변화단계 퀴즈, 사전평가검사지
2	변화가 필요해 (변화필요성 인식)	1. 알코올 남용으로 소외되었던 자신의 주요 영역 탐색 (불일치감 증가) 2. 감정탐색 및 본질적인 갈망과 동기 인식 3. 활동: 감정퀴즈, 내 삶의 주요 영역과 감정 파이 만들기	감정퀴즈, 감정파이 재료, 노트
3	이득과 손실 (변화욕구 명료화)	1. 변화에 대한 이득과 손실에 대한 무게 달기(양가감정 다루기) 2. 변화욕구를 인지적으로 명료화하면서 변화대화 표현 3. 활동: 장판 뒤집기 게임, 이득과 손실 저울 달기, 작은 이득(결정저울) 탐색	저울모형, 장판 뒤집기 게임, 노트
4	내가 선택한 대안 활동 (변화효능감 강화)	1. 자신의 흥미를 고려한 대안활동 탐색 및 계획(자기효 능감 지지) 2. 선택한 대안활동 실천계획 세우기 3. 활동: 흥미검사, 대안활동 선택 및 계획	흥미검사, 대안활동 계획 용 색지, 노트
5	10년 후 나의 모습 (변화열망 강화)	1. 원하는 삶과 가치관 그려 보기 2. 원하는 삶 성취를 위한 계획 세우기 3. 활동: 10년 후 모습 그리기, 실천계획 작성하고 칭찬하 기(칭찬스티커, 장식)	색연필과 종이, 칭찬스티커, 노트
6	Bravo My Life~! (변화동기 강화)	1. 약속문 발표를 통해 변화동기 다짐 2. 예방전략, 자조모임 논의 3. 활동: 약속문 발표, 자조모임 계획, 프로그램 마침 축 하, 사후평가	약속문, 자조모임 정보, 축하풍선, 사후평가지
사후 세션	어떻게 지냈나요? (변화유지 경험 나 눔) 1개월 후	1. 변화유지 내용 및 전략 나눔 2. 자조모임 계획 3. 활동: 짝/전그룹 나눔, 칭찬하기	활동실 장식

출처: 손유림(2015), 신성만 외(2015), 이정경(2013), Velasquez et al. (2003)의 프로그램을 기반으로 저자가 일부 수정하여 구성

알코올 남용 청소년을 위한 MI 집단프로그램(〈표 5-2〉)은 MI의 다양한 원리와 치료기법을 활용하여 구성하였고 다음과 같은 특징을 지닌다.

첫째, 이 프로그램은 청소년의 알코올 남용문제를 위해 MI를 초기 사용 모델이 아닌 주치료모델로 사용하는 집단프로그램으로 계획하였다.

둘째, 청소년 참가자이기 때문에 빠른 변화를 목적으로 6회기로 구성하였다. 그간에 개발된 MI 집단프로그램은 6회기로 구성된 것이 여러 개 있고, 그 프로그램들의 효과성이 입증되었다(김상숙, 2008; 신성만 외, 2015; 이정경, 2013).

셋째, 알코올 남용 청소년의 변화를 촉진하기 위해서 MI의 다양한 원리와 기법을 활용하였다. 양가감정 다루기, 변화의 이득과 손실을 다루는 저울 달기, 불일치감 확장, 대안활동 탐색, 약속문 발표(고윤순, 2012; 손유림, 2015) 등이 그것이다.

넷째, 프로그램은 청소년이 흥미를 가지고 참여하도록 다양한 게임과 놀이의 요소를 첨가하였다. 감정파이 만들기, 저울 사용, 장판 뒤집기 게임, 10년 후 나의 모습 그리기 등으로 회기가 활발하고 재미있게 진행되도록 계획하였다.

다섯째, MI의 원리, 청소년의 감정 및 흥미 탐색을 위해 퀴즈형식을 준비하였다. 이는 참가하는 청소년이 자신의 변화단계, 흥미영역 준비, 가치관과 알코올 남용의 불일치에 대해서 점검하는 기회가 될 것이다. 주의할 점은 퀴즈형식을 활용하여 청소년이 시험과 같은 느낌을 받지 않고 재미있게 자신을 점검하는 기회가 되도록 진행하는 것이 필요하다.

여섯째, 변화를 강화하기 위해 대안활동을 탐색하고 구체적으로 계획하는 것뿐 아니라, 집단의 지지를 받으면서 약속문을 발표하도록 하여 프로그램을 종료하면서 자신의 의지를 표현하도록 계획하였다(신성만 외, 2015). 청소년의 경우 특히 친구들의 격려가 중요한 역할을 하므로, 동료들과 함께 발표하는 약속문은 변화를 위한 동기강화에 도움이 될 것이다.

마지막으로, 이 프로그램은 추후에 자조집단으로 발전하도록 계획하였다. 한 달 후 사후세션으로 모이는데, 이는 자조집단의 출발 기회가 될 것이다. 청소년들에게 알코올 남용의 유혹은 계속되는 상황이므로, 강화된 자기효능감이 계속 발휘될 수 있도록 자조모임으로 발전시켜 운영하면 도움이 될 것이다.

7. 동기강화상담의 활용

알코올중독자의 치료에 있어서 동기강화상담을 다음과 같이 독립적으로 혹은 다른 치료모델과 통합적으로 활용할 수 있을 것이다(신성만 외 공역, 2007; Miller & Rollnick, 2013).

첫째, 알코올중독자의 치료에 있어서 다른 치료방법을 사용하기 전에 동기강화상담을 첫 상담이나 치료의 초반에 활용하는 방법이다. 동기강화상담 기법의 개발 초기에는 알코올중독자를 기존의 알코올중독치료 프로그램에 참여시키기 위한 준비 단계 개입기술로 발전시켰기 때문에 이 방법이 많이 사용되었다. MI로 치료를 시작한 후 추가로 제공되는 치료는 MI의 원리와 일치하지 않는 방법이라도 상관없이 치료결과가 효과적이었다는 연구결과도 있다(Westra, 2012). 개발 당시 MI를 초기에 사용하고, 질병모델 기반 치료를 추후에 사용하기도 하였다. 직면적인 치료방법을 사용한 입원치료 프로그램에서 배치시에 동기강화상담을 실시한 집단이 그렇지 않은 집단보다 치료결과가 좋았고(Santa Ana, 2005), 12개월 후의 사후관리 결과에서도 좋은 것으로 나타났다(Miller et al., 1992).

둘째, 동기강화상담을 알코올이나 중독 문제를 가진 사람들에게 독자적으로 사용하는 것이다. 앞에서 설명한 대로, 알코올중독자가 치료 프로그램에 참여할 때 치료에 대한 동기가 매우 낮아서 초기에 높은 탈락률을 보이므로, 동기를 유발하여 계속 치료를 받도록 하고자 치료 초기에 MI 기법을 활용하였다. 그런데 동기강화상담을 받은 실험집단이 추가적인 치료를 받지 않고도 바로 변화가 발생하였다는 연구결과로 인해 독자적인 치료방법으로 인식되었다(Miller, Yahne, & Tonigan, 2003). Korcha 등(2014)의 연구에서 MI 9회기 형식이 MI 1회기 후 다른 치료를 제공한 경우보다 성인 여성의 알코올과 메스암페타민 치료에 더 효과적이었다. 이 경우, MI의 기본 원리(초기 원리, RULE), 초기 상담기술(OARS), 변화대화 기술을 활용하여 관계형성, 알코올 문제 인식, 변화이유 탐색, 변화의 방법 계획 등의 작업을 통해 알코올중독자의 삶이 변화하도록 돕는다. MI 기법이 정교해지고 확대됨에 따라 MI 기법을 알코올 문제 및 다양한 정신건강 문제 치료에 독자적으로 활용하는 경우도 많아지고 있다.

셋째, 동기강화상담을 알코올 문제 치료의 초반에만 사용하는 것이 아니라 치료 전체 과정의 의사소통 스타일로 활용하는 것이다. 이것이 첫째 방법과 유사한 점은 동기강화 방법을 다른 치료와 통합적으로 사용한다는 점이고, 다른 점은 치료의 초반뿐만 아니라 전체 과정에 활용한다는 점이다. MI 모델이 다른 치료모델들과 함께 활용될 수 있다는 점을 개발자들도 강조하였고(Miller & Rollnick, 2013), 특히 다양한 인지행동치료모델들과 폭넓게 사용되어 왔다. 이 방법에서는 MI 상담 스타일인 지시적이고 내담자 중심적인 방법으로 정보를 전달하고 상담 개입을 한다. 따라서 치료과정 동안 MI 상담기술(예: OARS, 변화대화 등)을 대화기술로 사용할 수 있다. 그리고 필요에 따라서 MI의 개념 및 주요 원리(예: 양가감정, RULE 등)를 논의하거나 활용할 수 있을 것이다. 예를 들어, 알코올 문제를 가진 내담자가 치료과정에서 양가감정 이슈를 다루어야 할 경우, MI의 기법을 활용하여 양가감정에 개입할 수 있을 것이다.

넷째, 알코올 문제 치료기관이 아닌 사회복지기관에서 알코올 문제를 가진 내담자를 상담할 때, 동기강화상담의 기법을 다양하게 활용할 수 있을 것이다. 이 경우, 내담자는 알코올 문제뿐 아니라 가정폭력, 아동학대, 건강, 정신건강, 직장 및 관계 등과 관련된 문제도 포함하고 있는 경우도 많으므로 이를 위한 상담이 함께 제공되어야 할 것이다. 이러한 내담자를 위해서 사회복지기관에서는 사례관리를 통해서 통합적인 서비스를 제공하려고도 한다. 사례관리 서비스를 제공하면서 동시에 지지적인 상담을 제공할 때, 동기강화상담을 활용하면 사례관리에서 설정한 목표를 달성하는 데에도 긍정적인 영향을 미칠 것이다.

토론문제

1. 알코올 문제를 가진 내담자의 내면에 이미 자질이 잠재되어 있음을 믿고, 그 자질을 끌어내는 MI의 '유발성의 정신'에 대해서 토론하시오.

2. 인터넷 중독자가 치료에 저항할 때, 치료자가 직면(confrontation) 대신 '저항과 함께 구르기'를 하는 이유가 무엇이며, 어떻게 하는지 논의하시오.

3. 6단계의 변화단계모델은 알코올 문제를 가진 내담자를 상담하는 데 어떻게 도움이 되는지 토론하시오.

4. MI의 초기 상담기술(OARS) 중 반영적 경청 기술에서 확대반영하기와 양면반영하기 방법에 대해서 논의하시오.

5. MI를 알코올 문제를 치료하는 주 상담법으로 사용하는 방법과 다른 치료방법을 사용하기 전 준비 단계에서 사용하는 방법에 대해서 토론하시오.

참고문헌

강경화(2016). 문제음주자를 위한 맞춤형 동기증진 프로그램의 개발 및 평가. 서울대학교 대학원 박사학위논문.

강덕규(2007). 정신장애인의 변화동기 분석과 동기향상 프로그램의 효과. 경북대학교 대학원 박사학위논문.

강호엽(2021). 자살시도자의 자살사고 감소를 위한 동기증진 인지행동 상담프로그램 개발 및 효과. 대구대학교 대학원 박사학위 논문.

강호엽, 이현주(2017). 동기면담프로그램이 자실시도자의 자기효능감과 자살사고에 미치는 효과. 정신건강과 사회복지, 45(1), 116-143.

고윤순(2012). 중독행동문제와 사회복지실천, 동기강화상담 강의노트. 한림대학교 일반대학원 사회복지학과.

고윤순(2013). 의료현장에서 동기강화면담법. 대한의료사회복지사협회 강원지부 2013 정기세미나 교육자료. 대한의료사회복지사협회 강원지부.

고윤순(2017). 가족복지론, 알코올문제 가족을 위한 동기강화상담 강의노트. 한림대학교 사회복지대학원.

김귀랑(2013). 동기강화 인지행동치료가 알코올 의존 환자의 단주자기효능감과 변화 동기에 미치는 효과. 대구대학교 대학원 석사학위논문.

김남조(2009). 청소년의 인터넷 중독 실태와 동기강화 집단상담의 효과. 한동대학교 대학원 석사학위논문.

김상숙(2008). 알코올 의존 환자를 위한 인지행동치료와 동기증진 인지행동치료 효과의 비교. 충북대학교 대학원 석사학위논문.

김주은(2021). 동기강화상담 이해와 적용. 한림대학교 사회복지대학원 2021년 추계특강 자료집. 한림대학교 사회복지대학원.

박미선(2011). 인터넷 중독자의 숙고단계에서 동기강화 프로그램의 효과성 연구: 대전지역 한 알코올전문병원 사례를 중심으로. 한남대학교 대학원 석사학위논문.

박예진(2020). 국내 동기강화상담프로그램의 효과성에 대한 체계적 문헌고찰과 메타분석. 숭실대학교 대학원 석사학위논문.

박정임, 구미라(2004). 인터넷 중독자를 위한 동기강화 집단프로그램의 효과성 연구: 입원한 알코올중독자를 중심으로. 알코올과 건강행동연구, 5(1), 49-74.

손유림(2015). 청소년을 위한 동기강화 집단상담프로그램 개발 및 효과. 동국대학교 대학원 박사학위논문.

송수진(2002). 인터넷 중독 환자의 변화동기강화 프로그램 효과에 관한 연구. 한국정신보건사회복지학회 학술발표논문집, 335-365.

신성만(2010). 동기강화상담. 2010년 한국중독정신의학회 추계학술대회 자료집.

신성만(2019), 동기강화상담의 이론과 실제. 해결중심치료학회 2019년 추계학술대회 자료집.

신성만, 권정옥(2008). 알코올중독자를 위한 동기강화 상담. 한국알코올과학회지, 9(1), 69-84.

신성만, 김주은(2018), 동기강화상담(MI). 한국중독상담학회 동계워크숍 자료집.

신성만, 류수정, 김병진, 이도형, 정여주(2015). 인터넷 중독 청소년을 위한 동기강화상담 집단프로그램 개발 및 효과. 상담학연구, 16(4), 89-109.

이정경(2013). 동기강화집단상담이 인터넷 중독자의 회복에 미치는 영향. 한동대학교 대학원 석사학위논문.

이지혜(2012). 동기강화 인터넷 중독 예방프로그램이 저소득층 청소년의 인터넷 중독, 자기통제력, 우울/불안, 지각된 스트레스에 미치는 효과. 한동대학교 대학원 석사학위논문.

임애리(2010). 동기강화프로그램이 인터넷 중독자의 변화동기, 병식 및 금주자기효능감에 미치는 효과. 대구가톨릭대학교 대학원 석사학위논문.

정명희(2006). 동기강화인지행동치료가 청소년의 인터넷 중독에 미치는 효과. 계명대학교 대학원 석사학위논문.

채정아(2006). 지역사회 알코올 의존자를 위한 동기강화 프로그램의 적용연구. 한국정신보건사회복지학회 학술발표논문집, 65-87.

Csillik, A., Devulder, L., Fenouillet, F., & Louville, P. (2021). A pilot study on the efficacy of motivational interviewing groups in alcohol use disorders. *Journal of Clinical Psychology*, 77(12), 2746-2764.

DiClemente, C. C. (1991). Motivational Interviewing and stages of change. In W. R. Miller & S. Rollnick, *Motivational Interviewing: Preparing people to change addictive behavior* (pp. 191-202). New York: The Guilford Press.

DiClemente, C. C., & Prochaska, J. O. (1985). Processes and Stages of Change: Coping and Competence in Smoking Behavior Change. In S. Shiffman & T. A. Wills (Eds), *Coping and substance abuse* (pp. 319-342). New York: Academy Press.

Harder, V., Musau, A., Musyimi, C., Ndetei, D., & Mutiso, V. (2020). A randomized clinical trial of mobile phone motivational interviewing for alcohol use problem in Kenya. *Addiction*,

115(6), 1050-1060.

Hohman, M. (2012). *Motivational Interviewing in Social Work Practice*. New York: The Guilford Press.

Korcha, R. A., Polcin, D. L., Evans, K., Bond, J. C., & Galloway, G. P. (2014). Intensive Motivational Interviewing for women with concurrent alcohol problems and methamphetamine dependence. *Journal of Substance Abuse Treatment, 46*(2), 113-119.

Levounis, P., Arnaout, B., & Marienfeld, C. (2022). 정신건강 임상에서의 동기강화상담(Motivational Interviewing for Clinical Practice). 신성만, 조정민, 김주은, 신종호, 조용혁, 박지훈, 허은실 공역. 서울: 학지사. (원저는 2017년에 출간)

Miller, W. R. (1991). *Enhancing Motivation for Change in Substance Abuse Treatment*. U.S. Department of Health and Human Services, Center for Substance Abuse Treatment.

Miller, W. R., & Rollnick, S. (1991). *Motivational Interviewing: Preparing People for Change Addictive Behavior*. New York: The Guilford Press.

Miller, W. R., & Rollnick, S. (2007). 동기강화상담[Motivational Interviewing: Preparing People for Change (2nd ed.)]. 신성만, 권정옥, 손명자 공역. 서울: 시그마프레스. (원저는 2002년에 출간).

Miller, W. R., & Rollnick, S. (2013). *Motivational Interviewing: Helping People Change* (3rd ed.). New York: The Guilford Press.

Miller, W. R., Yahne, C. E., & Tonigan, J. S. (2003). Motivational interviewing in drug abuse services: A randomized trial. *Journal of Counseling and Clinical Psychology, 72*, 1052-1062.

Miller, W. R., Zweben, A., DiClemente, C. C., & Rychrarik, R. (1992). *Motivational enhancement therapy manual: A clinical research guide for therapists treating individuals with alcohol abuse and dependence* (Project MATCH Monograph Series, Vol. 2), Rockville, MD: National Institute on Alcohol Abuse and Alcoholism.

Polshkova, S., Voloshina, D., Cunningham, R., Zucker, R., & Walton, M. (2020). Prevention of alcohol and other drug use using motivational interviewing among young adults in the Ukraine. *Psilhosomaticna Medicina ta Zagal'na Praktika, 1*(1).

Rollnick, S., Mason, P., & Butler, C. (1999). *Health and Behavior Change: A guide for practitioners*. Edinburg, UK: Churchill Livingston.

Rollnick, S., Miller, W. R., & Butler, C. C. (2009). 건강관리에서의 동기면담(*Motivational Interviewing in Health Care: Helping Patients Change Behavior)*. 신수경, 조성희 공역. 서울: 시그마프레스. (원저는 2008년에 출간).

Rosengren, D. B. (2020). 동기강화상담 기술훈련실무자 워크북(제2판) [*Building Motivational Interviewing Skills: A Practitioner Workbook*, (2nd ed.)]. 신성만, 김성재, 이동귀, 전영민, 김주은 공역. 서울: 박학사. (원저는 2018년에 출간).

Ryan, R. M., & Deci, E. L. (2000). Self-determniation theory and the facilitation of intrinsic motivation, social development, and wellbeing. *American Psychologist, 55,* pp. 68-78.

Santa Ana, E. J. (2005). Efficacy of Group Motivational Interviewing (GMI) for Psychiatric Inpatients with Chemical Dependence, State University of New York at Albany, Ph.D Dissertation.

Velasquez, M. M., Maurer, G. G., Crouch, C., & DiClements, C. C. (2003). *Group Treatment for Substance Abuse.* NY: The Guildford Press.

Westra, H. A. (2012). *Motivational interviewing in the treatment of anxiety.* New York: The Guilford Press.

해결중심단기치료

고윤순(한림대학교 사회복지학부)

　해결중심단기치료(Solution-Focused Brief Therapy: SFBT)는 알코올 문제에 대한 심각성, 원인 등에 대한 탐색보다는 내담자가 원하는 해결을 키우는 데 초점을 둔다. SFBT에서는 문제에 대한 이해와 해결은 별개의 것이라는 자세를 취한다. 그리하여 치료자는 내담자의 문제관련 이력에 대한 자세한 정보보다는 내담자가 원하는 해결, 문제에 대한 예외 상황을 찾는 데 관심을 둔다. 따라서 치료자는 해결로 이끄는 의도적인 질문을 통해 내담자가 과거나 최근에 있었던 문제에 대한 예외 상황을 찾아보거나 해결의 상황을 상상하고 그 상황을 창출하는 방법을 탐색하는 작업을 한다. 이 장에서는 해결중심단기치료의 주요 원리에 대해서 논의한다. 알코올 문제를 가진 내담자와 치료자의 관계 유형에 따라 다른 전략을 사용하는 면을 살펴본다. 나아가 내담자가 해결의 상황을 탐색하도록 돕는 해결구축적(solution-building) 질문기법에 대해서 구체적인 예를 들면서 논의한다. 치료자의 이러한 질문에 대답하는 동안 알코올 문제를 가진 내담자는 예외나 혹은 해결의 모습을 가까운 과거에서 찾거나 상상 속에서 탐색함으로써 본인이 원하는 삶의 모습을 찾는 작업을 하게 된다. SFBT 모델의 특징인 휴식을 활용하는 치료 절차, 그리고 내담자에 따른 맞춤형 메시지 개발에 대해서 설명한다. 첫 세션 이후의 세션에서 치료자가 내담자를 어떻게 상담하는지, 내담자가 부정적인 경과를 보고할 때의 질문방법에 대해서도 살펴본다. 끝으로 알코올 문제를 위한 해결중심 집단상담 프로그램의 예를 제시하여 실천현장에서 참고하도록 하였다.

1. 발전배경 및 중심철학

1) 발전배경

해결중심치료(solution-focused therapy)의 발전은 가족이 당면하는 다양한 문제에 대한 단기치료모델(brief therapy model)로 개발되었다. 해결중심단기치료의 창시자들은 가족치료에 있어서 문제이해를 통한 문제해결(problem-solving)에 시간을 쏟기보다는 문제 상황속에서의 예외 찾기(finding exceptions within problematic situation)와 같은 해결창조의 작업이 더 효율적임에 관심을 두었다.

해결중심단기치료 모델은 김인수(Insoo Kim Berg)와 스티브 드 셰이저(Steve de Shazer)에 의해서 개발되었는데, 이들은 1978년 미국 밀워키에 단기가족치료센터(Brief Family Therapy Center: BFTC)를 개소하면서 이 모델을 발전시켰다. 이 모델은 내담자의 준거틀에 의거하여 다양한 기법을 개발한 밀턴 에릭슨(Milton Erickson)과 1965년에 단기치료센터(Brief Therapy Center)를 개소한 MRI(Mental Research Institute)의 영향을 받았다. 김인수가 치료세션을 통해 다양한 해결중심단기치료 기법을 실험하고 개발하는 데 중점을 둔 반면, 드 셰이저는 해결중심단기치료에 관한 이론의 체계를 정립하는 데 주력하였다. 그리하여 해결중심가족치료의 이론과 개입기법은 스티브 드 셰이저의 저서 『단기가족치료의 패턴 (Patterns of Brief Family Therapy)』(1982), 『단기치료의 해결을 위한 열쇠들(Keys to Solution in Brief Therapy)』(1985) 그리고 『단서들: 단기치료에서 해결 찾기(Clues: Investigating Solutions in Brief Therapy)』(1988)를 통해서 발표되었다. 해결중심가족치료모델은 특정된 가족문제를 위하여 개발된 것이 아니어서 가족 간 대화문제, 청소년 비행, 가정폭력, 아동 방임과 학대, 알코올과 약물남용 등 다양한 분야에 적용되어 실천되었다(de Shazer et al, 1986; Franklin et al., 2012; Zweben, Perlman, & Li, 1988).

이 모델이 구체적으로 알코올과 약물 남용문제를 가진 구성원을 위한 치료모델로도 각광을 받게 된 것은 개발된 치료기법들이 약물남용 대상자를 치료하는 과정에서 활용된 구체적인 사례들이 많이 발표되었기 때문이었다. 그 대표적인 예로, 해결중심단기치료모델의 주요 철학, 원리, 질문기법을 잘 설명하고 있는 김인수와 스콧 밀러(Insoo Kim Berg & Scott Miller, 1992)의 저서는 『문제음주자와 일하기: 해결중심접근(Working with the Problem Drinker: A Solution-Focused Approach)』이라는 제목으로 출간되었다. 이 해결중심단기치료모델은 명칭에서부터 단기간에 치료의 효과를 목표로 하였고 연구자들에 의해 그 효과성이 입증됨으로써(Weiner-Davis, de Shazer, & Gingerich, 1987; Zweben et al., 1988), 정신건강 분야의 치료비 증가를 염려하던 사설 의료보험회사들에게 관심을 받게 됨으로써 실천현장에서 빠르게 수용되었다. 약물남용 치료현장에서는 질병모델(disease model)과 AA의 대안 치료모델 중의 하나로 활용되어 왔다.

그로 인해 해결중심치료모델은 1980년대부터 국제 워크숍과 훈련을 통해 미국뿐만 아니라 캐나다, 영국, 프랑스 등의 유럽국가, 호주, 남미 등 세계의 여러 나라에서 연구와 실천을 하게 되었다. 1987년 김인수와 드 세이저의 국제 워크숍을 통해 한국에 소개된 이후 1991년에 가족치료연구모임이 결성되었다. 1996년에 단기가족치료센터 한국지부가 개설된 이후 2001년 한국단기가족치료연구소로 개명하여 운영되고 있다. 2011년에 해결중심치료학회가 창립되었고, 2012년부터 해결중심전문상담사 자격증제도를 운영하고 있다(해결중심치료학회, 2021). 이 치료모델은 가족치료, 사회복지, 학교, 정신보건, 병원, 약물남용 등 다양한 분야에서 실천되고 있다(정문자, 이영분, 김유순, 김은영, 2017; Franklin et al., 2012).

2) 해결중심단기치료의 중심철학

해결중심단기치료(SFBT)는 세 가지 규칙이 있는데 이를 중심철학이라고 부른다(Berg & Miller, 1992).

(1) 문제가 없으면 고치지 말라

내담자 관점에서 문제가 없으면 고치지 말라는 것이다. 이는 사회구성주의의 관점으로 현실은 개인의 관점에 따라 다르게 해석된다. 알코올 남용문제가 있어서 의뢰된 내담자라 하더라도 내담자가 그것을 문제로 인식하지 않으면, 처음부터 알코올 문제를 지적하고 치료하지 말아야 한다는 것이다. 문제가 없는 내담자를 치료할 필요가 없기 때문이다.

(2) 효과가 있으면 계속해서 하라

어떤 방법이 알코올 남용 내담자에게 해결책을 구축하는 데에 효과적이면 계속해서 사용하도록 한다. 해결중심치료에서 중점을 두는 것은 내담자의 삶에 이미 일어나고 있는 변화 혹은 문제 상황이 일어나지 않는 예외를 찾아내는 일이다. 그래야 무엇을 계속하도록 제안할 수 있기 때문이다.

(3) 효과가 없으면 다른 것을 하라

해결중심치료에서는 어떤 개입방법이 내담자가 원하는 효과가 없으면 그 방법을 그만 사용하고 다른 방법을 사용하도록 한다. 어떤 이유에서건 효과가 없는 개입은 그 내담자에게 적절하지 않으므로 그것과 다른 개입방법만이 효과적일 것이기 때문이다.

2. 주요 원리 및 가정

해결중심치료는 다음과 같은 원리를 기반으로 한다(Berg & Miller, 1992; Seleckman, 1993). 알코올 남용 내담자를 상담할 때 이러한 원리를 적용하는 방법에 대해서 살펴보자.

• 병리적인 것 대신 건강한 것 강조

알코올 남용 내담자에 대한 상담과정은 알코올 남용의 심각성, 관련 문제에 대한 자세한 사정보다는 문제가 아닌 예외 상황, 변화, 이미 성공적으로 대처하는 모습, 어떻게 변화 혹은 성공하게 되었는지에 관한 구체적인 방법을 찾아내는 데 초점을 둔다.

• 내담자의 자원활용

내담자가 지닌 자원을 활용하는 것이다. 이는 내담자가 아무리 심각한 알코올 문제를 가지고 있다고 하더라도 다양한 자원을 가지고 있다는 믿음으로부터 시작된다. 내담자가 소유한 동기, 믿음, 행동, 기술, 사회적 관계, 지원체계 등을 자세히 탐색하여 치료에 활용한다.

• 탈이론적, 비규범적, 내담자의 견해 존중

SFBT에서는 알코올 문제에 대한 이해와 치료에 관한 어떤 이론이나 규범에 의존하지 않는다. 해결중심치료자가 특정 이론에 기초하여 치료를 진행하지는 않으나, 알코올 남용 문제를 가진 내담자가 알코올 치료에 관한 특정한 이론이나 모델을 활용하면, 이것이 치료에 도움이 되는 한, 치료자는 그것도 활용(허용)한다. 이는 규칙의 두 번째 철학인 '효과가 있으면 계속해서 하라'와도 연관이 있다.

• 간단한 방법 우선 사용

매우 심각하고 복잡한 알코올 남용문제를 가진 내담자라 하더라도(해결중심치료자는 문제의 심각성에 대해서 진단하는 데 초점을 두지 않음), 치료를 위한 방법이 복잡할 필요는 없다. 알코올 문제를 가진 내담자에게 '작은 변화'를 일으키기 위한 간단한 방법을 사용하도록 계획한다.

• 변화는 불가피함

아무리 심각한 알코올 문제를 가지고 있는 내담자라 하더라도 변화는 일어날 것을 믿기 때문에 긍정적인 관점에서 치료에 임할 수 있다. 이미 변화가 일어나고 있다고 믿고 치료 초기부터 예외(exception)를 찾는 데 집중한다. 이러한 치료자의 믿음은 내담자의 동기와 자신감을 증진시키는 데 도움이 된다.

• 현재와 미래 지향적

알코올 문제를 가진 내담자를 치료하면서 과거에 집중하면 내담자의 실패에 초점을 맞추기 십상이다. 대조적으로 SFBT에서는 현재와 미래에 내담자가 희망하는 것이 무엇이고 어떻게 그것을 달성할 것인지에 관심을 둔다.

• 내담자와의 협력관계 중시

SFBT는 문제정의, 희망하는 해결된 모습, 해결책 구축을 위한 방법에서 내담자의 관점을 존중한다. 이러한 실천은 협력을 중시하는 치료자 자세의 결과이기도 하고 이를 통해 순환적으로 내담자와 협력하는 데에도 도움이 된다.

3. 내담자의 관계 유형 및 치료 목표

1) 내담자의 관계 유형

해결중심치료에서는 내담자의 특징에 따라 차별적인 상담기법을 사용하고 내담자에 적절한 목표를 설정한다. 내담자는 알코올 문제에 대한 본인의 책임 인식·인정 정도, 문제해결을 위한 목표 설정 여부에 따라 고객형(customer), 불평형(complainant), 방문형(visitor)으로 나뉜다. 내담자가 본인이나 가족 구성원의 알코올 관련 문제에 대해서 인정하지 않을 경우, 질병모델이나 AA 모델에서는 이를 부인(denial) 혹은 저항(resistance)한다고 하는 데 반하여, 해결중심치료모델에서는 이런 내담자를 관심이 다른 내담자형(불평형, 방문형)으로 구분한다(Berg, 1989). 나아가 내담자와의 협력관계를 강조하는 이 모델에서는 내담자의 이러한 특성을 단순히 내담자의 종류로 보기보다는 내담자와 치료자의 상호작용의 내용, 즉 내담자-치료자 관계(client-therapist relationship) 유형으로 이해하고, 내담자를 그대로 받아들이고 각 내담자의 관심에 적절한 치료계획을 세우고자 노력한다(Berg, 1989; Berg & Miller, 1992). 그런데 주목할 점은 이러한 내담자의 특성 혹은 내담자와의 관계는 고정적인 것이 아니라 유동적이라는 점이다. 해결중심치료에서 불평형, 방문형 내담자가 고객형으로 변화하는 데에 치료자의 전문성이 핵심적인 역할을 한다는 점에서 시사하는 바가 크다. 최신의 경향은 내담자와의 관계유형을 파악하는 것보다 내담자가 원하는 미래 및 관련된 목표를 발전시키는 것을 더욱 강조한다(de jong & Berg, 2013).

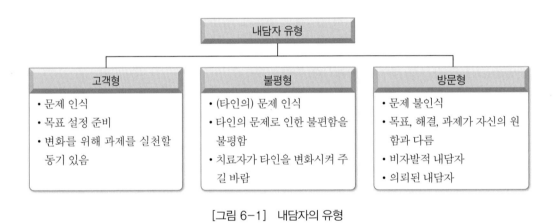

[그림 6-1] 내담자의 유형

출처: 고윤순(2014); Berg & Miller(1992)를 활용하여 저자 재구성.

(1) 방문형

방문형은 비자발적 내담자 유형으로 자신에게는 알코올 문제가 없고 따라서 치료가 불필요하다고 생각한다. 자신이 원해서 온 것이 아니라 알코올 문제로 가족, 공공기관, 법원 등에서 의뢰되어 온 경우가 이에 해당된다. 이 경우 알코올 관련 치료 목표를 세우기 어렵다.

〈방문형 내담자의 예〉

    30대 일용직 싱글 대디 K가 음주 후 종종 7세 된 아들을 큰 소리로 훈육하여 아이가 울어서, 이웃이 경찰에 신고하였다. 조사한 경찰과 아동학대전담공무원이 K를 아동보호전문기관에 사례관리하도록 요청하였다. K는 자신의 음주행위는 본인과 같은 직종의 사람들에게는 정상적인 활동이므로 자신은 알코올 문제가 없다고 주장한다. K는 사회복지사(공무원)가 도움을 준다는 명목하에 지나치게 남의 집안일에 간섭하여 자신의 아이를 감독하고 사생활에 참견하므로, 사회복지사의 직권남용 및 그것을 방임하는 주민센터가 문제라고 항의한다. 이 경우 치료자는 K의 말처럼 아마 내담자에게는 치료가 필요한 알코올 문제는 없을지도 모른다고 동의하고, 대신 혹시 내담자가 다른 면에서 상의하고 싶은 것이 있는지 같이 생각해 보자고 제안할 수 있다.

출처: 저자 구성.

(2) 불평형

치료자와 내담자가 함께 문제를 발견하기는 했으나(알코올 문제가 자신 주위의 타인에게 있음을 인식함), 문제해결을 위한 방안을 계획하는 과정에서 내담자가 구체적으로 무엇을 해야 하는지에 대해서는 발견하지 못한 경우이다. 이 경우, 내담자는 문제해결을 위해서 타인(배우자, 자녀, 직장동료, 동업자, 친구 등)이 변하거나 무엇을 해야 한다고 주장한다.

〈불평형 내담자의 예〉

알코올 문제를 가진 중학생 청소년 아들을 둔 40대 어머니 Y가 학교사회복지사에게 와서 상담을 하게 되었다. Y는 아들의 알코올 문제와 그로 인한 가족의 불편함에 대해서는 잘 얘기하는데 이것은 아들의 문제이므로 아들이 변해야 한다고 역설한다. 또한 학교사회복지사와 상담선생님이 학교에서 아들과 같이 술을 마시며 비행을 저지르는 '좋지 않은 친구들'을 잘 감시하고 지도해야 한다고 강조한다. 아들과 가족들 뒷바라지를 열심히 해 온 자신이 할 일은 없다고 한다. 치료자는 해결에 이르는 새로운 아이디어가 생기도록 내담자와 함께 치료 목표에 대해서 함께 연구해 보자고 제의할 수 있다.

출처: 저자 구성.

(3) 고객형

내담자와 치료자가 알코올 관련 문제와 해결방안을 함께 확인하는 경우이다. 고객형 내담자는 알코올 문제(본인의 문제일 수도 있고, 타인의 문제일 수도 있음)에 대해서 자신이 해결의 일부라고 보고, 그 문제해결을 위해 무언가를 할 용의가 있음을 밝힌다. 한편, 처음에는 방문형이나 불평형이었던 내담자가 내담자를 수용하면서 존중하며 상담을 계속한 치료자의 전문성에 힘입어 고객형으로 바뀌기도 한다.

〈고객형 내담자의 예〉

　J는 전문직(간호사)에 종사하는 40대 미혼 여성으로 자신의 알코올 남용문제를 위해 중독치료센터에 찾아왔다. J는 지난 2년 사이에 어머니가 돌아가시고 남자친구와 헤어지면서 힘든 생활을 달래려고 혼자 술을 마셔 왔다. 아버지는 J가 어렸을 때 돌아가셨고, 어머니 혼자 식당을 운영하면서 힘들게 J와 남동생을 공부시켰다. 4년 전 어머니가 폐암 판정을 받고 투병하시는 동안 간병도 많이 못해 드렸는데 너무 빨리 돌아가셨다고 한다. J는 자신의 알코올 남용이 자신의 건강과 직장생활에도 부정적인 영향을 미치고 있어서, 알코올을 줄이거나 끊고 싶으며, 우울증과 죄책감도 덜고 싶다고 설명한다. 치료자는 J가 생활 속에서 예외 상황을 탐색하면서 작지만 J에게 도움이 되는 치료 목표를 같이 설정하는 작업을 할 수 있다.

출처: 저자 구성.

---

2) 좋은 치료 목표 설정의 원리

해결중심치료에서 목표 설정은 치료의 성공여부를 평가하는 것이므로 매우 중요하다. 내담자가 원하는 해결구축에 초점을 두는 해결중심치료는 목표 지향적 모델이라고 할 수 있다. 해결중심치료에서 치료 목표는 다음과 같은 원칙을 기반으로 세운다(de Jong & Berg, 2002; Walter & Peller, 1992).

(1) 내담자에게 중요한 것

알코올 문제를 가진 내담자와 상담할 때, 치료자는 종종 내담자에게 '중요한' 목표보다는 내담자에게 '필요한' 목표를 제안하려는 유혹에 빠진다. 또한 '알코올 문제' 중심으로 목표(예: 단주하기, 음주량 줄이기)를 정하도록 안내하려고 한다. 해결중심치료에서는 알코올 문제를 가진 내담자에게 반드시 알코올 문제관련 목표를 세우도록 권고하지 않는다. 특히 치료 초기 단계이거나 방문형, 불평형 내담자에서는 오히려 알코올 문제와 관련 없으나 내담자가 중요하게 생각하는 목표를 설정하는 것이 내담자의 동기를 증진시킬 수 있다. 목표는 치료가 진행됨에 따라서 다르게 발전할 것이기 때문이다. 또한 부부가 함께 상담을 받을 경우, 아내와 음주문제를 가진 남편의 목표가 다를 수 있으므로 각자가 원하는 것을 물어본 뒤, 공통적인 목표를 탐색하여 제시하는 방법도 유용하다. 알코올 관련 목표는 아니지만, 내담자가 중요하다고 여기는 좋은 목표의 예로는 '직장유지' '부모님의 참견에서 벗어나기' '보호관찰의 요건 준수' '운전면허 되찾기' '건강 되찾기' 그리고 '가족행사에 참여하기' 등이 될 수 있다.

(2) 작은 것

변화를 위한 목표는 작은 것이 좋다. 작은 목표는 내담자가 달성하기 쉬울 것이고 작은 목표 달성의 파급효과가 클 것이기 때문이다. 특히 알코올과 관련된 문제를 가진 내담자의 경우, 문제가 심각하여 변화에 대한 희망이 약한 경우가 많다. 그러므로 성취감의 경험을 통한 희망회복이 급선무이고 작은 목표는 이에 도움이 될 것이다. 작은 목표의 예는 '일주일에 한 번은 2차 가지 말기' '퇴근 후 산보하기' 등이고, 반대로 작지 않은 목표의 예는 '한 달 동안 술 마시지 않기' '단주모임에 결석하지 않기' 등이 될 수 있을 것이다.

(3) 명확하고 구체적이고 행동적인 것

목표는 달성되었는지 평가하기 쉽도록 구체적이어야 한다. 이러한 목표는 종종 행동의 변화로 달성되는 것들이다. '책임 있게 행동하기' '행복해지기' '좋은 아빠 되기' 같은 목표는 주관적이므로 적절한 목표로 보기 어렵다. 대신 '술 마시면 대리운전 사용하기' '주말에는 가족과 외식하기' '아들과 일주일에 한 번 게임하며 대화하기'는 구체적인 목표이다.

(4) 무엇이 없는 것보다는 무엇이 있는 것

알코올 문제를 위한 치료 목표는 '음주하지 않기' '음주 후 운전하지 않기' 등 부정적인 행동을 하지 않는 방법으로 설정되는 것이 십상이다. 그러나 치료에 있어서나 생활에 있어서 부정적인 것을 금지하는 것보다는 긍정적인 것을 장려하는 것이 훨씬 흥미롭고 하고 싶어진다. 하시 말라는 것은 더 하고 싶은 것이 사람의 속성이다. 이를 위한 예로, '술 끊기' '음주운전 하지 말기'보다는 '퇴근하면 운동하기' '음주 시에는 차 두고 가기'라는 것이 더 매력적인 목표가 된다.

(5) 끝보다 시작

'천릿길도 한 걸음부터'라는 속담처럼, 아무리 소중하고 원대한 목표도 그것을 달성하기 위한 첫 시작이 없으면 불가능하다. 알코올 문제를 가진 내담자를 치료함에 있어서 치료의 완성상태를 목표로 설정하는 것보다는 작은 변화를 일으키는 첫걸음에 해당되는 목표로 설정하는 것이 좋다. 내담자가 이러한 치료가 완성된 상태(예: 금주, 행복한 가족 되찾기)를 목표로 하고 싶다고 하면, 치료자는 이를 받아들이되 이러한 최종 목표를 달성하기 위해서 취해야 할 단계들에 대해서 함께 탐색하고 그 방향으로 가는 시작행동을 목표로 삼도록 한다.

(6) 현실적으로 성취 가능한 것

알코올 문제를 가진 내담자가 치료에 실패하는 이유는 내담자의 상황을 고려하지 않고 비현실적인 목표를 설정하기 때문이다. 목표는 내담자의 환경, 라이프 스타일, 준비상태 등을 고려하여 성취 가능한 목표가 되도록 협의해야 할 것이다.

(7) 힘든 일이라고 인식되게 할 것

작은 목표라도 달성하기 위해서는 내담자의 노력이 있어야 한다는 인식이 들도록 할 필요가 있다. 알코올 문제를 가진 내담자에게 있어서 작은 것이라도 행동변화는 쉬운 일이 아닐 수 있으므로, 노력해야 함을 강조할 필요가 있다. 너무 쉽다고만 강조하면 내담자가 노력하지 않을 수 있다. 또한 혹시라도 내담자가 다음 상담 시까지 목표에 조금도 가까워지지 않았다면, 힘든 일이라는 인식이 내담자에게 나름대로 자존심을 지켜 주는 이유가 될 것이다.

4. 치료 기법 및 절차

1) 해결구축적 질문기법

해결중심치료에서는 알코올 문제에 대한 이해를 통한 알코올 문제 소거보다는 내담자가 원하는 해결을 탐색하고 강화하는 접근이므로 내담자가 해결을 탐색하도록 하는 의도적(purposeful)인 해결구축적 질문들(solution-building questions)을 사용한다(노혜련, 허남순 공역, 2004; 정문자 외, 2017; Berg & Miller, 1992; de shazer et al., 1986; Pichot, 2019).

(1) 세션 전 변화질문

세션 전 변화질문(pre-session change question)은 내담자가 상담을 약속하고부터 상담에 오는 사이에 무슨 변화가 있었는지를 물어보는 것이다. 이는 전통적으로 (첫) 세션의 많은 부분을 문제사정에 할애하는 문제해결 방식과는 대조적이고, 문제에 대하여 말하기를 꺼리는 내담자를 편하게 만들어 긍정적 상담 분위기를 조성하는 데에 도움이 된다(Weiner-Davis et al., 1987).

> • 첫 상담을 약속한 시간부터 지금 사이에 조금이라도 변화된 것 혹은 좋아진 점이 있나요?
> • 왜 그런 변화가 생겼고 그 변화가 어떻게 도움이 되나요?
>
> 출처: 고윤순(2010) 재구성.

(2) 보람질문

첫 상담의 시작 부분에 세션 전 변화질문 외에 또 하나 사용하기 좋은 질문이 보람질문이다. 보람질문은 문제에 대한 질문 대신 알코올 문제를 가진 내담자가 상담을 통해 무엇을 얻기를 원하는지 알아보는 것으로 내담자 중심적 상담을 진행하겠다는 신호로 여겨져서 내담자와의 관계형성에도 도움이 된다.

> • 오늘 상담받은 후에 무엇이 조금 달라지면, 오늘 상담받기를 잘했네, 보람이 있네라고 생각하실까요?
>
> 출처: 고윤순(2012) 재구성.

(3) 예외질문

알코올 문제를 가진 내담자는 본인이나 가족의 문제 부분만을 확대해서 보려는 경향이 있고 이는 내담자나 가족 모두에게 실망과 좌절감을 키운다. 치료자는 알코올 문제를 표출하지 않는 예외 상황을 얘기해 보도록 질문을 하는데, 이를 통해 내담자는 알코올 문제가 없는 상황을 찾아보고, 그런 상황을 재현할 수 있는 아이디어를 얻게 된다(Walter & peller, 1992). 최근의 해결중심치료에서는 과거의 것보다 가능하면 최근의 예외 상황을 탐색하도록 한다(Pichot, 2021). 최근의 예외 상황일수록 재현 가능성이 높을 것이기 때문이다. 예외 상황에 대한 질문에서, 시기보다는 무엇을 했는지, 의도적이었는지, 예외 상황에서 내담자의 역할이 무엇이었는지 등을 자세히 물어보면 해결구축의 구체적인 방안들을 찾을 수 있을 것이다.

- 선생님이 술을 마시지 않은 적은 어느 때였나요?
- 술을 마시지 않은 날은 무엇을 하셨나요?
- 어떻게 술을 덜 마시기로 작정을 하신 건가요?
- 음주 후 대리운전을 시키려고 무엇을 준비하셨나요?
- 남편이 어떤 경우에 술을 마시지 않던가요?

출처: 고윤순(2018) 재구성.

---

(4) 기적질문

이미 일어나고 있는 변화 혹은 긍정적이고 예외적인 면을 찾는 노력으로 '세션 전 변화질문'이나 '예외질문'을 사용한다면, 기적질문은 파격적으로 예외적인 면이나 변화가 일어날 상황을 미리 상상해 보도록 한다. 앞의 두 질문을 통해 이미 일어나고 있는 변화나 예외들이 여러 가지 발견되었다면, 기적질문을 통하여 내담자가 이러한 변화가 더욱 향상된 상황 혹은 완전히 문제해결이 된 이상적인 상황을 생각해 보는 데 도움이 될 것이다. 앞의 두 질문을 사용했음에도 특별히 변화나 예외 상황이 발견되지 않아, 상담이 어떤 방향으로 가야 할지 어려울 경우에도 이 기적질문은 분위기를 전환하는 데 도움이 된다. 내담자로 하여금 기적이 일어난 상황을 상상해 보게 함으로써 새롭게 변화된 삶에 대하여 생각할 기회를 갖고, 치료자는 내담자가 꿈꾸는 변화된 삶의 모습을 알게 되어 치료 목표를 안내하는 데에 도움이 될 것이다.

제가 재미있는 질문을 하나 할게요. 오늘 상담 후 하루를 마치고 주무셨어요. 그런데 영수 아버님이 주무시는 동안 기적이 일어났어요. 그래서 아버님이 오늘 상담받으러 오신 음주문제들이 모두 해결되었어요. 그런데 주무시는 동안에 기적이 일어났으니 아무도 기적이 일어났는지를 모르지요. 아버님은 내일 아침에 일어나 무엇을 보면 기적이 일어났다는 것을 알 수 있을까요?

출처: 고윤순(2018) 재구성.

(5) 척도질문

척도질문은 상황을 객관적으로 표현할 수 있는 매력이 있다. 내담자의 문제의 심각성, 변화, 동기 등의 정도를 알아보는 데에 도움이 된다. 즉, 현재의 상황, 변화 정도, 목표를 정하는 데 효과적으로 사용할 수 있다. 나아가 1점이 높아졌다면 무엇이 구체적으로 변화되었는지 혹은 1점을 향상하기 위해서 무엇을 해야 할지 탐색해 보는 데에도 유용하다.

- 현재 음주로 인한 문제의 심각성을 1에서 10까지 있는 척도로 표시한다면 어느 정도인 것 같으세요? 1이 전혀 문제 없다이고 10은 최악의 상태입니다.
- 1점부터 10점까지 있는 척도에서 음주문제를 해결할 수 있겠다는 생각이 오늘 상담받으러 올 때는 몇 점 정도였나요? 지금 상담 끝나고는 몇 점이세요?
- 지금 음주에 대한 유혹 정도가 10점 만점에 8점 정도라고 하셨는데, 다음 주에는 몇 점 정도로 낮추고 싶으세요? (추가질문) 그러기 위해서 뭐를 하면 도움이 될까요?
- 부인은 선생님이 지금 음주를 줄이기 위해서 노력하는 정도를 10점 만점에 몇 점이라고 하실 것 같으세요? (추가질문) 선생님이 무엇을 하시면 거기서 1점 높은 점수를 줄 것 같으세요?

출처: 고윤순, 허남순(2021) 재구성.

(6) 관계성 질문

내담자와 소중한 관계에 있는 사람들(가족, 친구, 좋아하는 사람)의 관점을 질문하는 것이다. 내담자에게 가족이 본인의 음주관련 문제, 변화, 동기 등에 대해서 어떻게 생각하는지 질문함으로써 타인의 관점에서 자신을 바라볼 수 있는 기회를 제공한다. 또한 추후에 가족이 내담자 자신에게 어떻게 반응하는지 관찰하고, 좋은 반응을 받기 위해서 무엇을 변화시켜야 할지 생각하게 한다. 관계성 질문은 예외질문, 기적질문, 척도질문 등과 함께 다양한 방법으로 사용할 수 있다.

- 어머님 편에서 무엇이 변해야 남편이 스트레스를 덜 받아 술을 덜 드실 거라고 남편이 말씀하실 것 같으세요?
- 지금 아버님께서는 본인이 음주를 조절하려고 노력하는 정도가 10점 만점에 7점 정도라고 하셨는데, 어머님이 보시기에는 몇 점 정도 되는 것 같으세요?

> • 민우야, 네가 좋아하는 손흥민 선수한테 네가 (음주와 관련해) 무엇이 조금 변하면 더 좋은
> 축구선수가 되겠느냐고 물어본다면, 손흥민 선수가 뭐라고 말할까?
>
> 출처: 고윤순(2021a) 재구성.

(7) 대처질문

알코올 관련 문제를 가진 내담자와 그 가족은 치료 중인데도 상황이 빨리 진전되지 않는 것에 대해서 낙담하고 힘들어하는 경우가 종종 있다. 내담자는 실망하여 자조적인 말투를 사용하고 자기연민에 빠지기 쉽다. 이럴 경우, 치료자의 중요한 역할은 이렇게 절망적으로 보이는 상황 속에 있는 내담자를 격려하고 희망을 갖도록 도와주는 일이다. 이를 위해서 치료자는 내담자가 그렇게 악조건 속에서도 견뎌 내고 상태가 악화되지 않았다는 것을 알려 주고 그것이 의미 있는 일임을 강조할 필요가 있다. 대처질문은 내담자의 '견뎌 냄'과 대처능력에 대해서 질문한다. 내담자가 '어떻게' 대처했는지 그 방법을 묻는 질문형식을 사용하지만, 그러한 어려움을 견딘 것에 대한 간접적인 칭찬도 된다. 반대로 대처질문은 내담자가 변화(향상)를 보고할 때에도 '어떻게' 그렇게 할 수 있었는지 물어보면서 칭찬할 수 있다. 해결중심치료자가 '어떻게' 질문을 적절히 사용하면 내담자에게 큰 격려가 될 것이다.

> • 그렇게 오랫동안 남편의 술문제로 어려움을 겪어 오시면서도, 어머님은 가정을 지키시고
> 자녀들을 잘 돌보아 오신 것이 대단하네요. 어떻게 그렇게 하실 수 있었어요?
> • 아버지께서 그렇게 술을 많이 드시고 폭력을 행했는데도 넌 똑같이 행동하지 않고, 동생
> 챙기고 학교도 결석 안 하고 다녔네. 어떻게 그렇게 할 수 있었니?
> • 사업실패에 이혼에 참 어려움이 많으셨고 술 드실 때마다 멀리 떠나 버리거나 죽어 버리
> 고 싶다고 하셨는데, 그래도 아무 일이나 찾아서 하시고 어린아이들 건사하셨네요. 어떻
> 게 그렇게 할 수 있었어요? 그렇게 지탱하신 비결이 무엇인가요?
>
> 출처: 저자 구성.

해결중심치료자는 대처질문을 칭찬기법으로 활용한다. 알코올 문제를 가진 내담자의 긍정적 변화에 대하여 비언어적 반응과 언어적 반응으로 2단계 칭찬을 하는 방법은 다음

과 같다.

> 와우…… 대단하네요(언어적 반응). 제가 듣고 있는 말이 사실인가요?(놀란 표정으로, 엄지 척을 하면서: 비언어적 반응) 직장동료들이 그렇게 압력을 가했는데도 2차를 가지 않았다는 말씀이시죠? 정말 인상적이네요, 축하드려요(칭찬: 1단계), 어떻게 그렇게 할 수 있었나요?(간접적 칭찬: 2단계)
>
> 출처: 고윤순(2021a) 재구성.

(8) 가상질문

기적질문이 매우 큰 상상을 요구하는 질문이라면, 가상질문은 작은 상상을 물어보는 질문이다. 심각한 알코올 문제로 고통을 받고 있는 내담자나 치료자 모두 부담 없이 작은 변화를 목표로 대화를 하는 것이 편하다. 가상질문(suppose question)은 가정하에서 상상할 수 있는 상황을 물어봄으로써 내담자가 좀 더 쉽게 대답할 수 있는 이점이 있다. 해결중심모델의 확산 초기에 기적질문이 상당한 파급효과를 일으켰으나(지금도 매우 효과적으로 사용되고 있지만) 상황에 따라서 상대적으로 가벼운 가상질문이 실천에 용이하다는 평이 있다(Pichot, 2019; Selekman, 2015). 가상질문은 종종 차이질문과 짝으로 사용되기도 한다(Pichot, 2021).

> • 아버님 회사에서의 상황이 지금보다 아주 조금 나아진다면, 아버님이 거래처에 술을 대접하셔야 하는 상황은 어떻게 조금 변할까요?
> • 아버님이 2차를 가지 않으시고 좀 일찍 퇴근하시면 어머님과의 관계는 어떻게 달라질까요?
>
> 출처: 고윤순(2020), Pichot(2021) 재구성.

(9) 차이질문

질문 자체에 변화를 의미하는 '차이'라는 단어를 씀으로써, 차이를 상상해 보도록 한다. 비교적 최근에 명명되고 관심을 받게 되었다(Pichot, 2019). 자연스럽게 종종 가상질문과 짝을 이루어 사용된다.

아버님이 매주 주말 등산동호회에 참여했다가 한잔씩 하시고 늦게 귀가하신다고 했는데요, 만약 등산동호회에 참가하지 않으시거나, 음주하지 않고 일찍 귀가하시면 그것이 어떤 차이(변화)를 가져올까요?

출처: 고윤순(2020), Pichot(2019) 재구성.

2) 해결중심치료의 절차

해결중심치료 세션은 [그림 6-2]와 같이 치료상담, 자문ㆍ휴식, 메시지 전달의 과정으로 구성되는 것이 특징이다.

[그림 6-2] 해결중심치료의 절차

출처: 고윤순(2010), 고윤순(2014) 수정.

(1) 치료상담

이 과정에서 치료자는 알코올 관련 문제를 지닌 내담자와 함께 해결책 구축을 탐색한다. 치료상담 중에는 해결의 실마리를 찾기 위하여 앞에서 설명한 다양한 해결구축 질문기법을 사용한다. 이러한 질문은 예외를 찾거나 작은 변화를 탐색하여 알코올 관련 내담자가 구체적인 목표를 설정하도록 돕기 위하여 의도적으로 준비된 것들이다. 첫 세션이 아닌 추후 세션일 경우에는 직접적인 과제확인과 같은 평가적인 방법보다는 변화를 탐색하기 위한 격려적인 질문방법을 활용한다. 상담 중에는 내담자의 변화, 예외, 강점 위주로 노트를 정리하여 메시지 작성을 준비해야 한다. 치료상담은 대개 50분 정도 진행되며 필요시 치료자 간의 응급 자문회의를 할 수도 있다.

(2) 휴식

해결중심치료모델의 특징 중의 하나로 상담을 마치기 전에 잠시 상담실을 떠나 별도의 장소에서 휴식시간을 가지며, 참관한 동료들의 자문을 받아 메시지를 작성한다. 해결중심치료모델 개발의 산실이었던 단기가족치료센터에서는 일방경(one-way mirror) 너머에서 치료팀이 참관하고 자문 휴식시간에 사례에 대해 자문하여 지원하면서 효율적인 교육과 수퍼비전을 제공하였다. 중독문제 치료기관이나 사회복지기관이 일방경을 사용하는 시설을 갖추고 자문팀을 활용하면 이상적이지만, 그렇지 못한 경우에는 치료세션에 두 명 정도의 치료자가 참여하고 자문 시간에 다른 장소에서 함께 논의하면 좋을 것이다. 또한 일방경 시설도 없고, 치료자 한 명이 상담을 하는 경우라 할지라도 혼자 세션을 돌아보는 자기 자문시간을 가지는 것도 고려할 만하다. 치료자의 자문시간은 내담자에게는 잠시 휴식을 취하며 세션을 돌아보는 기회가 된다. 휴식을 통해 내담자에게는 치료자가 줄 메시지에 대한 호기심이 생기게 되고, 좋은 메시지를 받게 될 경우 치료에 대한 동기가 강화될 것이다. 자문 휴식시간은 사례와 상황에 따라 5~10분 정도로 한다.

(3) 메시지 전달

휴식 후에 치료자는 상담실로 돌아가 준비된 메시지를 전달한다. 메시지는 내담자에 대한 칭찬, 연결문, 그리고 제안·과제로 구성되며(정문자 외, 2020; de Jong & Berg, 2002; de Shazer et al., 1986), 치료자는 준비된 메시지를 천천히 자연스럽게 읽어 준다. 메시지 전달 후에는 간단한 질문에 대한 답변 외에는 다른 논의는 피하고 세션을 마친다. 필요시 다음 약속시간을 함께 결정한다.

3) 맞춤형 메시지 개발과 활용

(1) 메시지 구성 방법

① 칭찬

치료자는 상담 중 내담자에게서 발견한 내용을 바탕으로 칭찬을 한다. 칭찬은 사실에 근거한 것이어야 하며 알코올 관련 문제를 해결하기 위한 노력, 성공 경험, 인내심, 문제에 대한 관점, 유머 등을 주목할 필요가 있다. 칭찬은 긍정적 관계형성과 내담자의 변화동기 증진에 도움이 될 뿐 아니라, 내담자가 공유한 사실에 근거하기 때문에 변화를 위한 구체적인 증거를 다시 상기시킴으로써 내담자가 원하는 목표로 나아가는 아이디어를 제시해 준다.

② 연결문

연결문은 칭찬과 제언 과제를 자연스럽게 연결해 주는 역할을 한다. 과제를 주기 전에 그것이 내담자와 탐색했던 어떤 내용에서 도출되었는지에 대한 근거와 함께 치료자도 내담자의 의견에 동의한다는 내용을 담기도 한다. 여기에서도 내담자가 사용한 표현이나 단어를 사용하면 효율적일 것이다.

③ 과제

과제는 알코올 문제를 가진 내담자가 다음 회기까지 실천해야 할 구체적인 내용이다. 과제는 상담 중에 발견된 내담자의 관심, 목표, 예외, 강점을 활용하게 되며, 제공된 칭찬의 근거를 활용하면 좋다. 과제는 내담자의 유형, 예외 발견 내용, 목표 설정 정도 등의 내용을 고려하여 생각과제, 관찰과제, 행동과제를 줄 수 있으며, 상황에 따라서 과제를 주지 않을 수도 있다.

(2) 맞춤형 과제 개발

알코올 문제를 가진 내담자에게 적합한 과제를 개발하기 위해서는 다음과 같은 점을 고려해야 한다(고윤순, 2014; 허남순, 이영분, 2015; Berg & Miller, 1992; de Shazer, 1988). 첫째, 내담자와 치료자의 관계 유형이다. 방문형이나 불평형의 내담자에게는 부담이 되는 행동과제는 피하고, 과제를 주지 않거나, 생각과제나 관찰과제를 주는 것이 좋다. 둘째, 예외 발견의 유무와 내용이다. 예외가 발견되고 내담자가 의도적으로 만든 예외가 있는 경우에는 예외를 다시 실험하는 행동과제가 적합할 것이다. 셋째, 구체적인 목표 설정의 정도이다. 목표가 구체적으로 설정되었으면 행동과제를 시도할 수 있을 것이다. 넷째, 기적질문 결과, 기적의 결과 내용을 문제해결과 연결시켜 설명하게 되면 관찰과제나 행동과제를 줄 수 있다. 이러한 고려사항에 적합한 과제 개발을 정리하면 [그림 6-3]과 같다.

치료자-내담자 관계 유형	예외 여부 및 유형	목표 여부	기적 여부	과제 및 메시지	
방문형	×	×	×	과제 없음	칭찬 재방문 격려
불평형	×	×	×	생각과제 관찰과제	생각과제
	○ (우연적)	×	○		예외행동 관찰과제 첫 세션 과제공식
고객형	○, ×	○	○	(생각과제) 관찰과제 행동과제	가정하여 행동하기, 예외행동 관찰
	○ (의도적)	○	○		예외행동을 계속 더 많이 하기

[그림 6-3] 맞춤형 메시지 개발

출처: 고윤순(2021b), 허남순, 이영분(2015) 재구성.

(3) 메시지 구성의 예

내담자 종류별로, 메시지 구성 방법에 의해서 준비된 메시지의 예를 제시해 본다.

① 방문형 내담자의 경우

철수야, 우리는 네가 오늘 여기 상담받으러 오고 싶지 않았음에도 불구하고 온 것에 대해서 좋은 인상을 받았어(음주 후 비행문제로 보호관찰 명령하에서 온 청소년). 네가 하기 싫고 별 의미가 없어 보이는 그런 조치들(내담자의 말)을 참아 내려고 하고, 오늘 상담받으러 온 것 자체가 너는 해야 하는 것을 하려는 그런 사람이라는 것을 보여 주고 있네. 그런 일이 쉬운 일이 아닌데 말이야.

너는 무엇을 하라고 명령받는 것은 원치 않고 독립적으로 살고 싶다고 했어. 그런데 누구의 참견을 받지 않고 네가 원하는 생활을 하기 위해서는 지금 상황에서는 일단 싫어도 해야 되는 것이 있다(내담자의 말)는 네 말에 나도 동의해.

그러니까 다음에 다시 만나서 어떤 얘기를 하는 것이 너에게 도움이 될지 같이 생각해 보자꾸나(과제는 주지 않음, 다음 만남 제언). 다음 주 같은 시간에 다시 보자.

출처: Berg & Miller(1992), 고윤순(2018, 2020) 재구성.

② 불평형 내담자의 경우

어머님은 남편의 술 문제에 대해서 참 많은 생각을 하신 것 같네요. 남편을 사랑하시고 걱정하셔서 어렵지만 용기를 내서 이렇게 상담에 오신 것이 인상적입니다. 남편만이 본인의 알코올중독과 그로 인한 여러 문제(상호 비난과 불평)를 끊을 수 있는 유일한 길(내담자의 말)이라고 믿으셔서 남편이 전문가의 도움을 받을 수 있는 방법을 찾으시려고 오신 거군요. 이것이 말씀하신 대로 가족의 행복을 위한 첫발을 내디딘 것으로 생각합니다.

그런데 말씀하신 대로 남편이 변해야 하는데 현재는 그렇지 않아서 안타깝네요. 그래서 어떻게 하면 남편이 빨리 도움을 받아서 변화될 수 있을지 같이 상의해 봐야 할 것 같습니다.

저는 어머니께서 어떻게 하면 남편이 상담을 받는 것을 촉진할 수 있을지 생각해 보시기 바랍니다(생각과제). 그리고 남편과의 관계에서 조금이라도 어머님이 좋아하시는 것(대화, 행동 등) 무엇이 나타나는지 자세히 관찰해 보시기 바랍니다(관찰과제). 다음 주에 만나서 얘기하지요.

출처: Berg & Miller(1992), 고윤순(2014, 2020) 재구성.

③ 고객형 내담자의 경우

저희는 선생님이 술을 끊어야 하고 현재보다 좀 더 책임감 있게 가족을 돌봐야 한다는 것을 솔직히 인정한 것에 대해서 깊은 인상을 받았습니다. 선생님의 아버님처럼 가족을 잘 챙기는 좋은 부모가 되기로 결정하신 것(내담자의 말)이 인상적입니다. 말씀하신 대로, 직장 일을 위해 동료들과 자주 술을 드셔야 하는 상황에서, 책임감 있는 아버지로서 가족을 잘 챙겨야 하기 때문에 매우 힘든 일인 것 같습니다.

컨디션이 좋지 않을 때와 가족행사가 있을 때는 2차를 가지 않으신 적도 있다고 하셨어요. 그리고 아주 가끔이지만 주말에 가족과 외식했던 적이 있고 가족이 모두 좋아했다고 하셔서 이런 제안을 하고 싶습니다.

전처럼 필요한 경우 2차를 가지 않거나 음주량을 줄여 보시면 좋겠습니다(행동과제). 또한 주말에 가족이 좋아하는 장소에서 외식해 보시고(행동과제) 어땠는지 다음에 얘기해 보도록 하지요.

출처: Berg & Miller(1992), 고윤순(2014, 2020) 재구성.

4) 첫 세션 이후 세션 운영기법

SFBT는 첫 세션을 포함해서 대개 6~10회기 동안 진행된다. 첫 세션과 그 이후 세션의 절차(상담-휴식-메시지 전달)는 같으나 다루는 내용과 방식은 조금 다르게 진행된다.

(1) 첫 세션 면담과정

첫 세션에서는 내담자와 치료자가 처음 만나기 때문에 처음에는 내담자에 대한 이해(문제는 필요하면 최소로 조사)와 관계형성에 중점을 둔다. 생활 속에서 알코올 문제의 예외를 탐색하고 내담자가 원하는 목표를 같이 탐색하며 해결중심적 질문들을 활용한다. 자문 휴식을 통해 메시지를 작성하고 전달하게 된다. 내담자에게 적합한 첫 번째 과제를 줄 수도 있다.

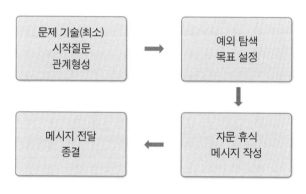

[그림 6-4] 첫 세션 면담과정

출처: 고윤순, 허남순(2021) 재구성.

(2) 첫 세션 이후 면담기법

첫 세션 이후의 세션에서는 전 세션에서 다룬 내용과 과제를 고려하여 변화의 탐색 및 유지를 위한 면담을 하게 되며 그 주요 기법 EARS(노혜련, 허남순 공역, 2020)를 정리하면 〈표 6-1〉과 같다.

〈표 6-1〉 첫 세션 이후 면담기법(EARS)

면담 전략	내용	구체적 질문, 방법
이끌어 내기 (Elicit)	전 세션 이후의 변화에 대해서 질문하기	• 지난번 이후 조금이라도 변화된 점을 얘기해 주세요.

크게 만들기 (Amplify)	긍정적 변화에 대해서 자세하게 묻기	• 언제, 어디서, 무엇이 일어났나요? 그것을 자세히 얘기해 주세요.
강화하기 (Reinforce)	긍정적 변화 인정, 칭찬하기	• 비언어적 강화: 미소, 엄지척, 하이파이브 • 언어적 강화: "와우, 잘하셨네요." "어떻게 그렇게 할 수 있었나요?"
더 질문하기 (Start Again)	다른 변화를 계속 질문하기	• 또 다른 것은요? (충분히 시간을 주면서 기다림)

출처: 고윤순(2018), 고윤순, 허남순(2021) 재구성.

알코올 문제를 가진 내담자가 이후 세션에서 나아진 변화를 공유하는 것이 아니라, 다른 불평을 하거나, 상황이 전과 같다고 하거나, 상황이 더 나빠졌다고 하는 경우도 있을 수 있다. 이럴 경우, 치료자는 〈표 6-2〉와 같이 그런 상황에서의 예외나 의미를 탐색하는 질문을 사용하면 도움이 될 것이다.

〈표 6-2〉 부정적인 응답 시 질문기법

상황	활용할 질문기법
상황을 불평함	• 어느 날이 그중에 그래도 조금 좋았습니까? • 그날은 무엇이 조금 괜찮았나요?
상황이 전과 같음	• 어떻게 상황이 더 나빠지지 않게 할 수 있었나요? • 더 나빠지지 않은 가운데 다른 점은 무엇인가요?
상황이 더 나빠짐	• 거기에서 어떻게 더 이상은 나빠지지 않게 했나요? • 이번의 경우는 과거와 무엇이 다르다고 생각하나요? • 이번 일을 통해 무엇을 새롭게 배우게 되었나요?

출처: 고윤순, 허남순(2021) 재구성.

(3) 치료의 종결

SFBT에서 몇 세션의 치료를 진행할 것인지, 어느 정도의 변화가 생겼을 때 치료를 마칠 것인지는 알코올 문제를 가진 내담자와 치료자가 같이 결정한다. 이러한 목표 설정 과정에서 구체적인 목표 정도를 위해 척도질문을 사용할 수 있을 것이다. 이때 주의할 점은 척도질문을 활용한 변화목표를 설정할 때 목표를 가장 이상적인 변화상태인 10으로 결정할 필요가 없다는 점이다. 예를 들어, 알코올 문제가 모두 해결되고 내담자가 원하는 행복한 삶의 모습이 10점이지만, 내담자가 상담을 통해 8점에 도달하고 그 구체적인 모습이 내담자가 음주습관을 80% 이상 통제 가능하며, 가족과 일주일에 1~2번 가족활동을 함께 하는 정도에서 치료를 마치고 싶다면 그렇게 목표를 세울 수 있다는 점이다.

　SFBT에서 알코올 남용에 관한 치료를 종결하기 전에 '재발예방을 위한 준비상담'을 하는 것이 필요하다. 재발예방상담은 다음의 요소를 고려할 필요가 있다(고윤순, 2021b; Selekman & Beyebach, 2013). 첫째, 알코올 남용문제의 치료에서 변화는 반드시 상향직선의 모습을 보이지는 않는다는 점을 인식해야 한다. 즉, 해결을 향한 변화의 걸음을 걷는 중간에 다시 잠시 주춤하거나 때로는 한 발 후퇴하는 경우도 있다는 것을 알 필요가 있다. 둘째, 재발을 예방하는 방안에 대해서 과거의 성공 경험을 탐색함으로써 미리 준비해 둘 필요가 있다. 셋째, 재발예방은 재발 전-재발 중-재발 후의 다양한 단계별로 준비하면 도움이 될 것이다. 또한 재발 중이나 재발 후에 겪게 되는 실망과 창피함 등의 부정적 감정을 다루는 방법에 대해서도 미리 준비할 필요가 있다. 넷째, 알코올 남용문제의 재발예방을 위해 해결 지원체계(예: 가족, 친구, 직장동료 등)를 구축하고 활용하는 방안을 검토하면 도움이 될 것이다.

5. 해결중심 집단치료

　해결중심단기치료는 개별치료, 부부치료, 가족치료, 집단치료 형식으로 다양하게 활용되고 있다. 해결중심 개별치료에 관한 연구로는 배우자폭력 여성피해자의 긍정성(박선영, 2008), 독거노인의 해결중심상담 경험(최지원 외, 2019) 등이 있고, 가족치료에 관한 연구는 가정폭력 피해 모녀를 위한 가족치료 사례연구(정은, 이경욱, 2005) 등이 있다.

　현장에서는 개별치료, 가족치료, 집단치료 등 다양하게 제공되고 있으나, SFBT에 관한 연구는 집단치료에 관한 연구가 압도적으로 많다. 해결중심치료에 관한 최근의 연구에 의하면, 2007~2020년 SFBT에 관한 연구 85편 중 집단치료에 관한 연구가 40편으로 전체 연구의 45.5%를 차지하였다(김의규, 2020). 또한 다층메타분석을 실시한 김동일 등(2017)의 해결중심 집단상담의 효과에 관한 연구에서는 연구자들이 제시한 선정요건을 통과한 37편의 연구를 분석하였다.[1]

---

1) 분석에 포함된 연구는 SFBT 핵심요소 일곱 가지 중 세 가지 이상 충족한 논문이었다. SFBT 집단상담의 효과에 관한 연구결과는 전체 평균 효과 크기는 1.223으로 매우 큰 효과 크기였고, 고등학생 대상이 성인 대상보다, 일곱 가지 요소 모두 충족한 프로그램이, 6~10회기, 1시간 미만의 프로그램이 더 효과적이었다.

SFBT 집단치료는 다양한 문제와 내담자를 대상으로 연구되어 왔다. 아동대상 연구로는 지적장애 초등학생의 과학탐구능력과 태도(신혜선, 최중진, 2016), 초등학생 자기효능감(강명희, 2005), 정서장애아동의 정서문제(서유진, 2010), 아동시설 보호여아의 자아존중감(김정원, 어주경, 2019) 등이 있다. 청소년을 대상으로 하는 집단치료의 효과성이 활발하게 연구되었는데, 인터넷중독 청소년(문현실 외, 2011; 문현실, 서경현, 2014; 이선행, 황혜정, 2018), 중학생의 학습동기와 자아존중감(강규숙, 어주경, 2012), 학교부적응 중학생(오영미, 이근매, 2020), 보호관찰 청소년에 관한 연구(강선경, 2008; 현안나, 2008) 등이 있다. 대학생을 대상으로 하는 집단프로그램에 관한 연구로는 비만여대생의 태도변화(엄혜정, 이종우, 2009), 대학생의 진로결정 자기효능감(오현숙, 2019), 대학생의 자아존중감에 관한 연구(박선영, 2017)등이 있다. 그 외 성인을 위한 연구로 부모의 부모효능감(김유순, 이국향, 2010), 배우자폭력 여성피해자의 긍정성(박선영, 2008), 실직노숙자의 우울 및 희망에 관한 연구(김현미, 2002) 등이 있다. 한편, SFBT모델과 다른 치료모델을 통합한 집단프로그램에 관한 연구들도 있는데, 미술치료를 통합한 연구(김성자, 2011; 오현숙, 2019; 오영미, 이근매, 2020)가 그 예이다.

1) 알코올 문제를 위한 해결중심 집단치료

해결중심 집단치료는 우선 알코올 문제를 가진 내담자의 집단을 구성하여 운영할 수 있다. 집단치료의 경우 유사한 상황에 있는 내담자로 집단을 구성할 경우, 공감능력과 집단응집력이 강하여 치료 효과가 좋아질 수 있다. 예를 들면, 알코올 남용 청소년 집단, 세일즈맨 남성집단, 직장인 여성집단, 알코올 남용 독거노인집단 등을 구성하여 운영할 수 있을 것이다.

알코올중독자를 대상으로 한 SFBT 집단치료에 관한 국내 연구는 다음과 같다. 정민희(1988)의 연구는 입원병동의 알코올중독자 7명을 대상으로 집단치료를 실시하고 질적 사례분석을 하였는데, 바람직한 사고와 행동방향 인식, 폐쇄병동에서의 자존감 회복 면에서 효과가 있었다. 권영란과 이정숙(2002)은 정신입원병동 알코올중독자 31명을 대상으로 SFBT 집단프로그램을 개발하였는데 삶의 의미와 금주자기효능감 향상에 효과적이었다. 개방병동에 입원한 알코올중독자를 대상으로 한 안성호(2020)의 최근 연구에서는, 8명의 실험집단에는 해결중심 집단상담을 65분씩 주 2회, 7회기를 실시하고, 비교집단에는 12단계를 근거로 한 알코올 단주교육을 실시하였다. 연구 결과, SFBT 집단치료가 금주자기효능감과 회복탄력성에 효과가 있는 것으로 나타났다.

또한 알코올 문제가 내담자뿐만 아니라 가족 및 중요한 사람의 삶에도 부정적인 영향을 미쳐 다양한 문제를 야기하므로, 가족 및 주요 관련자에 대한 치료도 중요한 영역이다. 그러므로 알코올 남용자의 가족이나 중요한 관계에 있는 사람을 위한 집단치료 프로그램을 운영하는 것도 고려할 만하다. 이를 위해서 알코올 남용자의 배우자 혹은 자녀 치료집단, 알코올 남용 청소년의 부모집단(Selekman, 1993), 알코올 남용 독거노인 자녀집단 등을 구성하여 운영할 수 있을 것이다. 박재연(1999)의 연구는 지역사회 복지관에서 알코올중독자의 자녀 5명에게 집단치료를 실시하였는데, 문제해결능력과 자신감 향상 면에서 효과적이었다.

SFBT 집단치료 프로그램을 개발하여 운영할 때에는 내담자 집단의 특성을 활용한 해결중심 집단프로그램에 관한 선행연구를 참고하여, SFBT의 상담 원리와 기술을 활용한다. 즉, 이미 효과성이 입증된 집단형식, 활동, 상담방식을 활용하는 근거중심실천(evidence-based practice)을 실천하는 것이 바람직하다.

2) 청소년 집단치료 프로그램의 예

다음은 알코올 남용 청소년을 위한 해결중심 집단치료 프로그램의 예이다. 이 프로그램은 해결중심 집단치료 계획에 관한 제언들을 참고하고(Metcalf, 1988; Selekman 1993; Sharry, 2013), 앞에서 설명한 해결중심 단기치료의 철학, 원리, 해결중심적 질문, 목표 설정, 과제 개발 등을 해결중심 집단치료에 어떻게 활용하는지 구체적인 방법을 제시한다.

〈표 6-3〉 알코올남용 청소년을 위한 SFBT 집단치료

세션	주제 기법(질문, 치료기법)	집단치료활동 내용	준비물
1	OT −보람질문 −예외질문	1. Intro: 청소년, 치료자, 프로그램 2. 아이스 브레이킹(손인형 사용) 3. 기대확인(보람질문), 예외 찾기	명찰, 손 인형, 사전척도 검사지
2	무엇이 조금 달라졌나요? (EARS) −척도질문	1. 변화 찾기, 칭찬하기 2. 변화 온도계 만들고 장식하기 3. 변화 레시피 적기	온도계, 레시피 만들 재료 (색종이, 스티커)

3	기적을 만들어요 -기적질문	1. 추가 변화 찾기, 칭찬하기 2. 기적 상황 그리기 3. 이미 일어난 작은 기적 찾기	색연필, 흰 종이
4	10년 후 나의 모습 -타임머신 놀이 -가상질문	1. 타임머신 놀이 2. 나의 성장한 모습의 복장 3. 변화할 목표, 이미 성취한 것	타임머신 모형, 장래 입을 의복
5	Congratulations~ -Treasure Box -대처질문	1. 동료가 성취한 축하할 일을 포스트잇에 적어 보석상자에 넣기 2. 꺼내서 축하 후 칭찬스티커 3. 풍선으로 장식	풍선, 보석상자, 포스 트잇, 칭찬 스티커
6	손흥민에게 물어본다면? -관계질문	1. 좋아하는 아이돌/롤 모델 2. (손흥민)에게 물어본다면 A는 무슨 변화 가 필요할까? 3. 카드에 답 쓰고 동료와 나누기	카드 혹은 예쁜 편지지 와 봉투
7	영화를 만들어요 (각본 쓰기) -차이질문	1. 변화된 멋진 모습에 대한 영화 만들 감독 으로 각본 쓰기 2. 어떤 차이, 변화가 생길까?	노트, 볼펜, 스마트폰 촬영
8	Keep on Keeping on! -졸업 파티	1. 잘하는 것 계속하기 2. 수료증 및 축하다과 3. 재발예방 및 사후계획	수료증, 다과, 롤링페 이퍼, 사후검사척도
9	사후 세션 (1개월 후)	1. 변화 사진, 레시피 가져오기 2. 증인(친구, 가족)의 인사 나눔	집단실 장식, 간식, 작은 선물

출처: 고윤순(2021), 고윤순, 허남순(2021), 안성호(2020), Metcalf(1988), Selekman(1993), Sharry(2007) 재구성.

〈표 6-3〉에서 보는 바와 같이, 알코올 남용 청소년을 위한 해결중심 집단프로그램은 다음과 같은 특징을 지닌다.

첫째, 집단프로그램을 단기치료형식을 고려하여 8회기로 구성하였다. 단기치료형식을 활용할 경우, 단기간에 목표를 달성하고자 하는 계획으로 인하여 참가자의 기대와 동기를 제고하는 경향이 있다.

둘째, 변화를 촉진하기 위하여 다양한 해결중심 질문기법을 활용하였다. 첫 회기에 보람질문을 계획하고, 변화를 모니터링하도록 척도질문을 사용하고, 다양한 변화의 촉진을 위하여 가상질문, 차이질문, 관계질문, 기적질문 활용을 준비하였다.

셋째, 알코올 남용 청소년의 변화를 효율적으로 모니터링하는 방법으로 온도계 그림을 활용하도록 계획하였다. 온도계는 척도질문으로 파악되는 청소년의 변화를 시각적으로 보여 줌으로써, 청소년 참가자들에게 성취감과 도전감을 제고할 수 있는 창의적인 기법이 될 수 있다(고윤순, 2021a).

넷째, 청소년들이 좋아하는 다양한 놀이 및 보조도구 기법을 통합하여 활용한다. 타임머신 놀이, 보석상자, 아이돌에게 묻기, 영화 찍기 놀이를 활용하여 변화된 미래의 삶을 상상해 보고, 구체적인 변화를 탐색해 보는 놀이를 통합하여 청소년이 흥미를 가지고 참여하도록 기획하였다. 청소년을 위한 상담에서 재미있게 프로그램을 구성하는 것은 아무리 강조해도 지나치지 않을 것이다.

다섯째, 2~7회기는 지난 세션 이후에 달라진 것을 찾아내고 칭찬하면서 확장하는 EARS의 전략을 충실하게 활용하였다. 집단상담에서 회기가 진행되면서 다양한 변화를 참가자들이 함께 찾아내고 그에 대한 긍정적인 피드백을 제공하는 것은 필수적인 활동이므로, EARS 전략을 충분히 활용하는 것은 매우 중요하다.

여섯째, 재발예방을 위한 준비와 사후관리 계획을 프로그램에 추가하였다. 알코올 남용의 문제는 치료 후에 종종 재발되는 특징이 있고, 청소년은 남용의 유혹을 많이 받는 환경 속에서 생활하므로 치료프로그램에서 재발예방 준비는 매우 중요한 요소이다.

마지막으로, 이 집단치료 프로그램은 해결중심단기치료의 주요 원리와 기법을 폭넓게 통합하면서도 비교적 운영하기 쉽게 개발하여, 알코올 문제를 가진 다른 집단이나 가족/보호자 집단치료 프로그램에도 응용할 수 있을 것으로 여겨진다.

6. 해결중심단기치료의 활용

알코올 문제를 위한 치료현장이나 사회복지기관에서 SFBT는 다음과 같은 현장에서 개별상담, 가족상담, 집단상담 등의 다양한 형태로 활용될 수 있을 것이다.

첫째, 알코올 상담치료센터나 가족상담센터에서 외래로 알코올 문제를 가진 내담자와 그 가족을 치료하는 경우이다. 상담센터의 시설 준비 정도에 따라서 일방경을 사용한 자문단 이용이 가능할 것이다. 그렇지 않을 경우, 공동치료자와 함께 세션을 운영하고 자문 시스템을 운영하거나, 혼자서 치료세션을 운영할 수도 있다.

둘째, 병원의 입원치료 현장에서의 활용이다. 이럴 경우, 다른 약물치료와 집단치료가 병행될 것이고, 다른 접근방식(질병모델, AA 그룹, 인지행동치료 등)도 함께 활용될 것이다.

이러한 세팅에서 개별상담을 제공할 때, 상담자는 적합한 해결중심치료 기법을 활용하여 내담자가 병원 내 입원치료 프로그램을 성공적으로 마치고 퇴원하도록 도울 수 있을 것이다.

셋째, 다양한 사회복지 현장에서 알코올 문제를 가진 내담자나 그 가족을 위해서 상담을 포함한 서비스를 제공할 때이다. 종합사회복지관, 가정폭력성폭력상담소, 아동보호전문기관, 건강가정다문화가족지원센터, 정신건강복지센터, 청소년상담복지센터, 학교, 지역아동센터, 청소년쉼터 등에서 상담사 혹은 사회복지사는 알코올 문제를 가진 내담자나 그 가족을 상담할 때 SFBT모델을 사용할 수 있을 것이다.

넷째, 사회복지기관에서는 상담뿐만 아니라 사례관리에 강점관점 해결중심치료 모델을 활용할 수 있을 것이다. 예를 들어, 아동학대전담공무원이 아동학대 현장조사에 파견되도록 아동학대 예방의 공공성이 강화되는 상황 속에서 아동보호전문기관은 상담과 사례관리에 중점을 두게 된다. 현재 아동보호전문기관의 사례관리 매뉴얼은 강점관점 해결중심 모델을 활용하도록 준비되어 있다(보건복지부 아동권리보장원, 2020). 아동학대 가해자의 상당수가 부모이고 알코올 문제를 가진 경우가 많아 SFBT모델이 효과적으로 활용될 수 있을 것이다.

토론문제

1. 알코올 문제를 위한 상담에서 해결중심 접근방식은 문제중심 접근방식과 상담자의 자세, 문제분석에 대한 입장, 해결방법 면에서 어떻게 다른지 토론하시오.

2. 기적질문에 대해서 알코올중독 내담자가 매우 크고 이상적인 해결 상황(예: 알코올 문제가 다 없어지고, 좋은 직장을 얻고, 이상형과 결혼하여 행복하게 살게 됨)으로 대답할 경우, 어떻게 상담을 이끌어 나가야 할지 논의하시오.

3. 알코올 문제를 가진 고객형 · 불평형 · 방문형 내담자에 대해서, 치료자는 어떤 접근을 하면 좋을지, 어떤 메시지를 주면 좋을지 토론하시오.

4. 컨설팅 팀 없이 혼자 상담하는 경우, SFBT의 절차에서 상담 후 휴식(break time)을 어떻게 활용하면 좋을지 논의하시오.

5. 첫 세션 이후의 세션에서, 알코올 문제를 가진 내담자가 첫 세션 이후 변화가 없이 같은 상태를 유지하고 있거나, 더 나빠졌다고 대답할 경우, 어떻게 상담하면 좋을지 토론하시오.

참고문헌

강규숙, 어주경(2012). 중학생의 학습동기와 자아존중감 강화를 위한 해결중심 집단프로그램의 효과. 생애학회지, 21(1), 55-70.

강명희(2005). 해결중심 집단상담이 초등학생의 자기효능감에 미치는 효과. 울산대학교 대학원 석사학위논문.

강선경(2008). 보호관찰청소년의 학교생활적응을 위한 해결중심 집단프로그램의 효과성 연구. 교정연구, 39, 135-161.

고윤순(2010). 해결중심치료(Solution-Focused Therapy). 한국중독정신의학회 2010년도 추계연수교육 자료집.

고윤순(2012). 중독가족치료-해결중심치료모델, 중독전문 사회복지사 교육자료집. 한국정신보건사회복지학회.

고윤순(2014). 청소년을 위한 해결중심상담. 해결중심치료학회 2014년 춘계워크숍 자료집.

고윤순(2018). 해결중심가족치료: 단기개입론 강의자료. 한림대학교 사회복지대학원.

고윤순(2020). 고급가족치료: 해결중심단기치료 강의자료. 한림대학교 일반대학원 사회복지학과.

고윤순(2021a). 해결중심단기치료 강의자료. 한림대학교 사회복지학부.

고윤순(2021b). 해결중심치료학회 8차 사례발표회 슈퍼비전 자료. 해결중심치료학회.

고윤순, 허남순(2021). 해결중심단기치료: 심화교육(1) 교육자료집. 한울사회서비스 연구소.

권영란, 이정숙(2002). 해결중심 집단상담 프로그램이 알코올중독자의 삶의 의미와 금주자기효능감에 미치는 효과. 정신간호학회지, 11(3), 336-351.

김동일, 이혜은, 박은지(2017). 해결중심 집단상담의 효과. 상담학연구, 18(1), 157-179.

김성자(2011). 컬러에너지를 활용한 단기해결 중심상담이 알코올 의존증 환자의 병원생활적응에 미치는 영향. 미술치료연구, 18(4), 935-961.

김유순, 이국향(2010). 부모의 양육행동, 자아존중감, 부모효능감 향상을 위한 해결중심집단프로그램의 효과성 연구-빈곤가정 부모를 중심으로. 한국가족치료학회지, 18(1), 157-184.

김의규(2020). 해결중심치료 연구 동향 분석: 2007-2020. 해결중심치료학회지, 제7권 1호, 53-84.

김정원, 어주경(2019). 해결중심 집단미술치료 프로그램이 아동시설보호 여아의 자아존중감과 자기조절능력 향상에 미치는 효과. 해결중심치료학회지, 6(1), 1-26.

김현미(2002). 해결중심 집단상담이 실직노숙자의 자아존중감, 우울 및 희망에 미치는 효과. 지역사회간호학회지, 13(3), 532-540.

문현실, 김옥희, 고영삼, 배성만(2011). 인터넷중독 청소년에 대한 해결중심 상담프로그램의 치료 효과 연구. 한국가족치료학회지, 19(3), 123-140.

문현실, 서경현(2014). 인터넷에 중독된 청소년의 해결중심 치료적 경험에 관한 질적연구. 청소년 학연구, 21(5), 483-509.

박선영(2008). 배우자폭력 여성 피해자의 긍정성과 역기능성에 대한 해결중심 개별상담의 효과 연구. 한국가족사회복지학, 13(3), 5-27.

박선영(2017). 해결중심 집단상담이 대학생의 자아존중감에 미치는 영향. 한국청소년상담학회지, 2(1), 83-99.

박재연(1999). 알코올중독자의 자녀를 위한 집단상담사례연구: 해결중심적 단기치료모델에 입각 하여. 이화여자대학교 대학원 석사학위논문.

보건복지부 아동권리보장원(2020). 아동학대 대응업무 매뉴얼2: 아동학대 사례관리.

서유진(2010). 해결중심 단기상담이 정서행동장애 학생의 정서문제, 수업중 부적절한 행동, 공격 행동 및 긍정적 상호작용에 미치는 영향. 특수아동교육연구, 12(2), 377-398.

신혜선, 최중진(2016). 해결중심상담기법을 적용한 과학실험활동이 지적장애초등학생의 과학탐구 능력과 태도에 미치는 영향. 청소년학연구, 23(11), 113-135.

안성호(2020). 해결중심 집단상담이 알코올중독자의 금주자기효능감과 회복탄력성에 미치는 효 과. 대구대학교 대학원 석사학위논문.

엄혜정, 이종우(2009). 비만 여대생의 집단상담 프로그램 개발 및 태도 변화과정에 관한 질적 연 구: 해결중심 단기치료이론을 중심으로. 한국가족치료학회지, 17(2), 93-129.

오영미, 이근매(2020). 해결중심 집단미술치료 프로그램이 학교부적응 청소년의 학교적응 수준과 문제해결능력에 미치는 영향. 정서·행동장애연구, 36(2), 169-189.

오현숙(2019). 해결중심 집단미술치료가 대학생의 진로결정자기효능감과 문제해결능력에 미치는 효과. 미술치료연구, 26(3), 487-507.

이선행, 황혜정(2018). 해결중심 진로탐색 집단상담 프로그램이 인터넷 중독 청소년의 진로결정 자기효능감과 탄력성에 미치는 영향. 학습자중심교과연구, 18(1), 545-569.

정문자, 이영분, 김유순, 김은영(2017). 해결중심 가족상담. 서울: 학지사.

정문자, 정혜정, 이선혜, 전영주(2020). 가족치료의 이해(3판). 서울: 학지사.

정민희(1998). 알코올중독자 집단치료에서 해결중심 가족치료모델의 적용사례분석. 한국가족치료 학회지, 6(2), 255-274.

정은, 이경욱(2005). 가정폭력 피해 모녀에 대한 해결중심 가족치료 사례연구. 한국가족치료학회지, 13(1), 1-29.

최지원, 김수지, 강하라(2019). 독거노인의 해결중심접근의 상담 경험에 대한 질적연구. 한국생활

과학회지, 28(6), 597-613.

피쇼(2021). 알콜올중독을 위한 해결중심치료. 해결중심치료학회 2021년 춘계국제워크숍 자료집.

허남순, 이영분(2015). 해결중심치료 전문가 교육과정 자료집. 초록우산 어린이재단 강원동부아동보호전문기관/한림대학교 링크사업단.

현안나(2008). 비공식 보호관찰중인 청소년 범죄자를 위한 해결중심 집단상담의 평가. 청소년복지연구, 10(1), 21-46.

해결중심치료학회(2021). 해결중심전문상담사 자격증제도 내부자료.

Berg, I. K. (1989). Of Visitors, Complaints, and Customers: Is there really such thing as resistance? *Family Therapy Networker, 13*(1), 21.

Berg, I. K., & Miller, S. D. (1992). *Working With the Problem Drinker: A Solution-Focused Approach*. New York: W. W. Norton & Company.

de Jong, P., & Berg, I. K. (2004). 해결을 위한 면접(2판)[*Interviewings for Solutions* (2nd ed.)]. 노혜련, 허남순 공역. 서울: 시그마프레스. (원저는 2002년에 출간).

de Jong, P. & Berg, I. K. (2020). 해결을 위한 면접(4판)[*Interviewing for Solutions* (4th ed.)]. 노혜련, 허남순 공역. 서울: 박학사. (원저는 2013년에 출간).

de Shazer, S. (1982). *Patterns of Brief Family Therapy*. New York: Guilford.

de Shazer, S. (1985). *Keys to Solution in Brief Therapy*. New York: W.W. Norton & Company.

de Shazer, S. (1988). *Clues: Investigating Solutions in Brief Therapy*. New York: W. W. Norton.

de Shazer, S., Berg, I. K., Lipchik, E., Nunnally, E., Molnar, A., Gingerich, W., & Weiner-Davis, M. (1986). Brief Therapy: Focused Solution Development. *Family Process, 25*(2), 201-211.

Franklin, S., Trepper, T., Gingerich, W., & McCollum, E. (2012). *Solution-Focused Brief Therapy: A Handbook of Evidence-Based Practice*. Oxford University Press.

Metcalf, L. (1998). *Solution-Focused Group Therapy: Ideas for groups in private practice, schools, agencies, and treatment programs*. New York: Free Press.

Pichot, T. (2019). Solution-Focused Brief Therapy with Addiction. 해결중심치료학회 2019년 춘계 국제워크숍 자료집.

Pichot, T. (2021). Solution-Focused Brief Therapy with Alcohol Addiction. 해결중심치료학회 2021년 춘계 국제워크숍 자료집.

Selekman, M. D. (1993). *Pathways to Change: Brief Therapy Solutions with Difficult*

Adolescents. New York: Guilford.

Selekman, M. D. (2015). Solution-Focused Therapy for Difficult Adolescents. 해결중심치료학회 2015년 춘계국제워크숍 자료집.

Selekman, M. D., & Beyebach, M. (2013). *Changing Self-Destructive Habits: Pathways to Solutions with Couples and Families* (Chapter 6, Substance-Abusing Habits, pp. 144-173). New York: Routledge.

Sharry, J. (2013). 해결중심집단상담[*Solution-Focused Groupwork* (2nd ed)]. 김유순, 김은영, 어주경, 최중진 공역. 서울: 학지사. (원저는 2007년에 출간).

Walter, J., & Peller, J. (1992). *Becoming solution-focused in brief therapy.* NY: Brunner/Mazel.

Weiner-Davis, M., de Shazer, S., & Gingerich, W. J. (1987). Building on Pretreatment Changes to Construct the Therapeutic Solution: An exploratory study. *Journal of Marital and Family Therapy, 13*(4), 359-363.

Zweben, A., Perlman, S., & Li, S. (1988). A comparison of brief advice and conjoint therapy in the treatment of alcohol abuse: The results of marital systems study. *British Journal of Addiction, February.*

이야기치료

고윤순(한림대학교 사회복지학부)

이야기치료(Narrative Therapy: NT)는 문제로 가득 찬 내담자의 삶의 이야기를 대안적 이야기로 다시 쓰도록 도와주는 대화기술적 접근방법이다. 내담자의 삶의 이야기는 어디를 보느냐 또는 본인이 어떻게 해석하느냐에 따라서 다른 의미를 가질 수 있기 때문에 문제 중심의 지배적인 이야기에 머무르지 말고 새로운 시각으로 바라보도록 이야기치료자는 도와주어야 한다. 치료자는 대답하고 안내하는 것이 아니라 반영하고 질문하는 것의 전문가로서 역할을 한다. 이를 위해 치료자는 NT 기법을 활용하는 방법인 이야기치료 지도(map)에 따라서 훈련된 대화를 사용한다. 이 장에서는 이야기치료를 활용하여 알코올 남용문제를 가진 내담자를 상담(대화)하는 방법에 대해서 논의하고자 한다. 알코올 남용문제에 대한 사회적 스티그마가 심한 문화적 상황하에서 외재화와 해체대화는 유용한 치료기법이다. 내담자가 알코올 남용문제와의 관계를 새롭게 해석하게 되면 자기 삶의 주체자로서 책임을 지는 것에 대하여 여유가 생길 수가 있다. 자신의 인생클럽 회원 중 누구를 승격하고 누구를 격하시킬지를 연습하는 회원 재구성 방법에 대해서 알아본다. 또한 이야기치료의 매우 독특하고 치료 효과가 뛰어난 정의예식 대화방법(반영법)과 치료적 문서 사용을 알코올 남용문제에 적용하여 논의하고자 한다. 마지막으로, 실천현장에 실제적인 도움이 되도록 알코올 문제를 가진 성인을 위하여 개발된 이야기치료 집단프로그램의 예를 제시한다.

1. 발전 배경 및 전제

1) 발전배경

이야기치료는 1980년대 마이클 화이트(Michael White)와 데이비드 엡스턴(David Epston)에 의해서 개발되었다. 이들은 1981년 화이트의 고향인 호주 애들레이드(Adelaide)에서 열린 호주가족치료학회에서 만나 서로의 상담 경험과 아이디어를 나누고, 그것을 계기로 계속 실험적인 기법 사용과 그 결과를 교류함으로써 이야기치료의 모델을 발전시켜 나갔다. 화이트는 호주에서 출생·성장하여 아동정신 분야에서 일하였고, 엡스턴은 캐나다에서 출생, 뉴질랜드에서 성장하고, 영국에서도 공부하였다. 화이트는 애들레이드 아동병원에서 정신건강사회복지사로 일하면서, 정신과 진단을 가진 아동들에 개입하면서 문제의 증상보다는 아동의 개인적 관심, 다른 이야기, 부모와의 협력 등이 효과가 있음에 관심을 가지게 된다.

화이트는 1983년 애들레이드에 덜위치 센터(Dulwich Center)를 열고, 실천과 교육에 박차를 가하면서 이야기치료의 다양한 아이디어를 적극적으로 실험하게 된다. 화이트와 엡스턴은 공동저술인 『Narrative Means to Therapeutic Ends』(1990)에서 이야기치료의 주요 내용을 소개하고 있으며, 그 후 화이트는 『Maps of Narrative Practice』(2007)를 통해 이야기치료의 발전된 추가 내용을 발표하였다. 그 후 화이트와 엡스턴과 함께 일하는 덜위치 센터의 여러 동료들에 의해서 이야기치료 모델은 체계적으로 발전하였고, 다양한 정신건강 문제뿐만 아니라 알코올과 물질 남용을 위한 문제에도 활용되었다(Freeman et al., 1997; Looyeh et al., 2012; Sanders, 1998, 2007; Saville, 1998).

한국에는 2000년도를 전후하여 이야기치료라는 명칭으로 소개되었다(고미영, 2000). 이야기치료의 실천기법이 한국의 치료자들에게 체계적으로 소개된 것은 화이트의 방문으로 이루어졌다. 2001년 화이트가 한국을 방문하여 워크숍을 진행하면서 이 모델의 철학적 배경, 외재화, 재저작, 정의예식을 소개하였다(White, 2001). 그 후 화이트는 2004년 두 번째 방문하여 회원 재구성, 치료적 문서 등 추가적인 치료기술을 소개하였다(White, 2004). 그 후 덜위치 센터가 파견하는 앨리스 모건(Alice Morgan, 2004), 수 만(Sue Mann, 2004), 존 스틸먼(John Stillman, 2006), 캐롤린 마키(Carolyn Markey, 2007), 쇼나 러셀(Shona Russell, 2010) 등이 방한하여 워크숍을 진행하면서 좀 더 다양한 이야기치료 실천기법들을 전하여 한국에서 이야기치료 실천가가 확산하는 데 기여하였다.

한국에서는 이야기치료라는 명칭 외에 내러티브접근, 내러티브상담, 내러티브실천 등 여러 가지 용어가 사용되고 있다. 2011년 한국이야기치료학회가 결성되어, 현재 이야기치료 전문가들에게 자격증을 수여하고 있다. 이야기치료의 내담자–상담자의 수평적인 협력과 존중의 정신을 활용하여 한국의 이야기치료 사례발표와 슈퍼비전은 지역적으로 조직되어 운영되는 반영팀 시스템을 통해 이루어지는 것이 큰 특징이다(고미영, 2014; 고윤순, 2018; 권희영, 2021). 한국에서 이야기치료는 가족치료, 사회복지, 정신건강, 학교, 병원, 아동·청소년기관 등 다양한 분야에서 실천되고 있다(박재완, 2019; 신영화, 2020; 양난미, 2018; 이경욱, 2007; 이선혜, 박지혜, 2018; 이선혜, 2022).

2) 포스트모더니즘 및 사회구성주의

이야기치료는 철학, 인류학, 사회심리학, 언어학, 페미니즘 등 다양한 분야의 이론을 활용하여 발전하였다(이선혜, 2020; Stillman, 2010). 해결중심단기치료 모델과 같이 실증주의, 객관주의에 반기를 들고 주관성, 다양성, 개인의 경험을 중시하는 포스트모더니즘의 영향을 받았다. 포스트모더니즘과 함께 이야기치료에 지대한 영향을 준 사조는 사회구성주의이다. 사회구성주의 관점에서 실재(reality)는 다음의 네 가지 아이디어로 정리된다(김유숙 외, 2009; Freedman & Combs, 1996).

(1) 실재는 사회적으로 구성된다

실재는 개인이 사회생활 속에서 타인과 상호작용하며 구성되기 때문에 사회적이다.

(2) 실재는 언어를 매개로 구성된다

실재는 객관적으로 존재하는 것이 아니라, 언어를 통해 구성된다. 그러므로 언어로 구성된 실재는 주관적이고 언어적 상호작용을 통해서 변화할 수 있다.

(3) 실재는 이야기를 통해 형성되고 지속된다

실재는 개인이 매일 말하는 이야기를 통해서 생성되기도 하고 없어지기도 하므로, 이야기는 실재에 대한 정보를 형성하고 유지하는 주요한 역할을 한다. 우리는 우리의 이야기를 통해 본인의 삶의 실재를 조성하고 유지하나, 우리의 이야기는 문화적 해석체계를 통해서만 이해가 가능하다(Brunner, 1991).

(4) 본질적인 진실이란 존재하지 않는다

사회적 상호작용으로 구성된 실재는 주관적이며, 객관적인 실재는 존재하지 않는다. 실재는 개인이 경험한 것을 해석하는 것, 그리고 개인의 관심과 가치에 영향을 받는다.

실재가 언어를 매개로 사회구성원과의 상호작용을 통해 구성된다는 점은 이야기치료자에게 의미 있는 시사점을 제공한다. 즉, 문제를 가진 내담자도 치료자와의 언어적 상호작용을 통해 자신의 이야기와 실재를 재구성할 수 있다는 점이다.

3) 이야기치료의 전제

이야기치료는 문제를 가진 내담자를 위해 다음과 같은 전제를 가지고 대한다(Freedman & Combs, 1996; Mann & Russel, 2004; Morgan, 2000). 첫째, 사람(내담자)은 자기 삶의 전문가이고 자신의 인생 이야기의 저자이다. 삶의 모습은 자신이 표현하는 이야기를 통해 나타난다. 둘째, 문제들은 사회문화적 맥락에서 만들어진다. 셋째, 문제들은 결코 그 사람의 삶의 전부를 차지하지 못한다. 넷째, 사람과 문제는 별개이다. 즉, 문제가 문제이지 사람이 문제가 아니다.

4) 치료자의 태도와 역할

이야기치료에서 치료자는 알지 못한다는 자세(not-knowing attitude)를 취한다. 알코올 남용문제를 가진 내담자의 문제, 삶의 모습, 예외 상황, 독특한 결과, 선호하는 이야기를 알고 싶어 하는 진지한 호기심의 태도를 가진다(Anderson & Goolishian, 1992). 치료자는 알코올 남용의 영향력과 내담자의 가치에 기반하여 내담자가 대안적 이야기를 키우고 나아가 선호하는 이야기로 발전시키도록 돕는다. 치료자는 내담자에게 어떻게 대답하고 인도하는지에서가 아니라 내담자에게 어떻게 질문하고 반영할 것인지에서 훈련된 전문가이다.

2. 이야기치료의 주요 개념

이 절에서는 이야기치료의 주요 개념 중 중심에 위치하지 않으나 영향력이 있음(decentered, but influential), 부재하나 암시된(absent, but implicit), 행위주체로서의 개인 (personal agency)에 관해서 간략히 설명하고자 한다(Carey, 2004; Stillman, 2006).

1) 중심에 위치하지 않으나 영향력이 있음

이는 이야기치료자의 위치에 관한 것이다. 이야기치료자는 알코올 문제를 가진 내담자 가 자신의 문제와 그것이 본인이 원하는 삶에 미치는 이야기를 하고 이끌어 갈 때 이야기 의 주제, 전개 방식에 있어 주도적인 중심 역할을 하지 않는다. 그러나 훈련된 질문과 반 영을 통해 내담자가 알코올 문제와 관련된 지배적인 이야기에 머무르지 않고, 살펴보지 못했던 부분을 조명하게 함으로써 내담자의 삶의 다른 모습을 탐색하도록 호기심의 자세 로 이끈다는 면에서 영향력이 있는 위치에 있다. 즉, 대화를 통해 치료자는 알코올 문제를 가진 내담자가 자신의 삶에서 원하는 것은 무엇인지, 어떻게 대안적인 이야기를 탐색하게 할 것인지 전문적으로 도와주는 데에 책임을 지고 영향력을 발휘한다.

2) 부재하나 암시된

치료자는 내담자가 하는 말 속에는 그와 반대되는 의미가 있다는 것을 파악해야 한다. 알코올 남용문제를 가진 내담자가 '내가 아빠로서 우리 아들한테 해 준 게 아무것도 없어 서 너무 면목이 없다'고 말한다면, 이는 '나도 아빠로서 우리 아들한데 여러 가지 잘해 주 고 싶었다. 그리고 아이 앞에 자랑스러운 아빠이고 싶다'는 의미를 내포하고 있다는 것을 알아야 한다. 이렇게 치료자가 이해를 하면, 내담자가 아빠로서 무엇을 소중하게 생각하 는지, 어떤 삶의 방향으로 가고 싶어 하는지 문제 중심의 이야기가 아닌 다른 이야기를 탐 색하도록 질문할 수 있게 된다.

3) 행위주체로서의 개인

치료자가 내담자를 바라보는 관점이다. 알코올 남용문제를 가진 내담자 자신이 자신의 삶의 주체이다. 내담자는 현재 심각한 알코올 남용문제를 가지고 있으나 자신이 소중하게 여기는 가치관과 원하는 삶을 위해 스스로 주체적으로 행동할 수 있다. 또한 치료자는 내 담자가 새로운 주체성을 개발하고, 그러한 주체성을 인정받으며 공동체 속에서 생활할 수 있으리라는 가정과 믿음으로 바라본다.

3. 이야기치료의 과정

이야기치료에서 치료과정[1]은 공식적으로 규정되어 있지 않고 치료자에 따라 매우 유동적으로 운영된다. 여러 가지 치료기법을 사용하기도 하고, 치료자가 선호하는 몇 가지 기법을 주로 활용할 수도 있다. 다음에 소개하는 알코올 남용 내담자를 위한 이야기치료 과정은 대표적인 치료기법을 활용하는 과정의 한 예시이다(권희영, 2021; Markey, 2019).

첫째, 알코올 남용문제를 외재화하는 작업, 해체하는 작업 단계이다.

둘째, 지배적인 알코올 관련 문제 이야기에서 독특한 결과를 탐색하여 대안적인 이야기를 구성하는 단계이다. 알코올 사용의 의미가 재조명될 수도 있고, 알코올을 남용하지 않은 예외 상황이 확인되어 문제와 내담자의 관계가 새로운 관점에서 해석될 수도 있다.

셋째, 영향을 주고받은 대상을 찾아내서 그 관계와 영향을 재조명하여 새로운 이야기를 쓰는 재저작 단계이다.

넷째, 대안 이야기, 나아가 선호하는 이야기를 발전시키기 위한 회원 재구성 작업 단계이다.

다섯째, 새로운 이야기와 정체성을 인정받기 위해서 작업하는 정의예식으로 외부증인이나 반영팀을 활용한다.

이 치료과정은 하나의 예시일 뿐, 실제로는 치료자에 따라서 다르게 활용할 수 있다. 즉, 셋째, 넷째 단계가 함께 진행될 수도 있고 순서가 바뀔 수도 있다. 또한 해체작업은 한 단계에서 끝나지 않고 계속해서 진행될 수도 있다.

---

1) 이야기치료의 과정은 대략 문제의 해체, 독특한 결과의 해체, 대안적 이야기 구축, 대안적 정체성 구축의 순으로 이루어진다고 보기도 한다(정문자, 정혜정, 이선혜, 한영주, 2020: 376).

4. 이야기치료 치료기법

1) 해체하기

알코올 남용문제를 가진 내담자는 삶이 알코올 문제와 관련된 실패의 모습으로 가득한 자신의 이야기를 강조할 것이다. 이런 알코올 남용관련 내용이 지배적인 내담자의 이야기를 들으면서 치료자는 예외나 독특한 결과에 대한 질문을 함으로써 내담자가 이러한 지배적인 이야기와 정체성을 조금씩 해체(deconstruction)하고 다른 시각과 이야기를 발전시키도록 도와야 한다(정문자 외, 2020). 해체하는 방식은 다양하다. 첫째, 기존의 문제로 가득 찬 이야기에 틈을 만들고 새로운 이야기의 물꼬를 트게 되면 알코올 남용과 관련된 지배적인 이야기를 해체하게 된다(Sanders, 2007). 둘째, 알코올 남용 내담자의 상황을 사회문화적 맥락 속에서 파악함으로써 문제 상황에 대한 새로운 이해와 관점을 가지게 된다. 셋째, 외재화 질문을 통해 내담자의 문제와의 관계에 대한 새로운 시각을 갖게 된다(Stillman, 2012). 넷째, 알코올 남용문제가 내담자가 원하는 삶에 어떻게 부정적인 영향을 미치는지 탐색함으로써 내담자의 가치관을 파악하게 되고, 이는 남들이 문제로만 인식하는 내담자 정체성의 조금 다른 결을 보여 주는 시작이 될 수도 있다.

- 스트레스를 받으면 친구들과 술을 왕창 마셔서 풀어야 한다는 생각은 어디에서 온 건가요?
- 주위에 있는 남자 동료들이 그런 식으로 문제를 해결하나요?
- 동료들과의 술자리에 반드시 참석해야 하는 이유는 무엇인가요?

출처: 저자 구성.

2) 외재화 기법

문제의 외재화(externalization)는 이야기치료의 기본 기법 중 대표적인 것 중의 하나로 치료자들이 매우 자주 사용하며 좋은 치료 효과를 보여 준다. 이 기법은 문제가 인간에게 내재되어 있다는 믿음을 거부하는 것에서 시작된다.

(1) 문제를 사람으로부터 분리

이 기법의 주된 작업은 문제를 사람으로부터 분리하여 바라보는 것이다(정문자 외, 2020; Stillman, 2006). 현재 알코올 남용으로 상담을 받고 있는 사람을 '알코올 남용자', 즉 '알코올 문제와 사람을 동일시'하는 것 대신, '알코올 사용'으로 어려움을 겪고 있는 '사람'으로 바라보는 것이다. 이렇게 사람과 문제(알코올 남용)를 분리하면, 내담자는 새로운 관점을 가지게 되고 자신을 대하는 방식이 달라지게 된다. 즉, 외재화(혹은 문제표출)를 하면 알코올 남용문제를 본인과 분리된 문제로 바라보면서 창피, 자기혐오, 스티그마에서 조금 자유로워질 수 있는 여유가 생기게 된다. 나아가 '자신=알코올 문제'의 관점에서 벗어나 '알코올 남용'의 문제를 겪고 있는 자신이 볼 때 알코올 남용이 자신에게 어떤 영향을 미치고 있는지 바라볼 수 있는 입장이 될 수 있다.

그리하여 알코올 남용이라는 문제의 영향에 대한 입장을 가지게 되고, 영향의 결과가 자신이 선호하는 삶의 방식과 어울리는지 탐색하고 설명하는 기회를 갖게 된다. 즉, 알코올 문제 상황에 대한 비난은 줄어들 수 있지만, 내담자의 책임 여지는 남게 된다. 외재화를 통해 문제는 문제가 되고, 사람이 문제와 갖는 관계가 문제가 되는 것으로 이해하게 된다(이경욱, 2022; White & Epston, 1990).

(2) 문제에 이름을 붙이고 의인화함

외재화 기법의 효과를 좀 더 증폭하는 방법으로 문제를 사람과 분리한 후 문제에 이름을 붙이고(naming) 의인화한다. 만약에 알코올 남용문제를 '교묘한 독사'로 이름을 붙였다면 교묘한 독사가 내담자가 아님은 더욱 분명해진다(고윤순, 2016). 문제를 분리해서 보면, 내담자의 관심, 능력, 헌신, 성취들이 잘 드러나게 되고, 문제가 자신의 이러한 삶의 부분에 어떻게 영향을 미치는지 바라보고 설명하는 선택의 여지가 생기게 된다.

(3) 보조도구를 활용한 외재화 작업

외재화 작업을 조금 더 이해하기 쉽고 흥미롭게 진행하기 위해서 치료현장에서는 적당한 보조도구를 활용하기도 한다(고윤순, 2018; 한국이야기치료학회, 2018). 예를 들면, 종이에 자신을 그리고 알코올 남용문제를 자신의 내부에서 빼내어 외부에 배치하고 이름을 붙이도록 한다. 색찰흙을 사용하여 내담자 본인을 만들고 문제를 다른 색깔의 찰흙으로 만들어 내담자가 생각하기에 적절한 거리에 배치하고 이름을 붙이고(Stillman, 2015), 어떻게 문제로부터 떨어져 있을 것인지 대화를 이어 나갈 수 있을 것이다.

(4) 문제의 외재화 후 가족/친구와 연합하여 대처

알코올중독 문제를 가진 내담자의 치료에서 외재화 기법을 사용하게 되면 내담자뿐만 아니라, 가족도 내담자와 문제에 대한 새로운 관점을 가지게 되어 치료과정에 큰 도움이 된다. 즉, 내담자가 비난과 공격의 대상이 아니라, 내담자와 가족이 힘을 합하여 '교묘한 독사'인 알코올 남용문제와 어떻게 싸울 것인지 탐색하는 과정으로 들어갈 수 있다.

〈아동학대 가해자 알코올중독 아빠 사례〉

A는 45세의 일용직 노동자로 13세(초등 6학년) 영희의 아빠이다. 5년 전 아내가 암으로 사망하여 싱글 대디로 원룸에서 영희를 키워 왔고, 일 년 전부터 미혼인 38세의 F와 사귀고 있다. F는 음식점에서 일하며 걸어서 10분 정도 거리에 부모님과 살고 있다. A는 매일 일과 후 일터에서 만난 동료들 2~3명과 편의점에서 술을 1차 마시고 술을 사 가지고 원룸으로 와서 또 마신다. 술을 마시는 1~2시간 정도 동안 영희는 집에서 공부를 할 수가 없어서 밖에서 서성거린다. 가끔 술이 떨어지면 영희를 불러서 술을 사 오게 하는데 영희가 빨리 오지 않으면 소리를 질러 혼을 낸다. A는 평상시에는 온순하나 술에 취하면 말과 행동이 폭력적으로 변하고 때로는 동료들과 싸움을 하기도 한다.

최근에 원룸에서 동료 2명과 술을 마시다 싸움을 하게 되고, 화가 나서 술병을 집어 던져서 영희가 무서워서 밖에서 울었고, 이것을 본 이웃이 경찰에 신고하여 아동학대 사례로 아동보호전문기관에 상담 의뢰되었다. A는 알코올 남용에 대해서 양가감정을 가지고 있다. 술이 취하여 하는 난폭한 행동에 대해서는 술이 깨면 후회하지만, 공사판에서 하루 힘들게 일하고 나서 동료들과 술 한잔하면서 어려운 현실을 잊어버리고 하루를 마무리하는 것이 현재 즐기는 일이다.

첫 번째 상담을 시작할 때, A는 알코올 문제로 인해 아동학대로 경찰에 신고된 자신에 대해서 창피함과 함께 신고한 이웃에 대한 분노를 함께 표현하였다. 또한 자신이 알코올중독자이기 때문에 자신의 삶 자체가 엉망이라고 표현하였다. 상담자는 A와 외재화 작업을 진행하였다. A는 '아빠로서 면목이 없다'는 말을 되풀이하였는데, 상담자는 이 말이 '아빠로서 면목을 지키며 살고 싶다'는 뜻이 있음을 상기하고, A가 알코올중독자여서 삶이 엉망이라기보다는 음주문제가 아빠의 생활을 엉망으로 만들고 있음을 같이 이야기하였다. '매일 술이 나를 속인다'고 A가 말하였을 때, 술/음주를 A로부터 분리해서 바라보도록 하였다. 술/음주에 이름을 붙이도록 하자 외재화가 좀 더 분명해지고 속도가 빨라졌다. A는 술/음주를 '교묘한 독사'로 명명하였고 '교묘한 독사'는 매일 혀를 날름거리며 자신을 유혹으로 끌어들인다고 하였다. 실제 음주하는 순간 자신은 독에 취해 정신을 잃게 되며, 이런 식으로 계속 살다가는 독사에 물려 죽을 것이라고 하였다.

　A는 딸의 숙제를 도와주고, 같이 저녁을 만들어 먹고 같이 산보하고 노는 것이 자신이 아빠라는 느낌을 주어서 좋아하는데, 음주로 인해 그렇게 하지 못한다고 설명하였다. 또한 술값에 돈을 많이 써서, 딸이 필요한 학용품이나 의류를 사 주지 못한다고 한탄하였다.

출처: 고윤순(2016) 재구성.

3) 독특한 결과 대화

알코올 남용문제로 치료를 받아야 하는 내담자의 이야기는 알코올 남용으로 인하여 삶의 여러 영역에서 갈등과 문제를 일으킨 모습이 주된 내용이다. 이렇게 내담자가 알코올 문제로 가득 찬 지배적 이야기(dominant stories)를 계속 할 때, 치료자는 내담자의 대화 속에서 독특한 결과나 예외적인 상황을 감지하는 민감성을 유지해야 한다. 필요에 따라서는 내담자가 독특한 결과나 예외 상황을 탐색하도록 질문해야 한다. 내담자에게서 지배적 이야기의 삶의 모습과 다른 모습을 보려면 '독특한 결과'나 '예외적인 상황'을 많이 찾아내거나, 찾아낸 '독특한 결과'나 '예외적인 상황' 하나를 자세하게 설명하도록 해야 하는데, 후자가 좀 더 실용적이라고 볼 수 있다. 독특한 결과에 대한 설명이 풍부하게 이루어지고 새로운 의미가 삶에 추가되면 대안적 이야기(alternative stories)로 발전하게 된다. 대안 이야기가 풍성하게 발전되면 내담자가 추구하는 가치를 포함하는 선호하는 이야기(preferred stories)로 발전될 수 있다. 결국 이야기치료의 치료자는 내담자가 자신의 인생 이야기의 저자로서 알코올 남용 중심의 지배적 이야기 서술에만 집중하지 않고, 대안 이야기, 나아가 선호하는 이야기를 쓰도록 도와주는 전문가이다. 내담자의 삶에서 발견된 독특한 결과는 지배적 이야기에서 대안 이야기로 건너가는 이음새 역할을 한다고 볼 수 있다.

상담사는 A의 생활에 대해서 이야기를 나누던 가운데 지난달에 예외적인 날(독특한 결과)이 있었음을 발견하였다. 영희가 학교에서 방과 후에 배드민턴을 치고 싶은데, 아빠와 같이 배드민턴 라켓을 사고 연습하고 싶다고 아침에 이야기하였다고 한다. A는 중학교 때 테니스 선수였고 이것을 종종 영희에게 이야기했다고 한다. A는 신이 나서 그날 일 끝나고 같이 운동구점에 가서 배드민턴 라켓을 사자고 약속하였다. 그날 A는 일을 마치자마자 집으로 와서 영희를 데리고 운동구점에 가서 배드민턴 라켓을 사고 집 근처의 공원에서 영희와 배드민턴 연습을 1시간 정도 하고 같이 피자를 시켜 먹었는데, 아빠로서 기쁘고 보람 있는 시간이었다고 하였다.

상담사는 배드민턴 라켓을 사 주고 같이 연습한 것이 어떻게 아빠로서 보람을 느끼는 데 도움이 되는지 자세하게 이야기를 나누었다. A는 배드민턴 라켓을 사 준 것이 아빠로서 딸이 필요한 것을 사 주어서 기쁘고 '체면이 서는' 일이고, 또한 배드민턴을 쳐 보니, 자신의 중학교 테니스 선수 시절도 생각나서 신났다고 하였다. 무엇보다도 딸과 시간을 보내는 것이 즐겁고, 딸이 원하는 것을 사 줄 수 있어서 행복하다고 하였다.

'배드민턴 라켓 구입과 연습'이라는 독특한 결과는 A의 관심, 가치관, 희망, 추억을 살려서 A에게 대안 이야기/선호하는 이야기로 발전시키는 계기가 되었다. 이야기를 계속하는 중에, A는 또한 영희가 꽃과 나무를 좋아하여, 공원이나 집 뒤의 야산에 가는 것을 좋아하는데, 몇 달 전에 같이 야산에 갔었다고 하였다.

출처: 고윤순(2016) 재구성.

4) 재저작

재저작(다시 쓰기) 대화(re-authoring conversation)는 내담자로 하여금 문제로 점철된 지배적 이야기의 상황에 머무는 것이 아니라, 자신의 삶의 다른 면의 이야기를 탐색하도록 돕는다. 그러기 위해서는 지배적 이야기의 요소와는 다른 '독특한 결과'를 찾거나 혹은 '예외적인 상황'을 찾아 발전시키는 것이다(이선혜 외, 2009). 내담자의 삶의 모습이 알코올 남용과 관련된 문제로 가득 찬 지배적 이야기로 묘사되면, 타인이 내담자를 바라볼 때 알코올 남용 문제자라고 인식하고, 따라서 내담자도 그러한 정체성을 인정하게 된다. 그러나 독특한 결과를 찾아내어, 그것을 확장하는 과정에서 내담자가 선호하는 삶의 이야기로 발전시키면 다른 모습, 다른 정체성을 발전시키게 된다. 결과적으로 새로운 정체성을 가지게 되는 내담자는 그에 적합한 행위와 라이프 스타일을 가지려고 노력할 것이므로 재저작 대화로 알코올 남용 내담자의 변화를 일으키는 데 효과적인 치료기법이 된다(Sanders, 1998; Saville, 1998).

재저작 작업을 위해 치료자는 내담자의 이야기에서 독특한 결과와 관련하여 행동 영역에서 무슨 일이 일어났고, 그것이 어떻게 일어났는지 구체적으로 질문한다. 그리고 정체성 영역에서 일어난 일이 무슨 의미가 있는지 물어본다. 또한 치료자는 이 두 영역을 오 가면서, 그리고 과거, 현재, 미래를 오가면서 다양한 질문을 하여 내담자가 새로운 행동을 발견하고 그 행동의 의미를 새롭게 생각하게 돕는다(White & Epston, 1990).

(1) 행동 영역의 질문

- 상: 일과 후 동료들과 술을 안 마신 적(독특한 결과)이 전에 또 있었나요?
- A: 딸이 여름방학 숙제로 식물채집을 하러 가야 한다고 했을 때, 제가 말했지요. 할머니 집에 서 놀고 있으면 일 마치고 할머니 집에 가서 딸을 데리고 야산에 같이 가 주겠다고요.
- 상: 그날 일과 후 어떻게 그렇게 술을 안 마시고 영희와 식물채집을 가기로 결정했는지 얘기 해 주시겠어요?
- A: 그건 어려운 일이 아니었어요. 일하면서 하루 종일 일 끝나면 딸아이와 식물채집 가는 생 각만 했거든요. 저는 딸아이와 같이 무엇을 하는 것이 좋아요. 그러니 그날은 술 마시는 생각 은 아예 안 했어요. 그리고 내가 딸아이와 야산에 간다고 하니까, 그중에 B가 어떤 산에 야생 화가 많은지 등산하기도 좋은지 알려 줬어요. 다음에 기회가 되면 주말에 그 친구랑 그 산에 가 보기로 했어요.

출처: 고윤순(2016) 재구성.

(2) 정체성 영역의 질문

- 상: 아버님이 중요하게 생각하는 것(가치)이 무엇인지 말씀해 주시겠어요?
- A: 제가 딸아이한테 아빠로서 제대로 해 주는 게 별로 없어요. 아이한테 제가 해 줄 수 있는 게 있으면 해 주고 싶어요. 술에 취하면 엉망이 되지만, 아이를 위해서 내가 할 수 있는 게 있 다는 것이 행복해요. 영희가 행복해하는 것이 내게는 아주 소중하거든요.
- 상: 그 가치에 이름을 붙여 본다면 어떤 것이 적당할까요?
- A: 딸아이와 같이 공원이나 야산에 가는 것은 마치 들국화 같아요. 이쁘고 향도 좋아요. 근 데, 술 마시면 희망이 전혀 없는데 딸아이와 시간을 보내면 작은 희망 같은 것이 보이는 것 같아요. 반딧불 같은 작은 불빛…… 전에 산에 갔다가 좀 늦었는데, 영희가 반딧불을 잡고 신 나 했어요. 반딧불 궁둥이에서 나오는 반짝이는 불빛이 마치 내 삶의 작은 희망 같았어요. 지

> 금도 가끔 그런 생각을 해요. 반딧불처럼 희망의 불씨를 간직해야겠다고 생각해요.
>
> 출처: 고윤순(2010) 재구성.

5) 회원 재구성

이야기치료에서 내담자의 정체성은 내면에 기반을 둔 것이 아니라 그동안 맺어 온 대인관계에 있다고 전제한다. 대인관계는 내담자의 '인생클럽의 회원들'과 형성한 것인데, 내담자의 인생에서 중요한 위치를 차지하면서 내담자의 정체성 형성에 영향력을 행사하고 있다. 내담자는 회원 재구성 대화(re-membering conversation)를 통해서 자신의 인생클럽 회원들과의 인간관계를 수정할 수 있는 기회를 가지게 된다. 즉, 회원들의 지위를 높이거나, 내릴 수 있고, 원할 경우 아예 자신의 인생클럽에서 퇴출시킬 수도 있다(이선혜, 2020; White, 2004). 회원 재구성 대화에서의 내담자 인생클럽의 회원은 사람 혹은 존재일 수 있다. 사람은 현존하거나 사망했거나, 실존이거나 혹은 가상(소설 속의 주인공)일 수 있다. 존재는 사물(인형, 목걸이 등)이나 동물(반려동물)이 될 수도 있다.

알코올 남용문제를 가진 내담자에게 치료자는 인생클럽의 회원을 의도적으로 다시 회상하게 하는 회원 재구성 대화를 할 수 있다(Sanders, 1998; Saville, 1998). 이때의 대화는 특정한 회원의 회원권(membership)을 승격시키고 소중히 여기는 과정을 통해서 이루어진다(White, 2007). 이 과정에서 자신의 정체성에 관련된 특정 회원을 승격시키고, 다른 회원권은 약화시키거나 심지어 회원권을 취소할 수도 있게 된다.

대개 회원 재구성 대화는 2단계로 진행된다. 첫 번째 단계는 회원이 내담자의 삶에 어떻게 기여했는지, 그리고 회원의 눈으로 본 내담자의 정체성은 어떠한지 생각해 보는 것이다. 두 번째 단계는 내담자가 회원의 삶에 기여한 점은 무엇인지, 그리고 내담자의 눈으로 본 회원의 정체성은 무엇인지 생각해 보는 것이다.

〈'인생클럽의 회원' 대화 활용〉
• 상: 아버님, 아버님이 '인생클럽' 혹은 '인생카페'의 카페지기라고 생각해 보세요. 아버님은 '음주로 인한 문제'와 '영희와 배드민턴 치기와 식물 채집하기'의 다른 활동이 있는데요. 본인의 인생에 영향을 미치는 카페 회원들을 재정리해야 할 필요가 있다고 생각해 보세요. 어떤 회

원은 좀 더 가까워지도록 승격해야 할까요?

- A: 당연히 영희를 저와 같은 준카페지기로 승격해야 할 것 같아요. 저와 좀 더 자주 카페에 대해서 이야기하고 상의해야겠지요.

- 상: 또 누구를 승격시켜야 할까요?

- A: 내가 일 년째 사귀고 있는 '애리'에게 조금 더 권한을 주고, 나와 영희와 시간을 더 많이 보내도록 해야 할 것 같아요. 우리가 잘 하면 같이 살 것도 생각하고 있는데, 내가 술을 많이 마시는 바람에 그 사람이 좀 실망한 것 같아요.

- 상: 또 어떤 회원을 승격하고 싶으세요?

- A: 우리 어머니를 좀 더 자주 찾아뵙고 외식도 같이 하고 그래야 할 것 같아요. 사실, 아버님이 10년 전에 돌아가신 후 어머님도 많이 외로우시거든요. 그리고 동료 중에 B와는 좀 더 가까이 지내는 것이 좋을 것 같아요. 그 친구는 술도 잘 안 마시고, 자기 관리를 잘하는 친구예요. 나랑 테니스를 칠 수도 있고, 그 친구도 영희랑 비슷한 나이대의 딸이 있어서 주말에 같이 산에도 가면 좋을 것 같아요.

- 상: 그럼 혹시 강등시켜야 하는 회원은 누구일까요?

- A: 내게 매일 술 마시자고 하는 C, G, M이죠. 특히 C는 알코올중독자이고 그 친구한테 걸리면 술을 안 마실 수가 없어요. 서서히 내 삶에서 멀어지게 해야 할 것 같아요.

출처: 고윤순(2016) 재구성.

〈2단계 회원 재구성 대화〉

A와 이야기를 계속하면서 A는 돌아가신 아버지가 특별히 마음속에 살아 있음을 알게 되어 상담자는 2단계 회원 재구성 대화를 진행하였다.

1. 첫 번째 단계

- 상: 회원(영희 할아버지)이 아버님의 삶에 어떻게 기여했나요?

- A: 아버님은 자식들을 위해서 자신의 삶을 완전히 희생하셨어요. 구두닦이와 구두수선을 하시면서 3남매 자식들을 뒷바라지 하셨어요. 저는 테니스 운동 한다고 공부를 제대로 안 해서 실업계 고등학교로 진학해서 대학을 못 갔지만, 누나와 남동생은 대학까지 뒷바라지 하셨어

요. 어렸을 때 우리가 좋아하는 치킨이랑 붕어빵 사 가지고 오셔서, 우리가 먹는 것을 보고 흐뭇해하셨어요. 내가 술은 마시면서도 하루도 빠지지 않고 공사판에 나가서 일하는 것도, 따지고 보면 아버님의 성실함을 닮은 것 같아요. 자식이 좋아하는 것을 보고 행복해하는 것도 아버님과 같은 것 같아요.

- 상: 회원(영희 할아버지)의 눈으로 본 아버님의 정체성은 어떠한가요?
- A: 아버님 보시기에 저는 아마 '자유로운 영혼'일 거예요. 저는 공부는 못했지만 해 보고 싶은 것은 많이 해 봤어요. 부산 가서 배도 타 봤고, 조그만 운동기구 상점도 운영해 봤구요.

2. 두 번째 단계

- 상: 아버님이 회원(영희 할아버지)의 삶에 기여한 점은 무엇일까요?
- A: 글쎄요, 아버님은 제가 대학을 나오지 못해 아쉬워하시고 저를 사실 더 아껴 주셨어요. 아버지께서 교통사고로 병원 중환자실에 입원해 계실 때, 제가 간병을 몇 달 했는데, 아버님이 정신이 오락가락하는 상태였음에도 많이 고마워하셨어요.
- 상: 아버님이 회원(영희 할아버지)의 정체성에 기여한 점은 무엇일까요?
- A: 뭐 그런 게 있을지는 모르지만, 어머니 말씀에 의하면 아버님은 저에 대한 믿음이 있으셨대요. 효도하고, 마지막까지 같이할 자식은 저라고 하셨대요. 그건 어머님도 같은 생각이라고 해요.

출처: 고윤순(2016) 재구성.

6) 정의예식

(1) 정의예식의 정의

정의(인정)예식(definitional ceremony)은 1970년 중반 LA 지역의 유대인 노인 대상 정체성 프로젝트에서 유대계 문화인류학자 바버라 마이어호프(Barbara Myerhoff, 1935~ 1985)가 처음 사용한 개념이다. 정의예식은 내담자가 본인이 중요하다고 여기는 정체성을 타인들 앞에서 이야기하고 사회적으로 인정받는 의식인데 그래서 인정예식이라도 한다. 이를 위해 자신의 이야기를 나누고 공동체로부터 공감받고 인정받는 격려적인 만남의 장을 의도적으로 조성하여 운영하였다. 이는 유대인 노인의 정체성과 자존감 회복에 도움이 되었는데, 이 기법을 이야기치료에서 활용하였다(White, 2001, 2007).

(2) 외부증인의 활용

정의예식에는 말하는 사람, 청중 그리고 운영자가 필요한데 이를 이야기치료에 적용해 보면, 내담자, 외부증인 그리고 치료자가 관여하게 된다. 외부증인(outside witness)은 내담자를 잘 이해할 수 있는 사람으로 전에 비슷한 경험을 했거나, 내담자의 가족, 친구, 학교나 직장 동료, 이웃 등이 활용될 수 있다. 필요에 따라서는 이야기치료 피훈련자, 외부 전문가를 활용할 수도 있을 것이다(Stillman 2012; White, 2001). 알코올 남용문제를 가진 내담자를 치료함에 있어서 정의예식 기법을 활용하기 위해서는 언급한 다양한 외부증인을 활용할 수 있겠으나, 치료자로부터 과거에 알코올 문제로 이야기치료를 받은 내담자를 활용한다면 정의예식의 목적, 절차 등에 익숙하여 도움이 될 것이다. 정의예식에 익숙하지 않은 외부증인을 활용할 경우에 치료자는 외부증인(들)에게 역할과 주의사항에 대해서 미리 교육하는 것이 필요하다.

(3) 정의예식의 대화형식

정의예식에서 행하는 대화형식(반영방법)으로는 알코올 남용 내담자의 말하기(telling), 전 내담자 외부증인의 다시 말하기(retelling), 내담자의 다시 말하기에 대한 다시 말하기(retelling of retelling)의 3단계 말하기를 진행한다(필요하면 4단계로 한 번 더 다시 말하는 과정을 행하기도 한다). 정의예식의 대화법은 내담자와 외부증인이 서로의 이야기에 대해서 반영(reflection)하는 방식을 취하므로 반영형식으로 명명하기도 한다.

알코올 남용 내담자를 위한 구체적인 정의예식의 대화형식 혹은 반영방법은 다음과 같다. 말하기에서 치료자는 알코올 남용 내담자가 자신의 알코올 남용과 관련된 자신의 이야기를 외부증인(들)에게 하도록 한다. 이때 이야기는 알코올 문제로 가득 찬 지배적인 이야기만을 하는 것이 아니라 예외적인 이야기, 대안적인 이야기, 선호하는 삶의 이야기를 함께 하도록 한다. 다시 말하기에서 치료자는 외부증인(들)이 이야기를 하고 내담자가 듣도록 역할을 바꾼다. 외부증인들은 내담자가 한 이야기에 대해서 무엇을 들었는지, 그것이 본인에게 어떤 의미로 다가오는지 이야기한다.

이때 치료자는 외부증인들이 네 가지 단계(Morgan, 2000; Stillman, 2006)를 따라서 다시 말하기(반영)하도록 진행한다. 즉, 알코올 남용문제를 가진 내담자가 자신의 삶의 이야기를 하고 나서, 알코올 남용문제로 치료를 받았던 내담자가 이렇게 4단계로 이야기하도록 안내한다. 그리고 나서 다시 말하기에 대한 다시 말하기(반영에 대한 반영)에서 전 내담자 외부증인들이 이야기한 것을 들으면서 내담자는 어떠하였는지 마찬가지로 4단계에 따라서 반영하도록 치료자는 안내한다. 다시 말하기에 대한 다시 말하기에서는 상황에 따라서 4단계를 모두 준수하여 하기도 하고, 자신의 이야기에 대한 외부증인들의 반영이 어떤 의미가 있었는지 전체적으로 종합하여 반영하도록 치료자는 안내한다.

• 1단계－구체적 표현(expression)의 파악

이야기를 들으면서 가장 관심이 갔던 것이나, 기억에 남는 표현이 무엇이었는지 이야기하도록 한다.

> **"지금 들은 이야기 중에, 가장 기억에 남는 단어, 표현, 장면은 어떤 것인가요?"**

• 2단계－이미지(image) 묘사: 가치 및 믿음을 표현하기

이야기를 들으면서 어떤 이미지가 떠올랐는지 이야기하도록 한다.

> **"이야기를 들으면서 어떤 이미지가 떠올랐나요?"**

• 3단계－나의 삶에 어떻게 공명(resonance)하는지 파악

이야기를 들으면서 듣는 사람의 개인 경험과 관련지어 관심을 가지게 된 것을 이야기하도록 한다.

> **"당신의 개인적 경험과 어떤 연관이 있나요?"**

• 4단계－이동(transport) 인정하기

이야기를 들은 것이 자신에게 어떤 영향을 미쳤는지 이야기하도록 한다.

> **"이 대화를 하면서 내게 어떤 변화나 깨달음이 있었나요?"**

정의예식 대화방법을 정리하면 다음의 [그림 7-1]과 같다.

[그림 7-1] 정의예식 대화방법(반영방법)

출처: 고윤순(2021), Stillman (2017) 재구성.

7) 치료적 문서 활용

(1) 치료적 문서기록의 중요성

이야기치료에서 치료자는 이야기치료 지도를 활용하여 내담자가 알코올 남용 문제로 점철된 지배적인 이야기에 머무는 것이 아니라 특별한 결과와 예외 상황을 탐색하고 강화하여 알코올 남용과 관련된 삶이 아닌 대안적인 이야기를 개발하고, 나아가 알코올 남용의 삶과는 다른 방향의 선호하는 이야기를 발전시키도록 돕는다. 이런 치료과정을 통해 내담자는 알코올 남용자(현재 사업 확장의 과정에서 동업자들과의 유대와 스트레스 대처를 위해 알코올 남용 중)라는 정체성을 벗어나 대인관계 능력이 탁월하고 앞날이 촉망받는 새로운 정체성(대인관계 능력과 사업수완이 탁월하여 사업을 성공시키고 가족이 필요한 경제적 안정을 계획 중)을 발전시켰다.

이렇게 치료세션에서 대화를 통해서 개발된 새로운 정체성은 다양한 이야기의 재조명, 내담자 가치관 및 삶의 방향, 노력의 의미 등과 관련지어 발전되었는데, 이는 상담실을 벗어나면 내담자의 마음속에서 쉽게 잊힐 수도 있다. 그러므로 상담에 관련된 주요 내용을 기록하여 문서로 남기면 내용이 잊히지 않고 지속적인 치료 효과를 보게 될 것이다.

이야기치료에서 상담과 함께 치료적 문서를 사용하였을 경우, 상담세션에 못지않은 치료 효과가 있었음을 연구결과가 보여 주고 있어 치료적 문서 활용이 매우 필요함을 강조한다(Freeman, Epston, & Lobovits, 1997).

(2) 치료적 문서의 종류

치료적 문서는 여러 가지 형태가 있는데, 대표적인 것은 치료자가 준비하여 알코올 남용 내담자에게 제공하는 편지, 상담기록, 수료증 형태가 대표적이다(Fox, 2003; White, 2004). 이러한 치료적 문서는 알코올 남용 치료의 준비, 치료과정, 종결과정에서 〈표 7-1〉과 같이 다양한 형태로 활용될 수 있을 것이다.

〈표 7-1〉 치료적 문서의 종류

문서의 종류	내용 및 기대되는 치료 효과
치료에 초대하는 편지	치료 안내, 내담자와 치료자의 라포 형성
치료의 주요 대화 내용 기록	치료자가 기록 및 제공, 내담자의 변화 이야기 내용 정리
	내담자가 자신의 변화 이야기 기록, 변화과정 모니터링
인증서 및 새 정체성 선언문	알코올 남용/스트레스 극복 인증서 혹은 프로그램 수료증, 성취감
	알코올 남용 내담자가 작성하는 새 정체성 선언문

출처: 고윤순(2019), 고윤순(2021) 재구성.

(3) 치료적 문서의 예

① 초대 편지

내담자가 치료 초대의 편지를 받으면 치료자가 내담자와의 상담미팅에 관심을 가지고 있다는 인상을 주어서 내담자의 치료상담에의 참석의지를 고무시킬 수 있다. 치료에의 초대편지는 약속이 정해지고 첫 만남이 있기 전에 보낼 수도 있고, 치료가 시작한 후에 그간의 대화를 요약하고 추후 치료에 초대하는 형식이 될 수도 있다. 또한 알코올 남용 치료를 받고 있는 내담자의 가족이나 보호자를 추가로 치료에 초대할 때 사용할 수도 있다. 초대편지는 손편지(우편이나 인편으로 보냄), 이메일 활용 편지, 문자/카톡 활용 편지로 보낼 수도 있을 것이다. 다음은 알코올 남용 내담자의 가족(딸)을 치료세션에 초대하는 편지로, 아버지를 통해서 초대하고, 확인편지를 이메일로 보낸 경우이다.

영희에게,

안녕~^^ 3주 진에 아빠와 같이 만나서 잠깐 대화했던 ○○○ 선생님이야. 그때 나중에 다시 만나서 얘기하자고 했었잖아. 그동안 잘 지냈니? 아빠께서 네게 상담 초대 편지를 써도 된다고 하셔서 이렇게 편지를 쓴다.

전에 대화할 때, 너는 그림 그리기와 작은 액세서리 만드는 것을 좋아한다고 했지. 그때 네가 만든 비즈 목걸이 보여 줬잖아. 정말 예뻤어. 그동안 더 만든 것이 있는지 궁금하다.

아빠는 요즘 일과 후 친구들과 술 드시는 것 대신 너와 시간을 더 보내려고 노력하신다고 말씀하셨어. 너와 같이 배드민턴 치고, 식물채집 하고, 비즈 목걸이 만드는 시간이 재미있고 보람 있다고 하셨어. 너는 아빠와 보내는 시간이 어떤지 궁금하다.

아빠는 네가 다음 주 금요일 오후 ○시에 상담 받으러 내게 올 수 있을 거라고 하셨어. 만나서 어떻게 지냈는지 얘기하는 것과 시간이 괜찮은지 알려 주렴. 이메일로 답장해 주렴.

출처: 고윤순(2016) 재구성.

[그림 7-2] 초대 편지의 예

② 치료(변화) 내용 기록

알코올 남용자의 치료 변화를 기록하면 그 내용과 변화과정이 내담자에게 어떤 의미가 있는지 살펴보는 데 도움이 될 것이다. 또한 변화과정에서 어떤 행동, 누구와의 관계가 도움이 되었는지도 살펴볼 수 있는 자료가 된다. 치료의 내용 및 변화는 상담자가 기록하여 제공할 수도 있고, 상담자가 내담자와 함께 기록할 수도 있다. 또한 내담자가 자신의 변화를 모니터링하면서 기록할 수도 있을 것이다. 다음은 내담자가 기록한 상담 및 변화의 예이다. 이 기록은 내담자가 상담을 받는 동안 주목할 만한 내용을 토론하거나 관찰한 후, 종이나 화이트보드에 메모하거나, 내담자가 문자로 상담자에게 보낸 것을 추후 같이 종합하여 정리한 것이다.

〈나의 선택과 결과 관찰 기록〉

＊결과적으로 후회하는 경우

1. 동료 C, G, M(특히 C)과 어울리기

2. 일과 후 편의점에서 동료들과 쏘맥 하기

3. 동료들과 원룸 집에 와서 더 마시기

＊결과적으로 즐겁고 보람 있는 경우

1. 영희와 저녁 먹기로 아침에 미리 약속하기

2. 주말에 영희, F와 외식하고 영화 보기

3. 영희와 시간 보내기: 배드민턴 치기, 식물채집, 액세서리 만들기

4. 어머니 집에 들리기: 고장난 것 고치기, 저녁 같이 먹기

5. 동료 B와 테니스 치기, 등산하기

출처: 고윤순(2016) 재구성.

[그림 7-3] 내담자의 치료 내용 기록의 예

③ 인증서

알코올 남용 문제를 가진 내담자가 치료활동을 통해서 성취한 것을 증명하는 인증서를 만들어 수여하면 도움이 된다. 인증서는 내담자가 특별한 어려움을 극복하거나 괄목할 만한 변화를 보인 경우, 상담/프로그램을 수료하는 경우, 새로운 삶(정체성)을 영위하겠다고 결심하는 경우 등에 만들면 좋을 것이다. 인증서는 되도록 내담자의 변화를 잘 반영하면서도 재미있는 언어로 작성하는 것이 좋다. 그러기 위해서는 치료과정에서 내담자가 어떤 성취를 하였는지, 그래서 무엇을 인증하면 좋을지 내담자가 함께 논의하면서 그 내용을 준비하면 좋을 것이다. 인증서는 내담자의 관심과 선호를 반영하여 스티커, 리본, 그림 등으로 장식할 수도 있다. 다음은 내담자의 성취를 고려하여 내담자와 상담자가 같이 만들어 수여한 인증서의 예이다.

〈인 증 서〉

성명 :

위 사람은 소정의 훈련과 연습을 통하여 다음의 영역에서 타인에게
도움을 줄 수 있게 되었기에 이 증서를 수여합니다.

1. 배드민턴 가르치기 (딸)
2. 테니스 가르치기 (친구)
3. 식물채집 안내 및 지원 (딸)
4. 가정에 고장난 것 고치기 (어머니, 여자친구, 집)

일시:
내담자: (서명)
상담자: (서명)
참관인: (서명)

출처: 고윤순(2016), 고윤순(2019) 재구성.

[그림 7-4] 인증서의 예

5. 이야기치료 집단프로그램

이야기치료(NT)모델은 개인상담으로 알코올 문제를 가진 내담자를 치료할 수 있을 뿐
아니라 집단프로그램으로 다양한 치료현장과 사회복지현장에서 활용할 수 있다. 집단형
식을 활용할 경우, 치료자는 참가자가 개별적으로 자신의 대안적인 이야기를 잘 개발하
도록 지지적인 환경을 조성하고 적절한 시간을 계획하는 것이 필수적이다. 이야기치료의
반영기법을 활용하면 참가자들이 자신의 특별한 이야기에 대한 동료들의 반영을 통해 더
욱 많은 공감과 지지를 경험할 것이다. 우리나라에서는 이야기치료에 관한 연구가 비교
적 단기간에 급격히 증가해 왔다. 이야기치료의 국내 연구동향에 관한 이선혜와 박지혜

(2018)의 연구에 의하면, 1996~2018년 이야기치료에 관한 연구 107편 중 실천연구가 66편 (61.7%), 비실천연구가 41편(38.3%)이었는데 특히 최근 들어 많은 실천연구가 발표되었다. 실천연구 중 개인, 부부, 가족을 단위로 한 과정연구가 25편(37.9%)이었고, 집단프로그램을 개발하여 효과성을 연구한 성과연구가 41편(62.1%)을 차지하여, 실천연구에서는 집단치료방식에 관한 연구가 더 많았다.[1]

이야기치료는 아동, 청소년, 노인, 장애인, 성인, 부모 등 다양한 대상자를 위해 활용되고 있는 것으로 나타났다. 또한 이야기치료는 다양한 문제를 돕기 위해서 사용되었다. 예를 들어, 아동학대(고미영, 2005; 신영화, 2020; 윤혜미 외, 2013), 위탁가정 모자갈등관계(이경욱, 2007), 노인자살예방(문수경, 2015), 치매노인의 갈등(이경욱, 2009) 등에서 이야기치료가 효과적인 것으로 보고되었다.

이야기치료 집단프로그램도 활발하게 활용되고 있으며 효과성을 입증하는 것으로 보고되고 있다. NT의 기법이 아동에게 좀 어려울 것이라는 견해도 있으나, 실제로는 아동대상의 연구가 활발하게 진행되었다. 아동과 청소년을 대상으로 한 연구로는 초등학생 스마트폰 중독(김현정, 조은숙, 2019), 공격적인 아동(임다영, 김유미, 2010), 아동의 스트레스(조민규, 2912), 학업중단 위기청소년의 사회성(임수진, 2020), 청소년 스마트폰 중독(Choi et al., 2017) 등이 있다. 성인을 대상으로 한 연구로는 초기 성인기의 정신증(고희성, 2017), 가정폭력 피해여성(양난미, 2018), 노인의 우울감(고정은, 2016), 정신장애인 자기-스티그마(이선혜 외, 2018) 등이 있다.

한편, 최연정과 조은숙(2021)의 연구는 대학생을 대상으로 온라인 NT 집단상담 프로그램을 개발하여 자아정체감과 진로결정 자기효능감에 미치는 효과를 연구[2]하였는데, 온라인(on-line)기반 집단프로그램의 활용 가능성을 확인한 것 또한 의의를 지닌다.

---

1) 2015년 이후 실천연구가 꾸준히 증가하였고, 2017년에는 실천연구가 비실천연구의 6배에 달하였다. 실천연구에서 개입단위는 가족 4편, 개인 23편, 집단 43편이었다(병행한 경우 중복집계). 개입대상은 아동·청소년 40편(60.6%)으로 가장 많았고, 노인 10편(15.2%), 여성 9편(13.6%), 장애인 3편(4.5%) 등 순이었다. 주요 문제는 심리정서 52편(78.8%), 사회적 역할/기능 8편(12.1%), 대인관계 6편(9.1%)이었다(이선혜, 박지혜, 2018: 348).
2) COVID-19로 인해 대면상담이 어려운 상황하에서, 이 연구는 전국의 대학생 16명을 모집하여 실험집단과 통제집단에 각각 8명씩 무선배치하고 실험집단에만 주 2회, 2시간씩 총 10회기 NT 집단상담을 비대면 Zoom을 활용하여 진행한 것이 특징이다(최연정, 조은숙, 2021).

1) 알코올 문제를 위한 NT 집단프로그램

알코올 문제를 가진 내담자는 문제의 부정적인 영향으로 인하여 매우 부정적인 정체성을 가지고 있는 경우가 많으므로 이야기치료의 집단프로그램은 매우 효과적일 수 있다. NT의 주요 기법인 외재화, 회원 재구성, 새로운 정체성 선언, 정의예식 등은 알코올 문제에 관한 비슷한 경험을 가진 동료들과 집단형식으로 작업할 경우 더욱 시너지 효과를 발휘할 수 있다. 예를 들어, 새로운 정체성 선언이나 정의예식 기법은 청중이나 증인이 필요한데, 집단의 동료들이 그 역할을 할 수 있으며, 타인을 돕는 과정을 통해 본인의 새 정체성을 개발하는 데에 추가적인 지지와 통찰력을 제공받을 수 있기 때문이다. 알코올 문제를 겪고 있는 다양한 대상자를 위해 집단프로그램을 개발할 수 있으며, 알코올 문제를 가진 내담자의 지원체계(배우자, 직장/학교 동료, 가족, 보호자 등)를 위한 집단프로그램을 개발하여 제공하는 것도 필요할 것이다. 알코올 문제를 가진 내담자를 위한 집단프로그램에 내담자의 지원체계를 외부증인으로 초청하는 것도 고려할 만하다.

알코올중독자를 위한 이야기치료 집단프로그램에 관한 연구로는 박재완(2019)의 최근 연구가 있다. 이 논문은 폐쇄병원에 입원 중인 알코올중독자를 위하여 8회기 이야기치료 집단프로그램을 개발하여 실험집단과 대조집단으로 나누어 프로그램을 진행하고 효과성을 탐구한 실험연구이다. 이 연구에서의 이야기치료 집단프로그램에는 17명의 성인 남성 알코올 중독자가 일주일에 2회씩 4주간 총 8회 참여하였다. 집단프로그램은 오리엔테이션, 지배적 이야기 탐색, 외재화, 독특한 결과 찾기, 강점과 내적 자원 찾기(스캐폴딩과 MBTI 활용), 대안적 이야기 구축(회원 재구성 및 생태도 활용), 정의예식, 새로운 이야기 쓰기로 구성되었다. 연구 결과, 실험군은 대조군보다 자존감이 높고, 스트레스 반응이 낮으며, 알코올중독에 관한 병식이 높은 것으로 나타나 프로그램의 효과성을 증명하였다. 이 연구는 유사한 선행연구의 집단프로그램 내용, 진행 등을 참고하여 개발하고 운영한 점에서 또한 의의가 있다.

2) 알코올 남용 성인 집단치료 프로그램의 예

다음은 알코올을 남용하는 성인을 위하여 저자가 개발한 이야기치료 집단치료 프로그램의 예이다. 본 집단프로그램은 NT의 주요 개념 및 치료기법을 활용하여 개발하였으며, 주 1회, 8주간 진행하도록 계획되었다. 필요에 따라서 6~8회기는 2주에 1회씩 운영할 수도 있다. 또한 변화 유지 및 모니터링을 위해 3개월 후에 사후회기를 계획하였다. 참가자에게 충분한 관심과 지지를 제공하기 위하여 참가자의 수는 5~8명 정도를 계획하고, 회기당 소요시간은 60~90분을 제안한다.

〈표 7-2〉 알코올 남용 성인 NT 집단프로그램

회기	주제 및 기법	집단치료활동	준비물, 결과물 및 치료적 문서
1	* 오리엔테이션 -문제의 탐색	1. 소개: 참가자, 프로그램 2. Ice-Breaking 활동 3. 서약서, 사전검사	명찰 척도검사지 (초대장 미리 보냄)
2	* 외재화 -찰흙 공작	1. 문제 탐색(지배적 이야기) 2. 외재화 작업(나 만들기-문제 만들어 분리하기-문제에 이름 붙이기) 3. 반영하기	색찰흙 공작물 (나, 문제)
3	* 문제의 영향력 분석	1. 문제-본인 관계 탐색 2. 문제-삶의 목표/가치관에 부정적인 영향 탐색 3. 반영하기	노트, 볼펜 문제 영향 분석 노트
4	* Tree of Life -색연필 그림	1. 인생나무 그리기 2. 독특한 결과 탐색 3. 대안 이야기 개발 및 반영하기	색연필/크레용, A4용지 인생나무 그림
5	* 회원 재구성 -인생클럽(카페)	1. 인생클럽 멤버십 활동 2. 회원등급 승급/강등의 의미 3. 노트정리 및 반영하기	노트, 볼펜 멤버십 노트
6	* 재저작 -대안/선호 이야기	1. 새로운 나의 이야기 쓰기 2. 대안/선호하는 이야기 발전 3. 반영하기	노트, 볼펜 New story
7	* 정의예식 -외부증인	1. 새로운 정체성 작성 2. 새 정체성 선언 3. 외부증인, 참가자 반영하기	노트, 볼펜 새 정체성 선언문
8	* 수료식 -정리 및 평가	1. 수료증/인증서 수여 2. 축하 및 소감 나눔 3. 사후 계획 및 사후검사	수료증/인증서 케이크, 음료수

사후 회기	* 사후 회기 (3개월 후)	1. 근황 토크 2. 발전된 이야기 나누기 3. 반영하며 지지하기	초대장 미리 보냄 노트

출처: 고윤순(2016), 고윤순(2018), 박재완(2019)을 참고하여 저자가 재구성.

알코올 문제를 가진 성인을 위한 이야기치료 집단프로그램 〈표 7-2〉은 다음과 같은 점을 고려하여 구성한 것이 특징이다.

첫째, 이야기치료의 기법 중 치료 효과가 매우 뛰어난 외재화 기법을 프로그램의 앞에 구성하여 참가자들이 알코올 문제를 가진 자신을 문제와 분리하는 작업을 하도록 하였다. 알코올 문제를 자신과 분리하면 자신을 바라보는 관점이 달라지고 다른 이야기를 할 수 있는 틈새를 발견하게 될 것이다(Russell, 2010).

둘째, 알코올 남용 참가자는 문제의 부정적인 영향력을 분석함으로써 그 결과가 자신의 삶의 목표와 가치와 어떻게 다른지 성찰하는 기회를 가지게 될 것이다. 이 과정에서는 이야기치료의 주요 개념인 '부재하나 암시된' 내담자의 희망을 생각해 보게 되고, 이는 예외적인 상황이나 독특한 결과를 탐색하는 데 도움이 될 것이다(Stillman, 2009).

셋째, 인생나무 그리기를 통해 예외적인 상황, 독특한 결과를 적극적으로 탐색하고 그 결과 풍성한 대안적인 이야기를 개발할 수 있을 것이다. 인생나무 그리기는 그 작업하는 내용이 삶의 기둥, 꽃, 열매 등을 다루게 되므로, 그 과정에서 자연스럽게 대안적인 이야기(그리고 경우에 따라서 선호하는 이야기도 도출되기도 함)를 여러 개 개발하게 되는 장점이 있다(Stillman, 2015). 또한 그린 나무에 관한 이야기를 동료들과 나눔으로써 자신의 새로운 정체성을 발전시키고 지지를 받게 되는 효과를 발생할 수 있을 것이다.

넷째, 회원 재구성 작업을 위해서 인생클럽(카페) 작업을 하도록 계획하였는데, 이를 통해 내담자가 다양한 인간관계를 돌아보고 그 내용을 재구성할 수 있는 시간을 가지게 된다. 인생클럽 작업을 하는 과정에서 멤버십의 승급/강등의 은유적 메시지가 재저작을 준비하는 데 구체적인 도움이 될 것으로 기대한다(고윤순, 2019).

다섯째, 재저작을 통해서 내담자가 새로운 이야기를 작성하고 그 이야기가 새로운 정체성을 포함하게 되면, 새로운 정체성을 동료들 앞에서 선언하는 '의식'을 할 수 있는데, 이 정의(인정)의식을 위해서 동료집단은 잘 준비된 청중역할을 효과적으로 하게 될 것이다. 매 회기마다 동료들과 반영하기의 작업을 한 것이 정의예식의 사전연습이 되었기 때문이다. 이야기치료의 정의예식(반영)기법은 특히 집단형식을 취하면 더욱 효과를 발휘할 것이다(고미영, 2021; Markey, 2019; Stillman, 2009). 그간 라포를 잘 형성한 여러 명의 동료가 함께하기 때문이다.

여섯째, 본 이야기치료 집단프로그램은 다양한 보조도구를 활용하여 재미와 치료 효과가 극대화되도록 계획하였다. 문제와 사람의 분리를 색찰흙 공작으로 진행하여 시각적으로 외재화 모습을 경험하도록 설계하였다(Stillman, 2012). 인생나무 그리기 작업을 통해 내담자의 삶 속에서 대안적인 이야기의 요소를 그림으로 표현하도록 하였다. 작업결과는 집단치료실에 진열하여 추후 치료세션에서 감상할 수 있고 개발된 이야기들을 회상하는 기회를 줄 것이다.

일곱째, 노트를 사용하여 작업한 결과가 치료적 문서로서 효과를 발휘할 것이다. 문제의 영향력 분석, 내가 쓴 새로운 이야기, 새 정체성 선언문 등이 내담자에게 격려하는 메시지로서의 역할을 할 것이다. 그 외에 추가로 사용하는 초대장, 수료증 등도 효과적인 치료적 문서가 될 것이다(고윤순, 2016; Markey, 2019).

이야기치료 집단상담을 계획하고 운영할 때 잊지 말아야 할 것은 계획된 프로그램 내용은 하나의 '가이드라인'으로 활용해야 한다는 점이다. 이야기치료는 내담자 자신이 원하는 삶의 이야기를 하도록 격려하기 때문에 미리 계획된 주제와 대화방식이 집단치료의 형식과 내용 전개에 제한이 되지 않도록 주의해야 한다. 또한 집단치료는 참가자들의 상호작용과 역동을 존중하므로, 그러한 활동을 격려하는 자유로운 분위기가 되도록 치료자는 민감성을 발휘해야 한다(최지원, 2022).

6. 이야기치료의 활용

이야기치료 모델은 알코올 치료현장 및 알코올 남용문제를 가진 클라이언트에 개입하는 사회복지실천 현장에서 매우 유용하게 활용될 수 있을 것이다.

첫째, 알코올 남용문제를 가진 내담자의 치료 초기 단계에서 외재화 대화와 해체대화를 활용할 경우, 내담자와 가족이 매우 빠르게 연합하여 알코올 문제에 대처할 수 있다. 이야기치료의 회기 구성은 매우 유동적으로 계획된다. 외재화 대화, 회원 재구성 대화 및 활동, 외부증인, 반영팀 활용, 치료적 문서 활용을 개별적으로 혹은 함께 활용할 수 있을 것이다.

둘째, 다양한 치료현장이나 사회복지 현장에서 알코올 문제를 가진 대상자를 위해서 개인상담, 가족치료, 집단상담 프로그램으로 이야기치료 모델을 활용할 수 있다. 특히 특정 내담자(예: 다문화가족 구성원, 청소년, 특수 직업군, 장애인, 노숙자, 대학생 등)의 경우 이전에 이야기치료 경험이 있었던 내담자를 외부증인으로 활용하면 반영과 대안 정체성 구축 면에서 매우 효과적일 것이다.

셋째, 외부증인들이나 반영팀을 활용하여 알코올 문제를 가진 내담자를 치료하는 형식을 취할 수도 있다. 이것은 알코올 치료현장 혹은 알코올 문제를 지닌 내담자에게 사회서비스를 제공하는 기관에서 사용되는 것뿐 아니라 교육 및 훈련 현장에서도 활용될 수 있다. 예를 들어, 알코올 문제를 다루는 집단상담에서 활용하면 효과가 있을 것이다. 또한 이야기치료 교육현장의 청중을 외부증인/반영팀으로 활용하는 것이다. 그간 한국을 방문한 덜위치 센터 전문가들(Markey, 2019; Stillman, 2012)이 워크숍에서 실제 사례를 라이브로 상담하고 청중을 외부증인/반영팀으로 활용하여 좋은 치료 효과를 거두었고, 국내에서도 이런 시도가 진행되었다(고미영, 2021). 이럴 경우 좀 더 충분한 시간을 계획해야 할 것이다.

넷째, 다양한 사회복지기관에서 이야기치료의 기법을 활용할 수 있을 것이다. 사회복지기관의 위기가정이나 사례관리대상 가족의 경우, 알코올 남용 가족 구성원을 가지고 있는 경우가 많다. 사회복지기관의 서비스, 프로그램, 사회복지사의 이야기치료 훈련 정도에 따라 이야기치료의 다양한 치료기법을 활용할 수 있을 것이다. 알코올 문제를 가졌지만 성공적으로 대안적 이야기와 정체성을 개발한 내담자 혹은 가족을 가족상담, 자조집단에 외부증인으로 초청할 수도 있고, 반영팀 구성원으로 활용하는 것도 유용할 것이다.

토론문제

1. 알코올중독자의 상담에서 '부재하나 암시된' 개념이 포함된 대화는 어떤 것들이 있을 수 있는지 논의하시오.

2. 알코올중독자와 그 가족을 상담할 때, 외재화(externalization) 기법을 효과적으로 활용할 수 있는 방법에 대해서 토론하시오.

3. 알코올 문제를 가진 청소년을 상담할 때, 내담자가 관심이 있는 그림 그리기나 찰흙 공작으로 스포츠 경기를 활용한 회원 재구성 작업을 할 때의 장점과 그 방법에 대해서 논의하시오.

4. 알코올중독자의 치료에서 성공적인 치료경험이 있는 전 중독자를 정의(인정)예식에 활용하는 방법에 대해서 논의하시오.

5. 알코올 문제를 가진 내담자를 비대면으로 상담할 때, 활용할 수 있는 치료적 문서의 종류와 방법에 대해서 토론하시오.

참고문헌

고미영(2000). 이야기치료의 한국적 적용에 관한 연구. 가족과 가족치료, 8(1), 111-136.

고미영(2005). 학대받은 아동들을 위한 이야기치료. 한국가족치료학회지, 13(2), 115-147.

고미영(2014). 한국적 상담 현장에서의 반영팀의 활용에 대한 상담자의 경험연구. 가족과 가족치료, 22(2), 205-228.

고미영(2021). 한국이야기치료학회 2021년 반영팀장 이야기치료 임상수련활동 워크숍(2021년 6월 5일), 한국이야기치료학회.

고윤순(2016). 알코올 문제를 가진 아동학대 가해아버지를 위한 이야기치료 사례. 2016년 하반기 강원지역 이야기치료 사례발표 및 반영회 자료.

고윤순(2018). 이야기치료에서 그림·스포츠를 활용한 청소년 회원재구성 대화 활용 사례. 2018년 한림대학교 반영팀 사례발표회 자료.

고윤순(2019). 이야기치료 강의자료. 한림대학교 사회복지대학원.

고윤순(2021). 이야기치료(Narrative Therapy). 정신건강 전문요원 보수교육자료집. 국립춘천병원.

고정은(2016). 우울감을 경험하고 있는 노인들의 이야기치료 집단 상담. 가족과 가족치료, 24(1), 27-46.

고희성(2017). 정신증을 경험하는 청소년·초기성인기 대상자를 위한 이야기치료 집단프로그램의 효과. 서울대학교 대학원 박사학위논문.

권희영(2021). 내러-슈비의 다양한 이슈와 실천 1&2. 한국이야기치료학회 2021년 내러-슈비 워크숍 자료집.

김현정, 조은숙(2019). 인터넷 및 스마트폰 과의존 초등학생의 자아존중감 향상에 초점을 둔 이야기치료 집단상담 프로그램의 효과 및 변화과정 연구. 한국가족관계학회지, 24(2), 25-44.

문수경(2015). 노인자살 예방 개입을 위한 이야기치료 적용에 관한 사례분석. 한국사회복지조사연구, 43, 173-189.

박재완(2019). 이야기치료를 활용한 집단상담프로그램(GCPNT)이 알코올중독자의 자존감. 스트레스 반응 및 병식에 미치는 효과. 경북대학교 대학원 석사학위논문.

신영화(2020). 아동학대 위기 가족에 대한 이야기치료 접근의 사례연구. 가족과 가족치료, 28(4), 503-532.

양난미(2018). 가정폭력 피해여성을 위한 이야기치료 프로그램 개발 및 효과성 검증. 경상대학교 대학원 박사학위논문.

윤혜미, 장화정, 고미영(2013). 아동학대 재발방지를 위한 이야기 치료 기반의 가족치료 접근. 한국가족복지학, 40, 55-86.

이경욱(2007). 위탁가정 모자 이야기치료 사례연구. 한국가족치료학회지, 15(1), 189-209.

이경욱(2009). 치매노인과의 관계개선을 위한 중풍노인 이야기치료 집단상담 사례연구. 한국노년학, 29(3), 1123-1140.

이경욱(2022). 중독회복을 위한 이야기치료 집단상담. 2022년 워크숍 '이야기치료 집단상담의 실제' 자료집. 한국이야기치료학회.

이선혜(2020). 이야기치료: 상담 및 심리치료 이론 시리즈 16. 서울: 학지사.

이선혜(2022). 정신장애 당사자와 가족에 대한 시선과 접근의 역사. 2022 한국이야기치료학회 추계 학술대회 자료집. 한국이야기치료학회.

이선혜, 박지혜(2018). 이야기치료의 국내 연구동향 분석: 1996-2018. 가족과 가족치료, 6(3), 343-377.

이선혜, 송영매, 김민아, 서진환(2018). 정신장애인 자기-스티그마 감소프로그램의 개발과 파일럿 실행: 정체성 재구성을 위한 이야기치료의 적용. 가족과 가족치료, 26(1), 157-183.

임다영, 김유미(2010). 이야기치료 집단상담이 아동의 역기능적 신념과 공격성에 미치는 영향. 아동학회지, 31(1), 125-136.

임수진(2020). 학업중단 위기청소년을 위한 집단상담 프로그램 개발과 효과성 검증-사회성 향상을 위한 이야기치료 중심으로. 한국범죄심리연구, 16(4), 195-208.

정문자, 정혜정, 이선혜, 한영주(2020). 가족치료의 이해(3판). 서울: 학지사.

조민규(2012). 이야기치료 집단상담 프로그램이 아동의 스트레스와 자아존중감에 미치는 효과. 경북대학교 대학원 석사학위논문.

최연정, 조은숙(2021). 온라인 이야기치료 집단상담 프로그램이 대학생의 자아정체감과 진로결정 자기효능감에 미치는 효과 연구. 가족과 가족치료, 29(4), 787-811.

최지원(2022). 이야기치료 집단상담의 이해. 2022년 워크숍 '이야기치료 집단상담의 실제' 자료집. 한국이야기치료학회.

한국이야기치료학회(2018). 2018 내러티브 상담사 워크숍 자료집: 다양한 매체를 활용한 이야기치료.

Anderson, H., & Goolishian, H. (1992). The client is the expert: A not-knowing approach to therapy. In S. McNamee & Gergen, K. (Eds.). *Therapy as Social Construction*, Newburry Park: Sage Publication.

Brunner, J. (1991). The narrative construction of reality. *Critical Inquiry, 18,* 1-21.

Carey, M. (2004). *Narrative Therapy.* Hallym University Graduate School of Social Welfare Workshop.

Choi, I. H., Jang, M. J., & Lee, D. M. (2017). Development of Narrative Therapy Group Counseling Program for Prevention of Adolescents' Smartphone Addiction. *Korean Society for Computer Game, 30*(1), 11-23.

Fox, H. (2003). Using Therapeutic Documents: A Review. *International Journal of Narrative Therapy & Community Work, 2003*(4), 25-35.

Freedman, J., & Combs, G. (2009). 이야기 치료: 선호하는 이야기의 사회적 구성(*Narrative Therapy*). 김유숙, 전영주, 정혜경 공역. 서울: 학지사. (원저는 1997년에 출간).

Freeman, J. C., Epston, D., & Lobovits, D. (1997). *Playful approaches to serious problems: Narrative therapy with children and their families.* W.W. Norton & Company.

Looyeh, M. Y., Kamali, K., & Shafieian, R. (2012). An Exploratory Study of the Effectiveness of Group Narrative Therapy on the School Behavior of Girls with Attention-Feficit/Hyperactivity Symptoms. *Archives of Psychiatric Nursing, 26*(5), 404-410.

Mann, S., & Russell, M. (2004). Narrative Therapy. 한림대학교 사회복지대학원 국제 워크숍 자료집.

Markey, C. (2019). *Narrative Therapy.* Ilsong Education Foundation International Workshop Booklet.

Morgan, A. (2000). *What is Narrative Therapy? An easy to read introduction.* Adelaide, Australia, Dulwich Center Publication.

Morgan, A. (2004). *Narrative Therapy.* Hallym University Graduate School of Social Welfare Workshop.

Russell, S. (2010). *Narrative approaches when working with alcohol related problems.* Hallym University Graduate School of Social Welfare Workshop #82.

Sanders, C. J. (1998). Re-authoring problem identities: Small victories with young persons captured by substance misuse. In C. Smith & D. Nylund (Eds.), *Narrative therapies with children and adolescents* (pp.141-162). New York: Guilford.

Sanders, C. J. (2007). A Poetics of Resistance: Compassionate Practice in Substance Misuse

Therapy. In C. Brown & T. Augusta-Scott, *Narrative Therapy: Making Meaning, Making Lives.* Sage Publications, inc.

Saville, S. (1998). *Overcoming the problem of substance misuse: Adolescent's experience in a narrative re-authoring program, Master's thesis.* University of British Columbia, Vancouver, Canada.

Stillman, J. (2006). *Using Narrative Therapy When Working with Couples.* Hallym University Graduate School of Social Welfare Workshop #58.

Stillman, J. (2009). 이야기치료를 적용한 집단상담 방법. 한림대학교 사회복지대학원 국제 워크숍 자료집.

Stillman, J. (2010). *Narrative Therapy Trauma Manual: A Principle-Based Approach.* MN: Caspersen, LLC.

Stillman, J. (2012). *Addressing Trauma Using Narrative Therapy.* Hallym University Graduate School of Social Welfare Workshop.

Stillman, J. (2015). 질병, 상실, 애도를 위한 이야기치료. 한림대학교 사회복지대학원 국제 워크숍 자료집.

White, M. (2001). *Narrative Therapy.* Hallym Graduate School of Social Welfare Workshop #31.

White, M. (2004). *Narrative Therapy: Mapping narrative therapy.* Hallym Graduate School of Social Welfare Workshop #48.

White, M. (2008). 이야기치료의 지도(*Maps of Narrative Practice*). 이선혜, 정슬기, 허남순 공역. 서울: 학지사. (원저는 2007년에 출간).

White, M., & Epston, D. (1990). *Narrative Means to Therapeutic Ends.* NY: Norton & Company.

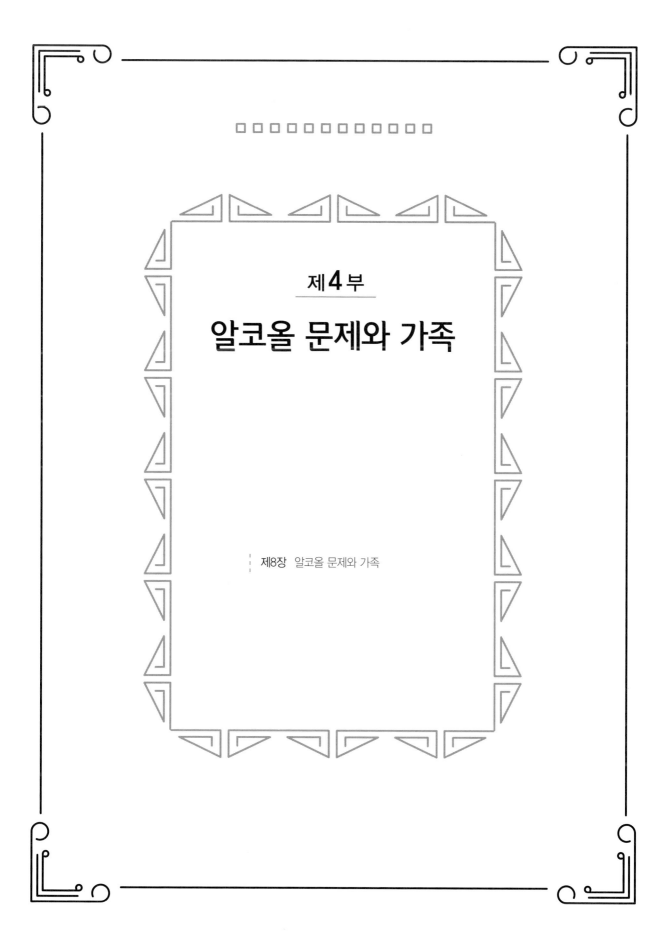

제**4**부

알코올 문제와 가족

제8장 알코올 문제와 가족

제8장 알코올 문제와 가족

손선주(청주대학교)

알코올 문제는 이를 경험하고 있는 개인뿐 아니라 가장 가까운 관계인 가족에게 부정적인 영향을 미치기 때문에 '가족 질병'이라고도 불린다(Steinglass, 1976). 그런데 알코올 문제는 가족갈등과 문제행동의 원인이 되지만, 가족 역기능의 결과이기도 하다. 알코올 문제를 겪고 있는 가족에게서 흔히 관찰되는 경직되거나 억압된 분위기, 그리고 가족 구성원들 간의 올바른 의사소통 부재와 역기능적인 상호작용은 가족의 결속력(cohesion)을 약화시키게 되는데, 특히 알코올 문제를 가진 가족 구성원의 공격적이거나 파괴적인 말과 행동은 가족 내 긴장감을 조성하게 되고, 가족의 적대적 의사소통은 가족 유대를 악화시키고 화해의 기회를 방해하기도 한다. 이로 인한 불편한 관계는 구성원 전체에게 상당한 스트레스를 유발하고, 가족갈등을 점진적으로 악화시키게 되며, 배우자, 자녀 및 기타 사랑하는 사람들에게 다양한 형태로 신체뿐 아니라 불안, 우울증, 무기력, 수치심 등과 같은 심리·정서적 고통을 주게 된다. 그리고 계속될 경우 가족 내 역할, 사회관계 그리고 그들의 삶을 영원히 바꿀 수도 있다. 한편, 알코올 문제를 가진 가족과 함께 역기능적인 공동체 삶을 살기 위한 가족 구성원들의 적응 방식은 다시 음주자의 알코올 문제를 악화시킬 수 있고, 그 가족들의 수치가 된다. 그래서 가족 구성원들은 집안의 알코올 문제를 숨기게 되고, 결국 외부로부터 종종 고립되기 때문에 적절한 시기에 전문가의 도움을 받는 기회를 잃게 된다. 그리고 이렇게 알코올 문제로 인한 복잡한 상황 속에서 알코올 문제를 가진 가족을 지지하는 구조망이 부재할 경우 가족 구성원들은 빈약한 자원에 의존할 수밖에 없어 가족 구성원들 간의 역동이 더욱 긴장되며 역기능적인 모습으로 나타날 수 있다(장수미, 2001). 따라서 사회복지적 개입 시 알코올 문제가 있는 가족과 그 자녀들에 대한 정확한 이해와 관찰은 매우 중요하다.

그렇다면 알코올 문제가 가족에게 미치는 영향은 어떤 것일까? 먼저, 알코올 문제가 있는 가족의 특징과 가족의 알코올 문제로 인해 변화된 가족체계를 살펴보고, 알코올 문제를 가진 아버지 또는 어머니의 증상과 이러한 부모가 제공하는 양육 환경이 자녀들의 건강한 심리 · 정서적 발달을 어떻게 저해할 수 있는지에 대해 이해해 보고자 한다. 마지막으로, 가족 구성원들이 이 어려운 시기를 보다 안정적이면서도 건강한 가족체계로 잘 헤쳐 나갈 수 있도록 도울 방법에 대해 알아볼 것이다.

1. 알코올 문제와 가족체계 변화

알코올 문제에 대한 가족의 '적응'과 '항상성'

알코올 문제를 가진 구성원에 대해 반응하는 가족의 모습을 설명하는 데 있어 '적응(adaptation)'과 '항상성(equilibrium)'은 매우 유용한 개념이다. 적응이란 환경에 대한 단순 또는 수동적인 순응이 아니라 자기 변화나 환경 변화와 같은 능동적인 과정으로 정의된다(Germain, 1991). 체계이론에 따르면, 문제음주자는 가족 내에서 또는 가족으로부터 고립된 것이라기보다는 환경과 역동적으로 상호작용하는 한 구성원으로 이해할 수 있다(권구영, 1999). 그런데 이러한 체계이론의 관점에서 알코올 문제를 가진 가족에게 적응이란 알코올 문제를 가진 사람을 둘러싼 가족 구성원들이 가족체계 내에서 발생하는 각종 스트레스 상황에 대해 저마다 각자의 고유 방식으로 순응해 가는 과정에서 발생한 스트레스를 감소시키려는 노력이라고 할 수 있다. 이러한 과정에서 한 명 이상의 특정 가족 구성원들은 과중하게 가족의 책임을 떠안음으로써 가족의 필수적인 기능을 유지하려는 부적응적 방식을 선택하기도 하는데, 예컨대 자녀가 부모의 역할을 하게 되는 경우라든가, 음주를 조장하는 중요한 수단을 감추는 행위(예: 금전적 제한)라든가, 음주자를 비난함으로써 가족이 느끼는 중압감을 해소한다든가, 알코올 문제를 악화시키는 행동을 은폐해 주는 행위를 하거나, 심지어 함께 음주하는 것 등이다. 게다가 가족은 종종 알코올 문제를 가진 가족체계를 둘러싼 다른 이차적 체계, 예컨대 직장이나 학교, 친척 사이에서 알코올 문제를 가진 가족을 돕기 위한 중재 역할을 하는 경우가 많은데, 때로는 이러한 중재의 결과가 음주자의 알코올 문제를 더욱 심각하게 만드는 결과를 가져오기도 한다.

사회생물학적 체계 관점에서 '항상성'은 한 가족 구성원의 알코올 문제가 어떻게 나머지 가족 구성원들에게 부정적인 영향을 미치는지에 대한 이해를 돕는 개념이다. 구체적으로 말하면, 항상성이란 외부의 어떤 침입 또는 영향으로부터 체계 내의 내적 균형과 질서를 지키기 위한 역동적인 움직임으로(김유숙, 2007; 김혜숙, 2008), 가족들이 취하는 생존에 중요한 의미를 가지는 적응적 그리고 부적응적 기제를 모두 포함한다(김기태, 안영실, 최송식, 이은희, 2005). 초기 문제 단계에서 가족 구성원들은 알코올 문제를 부정하는 방어 기제를 많이 사용하는데, 시간이 지남에 따라 음주자의 알코올 문제가 심화하는 경우가 빈번하다 보니 음주문제를 부인하는 형태로 대처하다 보면 가족의 기능과 항상성이 지속해서 그리고 점점 더 심하게 위협받게 되는 상황에 이르게 된다. 이러한 고조된 긴장감과 스트레스 상황을 완화하려고 하는 과정에서 가족 구성원들은 다양한 적응적 또는 부적응적 행동을 보이거나 문제가 존재하는 상황에서 재조직화가 나타나게 되고, 때로는 회피하는 경향이 관찰되기도 하며(권구영, 1999), 급기야 알코올 문제를 가진 자를 가족에서 소외 또는 고립시키는 등의 다양한 부적응적 방법을 통해서라도 가족의 항상성을 유지하려고 노력하는 모습을 종종 발견할 수 있다. 한편, 알코올 문제를 가진 구성원의 행동이 혼란스럽거나 파괴적임에도 불구하고 가족체계가 갖는 특성상 생존을 위해 이와 같은 행동을 하는 가족 내 문제음주자에게 기대거나 의존하는 모습 또한 자주 관찰된다. 이는 가족 구성원들이 부정적 결과를 가져올 수 있는 부적절한 해결책에 의지하는 방법으로라도 대인관계에서 충족되어야 하는 욕구를 가족 내에서 해소하여 적응하려고 하기 때문이다(김기태 외, 2005). 그런데 이러한 대처 방식은 현실에 대한 가족의 통찰력이 매우 부족함을 보여 주는 현상일 뿐 아니라 음주에 대한 합당한 이유에 가족 구성원들이 동참하는 모습을 보이는 역기능적인 모습이라고 할 수 있다(김기태 외, 2005).

가족이 항상성을 유지하기 위해서 행하는 노력과 선택하는 기제는 다양한데, 알코올 문제에 대해 대응하는 방식에 따라 카우프먼(Kaufman, 2014)은 가족체계를 다음과 같이 유형화한다.

첫째, 가장 건강하게 기능하는 가족체계(functional family system)로, 대개 알코올 문제가 심각하지 않은 초기 단계에서 보이는 가족체계이다. 이러한 가족은 외부의 자극이나 변화에 대해 유연하게 반응하기 때문에 갈등이 생기는 상황에서 건강하게 기능하는 방법을 비교적 잘 알고 있다고 볼 수 있다. 이 유형은 음주가 알코올 문제를 가진 이의 개인적 혹은 사회적 갈등 상황에서 유발된 경우가 많고, 일정 수준 이상의 과도한 음주는 집이 아닌 외부의 장소에서 이루어지는 경우가 많다(김기태 외, 2005). 한편, 음주자의 문제가 심각해짐에 따라 두 번째 유형인 신경증적으로 밀착된 가족체계와 세 번째 유형인 해체된 가족체계로 발전할 수 있다.

둘째, 신경증적으로 밀착된 가족체계(neurotic enmeshed family system)는 가족 구성원 모두가 알코올 문제에 초점을 맞추고 지나치게 관여를 많이 하거나 조정하려는 경향을 보이는 유형이다. 이 유형은 가족 구성원의 알코올 문제로 인해 이미 가족 전체의 전반적인 생활 패턴에 있어 부정적인 영향을 받고 있으며, 알코올중독으로 인하여 유발된 대인관계와 신체적·정서적 문제들이 상황을 더욱 심각하게 만든 상황이다(김기태 외, 2005). 근본적으로 알코올 문제는 다른 유형의 정신건강 문제와 마찬가지로 건강한 대인관계를 방해하게 되는데(윤명숙, 최수연, 2012), 특히 알코올 문제가 반복되고 오래되면서 만성질환으로 발전하는 경우, 알코올의 영향으로 당사자들의 전전두엽을 포함한 다양한 뇌 영역이 영구적 손상을 입게 됨에 따라 성격과 행동적 패턴 또한 점차 부정적으로 변화하게 된다. 합리성이 부족한 미성숙한 사고, 그리고 자기통제력, 즉 충동성 및 감정 조절에 어려움을 겪는 행동적 양상이 대표적이다(정향수, 2006). 또한 다른 사람의 행동이나 동기를 왜곡하는 경향성이 증가함에 따라 알코올 문제 당사자는 자신이 느끼는 부정적 감정과 현실에 대해 왜곡하여 인지함으로써 이를 폭력으로 표현하고, 심지어 그것이 정당한 대응이라고 느끼기도 한다. 이러한 증상들이 가정 내에서 반복적으로 나타나게 됨에 따라 문제음주자의 배우자는 음주자의 알코올 문제로 인해 가정생활이 점점 파괴되어 간다고 느끼게 되고, 반면 문제음주자는 그의 배우자가 만들어 내는 가정 내 문제가 본인이 술을 마시지 않을 수 없게 또는 더 마시게 한다고 주장한다. 이렇게 가족 내에서 발생하게 되는 갈등은 구성원들의 역할을 뒤바꿔 놓기도 하며, 역기능적인 가족 구성원들에게는 기능적 반응을 강제적으로 요구하게 되는 상황도 발생한다. 이때 가족의 불만과 불안 수준 및 긴장감이 높아지면서 음주자의 음주행동은 더 심각해지게 되고, 이것이 결국 가족의 갈등을 더욱 고조시키는 결과를 가져오는 악순환으로 이어질 수 있다. 아울러 알코올 문제를 가진 당사자와 함께 생활하는 가족 구성원들이 역기능적인 상호작용 관계를 지속해서 이어 감에 따라 그들의 삶의 조절능력 또한 저하될 수 있다.

이러한 가족 구성원들은 건강하지 못한 공동체 삶을 사는 것에 익숙해질 수 있고, 그 결과 공동의존 형태로도 발전할 수 있는데(Beattie, 1992), 이러한 공동의존 형태는 순교자적 유형, 박해자적 유형, 술친구적 유형, 매우 냉담한 유형 그리고 공모자적 유형으로 구분해 볼 수 있다(김기태 외, 2005). 알코올 문제를 가진 부부들이 보이는 행동적 특성에 대해서는 후에 구체적으로 살펴보겠지만, 여기서 간단하게 살펴보면 순교자적 유형은 모든 것을 본인의 잘못이라고 믿으며 현실에서 부딪히는 문제를 자신의 헌신과 희생을 통해 해결하려고 하는 스타일이다. 박해자적 유형은 순교자적 유형의 반대 성향으로, 문제 상황을 알코올 문제를 가진 당사자의 잘못으로 탓하는 데 주력하는 경향을 보인다. 술친구적 유형은 알코올 문제를 가진 자와 좋은 관계를 유지하고자 음주행위에 함께 가담하는 유형이다. 매우 냉담한 유형은 무감각한 감정적인 상태로 알코올중독자를 돕는 것 자체를 포기해 버리는 유형이다. 마지막으로, 공모자적 유형은 알코올 문제를 가진 이가 단주를 지속하려는 것을 계속해서 방해하는 유형이다(고병인, 2003). 이 밖에도 감정인식과 상호교류의 어려움, 본인의 욕구보다는 중독자의 욕구에 치중하게 되는 과도한 책임감, 타인에 대한 불신과 같은 건강한 대인관계 기술 부족 문제, 그리고 상대방의 문제를 내가 통제 또는 조절할 수 있다고 믿는 비합리적인 신념 또한 알코올 문제를 가진 당사자를 포함한 온 가족 구성원의 상황을 악화시킬 수 있다(최송식, 1997). 따라서 가족 구성원들의 냉철한 현실감각과 통찰력은 건강한 가정으로 회복하도록 돕는 데 매우 중요한 치료적 개입요소이다.

알코올 문제는 특히 배우자에게 부정적인 영향을 미치기 때문에 정상적인 부부관계를 방해하게 된다(윤명숙, 2003). 스트레스나 긴장감을 낮추기 위한 배우자의 음주행위는 음주에 대한 가족 구성원들의 불만과 불안감을 오히려 증폭시키게 됨으로써 위기 상황을 초래하는 결과를 가져올 수 있는데(Bowen, 1976), 이렇게 갈등과 스트레스 수준이 높아진 상황은 알코올 문제를 가진 배우자와의 부부관계를 더욱더 경쟁적으로 만들 수 있다. 이러한 부부간의 힘의 불균형은 결론 없는 싸움으로 반복되는 경향을 보이는데, 서로 간 누가 먼저 원인을 제공했는지에 대한 갈등과 상대방에 대한 비난 및 부적 감정표현의 반복으로 문제에 대한 해결책은 찾지 못한 채 현실에 대한 통찰력만 낮아지게 되고 급기야는 가족해체를 초래할 수 있다.

한편, 부부간 역동성과 상호작용은 알코올 문제가 있는 당사자가 아내인가 또는 남편인가에 따라 매우 다른 양상을 보이기 때문에 성별에 따른 차이를 이해할 필요가 있다(김혜련, 2010). 예컨대, 알코올 문제가 있는 남편은 배우자와 자녀들이 기대하는 신체적 · 정서적 역할을 제대로 수행하지 못하고, 반면에 아내는 그로 인해 경험하는 신체적 · 정신적 피해로 집을 나가겠다고 위협을 하거나 실제로 가출을 하기도 한다(Orford, Oppenheimer, Egert, Hensman, & Guthrie, 1976). 이 과정에서 알코올 문제를 가진 남편은 수동적이며 의존적인 방법을 통해 반복적으로 아내를 통제하고 책임을 회피하려고 하고, 부인은 강제적이거나 무뚝뚝하거나, 상대방을 지배하려는 성향을 보이거나, 때로는 심리적 고통을 호소하고 이용하여 상대방을 통제하려고 하는 모습을 보이기도 한다. 반면, 남편이 아닌 아내가 알코올 문제를 가진 당사자일 경우, 알코올 문제를 가진 아내에 대한 남편의 포기와 해당 가정의 해체속도는 남편이 알코올중독일 경우보다 더욱더 빠르게 진행되는 양상을 임상현장에서 흔히 관찰할 수 있다(장수미, 2001). 이렇게 성별에 따라 다르게 나타나는 부분은 알코올 문제를 가족에 대한 개입에 있어 개별화된 관점으로 접근할 필요성을 시사한다.

셋째, 해체된 가족체계(disintegrated family system)는 대개 당사자의 알코올 문제가 매우 심각해진 상황에서 관찰되는 유형이다. 이 유형의 알코올 문제를 가진 음주자는 온전한 사회생활에 실패하거나 실직과 자존감 상실과 같은 다양한 기능상의 문제를 반복적으로 경험해 오면서 가족 내에서 본인의 기능을 상실한 상태이다. 급기야는 가족으로부터 완전하게 분리 또는 고립된 상태를 보이거나 알코올 문제를 가진 당사자로 인해 가족체계 자체가 붕괴한 경우를 발견할 수 있다. 이 경우 알코올 문제를 가진 당사자에 대한 개입 초기 단계에 있어 가족에 대한 언급과 탐색은 적절할 수 있겠으나, 가족 구성원들과 가족 유대가 완전하게 재구성될 것이라는 매우 비현실적인 기대는 재활을 저해할 수 있다. 왜냐하면 이들은 단주 후에도 상당한 시간과 노력이 있어야지만 가족과의 연결이 가능하고, 일부 가족은 재결합이 아닌 건강하게 분리된 상태(healthy separation)를 원할 수 있기 때문이다. 따라서 알코올 문제를 가진 당사자에 대한 개입 목표 수립 시 가족과의 재결합은 실현 가능 여부에 따라 신중하게 고려되어야 할 사항이다.

마지막으로, 부재 가족체계(absent family system)는 알코올 문제를 가진 당사자에게 가족체계가 없거나 자신에게 중요한 지지체계를 이미 알코올중독 초기 단계에서부터 상실하여 장기적으로 고립된 경우이다(Saitoh, Steinglass, & Schuckit, 1992). 이들은 일상생활기술은 물론 본인에게 중요한 사회적 지지체계를 갖고 있지 않음으로 인해 단주와 회복의 보호요인이 부재한 상태이기 때문에 이들에게 새로운 사회적 지지체계를 연결해 주는 등의 개입을 제공할 필요가 있다.

2. 알코올 문제 가족의 특징

1) 알코올 문제가 있는 부부의 특징

알코올 문제를 가진 남편 또는 아내라는 표현보다는 문제음주자와 그 배우자라는 용어를 쓰는 것이 가장 적합할 것이다. 왜냐하면 아내가 알코올 문제가 있는 가정은 잘 드러나지 않아 그 실태를 파악하는 데 제한적일 수 있고(김혜련, 2010), 실제로 남편은 음주를 하지 않거나 문제음주자가 아닌데 부인이 과도하게 음주를 하고 알코올 문제를 만드는 경우도 있기 때문에 모든 알코올 문제 가족이 음주를 하는 남편과 그 여성 배우자로 구성되어 있다고 할 수 없어서이다. 한편, 알코올 문제를 가진 부부간 양상은 남편과 아내 중 누가 알코올중독자인지에 따라 상이하게 나타나는 경향을 보인다. 예컨대, 알코올 문제를 가진 남편의 배우자들의 공동의존증을 살펴보면 현실에서 부딪히는 문제를 아내 자신의 헌신과 희생을 통해 해결하려고 하거나 알코올 문제를 가진 남편과 긴장된 관계를 회피하고자 음주행위를 함께 하는 모습을 볼 수 있다. 이렇게 알코올 문제를 가진 당사자로 인해 갈등이 유발된 상황에서 배우자의 행동적 특징을 웨일런(Whalen, 1953)은 다음의 네 가지로 유형화하여 설명한다.

첫째, 고통받는 자(sufferer) 유형, 즉 문제음주자의 배우자는 외적으로는 힘들어하지만 내적으로는 반대로 자신에게 고통을 주려는 욕구가 있어 알코올 문제를 가진 배우자를 자신도 모르게 선택하게 되는 성향을 보이고, 나아가 그가 본인을 학대하거나 경제적인 능력 부족으로 가족을 부양하는 부분에 있어 책임감이 부족함에도 실망하지 않는 유형이다(김혜련, 2000). 한편, 웨일런(1953)에 따르면, 고통받는 자 유형의 여성 배우자는 어린 시절 성장하면서 학대를 경험한 경우가 많다고 하고, 계속되는 가족갈등과 가정 내 역할의 혼재와 부담, 긍정적인 의사소통의 부재로 자존감이 낮아 배우자를 선택함에서도 알코올 문제가 없는 남성이라도 지배적이거나 통제적인 유형을 찾는다고 한다. 이렇다 보니 고통받는 자 유형의 여성 배우자는 알코올 문제를 가진 남성 배우자의 음주행동을 강화하는 반면, 본인은 스스로 참는 존재가 된다고 한다.

둘째, 통제자(controller) 유형은 애초에 배우자를 선택할 때 사회 · 경제적 수준이 높지 않은 대상 또는 알코올 문제를 가진 사람을 찾는 경향이 있다고 한다. 이 유형은 문제음주를 하지 않는 배우자 본인들이 직접 가족의 체계를 지배하며 본인이 의사결정권을 가짐으로써 상대방을 조종 가능한 쪽으로 결혼 상대자를 찾지만, 가족 구성원에게는 전혀 관심을 보이지 않고 적대적이며 비판적인 태도를 남편에게 취한다고 한다. 따라서 통제자 유형의 아내는 남편의 음주를 유지하게 하기 위해 동맹자를 얻기 위한 목적으로 전문가를 만나고, 남편이 자신과 농등한 위치에서 의사결정권 등과 같은 능력을 갖춘 파트너로서의 역할을 하는 것을 원하지 않는 유형이라고 할 수 있다.

셋째, 동요하는 자(waverer) 유형은 통제자 유형과 매우 다른 성향을 보이는데, 동요하는 자 유형의 여성 배우자는 자신이 버려질 것에 대한 두려움, 사랑받고 싶어 하는 강한 욕구가 내재해 있는 편이고, 불안정한 상황을 견디기 힘들어하는 성향을 보인다고 한다. 이러한 특징은 자녀에게서도 드러나는데, 자신의 자녀를 나약한 존재로 만듦으로써 본인의 도움을 필요로 하게끔 하는 것이다. 또한 상대방을 대할 때 일정 정도 이상으로 부드러우면서도 보호하는 태도를 취하지만, 결국 남편의 알코올 문제로 잠시 거리를 두기도 한다. 한편, 이러한 배우자들은 알코올 문제를 가진 배우자가 약속을 빈번하게 어기고 기대와 실망, 좌절을 끊임없이 반복하지만 생활을 계속 함께하자는 그의 부드러운 행동과 말을 거절하지 못하며, 그러한 판단이 잘못되었음을 인지하지만 스스로 내면에 가지고 있는 관계에서 버림받지 않기 위해서, 그리고 사랑받고 싶어 하는 욕구로 인해 관계에 집착하는 경우를 볼 수 있다.

넷째, 처벌자(punisher) 유형은 가정생활에는 관심을 보이지 않는 성공적인 전문직 여성에게서 많이 보이는데, 통제자 유형과는 다르게 남편에게 정서적 혹은 경제적 돌봄을 요구하지 않으며 본인이 오히려 남편을 돌본다. 처벌자 유형의 여성 배우자는 남편이 음주하거나 성가신 행동 혹은 소란스러운 행동을 할 시에는 남편에게 심한 처벌을 가하는 경향성을 보인다. 이렇게 부부관계의 역동은 다양하게 나타남을 알 수 있다.

다음은 셰이퍼(Schäfer, 2011)의 연구에서 역기능적인 알코올 가족의 모습을 알코올 문제를 가진 당사자들이 직접 진술한 내용의 일부를 발췌한 것으로, 알코올 문제를 가진 부부의 특징을 엿볼 수 있다. 우선, 부부관계의 역동성에 있어 건강하지 못한 관계가 계속된 이유로 일부는 본인이나 배우자의 알코올 문제 외에도 스스로가 애초에 갈등적인 관계를 건설적으로 해결하는 방법을 모를 뿐 아니라 감정표현을 적절하게 할 줄 모르기 때문이라고 생각했는데, 이는 본인이 자라온 가정환경에서 배우지 못한 데서 비롯된 문제로 인식했고, 어떤 당사자에게 알코올이나 약물 사용은 파트너의 폭력과 두려움으로부터 현실을 도피하는 수단이 되었고, 또 어떤 이에게는 파트너가 자신의 문제에 대해 부정하고 관계를 떠나지 않았기 때문에 관계가 유지될 수 있었다고 한다. 이 모든 경우는 결국 문제가 있는 심리역동적인 관계의 예시라고 할 수 있다.

[예시 1] 회복 중인 남성 당사자와의 인터뷰

- 질문자: 당시에 부부관계는 어땠나요?
- 응답자 A: 술 때문에 아내와 저 사이에 의사소통은 거의 없었던 것 같고요, 자녀들마저도 우리의 관심 밖이었습니다. 돌이켜보면 내가 술에 완전히 사로잡혀 있었고 방해가 될 만한 것은 다 제쳐 뒀다고 볼 수 있어요
- 질문자 : 그럼 아내분이 선생님을 떠난 이유가 술 문제 말고도 또 있나요?

- 응답자A : 다른 문제도 있었겠지만 주로 술 문제였겠죠. 뭐랄까, 내 육체는 거기 있었는데 그것뿐이었죠. 자동차 사고도 나고 화재도 나고, 아무튼 저는 가족뿐만 아니라 저 자신에게도 위험한 존재였습니다.

[예시 2] 회복 중인 여성 당사자와의 인터뷰

- 질문자: 그래서 배우자분이 선생님의 술 문제에 대해 알게 되었나요?
- 응답자 B: 네, 결국. 근데 그 사람은 부정했던 거죠. 제 기억으론 며칠씩 집에 들어가지 않은 적도 있었는데, 어디 있었냐는 남편의 질문에 저는 소설 같은 변명을 늘어놓기 시작했고. 뭐 그런 거 있잖아요. 그런데도 그 사람은 절 떠나지 않더라고요. 지금 생각하면 진짜 건강하지 못한 관계였는데, 그 사람이 정신적으로 건강했다면 저를 떠나는 게 정상적인 건데. 그리고 그 사람이 건강했다면 아마도 제가 빨리 술을 끊을 수도 있지 않았을까 싶고요.

2) 알코올 문제가 있는 부모의 특징

알코올 문제를 가진 부모들은(부 또는 모 어느 쪽이 알코올 문제가 있든 간에) 올바른 부모의 책임을 다 수행하지 못하게 되는 경우가 많고, 특히 부모 모두가 알코올 문제를 가진 경우 가족은 더 심각한 상황에 부닥치게 될 것으로 예상할 수 있다(Saitoh et al., 1992). 우선, 자녀들의 건강한 발달을 저해하는 알코올 문제를 가진 부모들의 대표적인 행동적 특징들을 살펴보면 다음과 같다(김혜련, 2010; 최송식 외, 2014; Järvinen, 2015).

- 일반적인 알코올사용장애의 문제증상을 보임
- 주 양육자의 역할과 의무보다는 음주를 우선시함
- 본인의 음주와 적절하지 못한 행동에 대한 합리화
- 합리성, 자기통제력 상실과 감정 조절 실패
- 직무수행상 그리고 재정적 어려움으로 가족 부양 의무 소홀
- 혼자 또는 몰래 술을 마시고, 가족에게 숙취의 모습을 자주 보임
- 외모와 행동의 변화, 인간관계의 질적 변화
- 가족과 지인들로부터의 고립

알코올 문제를 가진 부모는 본인들의 건강하지 못한 양육방식에 대한 근본적인 문제를 본인의 원가족에서 해결하지 못한 문제(unresolved issues)로 인해 올바른 자녀양육에 대한 기준이나 방식을 몰랐기 때문이라고도 한다. 이러한 이유로 알코올 문제를 가진 부모들은 자신들의 자녀들 또한 본인의 발자취를 따를까 봐 두려워한다고도 표현하는 경우도 있는데, 즉 자녀들이 알코올 문제를 가진 본인의 행동을 자칫 '모델링'할지도 모른다는 두려움도 표출하는 것을 알 수 있다. 이는 중독상태에서의 올바르지 못한 양육에 대해 부모 스스로 수치심과 죄책감을 경험한다는 것인데, 다음의 셰이퍼(Schäfer, 2011)의 연구에서 발췌한 예시에서 살펴볼 수 있다.

[예시 3] 회복 중인 여성 당사자와의 인터뷰

- 질문자: 선생님께서 자녀분들을 마음으로는 사랑한다고 말하셨는데, 그런데 행동은 그렇지 않다고도 하셨어요. 이 부분에 대해 좀 더 얘기해 주시겠어요?
- 응답자 C: 음. 저는 아이들을 제대로 사랑하는 방법을 모르는 것 같아요. 애들이 분명 장점이 있는데 잘한 거에 대해 어떻게 말해 줘야 할지도 모르겠고. 제가 할 줄 아는 건 애들을 나무라고 끌어내리는 것뿐이네요. 애들한테 툭하면 소리 지르고 심리·정서적으로 학대한 거죠. 제 말이 뭔지 아시죠? "울지 마!" "야, 뭣 때문에 우는 거야? 울지 마! 울지 말라고!" 정작 우리 애들은 함께 공놀이하고 함께 뛰어다니고 하는 그런 좋은 엄마가 필요했던 거죠. "야, 저리 꺼져!"라고 하는 저 같은 엄마 말고요.

[예시 4] 회복 중인 여성 당사자와의 인터뷰

- 질문자: 선생님께서 자녀분들을 마음으로는 사랑한다고 말하셨는데, 그런데 행동은 그렇지 않다고도 하셨어요. 이 부분에 대해 좀 더 얘기해 주시겠어요?
- 응답자 D: 저는 언어폭력에 정서적 폭력까지, 뭐랄까, 그냥 아이들에게 엄마라는 존재는 없었던 거죠.

이러한 특징들을 살펴보면, 알코올 문제를 가진 부모들에게서는 건강하고 생산적인 양육자의 모습을 찾기 힘든 경우가 많을 것으로 예상해 볼 수 있다. 한편, 알코올 문제가 없는 배우자가 알코올 문제를 가진 배우자와의 관계에서 발생하는 어려움을 해결하지 못함으로 인해 자녀들이 가지는 다양한 욕구에 민감하게 반응하지 못하기도 한다. 이러한 부모들은 특히 한쪽의 알코올 문제가 심각할수록 자녀들이 부모로부터 필요로 하는 기본적인 요구가 좌절되거나, 또는 부모의 무관심 형태로 발전하거나(Pisinger, Bloomfield, & Tolstrup, 2016), 자녀와의 관계에서 일관성 없는 양육태도를 취할 수 있다(Guttmannova et al., 2017). 결국 부모로서 자녀들의 올바른 성장에 필요한 기본적인 따뜻함과 애정과 지지를 보이지 않아 자녀들이 정서적 박탈감이나 정서적 방임을 경험하게 된다고 한다(김혜련, 2010). 그 결과, 올바른 성격 형성에 필요한 감정표현에 적절하고 민감하게 반응하지 못하게 됨으로써(Pisinger et al., 2016) 알코올 문제를 가진 가족에서 발생하는 긴장감과 스트레스, 두려움, 공포심 그리고 낮은 유대감은 자녀들이 부모와의 관계에 있어 부정적 경험을 해소할 수 있는 효과적인 의사소통과 정서적 교감의 기회를 박탈시키게 되고, 이는 성숙한 인간으로의 발달을 지연시킬 수 있다. 이렇게 지속되는 가족 내 적대적인 의사소통은 가족의 유대감을 악화시키고 화해의 기회를 방해하며 올바른 감정교류와 대인관계를 제한함에 따라(Barnett, 2003) 자녀들에게 긍정적인 양육 환경을 제공하는 데 큰 어려움이 있을 것으로 예상된다. 이렇게 부모의 무관심 또는 부정적인 태도로 양육된 어린 자녀들은 안타깝게도 스스로 부족함이 많은 존재라고 반복적으로 느끼게 되고, 낮은 자존감과 사회성 저하와 같은 대인관계 능력 부족을 보이게 되며(정향수, 2006), 때로는 타인의 승인에 집착하는 경향으로 발전하기도 한다(Park & Schepp, 2015). 다음에서는 이러한 알코올 문제가 있는 가족 자녀들의 심리 · 정서적 특징들을 좀 더 구체적으로 다루겠다.

3) 알코올 문제가 있는 가족 자녀들의 특징

알코올 문제를 가진 부모가 자녀를 출산할 경우, 특히 자녀의 발달단계에서 가장 취약한 영유아는 부모의 알코올 문제를 생애 초기부터 직면하게 됨으로써 알코올 문제가 있는 가족의 자녀가 경험하는 심리 · 정서적 특징을 보이게 된다. 가장 기초적이고 본능적인 욕구인 부모의 관심과 지지를 받지 못한 아이는 안전을 확보하려는 욕구에 상당한 위협을 느끼게 되는데, 이러한 아이는 외부로부터의 위험과 외부 자극에 더욱 민감하게 반응하게 되고 긍정적인 양육 환경에서 성장하는 아이들에 비해 상대적으로 더 높은 수준의 예민함과 신경증적인 기질을 보일 수 있다고 한다(Hussong, Flora, Curran, Chassin, & Zucker, 2008; Kendler et al., 2013). 한편, 알코올 문제를 가진 부모가 자녀들이 보이는 심리 · 정서적 욕구에 무관심하거나 방임할 경우 아이들은 불안전-회피형 애착을 보이기도 하는데, 이에 대한 적절한 임상적 개입과 부모의 양육태도에 변화가 없으면 이 아이는 성장해 가면서 가까운 인간관계 형성에 대한 두려움을 지속적으로 느끼게 되고, 회피형 애착 성향으로 발전할 수도 있다고 한다(Park & Schepp, 2015). 더욱이 이와 같은 성향은 공격적인 행동으로 나타날 수도 있기에 개입에 있어 중요하게 고려되어야 할 요소이다.

아이들은 성장하면서 스스로에 대한 존재감, 문제에 대한 대처 전략 및 감정을 조절하는 방법들을 일차적으로 가정환경에서 습득한다. 따라서 아동·청소년의 심리·정서적 발달은 물론 기능적이고 성숙한 인간으로 성장하는 방식을 배우는 사회화 과정에서 가장 중요한 요소는 건강한 가정이다. 그런데 알코올 문제로 인해 가족 내외의 예기적인 양육 지도(anticipatory guidance)를 잘하지 못하는 부모는 자녀들이 각자 나이에 맞는 발달상의 과업을 성공적으로 수행하는 데 적절한 도움을 주지 못하게 된다(장수미, 2001). 이렇게 성장기에 겪는 부정적 경험은 대인관계에 대한 어려움, 타인에 대한 신뢰 부족, 낮은 자아상과 공격적이고 폭력적인 성향, 학업중단, 심한 죄책감과 불안감, 급기야는 자녀들의 비행 및 음주 문제와의 연관성으로도 나타난다(정향수, 2006). 게다가 이러한 아이들은 학교 공포증, 부적응 및 비행을 포함한 문제의 비율이 더 높은 것으로도 보고된다(Saitoh et al., 1992). 장기적으로는 기능적인 성인으로서의 성격 형성 및 자아상 확립이 어려울 뿐 아니라 알코올에 대한 그릇된 인식을 갖게 될 수도 있다고 한다.

이 밖에도 건강한 대인관계를 배울 수 있는 롤 모델이 없기 때문에 긴장감이나 스트레스를 유발하는 상황에서 자신의 감정과 사건을 객관적으로 인지하고 타인에게 감정을 적절하게 표현하는 성숙한 대처능력이 결여되기도 한다(Park & Schepp, 2015). 부모가 냉소적이고 공감해 주지 못하며 아울러 지지적이지 못한 양육태도, 그리고 일관성 없는 양육 환경 속에서 성장한 유아기부터 학령 전 아이들은 비교적 긍정적인 양육 환경에서 성장하는 아이들에 비해 낮은 자기조절 능력과 낮은 자존감을 보이기도 한다(Barnett, 2003; Mulder, 2002; Omkarappa & Rentala, 2019). 또한 또래와의 놀이 상황에서는 협조성과 자율성이 부족한 아이로 성장하기도 하며(Eiden, Colder, Edwards, & Leonard, 2009), 운동신경, 문제해결 능력과 사회성 방면에서도 부족함을 나타낸다(Guttmannova et al., 2017). 이렇게 각 발달과업에 실패한 아이들은 학령기로 넘어가면서 학교생활에 적응하기 어렵게 되고 낮은 학업성취를 경험하게 될 잠재력이 있기에 조기개입의 필요성이 더욱 강조된다.

알코올 문제를 가진 가족의 자녀들이 경험하는 심리·정서적 어려움과 이에 따라 다양하게 나타나는 성격·행동적 특징들은 다음과 같다(정향수, 2006; American Academy of Child & Adolescent Psychiatry, 2019; Buddy, 2021).

(1) 알코올 문제가 있는 가족 자녀들의 심리·정서적 특징

- 죄책감: 부모의 알코올 문제의 원인이 자기 자신에게 있다고 생각하는 자책
- 우울감: 따뜻한 부모의 부재로 외로움을 쉽게 느끼고 가정의 긴장감이나 불편한 상황에 대해 절망적이라고 느낌
- 불안감: 알코올 문제를 가진 부모가 아프거나, 다치거나, 폭력적이지 않을까에 대한 끊임 없는 걱정, 내가 다칠 수도 있다는 불안감
- 창피함: 부모의 알코올 문제는 부끄러운 가족의 비밀, 집으로 친구를 초대하거나 외부 도움을 청하는 것을 창피해함
- 분노: 알코올 문제를 가진 부모, 그리고 그 상황을 중재하지 못하는 (알코올 문제가 없는) 부모에 대한 짜증과 분노
- 불신: 과거의 긍정적이지 못하고 일관되지 않은 경험에 비추어 볼 때 부모나 주 양육자에게 의지할 수 없다는 판단
- 분리: 불안과 스트레스에 대처하기 위해 감정적으로 무감각해지거나 해리를 경험함
- 혼란: 예측 불가능하고 일관성 없는 가정환경에 대한 불안함과 혼란

(2) 알코올 문제가 있는 가족 자녀들의 성격·행동적 특징

- 학업: 수업을 따라가지 못하거나, 수업을 방해하거나, 결석함
- 고립: 친구나 급우와의 관계로부터 위축되거나 스스로를 고립시킴
- 인정받으려는 행동 증가: 지속적으로 (과도한) 관심과 칭찬을 구함
- 낮은 자존감: 스스로 부족하다고 느끼고 비판에 민감해짐
- 버려질지도 모른다는 불안감: 타인에게 과도한 의존성 또는 집착을 보임
- 위험적 요소가 다분한 충동적 행동: 싸움, 절도나 음주와 같은 지위 비행
- 권위자에 대한 불신: 교사, 상담자, 경찰, 기타 성인에 대한 의심, 불신, 저항

알코올 문제가 있는 가정에서 양육되는 많은 아이는 '부모가 된 아이들(parentified children)'로 성장할 경향이 있는데, 이는 양육자가 어린 자녀의 발달적 욕구를 충족시켜 주지 못한 부분을 아동이 발달적으로 아직 때가 되지 않았음에도 불구하고 스스로 부모가 되어 버리거나 자기보다 더 어린 형제를 양육하면서 나타나게 되는 현상이다. 이를 '의존 욕구의 역전(reversal of dependence)'이라고 하는데, 결국 이 상황에서는 어린 자녀가 부모를 대신해 스스로와 어린 형제를 양육하는 상황이 관찰되기도 한다. 다음의 랜더, 하우서

와 번(Lander, Howsare, & Byrne, 2013)의 예시를 통해 이러한 현상을 이해해 볼 수 있다.

[예시]

　A는 자해로 인해 학교상담사가 정신건강전문가에게 치료를 의뢰한 열다섯 살 소녀이다. A는 성적이 우수하고 또래들에게 사랑받는 전형적인 '영웅'적인 아이이다. 그녀의 부모는 그녀가 다섯 살 때 별거했고, 이후 열두 살 때까지 친모와 함께 살았다. 그녀의 친모는 알코올사용장애를 갖고 있었고 직장을 유지하는 데 어려움을 자주 겪었으며, 퇴근 후에도 자주 술을 마셨고, 남동생에게 A는 주 양육자의 역할을 했어야 했고, 가족이 자주 이사를 다녀야 해서 A가 5학년일 때에는 한 해 일곱 번이나 이사를 다니면서 학교를 옮겨야 했다고 한다. A가 아홉 살 때부터는 엄마가 자주 만취상태로 급기야 필름이 끊긴 채로 집에 들어오는 경우가 종종 있어 밤에 혼자서 엄마를 돌보고, 토한 것을 치우고, 얼굴을 닦아 줬으며, 아침에는 남동생이 아침을 먹고 학교에 갈 수 있게 채비를 시켰다고 한다. 최근 어머니의 남자친구와 관련된 가정폭력 사건으로 그녀에 대한 양육권이 아버지에게로 넘어가게 되었다고 한다. A가 정신건강전문가에게 말하기를, "그때는 제가 엄마를 잘 돌보면 엄마도 언젠가는 절 돌봐 줄 거라고 생각했어요."

　알코올 문제가 있는 가족의 자녀들은 그렇지 않은 자녀들에 비해 음주 시작 연령 또한 상대적으로 낮은 것으로도 알려져 있는데(Hung, Yen, & Wu, 2009), 알코올 사용 조기 발병은 물질남용으로 이어질 확률을 높이기 때문에 중요한 요인이며(Alati et al., 2014; McCutcheon et al., 2018), 이러한 현상은 알코올 문제가 있는 부모를 관찰하고 모방함으로써 발생한 결과로 자녀의 음주행동을 사회학습이론으로 설명할 수 있다(Bandura, 1986). 사회학습이론은 인지, 행동 그리고 환경 요인 간의 끊임없는 상호작용과 상호결정을 강조하는 이론으로, 부모의 음주는 자녀의 음주를 조장하는 역할 모델로 작용하거나, 문제의 대처를 목적으로 하는 음주행동을 지지하는 사회환경적 특징으로서 볼 수 있다(Hester & Miller, 1989). 게다가 알코올 문제가 있는 가족의 자녀들은 환경 특성상 알코올에 대한 접근성이 비교적 쉬우므로 상대적으로 어린 나이에 자연스럽게 알코올에 접하게 되고 같은 공간에서 생활하면서 밀접하게 관찰이 가능한 부모의 음주를 자연스럽게 모방하게 되는데, 부모의 음주에 대한 태도가 허용적일수록 자녀 역시 부모와 같은 방식으로 술을 인지하고 또한 음주에 대한 접근도가 높아지게 되기도 한다(이재경, 정슬기, 2010). 그리고 스트레스에 대한 미성숙한 대처 방식으로 음주행위를 하는 부모를 가까이서 관찰하면서 부모가 가진 알코올에 대한 인식과 기대를 받아들여서 알코올에 대해 긍정적인 기대와 함께 현실의 문제로부터 도피하려는 목적으로 음주를 선택하게 된다고도 한다(Campbell & Oei, 2010). 행동적 측면에서 성별에 따른 차이도 관찰되는데, 알코올중독 아버지를 둔 아들은 밖으로 표현되는 부적응적이고 공격적인 행동을 자주 보이지만, 딸들은 대개 심리적 고통을 내면화하는 경향성을 나타낸다고 한다(Pisinger et al., 2016). 또한 아들과 딸 사이에서 부모의 알코올 문제에 대한 인식 정도, 내면화된 문제, 그리고 부모와 자녀 간의 관계 악화는 딸에게서 더 보인다고도 한다(Pisinger et al., 2016).

3. 알코올 문제가 있는 가족의 역할변화

알코올 문제를 가진 가족과 그 자녀들은 결국 자신이 처한 상황 속에서 적응해 가는 문제 상황의 과정에서 자기 나름의 대처 방식을 각자 터득하게 된다. 알코올 문제를 가진 구성원이 음주에 많은 재정적 소비를 하게 되는 문제로 인해 가족은 경제적 어려움을 겪게 될 수 있고, 심지어 알코올 문제를 가진 가족 구성원이 폭력적 성향으로 인하여 가정 내 물질적 피해를 주거나 가족 구성원의 신체적 손상도 유발할 수 있다(김혜련, 2010). 가족 내 문제음주자가 아버지일 경우, 알코올 문제의 수준이 심화함에 따라 스스로 가장의 역할을 충실히 할 수 없게 되고 이러한 아버지는 가정 내에서의 역할에서 점점 제외될 수밖에 없게 되는데, 이러한 과정에서 혼란한 상황을 떠안고 해결해야 하는 어머니는 매우 심각한 수준의 정서적 박탈감을 겪게 된다고 한다(김혜련, 2010). 그럼에도 어머니는 자녀양육에 대한 책임감과 알코올 문제를 가진 가족에 대한 부정적인 시선 등 앞서 살펴본 여러 가지의 힘든 여건 속에서도 가정을 지키려는 노력을 보인다(Howe, 1989). 또한 알코올 문제가 초래한 일상생활 스트레스 외에도 알코올 문제로 인해 만성적으로 변해 버린 남편의 부정적인 성격에 의해서 많은 영향을 받게 됨으로써 건강한 가정의 어머니들보다 음주행동을 취할 가능성이 더 많고, 직업을 빈번히 바꿀 수 있으며, 의과적 개입이 필요할 정도의 신체적 질병 혹은 우울증을 더 많이 경험할 수 있다고 한다(김기태 외, 2005; Moos, Finney, & Gamble, 1982).

자녀의 경우, 부모로서 역할과 책임을 다하지 못하는 주 양육자들의 책임을 미성년인 자녀들이 떠안게 되는 역기능적 현상을 보이기도 한다. 출생순위를 고려할 경우, 대개는 부모에 대해 순종적이며 책임감이 강한 장남 또는 장녀가 부모의 부족한 역할을 대신 떠

맡아 형제자매에 대한 역할과 책임을 과도하게 떠안게 되는데, 이렇게 자녀와 부모의 역할이 뒤바뀌는 경우도 있다(김혜련, 정윤경, 박수경, 2010). 이러한 과정에서 부당한 분담에 대한 불만, 분노, 과도한 책임감으로 인한 압박감을 대개는 밖으로 표출하지 못하지만, 이러한 모습이 학교생활이나 기타 과외활동에 있어 '과잉 성취자'로 나타나기도 한다. 반면, 출생순위에 있어 둘째는 대개 '문제아' 또는 '속죄양'으로 외로움이나 부적 감정을 강하게 표현하는 경향을 보이거나 관심을 받지 못하는 '보이지 않는 아이'로서 이미 존재하는 가족의 문제에 더 이상의 문제를 보태지 않는 것이 도움이 될 것으로 생각하는 아이로 적응하기도 한다(김기태 외, 2005). 막내들은 가정 내에서 귀염둥이 역할을 하면서 혼란스러운 상황을 눈치껏 살아가는 모습을 보이곤 한다(Wegscheider-Cruse, 1989). 결국 출생순위와 상관없이 알코올 문제가 있는 부모의 모든 자녀는 알코올 문제 가족의 구성원으로 살아가면서 건강한 발달이 지연되거나 중요한 성격 형성과정에 방해를 받게 될 수 있다는 것을 알 수 있다.

구체적으로 웨그슈나이더-크루즈(Wegscheider-Cruse, 1989)의 역할이론에 근거하면, 알코올 문제를 가진 가족의 자녀들은 가족의 내적 균형을 지키기 위해 조력자, 영웅, 희생양, 마스코트, 때로는 잃어버린 아이와 같은 다양한 모습으로 부적응적 기제를 통해 항상성을 유지하려고 한다(김혜련 외, 2010). '조력자'의 경우 알코올 문제를 가진 부/모가 맡아야 하는 역할을 대신하는 '부모화' 양상을 보이는데, 내면적으로는 불만이 있을지라도 겉으로는 착하고 부모를 기쁘게 하는 아이로, 앞서 살펴본 출생순위의 관점에서 장남 또는 장녀가 주 양육자의 역할을 떠안게 되는 현상으로 이해할 수 있다. 반면, '영웅' 역할의 자녀들은 외부에서 보기에 알코올 문제를 가진 가족이 상당히 기능적이고 양육적인 환경처럼 보이게 열심히 생활하는 아이이다. 그런데 아이 스스로가 어떤 사람인지에 대해 평가를 받고 사랑을 받기보다는 본인이 한 일과 행동에 대해 사랑을 받기 때문에 성취도가 매우 높고 유능한 이 아이의 모습의 이면에는 낮은 자존감으로 인한 상처로 고통스러워하는 경우를 종종 볼 수 있다. '희생양' 역할을 하는 아이는 오히려 알코올 문제를 가진 부모에게 관심을 요구하고 알코올로 인한 가족 내 문제를 분산시키는 역할을 하지만, 결국에는 외현화된 문제와 학교와 같은 집단생활에서 문제를 일으킴으로써 문제아로 비난받거나 낙인찍히는 존재이다. '잃어버린 아이' 역할의 자녀는 자신의 존재감을 드러내지 않는 방식으로 역기능적인 가족에 적응하고 갈등적인 상황을 만들지 않기 위해 솔직한 감정과 행동을 최소한으로 드러내는 투명인간과 같이 생활한다. 따라서 더욱 성숙하고 책임감 있는 모습으로 성장하기 위해서는 자기를 표현하려는 노력과 더불어 직면하게 되는 문제를 현실적으로 받아들이고 풀어 가는 연습을 많이 필요로 하게 되는 유형이라고 할 수 있다. 마지막으로, '마스코트' 역할의 아이는 알코올 문제가 존재하는 역기능적 가족 내에서 발생하는 긴장감과 고조된 스트레스를 아무렇지 않은 듯 웃음으로 넘기는 상황을 만드는 광대와도 같은 아이인데, 이러한 아이의 내면에도 역시 알코올 문제로 인해 발생한 과도한 긴장과 불안감 및 두려움이 내포되어 있다는 것을 알아야 한다(Vernig, 2011). 그런데 이러한 대처 방식이 잘못되었다거나 부정적이라고 할 수 있을까? 그렇지 않다. 방어 기제는 알코올 문제가 있는 가족의 어린 자녀들이 긴장되고 불편한 가족 상황에서 살아가기 위해 자신만의 방식으로 대처하는 매우 자연적인 반응이기 때문이다.

4. 위험요인과 보호요인

　부모 모두가 알코올 문제를 가진 가족의 자녀들은 부모 중 한쪽만 문제를 가진 경우에 비해 외현화 및 내재화 증상을 더 많이 보인다고 한다(Mahato, Ali, Jahan, Verma, & Singh, 2009). 이는 부모 어느 한쪽이라도 기능적으로 자녀양육을 해야 하는 상황에서 누구도 그 역할을 수행할 수 없다면 가정환경이 더욱 혼란스러울 수밖에 없고, 그 결과 자녀의 신체적 · 심리적 · 정서적 요구에 민감하게 반응할 수 없게 되기 때문이다. 이 경우, 앞서 제시한 알코올 문제가 있는 가족 자녀들의 심리 · 정서적 특징들이 더욱 분명해질 수 있고, 방치될 경우 트라우마로 이어질 수도 있다(Pisinger et al., 2016). 게다가 부모의 낮은 경제적 수준은 자녀들의 신체 발달에 필요한 재원을 확보하는 데 어려움을 줄 수 있기 때문에 위험요인이 될 수 있다(Park & Schepp, 2015). 이 밖에도 부모가 알코올 문제 외 다른 정신장애와 동반하는 복합질환을 경험하고 있으면, 자녀들에게서 이러한 내재화 증상은 더욱 심각하게 나타나는 것으로 알려져 있다(Hussong et al., 2008; Omkarappa & Rentala, 2019). 알코올사용장애가 우울증, 불안, 반사회적 행동과 같은 다른 정신장애와의 동반질환 경향성이 높은 점(임은희, 2001)을 고려할 때, 알코올 문제가 있는 가족의 아동 · 청소년 자녀들이 경험할 수 있는 부정 정서와 내재화 문제는 사회복지적 개입에 있어 반드시 고려해야 할 중요한 요소이다.

　한편, 알코올 문제를 가진 가족들의 경우에 건강한 기능, 사회적 지지, 높은 자존감 등은 대표적인 보호요인으로 알려져 있다. 예컨대, 부모 중 한 사람이 알코올 문제가 없고 기능적인 주 양육자일 경우, 알코올 문제를 가진 배우자로부터 받을 수 있는 부정적 영향으로부터 완충작용을 적절히 해 줄 수 있기에 아이들의 애착과 심리·정서적 욕구를 수용하고 충족시켜 줄 수 있다고 한다(Finan, Schulz, Gordon, & Ohannessian, 2015; Park & Schepp, 2015). 또한 가족 구성원 간에 스트레스에 대한 감정이입이 원활하고 잘 보살펴 주며 감정적 애착을 보이는 경우, 행동적 문제 혹은 심리·정서적 부적응을 경험할 가능성이 낮아지는 것으로 알려져 있다(최윤신, 2009; Devine & Braithwaite, 1993). 이 외에도 알코올 문제가 있는 부모의 자녀가 사회적 지지를 받거나 높은 자존감을 느끼는 경우, 스트레스가 완화 혹은 경감되어 불안, 적대감, 우울 수준이 감소할 수 있다고 한다(김용진, 2009; Delmonico, 1997; Emshoff & Price, 1999). 따라서 개입 목표와 전략 수립 시 가족체계가 가지는 강점과 취약점 그리고 자녀의 특성을 잘 파악함으로써 보호요인 강화와 적절한 예방과 개입을 시도해야 할 것이다.

5. 알코올 문제가 있는 가족에 대한 개입

다음에서는 알코올 문제를 가진 가족 구성원들이 어려운 시기를 보다 안정적이면서도 유연한 가족체계를 만들어 가는 데 도움이 될 수 있는 실천적 방법을 소개한다.

우선, 알코올 문제가 가족의 생애주기별로 각 발달단계에서 미칠 수 있는 영향과 사회복지실천에서 중요하게 다루어야 할 부분을 살펴보고, 이어 알코올 문제가 있는 가족과 자녀를 위한 개입방법을 구체적으로 다루고자 한다.

1) 알코올 문제가 생애주기별 가족의 발달에 미치는 영향과 개입

가족이 변화하면서 거쳐 가는 발달과업을 이해하면 알코올 문제를 가진 가족에 대한 개입이 보다 효율적이고 효과적일 수 있는데, 다음의 〈표 8-1〉에서는 카터와 맥골드릭(Carter & McGoldrick, 1989)의 가족생애주기에 랜더 등(2013)이 각 단계에서 성취해야 할 발달과업과 알코올 문제로 인해 어떤 영향을 받을 수 있는지와 이에 따른 사회복지적 개입방안의 예시를 차례로 제시하고 있다.

〈표 8-1〉 알코올 문제가 각 발달단계에 미치는 영향과 개입 예시

발달단계	발달과업	알코올 문제가 발달과업에 미치는 영향	사회복지 개입(예시)
자녀가 없는 부부	건강한 부부관계, 원가족과의 적절한 경계선	의사소통 부족, 정서적/신체적 친밀감 부재, 부부 갈등	알코올 문제 상담, 부부상담, AA/NA/Al-Anon 의뢰
가임 가족	유아와 부모를 위한 안전하고 행복한 가정 조성, 유아와의 안전한 애착형성	물리적으로나 정서적으로 안전하지 못한 가정 유아와의 불안정한 애착	자녀/배우자를 위한 안전한 환경 조성, 알코올 문제 상담, 부부상담, AA/NA/Al-Anon 의뢰
미취학 자녀 가족	미취학 아동의 욕구에 맞고 건강한 성장과 발달 촉진, 체력 소진이나 사생활 부족에 대처	일관되지 않은 양육태도, 학대, 방임, 아동보호 서비스 필요 가능, 원가정과 분리, 부부 갈등	자녀/배우자를 위한 안전한 환경조성, 올바른 자녀양육에 대한 정보 제공, 알코올 문제 상담, 부부상담, AA/NA/Al-Anon 의뢰
학령기 자녀 가족	취학연령 자녀 가족 모임에 동참, 자녀의 교육에 동참	교육적 욕구충족 문제, 가정폭력이나 가정에서 관계 갈등	학교와의 전문적 협력관계, 알코올 문제 상담, 부부상담, AA/NA/Al-Anon 의뢰
청소년 자녀 가족	자녀들에게 주어지는 자유와 책임 간 균형, 건강한 또래관계 구축, 교육/진로 목표 개발	십대들은 부모의 알코올 문제를 모방할 수 있음, 조기애착손상으로 인해 건강한 또래관계 형성 어려움 경험 가능, 학교/법적 문제나 가족 갈등	가족치료, 청소년 지위비행관련 서비스, 학교와의 협력관계, 기술/직업훈련 등, 알코올 문제 상담, 부부상담, AA/NA/Al-Anon 의뢰
젊은 성인기를 시작하는 자녀 가족	젊은 성인으로서 인정, 지지적 가정환경 유지	젊은 성인으로서 발돋움 실패, 자립에의 어려움, 관계 갈등	가족치료, 기술/직업훈련, 알코올 문제 상담, 부부상담, AA/NA/Al-Anon 의뢰
중년의 부모	부부관계에 대한 재정립, 젊은 세대와의 관계 유지	부부관계 갈등, 성인이 된 자녀와의 단절	부부상담, 지역사회/동호회 활동 연결, 알코올 문제 상담, 부부상담, AA/NA/Al-Anon 의뢰
고령화 가족	사별에 대처, 은퇴 후 적응, 혼자 살기 적응	사회적 고립과 우울증이 알코올 문제로 이어질 수 있고, 쌍방향으로도 가능	개별상담, 성인 자녀와의 접촉이나 노인 커뮤니티와 연결되도록 하여 사회적 고립 완화

2) 알코올 문제가 있는 가족이 할 수 있는 행동 및 과업

알코올 문제가 있는 가족이 기능적으로 회복하기 위해서는 가족 갈등의 원인을 제공하는 음주자뿐만 아니라 가족 구성원들 또한 현실 검증력과 문제에 대한 통찰력을 향상하고 건강한 대처 방식을 사용할 수 있어야 한다. 그러기 위해서는 가족 구성원들이 알코올 문제에 과도하게 집중되어 있던 부정적 패턴에서 벗어나 자신을 건강하게 돌볼 방법을 습득해야 한다. 이와 관련하여 로저스, 맥밀런과 로저스(Rogers, McMillan, & Rogers, 1992)는 알코올 문제를 가진 가족 구성원들이 기능적 회복을 통해 건강해지는 방법으로 다음의 열 가지 과업을 수행할 것을 제안한다.

(1) 알코올 문제에 대한 정확한 통찰을 확립하고 치료과정에 참여

알코올 문제가 있는 가족들이 흔히들 알코올 문제에 대해서 잘 모른다고 생각할 수 있는데, 이는 사실상 잘못된 정보를 가진 경우가 많거나 혹은 아직도 문제에 대해 부정하는 단계에 머물러 있기 때문이다. 개별적으로 학습하는 방법으로는, 우선 다양한 지식창구를 통해 알코올 문제와 중독에 관해 공부하고, 내성, 금단, 통제력 상실, 유지과정, 만성, 진행형, 일차적 개념에 대해 알고 알코올 문제를 가진 가족의 문제음주 패턴을 확인할 것을 권장한다. 만일 가족의 알코올 문제에 대한 판단과 확신이 서지 않을 경우, 의심되는 증상들을 메모해서 전문가와 상담을 해 보는 것도 유용한 방법이다. 이 과업을 충실히 잘 수행했을 경우, 알코올 문제를 가진 가족 구성원들은 다른 사람에게 알코올 문제와 중독의 개념 및 역동과 관련된 지식을 설명할 수 있을 것이고, 알코올 문제의 특징을 열거하면서 본인의 경험에 비추어 구체적으로 설명을 할 수 있어야 한다. 또한 '중독이란 만성적이고 진행적이며 개인에게 치명적일 수도 있는 질병'인 점을 이해하고, 가족 내 문제음주자와 그의 가족들에게 치료적 관점에서 설명할 수 있게 될 것이다.

(2) 알코올 문제를 악화시키거나 촉발시키는 행동에 대한 이해

아무리 알코올 문제를 가진 음주자가 열심히 재활과정에 참여하더라도 가정으로 돌아왔을 때 가족의 역기능 수준이 그대로라면 알코올 문제가 재발하거나 악화할 수 있다. 따라서 가족 구성원들이 알코올 문제를 가진 음주자가 음주를 계속하게끔 조장하는 행동(예: 음주행동으로 인해 발생한 문제에 대해 변명을 대신해 주거나, 술을 마시도록 금전적으로 도와줌), 음주행동을 도발 또는 촉발하는 말과 행동(예: 감정적인 잔소리만 늘어놓음)을 잘 인지하고 이에 대한 변화를 시도한다면, 음주자의 회복 가능성을 높일 수 있을 것이다. 이 과업을 충실히 잘 수행했을 경우, 과거에 문제음주자의 음주를 증폭시켰던 상황에 대해 몇 가지 예를 들 수 있을 것이고, 이와 관련된 정보를 필요로 하는 사람들에게 이 과정에 대해 구체적으로 설명할 수 있게 될 것이다.

(3) 문제를 악화시키는 행동을 자제하는 능력 강화

앞서 알코올 문제를 악화시키거나 도발하는 행동을 인지한 후 이를 완전히 멈추는 것이 세 번째 과업인데, 이 부분이 어렵다고 느끼거나 긴장감 또는 불안감이 생긴다면 알코올중독자 자조모임(Alcoholics Anonymons: AA)이나 알아넌(Al-Anon)에서 유사한 경험을 한 가족들과 상의한다거나 또는 전문가와의 상담을 진행하는 것도 도움이 된다. 이 과업을 충실히 잘 수행했을 경우, 가족 구성원들은 알코올 사용을 용납 또는 도발하는 상황에서 취할 수 있는 대안적 행동들을 열거할 수 있고, 이러한 방식이 과연 도움이 될지에 대한 다른 사람들의 의견 또한 수렴했을 것이고, 이를 바탕으로 새롭고 기능적인 행동을 시도해 봤으며, 이러한 새로운 접근방식에 대한 자신감을 느끼게 된다고 한다.

(4) 자신의 분노와 원망 및 방어 기제에 대한 통찰력 향상

다음 단계에서는 앞서 알코올 문제를 가진 자가 음주를 계속하게 돕거나 도발하게 하는 행동을 했던 자신의 내면의 문제를 들여다볼 필요가 있다. 즉, 알코올 문제에 대해 자신이 가진 원망과 방어 기제(예: 부정, 합리화, 외현화, 축소화)를 확인하고, 이러한 상황에 직면했을 때 더욱 적절하게 대처하기 위한 발판을 마련하는 과업이라고 할 수 있다. 이 과업을 충실히 잘 수행했을 경우, 주요 방어 기제에 대해 구체적으로 설명할 수 있고, 이로 인해 알코올 문제의 상황과 심각성에 대해 자신이 어떻게 간과했는지의 예를 들 수 있어야 한다. 원망과 관련해서는 알코올 문제를 가진 가족에 대해 느끼는 다양한 원망을 알코올 문제가 있었을 그 당시의 상황 및 사건과 연결 지어 설명할 수 있고, 그 가족의 회복과정에 부정적인 영향을 미치지 않도록 원망을 잘 조절하는 방법에 대해 전문가나 유사한 경험을 한 사람들과 의견을 나누어 봤으며, 앞으로 보다 건설적이고 현실적으로 대처하기 위해 알코올 문제를 가진 가족에 대한 원망을 했다는 점을 인정하고, 도움이 필요할 경우 상담을 요청할 수 있는 대상을 미리 알아 두는 방법 등이 이 과정에서 유용한 전략이다.

(5) 알코올 문제가 있는 가족 구성원 내면의 문제를 해결하려는 노력

알코올 문제를 가진 가족 구성원이 단주를 시작한다고 해서 나머지 가족 구성원들이 이전에 경험한 부정적 상호작용의 결과가 사라지지는 않는다. 특히 가족 구성원들은 공동의 존중으로부터 극복하기 위한 노력이 반드시 필요하다. 이렇게 가족 구성원들이 함께 회복의 길을 같이하기 위해서는 유사한 경험을 한 사람들, 예를 들어 알아넌과 같은 자조집단 또는 전문가와의 상담을 통해 각자의 경험과 내면의 고통을 공유하는 방법이 도움이 될 것이다. 이 과업을 충실히 잘 수행했을 경우, 알아넌과 관련된 다양한 문헌을 읽어 봤을 것이고, 알아넌 미팅에 참여함으로써 자신의 경험과 다른 사람들의 경험을 공유해 보았을 것이며, 공동의존중의 증상들에 대해서 잘 이해하기에 이르게 된다.

(6) 가까운 미래에 실현 가능한 합리적인 기대치 설정

알코올 문제를 가진 가족 구성원이 단주를 시작했다고 해서 우리 가족은 이제 괜찮을 것이라는 비현실적인 기대는 금물이다. 이 단계에서는 단주를 시작한 첫 몇 달에 달성할 수 있는 매우 현실적인 기대치를 세우고 적응해야 하며, 앞으로 가까운 시일에 일어날 수 있는 상황에 대해서도 받아들일 준비가 되어 있어야 한다.

(7) 일상생활에서 알코올 문제에 대한 집착, 강박적 생각을 분산시키기 위한 노력

알코올 문제에 집착할수록 삶의 다른 영역의 균형이 더 깨질 수 있기 때문에 가족 구성원들이 개인의 안정된 정서를 유지하고 생산적인 삶을 영위하기 위해서는 알코올 문제를 가진 가족과의 경계선을 잘 그을 수 있어야 한다. 동시에 그동안 방치되었던 나의 정신건강과 욕구를 돌보는 데 집중할 수 있어야 한다. 이 과업을 충실히 잘 수행하기 위해서는, 첫째, 알코올 문제를 가진 가족으로 인해 내가 그동안 부당하게 또는 의지와 무관하게 떠맡았던 역할이 무엇인지 탐색하고 메모해서 전문가 또는 이 부분에 대해 조언을 잘해 줄 수 있는 사람과 상담을 나눌 것을 권장한다. 그런 다음, 이 역할들을 조금씩 돌려주는 것을 연습해 본다. 알코올 문제를 가진 가족 구성원과는 독립적으로 내가 하고 싶은 것들을 적어 보고, 그것들을 매주 할 수 있는 시간을 마련해 둔다. 다시금 알코올 문제를 가진 가족 구성원에게 집착하는 경향이 생길 경우, 전문가나 관련 도서 혹은 자조집단으로부터 도움을 받도록 한다.

(8) 재발이 일어날 수도 있음을 인지하고, 그것이 자신의 통제 범위에 있지 않다는 사실 인정

진정한 변화는 현실을 인정하는 것에서부터 시작된다고도 할 수 있다. 이 과업을 충실히 잘 수행했다면, 일상에서 알코올 문제를 가진 가족의 재발에 대해 지나치게 걱정하지 않는 자신을 발견하게 될 것이고, 설사 재발하더라도 가족이 다시 치료받을 수 있도록 자신의 통제 범위 내에서 취할 수 있는 조치에 대해 알고 있을 것이며, 이 부분에 대해 전문가 등의 조언을 받는 것도 도움이 될 것이다.

(9) 자신의 감정을 정확히 인지하고 제어하는 방법 습득

자신의 감정을 잘 파악하되, 부정적인 감정이 우리의 삶을 지배하지 않도록 자신의 사고과정을 모니터링하고, 비합리적이거나 비현실적인 또는 상황에 대한 왜곡이 발견될 경우 인지 재구조화를 하는 방법을 배워 둘 필요가 있다. 즉, 불쾌한 감정이 들게 한 일련의 과정이 무엇인지 정확히 파악할 수 있는 객관성이 필요하다. 이 과업을 충실히 잘 수행했다면, 자신을 가장 힘들게 하는 감정적 상태가 무엇인지 적어 보고(예: 우울, 공포, 분노, 짜증), 어떤 생각 또는 사고과정에서 이런 부정적 감정에 개입되어 있는지 연결해 보고, 그러한 사고과정이 초래하는 부정적 결과가 무엇인지 합리적이고 객관적으로 성찰해 보며, 건강한 대면적 사고가 가능할지 자신을 성찰해 본다. 부정적인 감정이 생긴다면 이를 초반에 다룰 수 있는 전략이 무엇이 있을지 생각해 보고, 이에 대해 전문가 등의 조언을 받아 볼 것을 권장한다.

(10) 완벽보다는 발전할 수 있는 방법을 찾고 배우는 노력

인생은 결국 불완전함으로 가득 차 있다고 한다. 따라서 자신이 할 수 없는 것은 현실로 받아들이고 할 수 있는 것에 더 집중할 필요가 있다.

3) 알코올 문제가 있는 가족의 자녀들을 위한 개입

부모의 알코올 문제는 자녀의 건강한 발달에 큰 위협요인이 된다(윤명숙, 조혜정, 2009). 알코올 문제를 가진 가족의 자녀는 부모의 예측 불가능한 말과 행동으로 인하여 늘 긴장과 혼돈 속에서 살아가거나 우울, 불안, 자기비하 등의 심리·정서상의 어려움을 겪을 수 있다. 이러한 역기능적인 가족 환경이 계속될 경우 이들은 미성숙한 자아를 가진 성인으

로 성장할 가능성이 있는데, 이는 결국 원만한 대인관계를 형성하고 성숙한 성인으로 기능하는 데 지장을 줄 수 있다(장수미, 2008). 따라서 실무자들은 알코올 문제가 있는 가족의 어린 자녀들에게 현재 무슨 일이 일어나고 있는지, 그리고 알코올 문제를 가신 부모가 도덕적으로 나쁘다거나 무능한 존재이기보다는 일종의 질병에 시달리는, 의료적 도움이 필요한 사람임을 이해하기 쉬운 언어로 설명해 줄 수 있어야 하고, 이러한 과정을 통해 아이들이 당면한 상황과 부모의 알코올 문제에 대한 보다 객관적인 이해를 도울 수 있어야 한다. 나이가 많은 자녀의 경우, 비슷한 경험을 한 또래들과의 집단프로그램을 통해 드러내지 못한 내면의 고통에 대해 소통하도록 도와줄 수 있어야 한다. 무엇보다 학교 및 교사와 협력하여 알코올 문제를 가진 가정의 자녀들을 판별함으로써 심리·정서적 개입의 시기를 놓치지 않도록 해야 한다. 또한 자녀들의 자존감과 자기규제를 강화할 수 있는 목표를 세우고 부모와 자녀 간 관계를 회복할 수 있는 접근방안을 모색해야 한다. 다시 말하면, 알코올 문제를 가진 가족의 환경을 재정비하고, 부모교육을 통해 어느 한쪽의 부모라도 건강히 자신의 자녀를 양육할 수 있도록 도움을 주고 자녀의 상처를 보듬고 회복할 수 있도록 개입해야 할 것이다(김용진, 2009).

알아넌은 AA의 12단계를 토대로 알코올중독자의 가족 구성원 혹은 지인의 문제음주로 인하여 피해를 본 이들을 위하여 참가자가 서로를 돕고, 자신이 경험한 것들과 희망과 힘을 함께 나누는 자조모임이다. 알아넌에서는 3C라는 세 가지 키워드를 제시하는데, 원인(cause), 조절(control) 그리고 치유(cure)가 그것이다(한국알아넌가족연합회, 2021). 알코올중독 원인을 "당뇨병이나 폐결핵에 걸렸을 때처럼 알코올중독에 걸린 데는 우리의 책임이 아니라 마시고 싶은 충동을 조절할 수 없는 병에 걸린 것"이라고 설명하며, 조절과 관련하여 "알코올중독자의 회복을 돕는 최선의 방법은 알코올중독자를 대할 때 그 병에 대한 지식을 알아서 올바른 태도를 가지고 그것들을 실천할 용기를 갖는 것이며, 배우지도 않고 자신을 변화시키지도 않으며 알코올중독자를 강제로 술을 끊게 조절하려는 것은 문제를 더욱 악화시키는 것일 뿐"이라고 설명한다. 마지막으로, 알코올중독의 치유에 관해서는 "알코올중독자와 가장 가까운 사람이 이 병을 치료할 수는 없다. 어떤 의사라도 자신의 중병을 치료하지 말아야 한다. 알코올중독 증세가 진행되면 가족들은 감정적으로 말려들게 된다. 그러므로 이 병에 말려들어 환자들이 병세가 진행되도록 촉진하지 않게 하기 위해서는 우선 자신들이 처해 있는 입장에서 어떻게 해야 하는지에 대한 도움이나 지도를 받는 것이 가장 효과적인 방법"이라고 제시한다. 이러한 알아넌의 목표를 달성하기 위한 실천사항으로는, 첫째, 알코올중독자 모임에서 택한 단계를 실천하며 연구하여 참가자들의 태도와 성격을 긍정적으로 변화시킬 것, 둘째, 가족 질병으로도 불리는 알코올중독과 그 치료과정에 관한 정보를 익힐 것, 셋째, 유사하거나 동일한 어려움을 겪고 있는 참가자 간의 접촉을 통해 유익한 결과를 얻을 것, 그리고 넷째, 알아넌 참여를 통해 비음주 부모 의 책임과 태도, 자녀들의 행동과 태도를 이해하고 긴장감을 낮출 것 등이 있다(김기태 외, 2005). 다양한 연구에서 알아넌의 긍정적인 효과성을 보고하는데, 예컨대 알아넌 참여는 알코올중독자 가족들의 대처 능력이 강화와 관계형성 능력 향상에 도움이 되는 것으로 알 려져 있다(Roth & Tan, 2007; Sell & Margor-Blatch, 2016).

강점 관점의 시각에서 알코올 문제가 있는 가족의 자녀에 개입하는 예방 중심 접근도 중요한데, 특히 자녀들이 각자 가지고 있는 적응 유연성을 파악하고 이를 강화한다면 알 코올 문제와 관련된 부정적 영향을 덜 받을 수 있도록 도울 수 있다. 왜냐하면 개인의 적 응 유연성의 수준이 높은 사람들은 그렇지 않은 사람들에 비해 동일한 어려움에 직면하더 라도 더 기능적이며 적응적인 극복이 가능하기 때문이다(김혜련, 2010). 나아가 내적으로 대처 능력과 자아존중감 수준이 높고, 외적으로는 활발히 사회활동을 하며 사회적 지지 수준이 높은 편이기 때문이다(Dumont & Provost, 1999). 적응 유연성을 보이는 아동의 특 성을 구체적으로 살펴보면 다음의 여섯 가지로 관찰된다(El-Guebaly & Offord, 1977). 첫 째, 내적 통제력(internal locus of control)을 갖고 있고, 둘째, 가족이 아닌 외부의 사람들과 의미 있는 관계를 형성할 줄 알며, 셋째, 가족 구성원과의 균형감 있는 상호작용과 가족 내 책임 있는 역할 수행을 위해 적절한 역할과 규칙을 구조화시킬 수 있고, 넷째, 높은 자 존감으로 학교 혹은 그 밖의 생활에서 사회기술 능력을 보이며, 다섯째, 경제 수준이 중간 이상이며, 여섯째, 대체로 여자아이라고 한다. 한편, 개인의 특성은 가족과 외적 자원과 상호작용하며 의존하기 때문에, 개입에서도 상황 속에서 적응 유연성과 같은 개인 특성의 실재 또는 잠재력을 고려해야 한다(김혜련, 2010).

4) 재명명하기, 재구성하기 그리고 되찾기

반 워머와 데이비스(van Wormer & Davis, 2003)는 사회적 소수자를 위한 상담서를 집필 하면서 힐링을 위한 '재명명하기(rename), 재구성하기(reframe), 되찾기(reclaim)'라는 모델 을 제시했는데, 이 모델은 후에 중독가족 상담으로도 확대해서 사용할 수 있게 발전시킨 바, 여기에 간단히 소개하고자 한다.

우선, 재명명하기(rename)의 목적은 강점언어를 선택적으로 사용하여 알코올 문제를 가진 자가 '문제'로 낙인찍히지 않도록 하기 위함이다. 이러한 접근은 특히 심리·정서적으로 취약한 청소년에게 적합한데, 특히 가족체계의 관점에서 문제행동에 대해 낙인적인 뉘앙스를 최소화할 수 있는 용어로 대체함으로써 문제의 상황에 대해 덜 감정적이면서 대신 더욱 객관적으로 인지할 수 있게 한다. 예컨대, 알코올 문제가 있는 배우자를 '알코올홀릭' 또는 '술꾼'으로 표현하기보다는 '단주 노력을 하고 있는 사람'으로 재명명하는 것이다. 이렇게 함으로써 알코올 문제를 서로에게 '감당이 안 되는 행동'이 아닌 '감당할 수 있는' 행동으로 인지하도록 돕는 것이다. 이는 서로를 비난하거나 오해를 유발하는 상황을 줄이게 하면서 동시에 더욱 원활하고 개방된 의사소통의 창구를 열어 줄 수 있는 유용한 방법이 되는데, 이는 다음 단계에서 긍정의 용어를 사용하여 문제행동을 보다 건강한 방식으로 재구성(reframe)하는 것으로 연결된다.

긍정적인 재구성은 가족 구성원들에게 희망과 변화 그리고 가능한 성과에 대한 자부심을 실어 줄 수 있는 매우 좋은 방법이며 필수적인 실천기술이다. 따라서 실무자는 알코올 문제가 있는 가족에 대한 고정관념에서 벗어나 과거에 그들이 회복할 수 있었던 요인 또는 앞으로 재활을 가능하게 할 수 있는 요소를 찾기 위한 노력을 알코올 문제가 있는 가족과 함께해야 한다고 한다.

마지막으로, 되찾기 과정은 문제의 상황으로 인해 알코올 문제를 가진 가족의 구성원들이 손상되었거나 상실한 어린 시절의 자아를 회복하는 과정으로, 이 과정은 치료적 관계에서 공동의 노력을 통해 얻을 수 있는 최상의 보상이다. 예컨대, 알코올 문제가 있는 가족의 치유는 알코올 문제를 스스로 경험했거나 알코올 문제를 가진 가족 구성원과 함께 살면서 받은 고통의 상황에서 상실한 것들을 되찾게 되는 것으로, 인생의 재미, 평화와 안정, 영성, 온전함 등이 포함될 수 있겠다.

개인의 알코올 문제는 그 개인의 전반적인 기능(예: 심리, 신체, 경제, 직무, 건강, 재정 등) 상의 결손뿐만 아니라 그 개인을 둘러싼 가족 구성원들의 삶에까지 부정적인 결과를 초래한다. 구체적으로, 가족 내에서 알코올 문제를 가진 사람은 배우자가 건강한 생활을 영위하는 것을 저해하고, 자녀들이 성숙한 자아로 그리고 건강한 사회구성원으로 성장하지 못하게 할 수 있다. 사회복지 개입에 있어 핵심은 우선 개인의 음주문제에 대한 적절한 치료적 개입을 통해 재활을 돕는 것이지만, 이후 가정으로 돌아왔을 때 가족 구성원들도 건강한 모습으로 변해 있어야만 문제의 음주자가 꾸준하게 재활을 지속할 수 있는 환경을 제공할 수 있을 것이다. 따라서 문제의 음주자를 돕는 것만큼 중요한 개입요소는 그 개인이 관계하는 가족 구성원들이 건강한 기능을 할 수 있도록 전문적인 도움을 제공하는 것이다. 그리하여 가족 구성원들이 문제음주 행동에 대한 정확한 이해를 돕고, 음주를 조장하는 행동을 중단하며, 문제음주자로 인해 초래된 스트레스 및 생활 스트레스를 건강한 방식으로 경감시키도록 효율적인 대응 전략을 세우고 실천하며, 나아가 성숙한 인간관계를 확립할 수 있도록 도와줘야 할 것이다. 아울러 가정 내 환경뿐 아니라 지역사회를 포함한 주변 체계 또한 지지적 환경으로 조성해 줄 수 있도록 노력해야 할 것이다. 이에 알코올 문제를 경험하는 당사자들과 그 가족에 대한 편견과 비판적 태도를 버리고 보다 수용적이고 지지적이며 협조적인 태도를 취할 수 있도록 도와줄 수 있어야 할 것이다.

토론문제

1. 알코올 문제가 부부관계와 자녀에 미치는 영향에 대해 논하시오.
2. 알코올 문제에 대해 대응하는 가족의 방식으로 제시되는 카우프먼(2014)의 가족체계 중 한 가지를 구체적 예시와 함께 논하시오.
3. 알코올 문제가 있는 가족 자녀에 대한 적절한 개입 시기를 놓치지 않기 위해서는 이들을 판별하는 것이 중요하다. 그렇다면 알코올 문제가 있는 가족 자녀에게서 관찰되는 심리 · 정서적 특징과 성격 · 행동적 특징은 무엇인지 논하시오.
4. 알코올 문제를 경험하는 가족 구성원들이 내면의 고통을 완화하고 기능적 회복을 성취하는 데 도움이 될 수 있는 과업을 제시하시오.

참고문헌

고병인(2003). 중독자 가정의 가족 치료. 서울: 학지사.
권구영(1999). 알코올중독 가족의 결속력, 적응력에 관한 연구: 입원환자 가족과 외래환자 가족의 비교를 통하여. 한국정신건강사회복지학회 학술발표논문집, 78-92.
김기태, 안영실, 최송식, 이은희(2005). 알코올중독의 이해. 서울: 양서원.
김용진(2009). 알코올중독가정 자녀의 상처회복을 위한 프로그램의 효과. 정신건강과 사회복지, 31, 30-62.
김유숙(2007). 가족치료: 이론과 실제. 서울: 학지사.
김혜련(2000). 여성과 알코올중독. 여성건강, 1(2), 19-41.

김혜련(2010). 알코올중독자 가족. 조홍식, 김인숙, 김혜란, 김혜련, 신은주 공저, 가족복지학 (pp. 314-325). 서울: 학지사.

김혜련, 정윤경, 박수경(2010). 부모의 알코올중독 여부에 따른 자녀역할과 청소년 자녀의 내면화 문제와의 관계. 정신건강과 사회복지, 35, 267-293.

김혜숙(2008). 가족치료 이론과 기법. 서울: 학지사.

윤명숙(2003). 회복 중인 알코올중독자의 부부관계증진을 위한 집단치료프로그램 효과성 연구. 정신건강과 사회복지, 16, 119-155.

윤명숙, 조혜정(2009). 부모의 문제음주가 청소년 자녀의 음주 행위에 미치는 영향: 부모애착과 학대경험의 조절효과를 중심으로. 정신건강과 사회복지, 32, 248-284.

윤명숙, 최수연(2012). 알코올중독자의 자살시도 경험. 정신건강과 사회복지, 40(4), 27-56.

이재경, 정슬기(2010). 사회학습이론에 근거한 청소년음주 영향요인의 경로분석. 정신건강과 사회복지, 34, 124-153.

임은희(2001). 알코올중독자를 위한 치료접근방법 개발에 관한 연구. 정신건강과 사회복지, 12, 53-74.

장수미(2001). 알코올중독자 가족의 가족적응유연성 증진을 위한 개입모형 개발: 알코올중독의 세대간 전이를 예방하는 시각에서. 정신건강과 사회복지, 11, 53-77.

장수미(2008). 대물림되는 알코올 의존: 고통받는 알코올 의존자 자녀-성인아이증후군. 건강생활, 2008(61), 12-14.

정향수(2006). 알코올중독자 자녀의 심리적 특성이 부적응 행동에 미치는 영향. 한국정신건강사회복지학회 학술발표논문집, 179-209.

최송식(1997). 알콜중독 가족의 공동의 존중해결을 위한 가족개입전략. 정신건강과 사회복지, 4, 121-144.

최송식, 최말옥, 김경미, 이미경, 박은주, 최윤정(2014). 정신건강론. 서울: 학지사.

최윤신(2009). 부모의 문제음주가 자녀의 심리사회적 적응에 미치는 영향: 가족기능과 자녀의 성별에 따른 차이를 중심으로. 정신건강과 사회복지, 32, 166-198.

한국알아넌가족연합회(2021). 알아넌의 12단계. http://www.alanonkorea.or.kr/bbs/board.php?bo_table=B030에서 2021년 12월 4일 인출.

Alati, R., Baker, P., Betts, K. S., Connor, J. P., Little, K., Sanson, A., & Olsson, C. A. (2014). The role of parental alcohol use, parental discipline and antisocial behaviour on adolescent drinking trajectories. *Drug and Alcohol Dependence, 134*, 178-184.

American Academy Of Child & Adolescent Psychiatry (2019). *Alcohol Use in Families.* Retrieved from https://www.aacap.org/AACAP/Families_and_Youth/Facts_for_Families/FFF-Guide/Children-Of-Alcoholics-017.aspx

Bandura, A. (1986). *Social foundations of thought and action: A social cognitive theory.* Englewood Cliffs, NJ: Prentice Hall.

Barnett, M. A. (2003). All in the family: Resources and referrals for alcoholism. *Journal of the American Academy of Nurse Practitioners, 15,* 467-472.

Beattie, M. (1992). *Codependent no more: How to stop controlling others and start caring for yourself.* Center City, PA: Hazelden Publishing.

Bowen, M. (1976). Theory in the practice of psychotherapy. *Family Therapy: Theory and Practice, 4*(1), 2-90.

Buddy, T. (2021). *Characteristics of Adult Children of Alcoholics.* Retrieved from https://www.verywellmind.com/common-traits-of-adult-children-of-alcoholics-66557

Campbell, J. M., & Oei, T. P. (2010). A cognitive model for the intergenerational transference of alcohol use behavior. *Addictive Behaviors, 35*(2), 73-83.

Carter, E., & McGoldrick, M. (Eds.) (1989). *The changing family life cycle: A framework for family therapy,* (2nd ed.). Boston, MA: Ally & Bacon.

Delmonico, L. J. (1997). *Stressful life events and resiliency: Coping responses, social support resources, hardiness, and perceived childhood family relationships in adult children of alcoholics.* California School of Professional Psychology-San Diego.

Devine, C., & Braithwaite, V. (1993). The survival roles of children of alcoholics: Their measurement and validity. *Addiction, 88*(1), 69-78.

Dumont, M., & Provost, M. A. (1999). Resilience in adolescents: Protective role of social support, coping strategies, self-esteem, and social activities on experience of stress and depression. *Journal of Youth and Adolescence, 28*(3), 343-363.

Eiden, R. D., Colder, C., Edwards, E. P., & Leonard, K. E. (2009). A longitudinal study of social competence among children of alcoholic and nonalcoholic parents: Role of parental psychopathology, parental warmth, and self-regulation. *Psychology of Addictive Behaviors, 23*(1), 36-46.

El-Guebaly, N., & Offord, D. R. (1977). The offspring of alcoholics: a critical review. *The American Journal of Psychiatry, 134*(4), 357-365.

Emshoff, J. G., & Price, A. W. (1999). Prevention and intervention strategies with children of alcoholics. *Pediatrics, 103*(Supplement 2), 1112-1121.

Finan, L. J., Schulz, J., Gordon, M. S., & Ohannessian, C. M. (2015). Parental problem drinking and adolescent externalizing behaviors: The mediating role of family functioning. *Journal of Adolescence, 43,* 100-110.

Germain, C. B. (1991). *Human behavior in the social environment: An ecological view.* New York: Columbia University Press.

Guttmannova, K., Hill, K. G., Bailey, J. A., Hartigan, L. A., Small, C. M., & Hawkins, J. D. (2017). Parental alcohol use, parenting, and child on-time development. *Infant and Child Development, 26*(5), e2013.

Hester, R. K., & Miller, W. R. (1989). *Handbook of alcoholism treatment approaches: Effective alternatives.* NY: Pergamon Press.

Howe, B. (1989). *Alcohol education: A handbook for health and welfare professions.* London: Tavistock/Routeldge.

Hung, C. C., Yen, L. L., & Wu, W. C. (2009). Association of parents' alcohol use and family interaction with the initiation of alcohol use by sixth graders: A preliminary study in Taiwan. *BMC Public Health, 9*(1), 1-9.

Hussong, A. M., Flora, D. B., Curran, P. J., Chassin, L. A., & Zucker, R. A. (2008). Defining risk heterogeneity for internalizing symptoms among children of alcoholic parents. *Development and Psychopathology, 20*(1), 165-193.

Järvinen, M. (2015). Understanding addiction: Adult children of alcoholics describing their parents' drinking problems. *Journal of Family Issues, 36*(6), 805-825.

Kaufman, E. (2014). *Family Adaptation to Substance Abuse.* In A. Alterman (Eds.), *Substance Abuse and Psychopathology* (pp. 343-366). Pennsylvania: Springer Science.

Kendler, K. S., Gardner, C. O., Edwards, A., Hickman, M., Heron, J., Macleod, J., ... & Dick, D. M. (2013). Dimensions of parental alcohol use/problems and offspring temperament, externalizing behaviors, and alcohol use/problems. *Alcoholism: Clinical and Experimental Research, 37*(12), 2118-2127.

Lander, L., Howsare, J., & Byrne, M. (2013). The impact of Substance Use Disorders on families and children: From theory to practice. *Social Work Public Health, 28*(0), 194-205.

Mahato, B., Ali, A., Jahan, M., Verma, A. N., & Singh, A. R. (2009). Parent-child relationship in children of alcoholic and non-alcoholic parents. *Industrial Psychiatry Journal, 18*(1), 32-35.

McCutcheon, V. V., Agrawal, A., Kuo, S. I. C., Su, J., Dick, D. M., Meyers, J. L., … & Bucholz, K. K. (2018). Associations of parental alcohol use disorders and parental separation with offspring initiation of alcohol, cigarette and cannabis use and sexual debut in high-risk families. *Addiction, 113*(2), 336-345.

Moos, R. H., Finney, J. W., & Gamble, W. (1982). The process of recovery from alcoholism. II. Comparing spouses of alcoholic patients and matched community controls. *Journal of Studies on Alcohol, 43*(9), 888-909.

Mulder, R. T. (2002). Alcoholism and personality. *Australian and New Zealand Journal of Psychiatry, 36*, 44-52.

Omkarappa, D. B., & Rentala, S. (2019). Anxiety, depression, self-esteem among children of alcoholic and nonalcoholic parents. *Journal of Family Medicine and Primary Care, 8*(2), 604-609.

Orford, J., Oppenheimer, E., Egert, S., Hensman, C., & Guthrie, S. (1976). The cohesiveness of alcoholism-complicated marriages and its influence on treatment outcome. *The British Journal of Psychiatry, 128*(4), 318-339.

Park, S., & Schepp, K. G. (2015). A systematic review of research on children of alcoholics: Their inherent resilience and vulnerability. *Journal of Child and Family Studies, 24*(5), 1222-1231.

Pisinger, V. S., Bloomfield, K., & Tolstrup, J. S. (2016). Perceived parental alcohol problems, internalizing problems and impaired parent—child relationships among 71,988 young people in Denmark. *Addiction, 111*(11), 1966-1974.

Rogers, R. L., McMillan, C. S., & Rogers, R. (1992). *Freeing Someone You Love from Alcohol and Other Drugs: A Step-by-step Plan Starting Today!* NY: Perigee Trade.

Roth, J. D., & Tan, E. M. (2007). Analysis of an online Al-Anon meeting. *Journal of Groups in Addiction & Recovery, 2*(1), 5-39.

Saitoh, S., Steinglass, P., & Schuckit, M. A. (1992). *Alcoholism and family*. Abingdon, UK: Routledge.

Schäfer, G. (2011). Family functioning in families with alcohol and other drug addiction. *Social Policy Journal of New Zealand, 37*.

Sell, M., & Magor-Blatch, L. E. (2016). Assessment of coping in Al-Anon attending family members of problem drinking relatives. *Journal of Groups in Addiction & Recovery, 11*(3), 205-219.

Steinglass, P. (1976). Experimenting with family treatment approaches to alcoholism, 1950-1975: A review. *Family Process, 15*(1), 97-123.

van Wormer, K., & Davis, D. R. (2003). *Addiction treatment: A strengths perspective.* Belmont, CA: Thomson Books/Cole.

Vernig, P. M. (2011). Family roles in homes with alcohol-dependent parents: An evidence-based review. *Substance Use & Misuse, 46*(4), 535-542.

Whalen, T. (1953). Wives of alcoholics. Four types observed in a family service agency. *Quarterly Journal of Studies on Alcohol, 14*(4), 632-641.

Wegscheider-Cruse, S. (1989). *Another chance: Hope and health for the alcoholic family.* Palo Alto, CA: Science and Behavior Books.

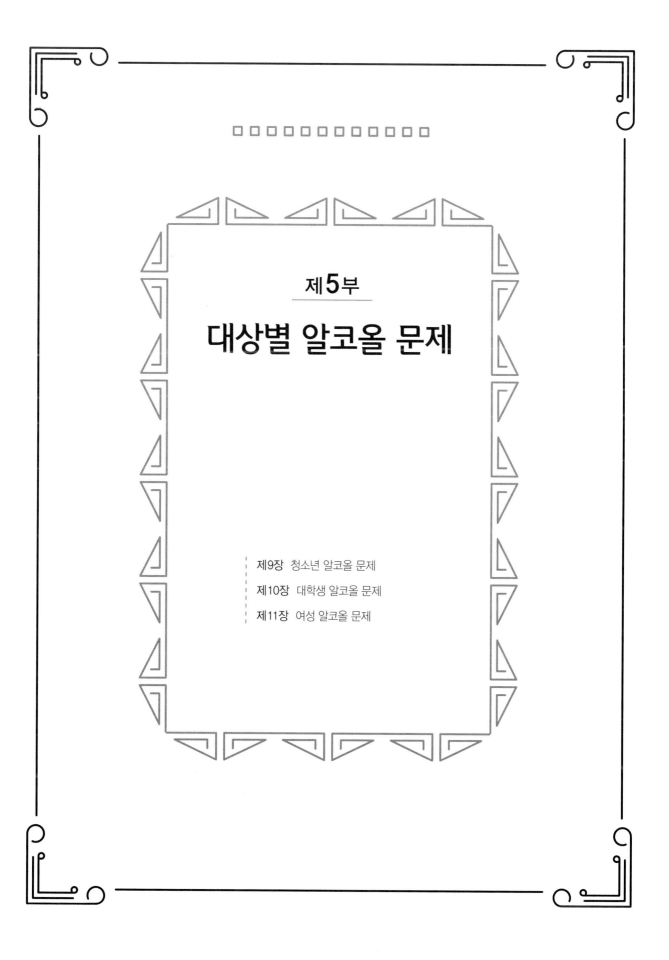

제5부

대상별 알코올 문제

청소년 알코올 문제

김용석(가톨릭대학교)

청소년의 술 구매와 음주가 법적으로 금지되어 있음에도 불구하고 일부 청소년은 술을 마시는 것으로 알려져 있다. 음주 시작 연령이 이를수록 술에 중독될 가능성이 높고 그로 인한 문제를 더 많이 경험하기 때문에 청소년 음주에 각별한 관심을 기울여야 한다. 이 장은 청소년의 음주 실태, 청소년 음주로 인한 결과, 청소년 음주와 관련 있는 위험요인을 다룬다. 일부 청소년이 술을 마시고 그로 인한 문제를 경험하고 있지만, 다수의 청소년이 음주와 음주로 인한 문제를 경험하지 않는다. 즉, 청소년은 치료의 대상이기보다는 예방의 대상이기 때문에 이 장의 후반부에서 청소년 음주에 대한 예방적 접근을 다룬다.

1. 청소년 음주 실태

1) 청소년 음주의 현황과 추이

만 19세 미만 청소년의 음주는 법적으로 금지되고 있음에도 불구하고 음주를 하는 청소년이 있는 것이 현실이다. 우리나라 사람들은 술과 음주에 대해 허용적인 태도를 보이는 경우가 많고 또 부모가 자녀에게 주도를 가르치는 경우도 있기 때문에 한두 차례 정도 음주를 경험한 청소년뿐 아니라 그 이상으로 술을 마시고 술로 인해 문제를 겪는 청소년도 있다. 또한 술이 우리나라 청소년 사이에서 가장 흔히 사용되는 약물이라는 점을 고려하면 청소년 음주 수준은 일반적인 예상을 뛰어넘는 수준으로 보인다.

음주 실태 조사에서는 조사대상자의 음주 현황을 평생음주율, 연간음주율, 현재음주율(월간음주율)로 구분하여 조사하는 것이 일반적이다. 우리나라 청소년 음주의 현황은 다양한 기관과 연구자에 의해서 조사되어 왔다. 가장 최근에 수행된 조사로 제15차 청소년건강행태온라인조사(교육부, 보건복지부, 질병관리본부, 2019)를 들 수 있다. 2005년부터 시작된 청소년건강행태온라인조사[1]는 우리나라 청소년의 건강 위험행태 현황을 조사해 오고 있다. 건강 위험행태에는 음주 이외에 흡연, 비만 및 체중 조절, 신체활동, 식습관, 손상예방, 성행태, 정신보건, 구강보건, 아토피·천식, 개인위생, 인터넷 중독, 약물, 건강형평성의 14개 영역이 포함되어 있다. 2016년에 제12차 온라인조사가 실시되었으며 이 조사가 청소년 음주 실태에 관한 가장 최근의 정보를 제공하고 있어 이 장에서는 이 조사의 결과를 중심으로 우리나라 청소년의 음주 실태를 고찰하고자 한다.

평생 동안 1잔 이상 술을 마셔 본 경험을 평생음주율이라고 한다. 2019년 제15차 청소년건강행태온라인조사에서 평생음주경험률은 39.4%였다. 평생음주율은 감소하는 추세를 보이고 있으며 2008년 조사 때의 58.0%와 비교하면 거의 20% 포인트 낮아졌다. 청소년건강행태온라인조사는 연간음주율을 조사하지 않았고, 초등학생 5학년부터 고등학생까지를 대상으로 실시된 조사(김성천, 장승옥, 이명숙, 정슬기, 2005)에서 연간음주율을 조사하였다. 이 조사에서 연간음주율은 음복, 종교행사 시 음주, 어쩌다 한 모금 마시는 경우 등을 제외한 음주율로 정의되었으며 연간음주율은 41.6%로 보고되었다(김성천 외, 2005). 현재음주율이란 최근 30일 동안 1잔 이상 술을 마신 적이 있는 청소년의 비율을 말한다. 2019년 제15차 청소년건강행태온라인조사 결과에서 우리나라 청소년의 현재음주율은 15.0%로 조사되었다. 이 비율은 이전 조사결과와 비교하면 다소 낮아진 수준으로 2005년 조사에서는 현재음주율이 27.0%였다.

〈표 9-1〉 청소년의 평생음주경험률과 현재음주율 추이

구분	2015년	2016년	2017년	2018년	2019년
평생음주경험률	40.8	38.8	40.2	42.3	39.4
현재음주율	16.7	15.0	16.1	16.9	15.0

출처: 교육부, 보건복지부, 질병관리본부(2019).

---

1) 국외의 청소년 건강행태조사로는 미국의 청소년 위험행동 감시 체계(Youth Risk Behavior Surveillance System: YRBS)와 유럽의 학령기 아동 건강행동(Health Behaviour in School-Aged Children: HBSC)이 있다.

2) 성별 비교

〈표 9-2〉는 2015년부터 2019년까지 청소년건강행태온라인조사에 보고된 성별 청소년 음주율이다. 일반적인 예상과 같이 남자 청소년의 음주율이 여자 청소년의 음주율보다 높았다. 대체로 남자 청소년의 음주율이 여자 청소년의 음주율보다 높게 나타나고 있으나 성별 현재음주율의 차이는 점차 줄어드는 것 같다. 현재음주율을 보면, 2015년 성별 현재 음주율의 차이가 6.9% 포인트였으나 2019년 그 차이는 3.9% 포인트로 줄었다. 청소년 음주 실태 조사 및 분석연구(김성천 외, 2005)에서는 성차가 더욱 좁게 나타났다. 이 연구는 평생음주율을 두 가지로 구분하여 측정하였다. [그림 9-1]에서 평생음주율 1은 한 번이라도 술을 마신 경험을 포함한 평생경험률을, 평생음주율 2는 음복, 종교행사 시 음주, 어쩌다 한 모금 마시는 경우 등을 제외한 평생경험률을 말한다. 우선, 그림을 통해서 알 수 있는 점은 음주율에 있어서 성별 차이가 거의 없다는 것이다. 평생음주율과 월간음주율에서 남자 청소년의 비율이 여자 청소년의 비율보다 약간 높았을 뿐 그 차이는 매우 미미한 수준이다. 특이한 점은 연간음주율(음복, 종교행사 시 음주, 어쩌다 한 모금 마시는 경우 등을 제외한 연간음주율)에서는 여자 청소년의 연간음주율이 43.0%로 남자 청소년의 연간음주율인 40.3%보다 높았다는 것이다.

외국 조사(Windle, 2003)에서도 성별 음주율의 차이는 일관적인 패턴을 보이고 있지 않다. 우리나라 중학생에 해당하는 8학년생 사이에서 평생음주율은 남학생에서 높게 나타난 반면, 고등학생에 해당하는 10학년생과 12학년생에서 평생음주율은 여학생에서 높게 나타났다. 현재음주율의 경우 8학년생과 10학년생에서는 여학생의 현재음주율이 높았고 12학년생에서는 남자의 현재음주율이 높았다. 평생음주율의 성별 차이는 0.4~3.0%였고 현재음주율의 경우 8학년생과 10학년생에서 성별 차이는 1.0% 이내였고, 12학년생에서만 그 차이가 7.2%로 다소 크게 나타났다.

〈표 9-2〉 성별 평생음주경험률과 현재음주율 추이

구분		2015년	2016년	2017년	2018년	2019년
평생음주 경험률	남학생	46.3	43.5	44.0	46.4	43.0
	여학생	34.9	33.6	36.1	37.8	35.5
현재음주율	남학생	20.0	17.2	18.2	18.7	16.9
	여학생	13.1	12.5	13.7	14.9	13.0

출처: 교육부, 보건복지부, 질병관리본부(2019).

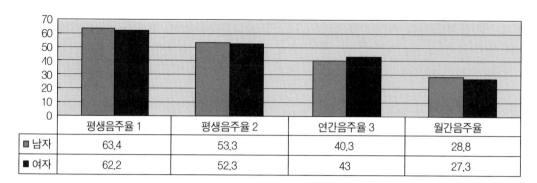

구분	평생음주율 1	평생음주율 2	연간음주율 3	월간음주율
■ 남자	63.4	53.3	40.3	28.8
■ 여자	62.2	52.3	43	27.3

[그림 9-1]   성별 청소년 음주율

출처: 김성천 외(2005).

국내외 조사결과에 기초하면 청소년 음주율의 성별 차이가 심하다고 해석하기보다는 남학생과 여학생의 음주경험률이 비슷하다고 해석할 수 있겠다.

3) 교급별 비교

성별 청소년 음주율에 대한 조사결과와는 달리 교급별 음주율은 중학생보다는 고등학생에서 높은 것으로 일관되게 보고되고 있다. 제15차 청소년건강행태온라인조사에서 중학생의 평생음주경험률은 26.2%였고 고등학생의 평생음주경험률은 51.5%였다(교육부, 보건복지부, 질병관리본부, 2019). 청소년 음주 실태 조사 및 분석연구(김성천 외, 2005)에서도 고등학생의 평생음주율이 중학생의 평생음주율보다 높게 나타났다. 연간음주율과 현재음주율도 중학생보다 고등학생에서 높게 나타났다. 또한 기존 조사결과는 중학생보다 고등학생의 음주율이 높다는 결과뿐 아니라 두 집단 간 음주율의 차이가 상당히 크다는 것

〈표 9-3〉 교급별 평생음주율과 현재음주율 추이

구분		2015년	2016년	2017년	2018년	2019년
평생음주율	중학생	26.2	24.2	26.3	28.4	26.2
	고등학생	53.7	50.9	51.6	54.3	51.5
현재음주율	중학생	5.9	5.5	6.7	7.4	7.1
	고등학생	19.4	18.3	19.5	21.5	18.4

출처: 교육부, 보건복지부, 질병관리본부(2019).

을 보여 준다. 제15차 청소년건강행태온라인조사에서 평생음주경험률의 학교급별 차이는 25.3% 포인트(중학생 26.2%, 고등학생 51.5%)였고 현재음주율의 차이는 11.3% 포인트(중학생 7.1%, 고등학생 18.4%)였다.

4) 문제음주 청소년 비율

청소년의 문제음주율을 측정하는 방법은 다양하다. 제15차 청소년건강행태온라인조사는 평균음주량에 대한 정보를 사용하여 위험음주율을 조사하였다. 이 조사에서 위험음주율은 현재 음주자 중에서 최근 30일 동안 1회 평균음주량이 중등도 이상(남자의 경우 소주 5잔 이상, 여자의 경우 소주 3잔 이상)인 청소년의 비율로 정의되었다(교육부, 보건복지부, 질병관리본부, 2019). 제15차 청소년건강행태온라인조사에서 위험음주율은 7.8%였고 현재 음주자 중에서 위험음주율은 52.2%로 조사되었다. 성별 위험음주율에 대한 조사결과가 특이하였는데 현재 음주자 중에서 여자 청소년의 위험음주율이 57.4%로 남자 청소년의 위험음주율인 48.4%보다 높게 조사되었다. 교급별로 비교하면, 고등학생의 위험음주율(57.6%)이 중학생의 위험음주율(35.0%)보다 높았다.

청소년의 문제음주율을 측정하기 위해 앞 장에서 소개한 선별도구를 사용하기도 한다. 2016년 제12차 청소년건강행태온라인조사는 문제음주율을 조사하기 위해 앞의 장에서 소개한 CRAFFT를 사용하였고 CRAFFT의 6개 문항 중 2개 이상의 문항에 대해 '예'라고 응답한 청소년의 비율을 문제음주율로 정의하였다(교육부, 보건복지부, 질병관리본부, 2016). 지난 30일 동안 음주를 한 적이 있는 현재음주자들 중 40.0%가 문제음주 청소년으로 분류되었다. 성별로는 여학생의 문제음주율이 41.6%로 남학생의 문제음주율 38.9%보다 약

〈표 9-4〉 현재음주자의 위험음주율

구분		위험음주율
전체		52.2
성별	남학생	48.4
	여학생	57.4
학교급별	중학생	35.0
	고등학생	57.6

출처: 교육부, 보건복지부, 질병관리본부(2019).

간 높았다. 학교급별로는 고등학생의 문제음주율(45.9%)이 중학생의 문제음주율(27.3%) 보다 높았다. 지역별로는 강원도의 문제음주율이 47.3%로 가장 높았으며 서울시의 문제 음주율이 36.3%로 가장 낮았다. 최근에 수행된 조사들(김성천 외, 2005; 김용석, 2010)도 CRAFFT를 사용하여 청소년의 알코올 및 약물 남용 정도를 조사하였다. 김성천 등의 연 구에서는 문제음주율이 26.0%로 보고되었다. 김용석의 연구는 앞서 소개한 두 조사와는 달리 CRAFFT 문항을 우리말로 번안할 때 알코올뿐만 아니라 약물도 포함시켰으며 영어 판 CRAFFT도 알코올과 다른 약물의 사용을 측정한다. 따라서 이 연구는 전체 조사대상 자 중에서 알코올 및 약물 문제 청소년의 비율을 조사하였다. 전체 조사대상자 중 알코 올 또는 약물 문제 청소년 비율은 10.8%였으며 동일한 기준을 사용한 미국 조사(Knight et al., 2007)는 14.8%로 보고하였다.

〈표 9-5〉 CRAFFT의 각 점수별 비율

CRAFFT 점수	김용석(2010)	Knight et al. (2007)
0	76.4	65.3
1	12.8	19.9
2	5.3	6.1
3	2.6	4.2
4	1.7	2.2
5	1.0	1.4
6	0.2	0.9

출처: 김용석(2010), pp. 30-55.

2. 청소년 음주 결과

청소년 음주에 대해 관심을 기울이는 이유는 청소년 음주 자체도 문제이지만 청소년 음 주는 여러 형태의 청소년 문제와 밀접한 관련이 있기 때문이다. 이 절에서는 청소년 음주 로 인해 발생할 수 있는 청소년 문제를 살펴보기로 한다.

1) 다른 약물의 사용

알코올은 담배와 더불어 통로약물(gateway drugs)로 알려져 있다. 통로약물이란 대마초, 코카인과 같은 불법약물을 사용하기 전에 사용하는 약물을 말한다. 청소년 음주에 대해 걱정하는 이유 중 하나가 음주를 경험한 청소년이 다른 약물을 사용하는 경우가 많기 때문이다. 실제 조사(O'Malley, Johnston, & Bachman, 1998)가 이를 뒷받침하고 있다. 〈표 9-6〉을 보면, 음주경험이 전혀 없는 8학년생 중 단지 3%만이 지난 30일 동안 담배 혹은 지난 12개월 동안 대마초를 사용한 적이 있었고, 지난 일 년 동안 코카인을 사용한 적이 있다고 응답한 8학년생은 전무하였다. 그러나 이와는 대조적으로 평생음주빈도가 40회 이상인 8학년생들의 약물사용률은 상대적으로 매우 높았다. 담배 사용율과 대마초 사용률은 각각 64%와 66%였고 코카인 사용률은 18%였다. 음주 경험과 다른 약물사용률 간의 관계는 10학년생과 12학년생 사이에서도 비슷하였다.

〈표 9-6〉 평생음주경험 수준에 따른 약물사용률

구분	평생음주경험								
	8학년			10학년			12학년		
	전혀 없음	1~39회 이하	40회 이상	전혀 없음	1~39회 이하	40회 이상	전혀 없음	1~39회 이하	40회 이상
담배 사용률	3	28	64	4	32	67	5	32	66
대마초 사용률	3	26	66	5	39	76	4	33	72
코카인 사용률	<.05	4	18	<.05	3	18	<.05	2	15

출처: O'Malley et al. (1998), pp. 85-94.

2) 정신과적 문제

음주와 정신과적 증상 간의 관계를 설명하는 네 가지 모델이 있다(Mueser, Drake, & Wallach, 1998). 정신과적 문제를 다루기 위해 음주를 지속적으로 하여 음주문제를 초래한다는 모델(이차 알코올중독 모델, secondary alcoholism model), 습관적이고 지속적인 음주로 인해 정신과적 문제를 초래한다는 모델(이차 정신질환 모델, secondary psychiatric disorder model), 음주문제와 정신과적 문제에 공통적으로 작용하는 제3의 요인이 두 문제를 발생시킨다는 모델(공통요인 모델, common factor model), 그리고 음주문제와 정신과적 문제 간의 상호작용으로 각 문제가 초래된다는 모델(양방향 모델, bi-directional model)이 있다.

이 네 가지 모델 중 어느 모델이 더 설득력 있는지는 논외로 하더라도 이들 모델은 공통적으로 음주와 정신과적 문제는 서로 밀접한 관련이 있다고 주장한다. 이러한 주장은 국내외의 선행연구들이 뒷받침하고 있다. 알코올 남용 청소년을 대상으로 이들의 정신과적 문제를 조사한 연구(DeMillo, 1989)는 조사대상자의 60%가 우울증상을 경험하고 있으며 13%가 주의력결핍장애나 충동장애를, 7%가 조현병을 경험하고 있다고 보고하였다. 알코올을 포함한 약물을 남용하는 10대 미혼모와 약물을 사용하지 않은 미혼모를 비교한 연구(Scafidi, Field, Prodromidis, & Rahdert, 1997)에서도 약물남용 10대 미혼모들이 약물을 사용하지 않는 미혼모보다 더 심한 우울증상을 경험하였을 뿐만 아니라 정신적 · 신체적 건강문제를 더 많이 경험하는 것으로 나타났다. 클라크 등(Clark et al., 1997)은 행위장애, 반항성 장애, 주의력결핍장애, 주요우울증, 외상후 스트레스 장애가 일반 청소년보다 알코올 남용 청소년에서 많이 발생한다고 보고하였다. 1,500여 명의 일반 청소년을 대상으로 음주와 정신과적 문제 간의 관계를 분석한 연구(Rhode, Lewinsohn, & Seeley, 1996)는 알코올 남용 또는 의존으로 진단된 청소년의 80%가 정신과적 문제를 가지고 있다고 제시하면서 음주량은 우울증, 파괴적 행동장애, 다른 약물사용장애 및 흡연과 정적인 관계를 가지고 있다고 보고하였다. 이 연구에서 특히 주목해야 할 점은 음주문제와 정신과적 문제를 동시에 가지고 있는 비율이 성인층에서보다 오히려 청소년층에서 높다는 점인데, 이는 청소년 음주에 더욱 관심을 가져야 하는 이유이다.

국내에서도 청소년을 대상으로 음주문제와 정신과적 문제 간의 연구가 수행되었으며 이들 연구는 외국 연구와 유사한 결과를 제시하였다. 김용석(1999b)의 연구는 서울시에 거주하는 고등학생들을 대상으로 음주문제와 정신과적 문제 간의 관계를 분석하였다. 이 연구에서 음주문제는 청소년 문제 선별도구(Problem Oriented Screening Instrument for Teenagers: POSIT)으로 측정하였고 간이정신진단검사(SCL-90-R)를 가지고 청소년의 아홉 가지 정신과적 증상[2]을 측정하였다. 이 연구는 POSIT의 총점을 기준으로 문제성 음주 청소년 집단(POSIT 총점이 2점 이상)과 일반 청소년 집단(POSIT의 총점이 1점 이하)으로 구분한 후 두 집단의 정신과적 증상을 비교하였다. 그 결과는 놀랍게도 모든 아홉 가지 정신과적 증상 영역에서 문제성 음주 청소년 집단의 평균값이 높게 나타났으며, 이는 문제성 음주 청소년이 더 많은 정신과적 문제를 가지고 있다는 것을 의미한다. 또한 같은 연구는

---

2) 아홉 가지 정신과적 증상은 신체화, 강박증, 대인예민성, 우울, 불안, 적대감, 공포불안, 편집증, 정신증이다.

음주문제와 정신과적 문제 간의 관계를 성별로 분석하였는데, 문제성 음주 청소년 집단에서는 모든 증상 영역에서 여학생의 평균값이 남학생의 평균값보다 높아 문제성 음주 여학생이 더 심한 정신과적 문제를 동시에 가지고 있음을 알 수 있다. 이러한 결과는 선행연구 (Helzer & Pryzbeck, 1988)에서 밝혀진 바와 같이 알코올을 남용하는 여성이 남성보다 이중장애를 더 많이 경험한다는 결과와 유사하다.

3) 비행

관련 문헌들은 음주와 비행은 서로 정적인 관계를 이루고 있다고 보고하는데, 이는 특정 문제행동(예: 음주)을 보이는 청소년이 다른 문제행동(예: 비행)도 동시에 보이는 경우가 높다는 의미이다. 실제로 관련 연구(Huizinga & Jakob-Chien, 1998: Wilson, Gottfredson, & Najaka, 2001: 248에서 재인용)에 의하면, 비행 경험이 있는 청소년의 37~51%가 알코올 또는 약물을 사용한 반면, 비행 경험이 없는 청소년 중에서 알코올 또는 약물 사용경험률은 1~3%에 그치고 있다.

청소년 문제행동에 관한 다수의 연구가 제서와 제서(Jessor & Jessor, 1977)의 문제행동이론(problem behavior theory)에 기초하고 있다. 문제행동이론은 문제행동의 공존을 주장한다. 특정 문제행동을 보이는 청소년들은 다른 형태의 문제행동을 동시에 가지고 있는 정도가 매우 높은 반면, 특정 문제행동을 보이지 않는 청소년들은 다른 문제행동에 가담하는 정도가 현저히 낮기 때문에 청소년 문제행동이 마치 증후군과 같은 패턴(syndrome like patterning)을 보인다(Jessor & Iesser, 1977). 다시 말해서, 청소년 음주, 비행, 도박, 성경험 등과 같은 개별 문제행동들이 '문제행동증후군'을 구성하는 요소들이라는 것이다 (Welte, Barnes, & Hoffman, 2004). 문제행동의 공존은 다수의 경험적 연구에서도 입증되어 왔다. 중학생을 대상으로 한 그리핀 등(Griffin et al., 2000)의 연구에서 음주는 공격적 행동 및 비행과 정적인 관계를 보였으며, 음주와 공격성에 관한 연구(Huang, White, Kosterman, Catalano, & Hawkins, 2001)에서도 두 문제행동 사이에 정적인 관계가 나타나 음주를 하는 청소년들이 공격적인 성향을 보이는 경우가 많았다. 특히 음주는 담배 또는 기타 약물의 사용보다 청소년 비행 및 범죄와 더욱 밀접한 관계를 가지고 있다. 소년범을 대상으로 한 도킨스(Dawkins, 1997)의 연구는 알코올을 포함한 약물사용(알코올, 대마초, 헤로인)과 여러 범행 유형 사이에 다수의 정적 관계를 밝혀내었는데, 특히 음주는 전체 21개의 범행 유형 중 20개의 유형과 정적 관계를 보였다.

음주와 비행 사이의 높은 정적 관계는 음주가 비행을 유발하기 때문인가, 아니면 그 반대로 비행이 음주를 유발하기 때문인가? 음주와 정신과적 문제 간의 관계를 설명하는 여러 가지 모델이 있듯이 음주와 비행 사이의 관계를 설명하는 다양한 관점이 존재한다(Otero-Lopez, Martin, Redondo, Pena, & Triances, 1994). 첫째, 청소년 비행이 음주를 유발하는 원인이라고 보는 관점이다. 비행또래집단 등 비행청소년을 둘러싸고 있는 비행문화는 음주에 대한 접근성을 강화 또는 강요하고 있다는 것이다. 둘째, 음주가 비행의 원인이라고 보는 관점이다. 음주는 청소년의 판단력을 저하시키고, 또한 흥분이나 불안 등의 정서적 문제를 유발함으로써 정당한 행위에 대한 분별력을 상실하게 만들 수 있으며(White, Hansell, & Brick, 1993), 술을 구입하기 위해서 비행에 가담하게 되는 경우도 있다. 셋째, 청소년 음주와 비행은 두 가지 문제행동에 공통적으로 관련 있는 요인들에 의해서 발생한다고 주장하는 관점이다. 이 관점에 따르면 음주가 비행을 또는 비행이 음주를 발생시키는 관계가 아니라 제3의 요인들이 두 가지 문제행동의 발생과 관련 있다는 것이다.

관련 연구들은 음주와 비행 사이에 직접적인 인과관계가 있기보다는 대체로 세 번째 관점을 지지하는 편이다. 오테로-로페즈 등(Otero-Lopez et al., 1994)은 2,000여 명의 청소년을 대상으로 한 연구에서 알코올 및 다른 약물의 사용과 비행 간의 관계는 두 문제행동 자체의 관계보다는 친구나 가정환경과 같은 요인에 의해서 보다 잘 설명될 수 있다고 하였다. 다른 연구들에서도 자녀에 대한 지지, 적절한 수준의 부모감독과 같은 부모의 양육 방식이 두 문제행동과 관련 있었다. 국내에서도 청소년 음주와 비행 간의 관계를 탐색한 연구(김용석, 2004)가 수행되었다. 이 연구는 세 번째 관점에 기초하여 다양한 잠재적 공통요인과 청소년 음주 및 비행의 관계를 분석하였다. 공통요인으로는 부모관련 요인, 친구관련 요인, 대중매체, 개인적 요인을 고려하였다. 이 연구에서 음주와 비행은 각각을 예측하지 못하거나 예측하더라도 매우 미미한 정도인 반면, 친구관련 요인(비행에 관여한 친구 비율, 친구의 음주빈도)과 부모관련 요인(부모감독, 부모-자녀 간 정서적 유대)이 음주 및 비행과 밀접한 관계를 보여 음주와 비행은 공통요인에 의해서 발생한다는 관점이 지지되었다.

4) 기타 결과

청소년기 음주는 이상에서 설명한 결과 이외에 다양한 결과를 초래할 수 있다. 특히 과도하게 음주하는 청소년은 여러 가지 건강관련 결과와 심리사회적 결과를 경험할 수 있다(Chassin & DeLucia, 1996).

- 건강관련 결과
  - 간 효소 수치의 상승
  - 치명적인 교통사고
  - 의도하지 않은 부상
  - 살인/자살
  - 이른 성경험
  - 빈번한 성관계
  - 콘돔 사용
- 심리사회적 결과
  - 언어기능 저하
  - 청소년기에 요구되는 역량개발 저해
  - 사회기술과 대처기술 발달 저해

3. 청소년 음주의 위험요인

청소년 음주와 관련 있는 위험요인들은 매우 다양하다. 이들 요인을 다섯 가지로 분류하여 설명하고자 한다.

1) 사회문화적 요인

청소년 음주와 관련 있는 사회문화적 요인들에는 주류 가격, 법적 음주허용 연령, 대중매체의 주류광고 등을 들 수 있다. 이들 요인은 알코올 접근성과 관련 있기 때문에 우리나라를 포함한 여러 국가에서는 이들 요인의 통제 및 제한을 통해 알코올에 대한 청소년의 접근성을 제한하고 있다.

대부분의 청소년은 일정한 수입이 없기 때문에 술 가격에 매우 민감할 수밖에 없다. 관련 연구에 따르면, 주류 가격의 소폭 인상은 청소년의 폭음과 음주운전 사고를 줄이는 효과를 보였다(Laixuthai & Chaloupka, 1993). 우리나라의 경우 소주와 막걸리의 가격이 낮은 편이서 이들 주류에 대한 청소년의 접근성이 낮은 수준은 아닐 것이며, 이는 청소년의 음주관련 문제로 연결될 것으로 추정된다.

「청소년 보호법」은 주류구매 연령을 제한하고 있는데, 이 법에서는 만 19세 미만의 청소년에게 술을 판매하지 못하도록 되어 있다. 미국은 법적 주류구매 연령(또는 합법적 음주허용 연령)을 21세로 규정하여 우리보다 높은 기준을 가지고 있는 반면, 이탈리아에서의 법적 주류구매 연령은 우리보다 낮은 16세이다. 법적 주류구매 연령의 상향 조정은 청소년 음주관련 문제의 감소와 관련이 있는 것으로 조사되었다. 예를 들어, 미국에서는 주류구매 연령을 18세에서 21세로 상향 조정하였는데, 주류구매 연령을 상향 조정한 이후 전체 음주관련 교통사고가 감소하였으며, 특히 21세 미만 운전자의 교통사고가 급격히 감소하여(McNeece & DiNitto, 2012) 주류구매 연령의 상향 조정은 청소년 음주문제를 감소시키는 요인으로 볼 수 있다.

우리나라를 포함한 여러 국가에서는 술 광고 금지 또는 술 광고에 경고문구의 삽입 등 다양한 통제정책을 시행하고 있다. 「국민건강증진법」은 주류광고를 제한하고 있는데 그 내용의 일부는 〈표 9-7〉과 같다.

주류광고에 대한 통제나 제한은 광고 자체의 설득적 능력뿐 아니라 광고가 호소력 있는 이미지를 사용함으로써 청소년을 표적으로 하고 있다는 비판 때문이기도 하다(Kelly, Day, & Stetssguth, 2000). 일부 경험적 연구는 주류광고에 대한 노출과 청소년 음주 간에 관련성이 있다고 보고한다. 예를 들면, 음주 경험이 없는 청소년들 중 주류광고에 과다하게 노출된 청소년은 그렇지 않은 동년배들에 비해 미래에 술을 마시겠다는 의사표현이 높았다(Atkin & Block, 1984). 중학생들을 대상으로 한 연구(Collins, Ellickson, McCaffrey, & Hambarsoomians, 2007)에서는 조사대상자들이 6학년 때 맥주 광고에 노출된 정도를 측정

〈표 9-7〉 주류광고의 기준[「국민건강증진법 시행령」 제10조 제2항(별표 1)]의 일부

주세법에 의한 주류의 광고를 하는 경우에는 다음 각 호의 1에 해당하는 광고를 하여서는 아니 된다.

5. 임산부나 미성년자의 인물 또는 목소리를 묘사하는 표현
6. 다음 각 목의 1에 해당하는 광고방송을 하는 행위
   가. 텔레비전(종합유선방송을 포함한다): 7시부터 22시까지의 광고방송
   나. 라디오: 17시부터 다음 날 8시까지의 광고방송과 8시부터 17시까지 미성년자를 대상으로 하는 프로그램 전후의 광고방송
8. 알코올분 17도 이상의 주류를 광고, 방송하는 행위
9. 법 제8조 제4항의 규정에 의한 경고 문구를 주류의 용기에 표기하지 아니하고 광고를 하는 행위. 다만, 경고 문구가 표기되어 있지 아니한 부분을 이용하여 광고를 하고자 할 때에는 경고 문구를 주류의 용기 하단에 별도로 표기하여야 한다.

하였고, 일 년 후인 7학년 때 이들의 음주 경험과 음주의도를 측정하였다. TV 광고를 포함한 다양한 종류의 주류광고에 노출된 정도가 심한 조사대상자들이 노출 정도가 상대적으로 약한 조사대상자들에 비해 음주경험률도 높았고 음주하려는 의도도 또한 높게 나타났다.

2) 가족요인

청소년 음주와 관련 있는 가족요인은 크게 알코올 관련 가족요인(alcohol-specific family influences)과 일반적 가족요인(alcohol-nonspecific family influences)으로 구분된다(Ellis et al., 1997).

우선, 알코올 관련 가족요인을 살펴보자. 음주문제가 있는 부모를 둔 자녀가 정상적으로 음주하는 부모를 둔 자녀보다 알코올을 남용하고 의존할 가능성이 높다는 가족연구, 알코올중독자의 자녀가 정상적으로 음주하는 양부모에게 입양되어 성장하여도 알코올중독자가 될 가능성이 높다는 입양연구, 이란성 쌍생아보다 일란성 쌍생아가 알코올에 함께 중독될 가능성이 높다는 쌍생아 연구 모두 부모의 음주행위와 자녀의 음주행위는 밀접한 관련이 있다는 점을 제시한다. 알코올 관련 부모 영향은 심리학적으로도 설명될 수 있다. 밴듀라(Bandura, 1977)는 대부분의 인간행동은 모델링을 통해서 학습되는 것으로, 특히 타인의 행동이 긍정적인 결과와 연결되거나 관찰대상인 역할 모델이 관찰자가 존경하는 인물(예: 부모)일 경우 모델링의 효과는 커져 관찰한 행동에 대한 기대가 강화되고 유지된다고 주장한다. 이를 청소년 음주와 연결시켜 보면, 부모가 음주에 대해 갖는 태도, 부모의 음주행위 등은 자녀의 음주효과에 대한 기대와 음주행위에 영향을 줄 수 있다는 의미이기도 하다. 부모가 음주문제를 가지고 있을 경우 자녀는 부모의 음주행위에 노출되는 정도가 심하기 때문에 관찰을 통한 학습 기회가 그만큼 많다고 할 수 있다. 실제로 외국의 연구들은 부모와 자녀가 유사한 음주습관을 보이고 있다고 보고하면서 관찰을 통한 행동학습의 중요성을 강조하고 있다(Ahmed et al., 1984). 알코올중독자의 자녀는 술에 대한 긍정적 기대를 가지고 있는 것으로 알려져 있으며 이는 이들의 음주행위와도 관련이 있다고 보고되고 있다(Brown et al., 1987).

일반적 가족요인으로는 부모-자녀 간의 정서적 유대와 자녀에 대한 부모의 감독을 들 수 있다. 부모는 성장기 자녀와 긍정적이고 애정적인 관계를 유지함과 동시에 적절한 수준으로 자녀를 지도하고 감독해야 한다. 이는 양육의 두 가지 차원이기도 하다. 부족한 사량, 지나친 비난과 적개심, 일관성 없는 감독 등과 같은 부적절한 부모 역할은 자녀의 공격적이고 반사회적인 행동의 기초가 된다. 많은 국내외 연구는 부모의 양육과 자녀의 음주행위 사이에 일관적이고 유의미한 관계를 밝히고 있다(김용석, 1999a; 정슬기, 장승옥, 김성천, 2007; Stice, Barrera, & Chassin, 1998; White et al., 1993).

부모관련 요인 이외에 형제관련 요인도 청소년 음주와 관련 있다. 형제의 음주행위는 친형제의 음주행위뿐 아니라 이복형제의 음주행위에도 영향을 주는데, 형제들 간의 연령이 비슷하고 동성 형제일 때 그 영향력은 더욱 강하다(Chassin & DeLucia, 1996: 178: McCue et al., 1996에서 재인용).

3) 또래요인

일반적으로 사춘기에 접어든 청소년은 부모보다는 친구와 더 많은 시간을 보내게 되어 또래관계가 사회관계의 중심으로 자리 잡게 된다. 학교에서 보내는 시간뿐만 아니라 방과후 학원 등에서 친구와 함께 보내는 시간을 고려한다면 우리나라 청소년은 하루 대부분을 친구와 함께 보낸다고 해도 무리는 아니다. 친구와 함께 있는 시간이 많다 보면 서로 주고받는 영향이 클 것이며, 더욱이 청소년은 자신과 비슷한 특성을 가진 친구들을 선택하고 그런 친구들에 의해서 선택되기 때문에 친구는 청소년의 행동과 가치관을 형성하고 강화하는 데 매우 중요한 영향력을 발휘한다.

친구가 청소년의 행동에 미치는 영향은 다수의 연구를 통해서 입증되었다. 음주를 자주 하는 친구들 둔 청소년의 음주량은 시간이 경과하면서 증가하게 되고, 음주를 하는 청소년은 음주를 하는 또래집단에 합류하는 것으로 보고되고 있다(Curran et al., 1997). 청소년 음주와 다양한 요인(개인요인, 심리·사회적 자원, 환경적 요인) 간의 관계를 분석한 연구(김용석, 김정우, 김성천, 2001)에서 친구의 음주행위는 16개의 요인 중 청소년 음주와 가장 강한 관계를 보이는 요인이었다.

4) 개인 내적 요인

음주를 많이 하는 청소년은 낮은 수준의 자기규제(self-regulation)와 같은 성격적 특성을 보인다(Chassin & DeLucia, 1996). 이들 청소년은 높은 공격성, 비행에 대한 관용적 태도, 학업성취에 대해 낮은 가치 부여와 낮은 기대, 높은 감각추구 성향과 충동성을 보일 가능성이 높다(Brook, Cohen, Whiteman, & Gordon, 1992). 그러나 다른 성격적 특성들에 대해서는 여전히 논쟁적이다. 예를 들면, 우울과 같은 부정적 정서상태가 청소년 음주와 관련 있다고 보고한 연구(김용석, 1999b)가 있는가 하면, 부정적 정서상태가 음주를 예측하는지를 분석한 종단연구(Chassin & DeLucia, 1996)는 이 둘 간의 관계를 확인하지 못하였다. 따라서 청소년의 부정적 정서상태가 음주의 원인인지, 아니면 결과인지는 불분명하다고 할 수 있다.

〈표 9-8〉 청소년 음주와 관련 있는 성격적 특성

특성
• 낮은 자기규제
• 공격성
• 비행에 대한 관용적 태도
• 학업성취에 대한 낮은 가치 부여와 낮은 기대
• 감각추구
• 충동성
• 낮은 자아존중감
가능한 특성
• 부정적 정서상태(예: 우울)
• 높은 정서적 강도(과잉반응)
• 정서적 반응의 저역치

출처: Chassin, & DeLucia (1996), p. 178.

5) 음주기대

기대(expectancy)란 특정 행동과 특정 결과의 관계에 대한 인식(Smith & Goldman, 1995)으로 정의되며 태도, 신념, 속성과 동일한 의미도 사용되기도 한다(Goldman, Brown, & Christiansen, 1987). 결과에 대한 기대는 개인의 행동을 예언하는 데 좋은 지표가 된다. 학습된 기대란 자극 사건들 간의 유관 및 행동과 결과 사이의 유관에 대해 예측하게 하는 지식을 말한다. 간단히 말하면, 어떤 행위에 대해 특정 결과가 연관되어 있다는 반복된 인식이 행위와 결과의 관계를 기대라는 형태의 기억으로 저장하도록 한다는 것이다. 이러한 저장된 연관성이 미래의 행동을 선택할 때 영향을 미치고 보상을 받게 되는 행위를 할 개연성을 높인다는 것이다.

음주와 관련하여 기대를 적용하여 보면 술을 마시는 행동이 긴장완화의 결과를 가져온 다는 관계를 개인이 인식하는 것이라 할 수 있다. 음주의 효과에 대한 기대는 미래의 특정 시점에서의 음주행위를 결정하는 데 영향을 주게 되며 음주로 인한 경험을 긍정적인 강화로 인식한 개인은 그 행동을 더 하게 되리라는 것이다.

관련 연구들은 기대가 음주행위에 영향을 준다고 잘 밝히고 있다. 스미스와 골드먼 (Smith & Goldman, 1995)은 음주를 하지 않은 중학생을 대상으로 하여 음주효과에 대한 기대가 청소년 음주를 예측하는 정도를 파악하기 위해 종단연구를 수행하였다. 일 년 후의 예측력 69%과 2년 후의 예측력 65%로 상당히 높았고, 기대가 음주를 예측하는 능력은 가족관련 요인의 예측력(일 년 후의 예측력은 28%, 2년 후의 예측력은 27%임)보다 훨씬 높았다. 우리나라 청소년을 대상으로 한 연구(김성천 외, 2005)에서도 음주기대와 음주행위는 밀접한 관계를 보였다. 이 연구에서 음주기대는 청소년용 음주기대 척도(Alcohol Expectancy Questionnaire-Adolescents)를 사용하였는데 이 척도는 음주기대의 하위요인을 사교성 향상, 성적 기능 향상, 공격성, 긴장감소로 구분하고 있다. 이 네 가지 하위요인 모두 음주행위 및 음주문제와 관련 있는 것으로 분석되었다. 모든 관계가 정적인 관계로 음주기대가 높을수록 음주도 많이 하고 그로 인한 문제의 가능성도 더 높다는 것을 알 수 있다. 외국 연구(Stein et al., 2006)에서는 긍정적 음주기대가 부정적 음주기대보다 음주행위와 더 강한 관계를 보였다.

6) 음주 이유

이상에서 소개한 청소년 음주관련 위험요인 이외에 청소년들이 실제로 제시한 음주 이유를 살펴보는 것도 청소년 음주를 이해하는 데 유용하다.

국내 조사(김성천 외, 2005)에서는 '친구들과 놀다가' 술을 마셨다는 이유가 가장 빈번하게 언급되는 음주 이유였다. 그다음으로는 생일·축하파티 때(45.5%), 수행여행·수련회 때(32%)가 2, 3순위를 차지하였다. 명절이나 제사 때 술을 마셨다는 이유를 제외하고 대부분의 음주 이유가 친구와 관련 있었다. 외국 조사에서는 음주가 주는 쾌락적인 측면을 강조하는 음주 이유가 많았다(O'Malley et al., 1998). 예를 들면, 친구와 어울리기 위해서 (73%), 맛이 좋아서(46%), 기분을 좋게 해 주어서(46%), 긴장을 풀어 주어서(44%) 등은 모두 음주의 쾌락적 효과와 관련 있는 음주 이유들이라고 할 수 있다. 국내 조사결과와 마찬가지로 친구와 함께 좋은 시간을 보내기 위해서 술을 마신다는 음주 이유는 가장 빈번하게 언급되는 음주 이유였다. 호기심 때문에 술을 마셨다는 응답은 52%를 차지하여 두 번째로 빈번하게 언급되는 음주 이유였다. 이와는 대조적으로 문제 상황에 대처하기 위해 술을 마셨다는 경우는 상대적으로 많지 않았다. 지루하거나 혹은 문제 상황에서 벗어나기 위해 술을 마셨다고 응답한 청소년의 비율은 각각 25%와 23%였다.

〈표 9-9〉 한국과 미국 청소년의 음주 이유 비교

한국		미국	
음주 이유	%	음주 이유	%
• 친구들과 놀다가	67.9	• 친구와 어울리기 위해	73
• 생일 · 축하파티	45.5	• 호기심으로	52
• 수학여행 · 수련회	32	• 기분을 좋게 해 주어서	46
• 시험 후	31.8	• 맛이 좋아서	46
• 명절 · 제사 등	19.5	• 긴장을 풀어 주어서	44
• 축제나 뒤풀이	16.7	• 지루하거나 할 일이 없어서	25
• 백일주	16.1	• 문제로부터 벗어나기 위해	23
• 소풍 · 견학	9.8	• 화가 나거나 좌절해서	17
		• 다른 약물의 효능을 늘리기 위해	8
		• 내가 좋아하는 집단에 속하기 위해	8
		• 잠자기 위해	7
		• 통찰과 이해를 위해	6
		• 하루를 보내기 위해	3
		• 중독되어서	2
		• 다른 약물의 효능을 줄이기 위해	1

4. 청소년 음주의 예방

조기에 술을 마시는 청소년들은 성인이 된 후 알코올 및 약물 남용의 문제뿐 아니라 다른 형태의 심리사회적 문제를 가지게 될 가능성이 매우 높다. 청소년이 음주를 이미 시작하였거나 음주관련 문제를 보인 이후에 개입할 경우 개입의 효과성과 효율성을 담보하기 어려울 수 있기 때문에 청소년 음주는 예방이 중요하다. 또한 청소년의 경우 치료적 개입의 대상보다는 예방적 개입의 대상이 압도적으로 많기 때문에 예방의 중요성이 더욱더 강조된다.

1) 예방모델

(1) 전통적 모델

일반적으로 정보모델과 정서모델이 전통적 예방모델로 분류된다. 정보모델은 청소년이 음주의 폐해에 대한 정보를 축적하면 음주를 하지 않을 것이라고 주장한다. 정보모델은 음주의 위험에 대한 정보를 전달하는 방법을 주로 사용하였다. 그러나 정보모델을 근거로 한 예방 프로그램의 평가는 부정적이어서 프로그램에 참여한 학생의 음주를 감소시켰다고 보고한 연구가 전무하다(Dielman, 1995). 단순히 술과 음주의 부정적 결과에 대한 지식의 축적은 청소년의 음주행위와는 아무런 관계가 없다는 것을 알 수 있다. 정서모델은 가치관을 명료히 하고, 일반적인 사회기술을 증진시키며, 자긍심을 향상시킨다면 청소년의 문제행동을 예방할 수 있다고 가정한다. 또한 정서모델은 비행청소년이나 약물남용 청소년이 종교행사 또는 지역사회 활동 등에 참여하는 정도가 저조하다는 연구결과에 기초하여 개발되었기 때문에 약물남용 예방의 방법으로서 여가활동, 지역사회봉사, 예술활동의 참여를 강조한다(McNeece & DiNitto, 2012). 그러나 비행청소년과 약물남용 청소년으로부터 얻은 결과를 일반 청소년의 음주예방에 적용하는 데 실패하여(McNeece & DiNitto, 2012), 정보모델과 마찬가지로 정서모델도 청소년의 음주예방에 효과적이지 못하였다(Hansen, 1988). 이처럼 초기 예방모델에 관한 평가는 상당히 부정적인 편인데, 그 이유는 취약한 이론적 기반 때문이었다.

〈표 9-10〉 전통적 모델에 기초한 접근방법

개입	초점	방법
정보 전달	알코올 및 약물에 대한 부정적 태도를 촉진시키기 위해 알코올과 음주의 결과에 대한 지식 향상	교훈적 지도, 토의, 시청각 교재, 포스터 등
공포 유발	음주와 관련된 위험을 극적으로 표현	알코올은 위험하다는 메시지 전달
도덕적 소구	예방을 도덕적·윤리적 틀에 맞추어 제공	음주의 마성(evil)에 대한 강의
정서 교육	구체적인 정보를 사용하지 않은 채 자아존중감, 책임감, 의사결정, 대인관계적 성장 향상. 권태와 소외감을 줄이기 위해 음주 대체활동 제공	교훈적 지도, 토의, 실험활동, 지역사회서비스, 직업훈련센터

(2) 사회영향모델

전통적 예방모델이 효과를 거두지 못하자 효과적인 예방 프로그램의 개발을 위한 많은 노력이 있어 왔으며, 그 결과 사회영향모델이 출현하였다. 사회영향모델은 주로 사회학 습이론과 문제행동이론을 이론적 토대로 삼고 있으며(Botvin, 1996) 청소년 문제행동과 관 련 있는 사회적 영향에 효과적으로 대처할 수 있는 기술의 학습을 강조한다. 사회적 영향 은 적극적인 사회적 영향과 소극적인 사회적 영향으로 구분되기도 하는데, 특정 행동(예: 음주)을 강요하는 또래 압력은 적극적인 사회적 영향이며 또래집단의 행동규준에 대한 왜 곡된 인식(예: 나와 비슷한 또래들 중 대부분이 술을 마신다)은 소극적인 사회적 영향으로 분 류된다(Wood, Read, Palfai, & Stevenson, 2001). 경험적 연구들(Otero-Lopez et al., 1994; Garnier & Stein, 2002)은 두 종류의 사회적 영향이 청소년 문제행동을 발생시키는 요인들 임을 확인하였으며 특히 친한 친구의 문제행동을 가장 강력한 사회적 영향으로 들고 있 다. 보트빈(Botvin, 1996)에 따르면, 청소년은 사회적 영향에 대한 각기 다른 수준의 취약 성이 있어 자존감, 자기확신, 자치(autonomy)가 낮은 청소년은 사회적 영향에 쉽게 굴복 하고 그 결과 음주를 하게 된다. 따라서 효과적인 음주예방 프로그램은 사회적 영향을 거 부할 수 있는 기술들을 교육시켜야 한다. 사회영향모델은 주로 알코올 및 약물 남용 예방 을 목적으로 하는 프로그램에 적용되어 왔으며(Mittelmark, 1999), 가장 효과적인 예방모델 로 평가받고 있다(Botvin & Griffin, 2004; Skiba, Monroe, & Wodarski, 2004; Stipek, Sota, & Weishaupt, 1999). 사회영향모델을 사용하는 알코올 및 약물 남용 예방 프로그램들은 공통

〈표 9-11〉 효과성이 검증된 사회영향모델에 기초한 예방 프로그램

프로그램	유형	세팅	주요 초점
Project STAR	보편적	지역사회	대중매체, 부모 프로그램, 지역사회 조직의 활용과 보건 정책의 변화를 강조하는 학교중심 프로그램
Life Skills Training Program	보편적	학급	보호요인과 위험요인, 표준화된 교육방식으로 약물거절 기술과 함께 개인-사회기술 교육
Project ALERT	보편적	학급	알코올 및 약물 사용에 대한 부정적 규범 형성, 음주하지 않는 이유 개발, 알코올 및 약물 사용을 부추기는 압력 거부 기술
Adolescent Alcohol Prevention Trial	보편적	학급	거절기술훈련, 수동적인 사회적 압력의 영향과 모델링 효과를 다루는 규범교육

출처: National Institue on Drug Abuse (1997).

적으로 사회적 영향이 청소년 약물남용에 미치는 영향에 관한 교육, 술, 담배, 기타 약물에 대한 잘못된 인식 수정, 약물거절기술 훈련 등을 포함하고 있다(Tengs, Osgood, & Chen, 2001).

2) 학교중심 음주예방 프로그램

대부분의 청소년이 학교에 다니고 있기 때문에 청소년 음주예방 프로그램을 위한 최상의 장소는 학교이다. 대표적인 학교기반 예방 프로그램으로 보트빈의 생활기술훈련(Life Skills Training) 프로그램을 들 수 있다. 이 프로그램은 제12장에서 자세히 다루어지고 있어서 여기서는 간략히 소개하기로 한다.

생활기술훈련은 알코올을 포함한 약물사용의 시작을 촉진시키는 심리사회적 요인에 초점을 두고 알코올에 대한 교육보다는 음주의 원인이 되는 요인들을 효과적으로 다룰 수 있는 기술의 습득을 강조한다. 예를 들면, 음주와 직접적으로 관련이 있는 사회적 요인(예: 또래 압력)에 대처하는 기술뿐만 아니라 의사소통 기술, 의사결정 기술, 자기주장훈련과 같이 대인관계 기술의 교육과 훈련도 포괄하는 예방 프로그램이다. 생활기술훈련 프로그램은 약물남용 분야 이외에 분노 조절, 폭력예방, 성행동 예방을 위한 프로그램에도 적용되고 있다(Buysee & Oost, 1997; Stipek et al., 1999).

생활기술훈련 프로그램은 세 가지의 주요 영역으로 구성된다(National Institue on Drug Abuse, 1997).

- 알코올 거부기술: 사회적 요인 중 특히 또래 압력을 인식하고 이에 효과적으로 대처하는 기술과 음주에 대한 그릇된 인식을 교정하는 내용을 포함한다.
- 자기관리 기술: 청소년의 독립심과 인지통제력 향상을 위한 기술을 포함한다. 사회복지실천에서 주요하게 다루어지는 문제해결 과정, 자아존중감 향상, 스트레스와 불안에 대처하는 기술 등을 포함한다.
- 일반 사회기술: 대인관계에서 필요한 기술의 교육에 초점을 두고 의사소통 기술, 대인관계 개발 등 청소년의 사회적 능력(social competence)의 향상을 목표로 한다.

생활기술훈련은 12개의 주제를 다루고 총 15회기로 구성되어 있으며 음주뿐만 아니라 흡연과 대마초에 관한 내용도 포함한다. 15회기 프로그램이 끝난 후 10회기로 구성된 프로그램은 다음 연도에 그리고 5회기로 구성된 프로그램이 그다음 해에 실시되어 총 3년간 프로그램이 진행된다. 생활기술훈련의 진행자는 일반 교사가 되며 교사는 하루 동안 실시되는 연수에 참가하거나 시청각 교재를 통해 프로그램 내용과 실행방법에 관한 교육을 받는다.

학교중심 예방 프로그램의 필수 요소

효과적인 학교중심 예방 프로그램을 개발하고 실행하기 위해 필요한 요소들은 다음과 같다(Stigler, Meusel, & Perry, 2011).

- 예방 프로그램은 과학적으로 검증된 이론에 기초해야 한다. 특히 음주와 관련된 사회적 영향(예: 또래와 대중매체)들을 찾아내고 거절하는 기술을 강조하는 사회영향모델에 기초한 이론에 기초한다.
- 예방 프로그램은 음주관련 사회규범을 다루어 청소년 음주가 일반적이거나 수용 가능하지 않다는 인식을 강화시키도록 한다.
- 예방 프로그램은 음주를 부추기는 압력을 거절할 수 있도록 학생의 자기관리 기술과 사회기술을 강화한다.
- 예방 프로그램은 학생의 참여를 촉진시키는 상호작용 교수법(예: 소집단 활동과 역할극)을 사용한다.
- 예방 프로그램은 프로그램 내용을 잘 전달하기 위해 동년배 학생들, 즉 또래 리더를 활용한다.
- 예방 프로그램은 부모를 포함한 지역사회와 프로그램을 연결시키기 위해 추가적인 구성요소들을 통합한다.
- 예방 프로그램은 복수의 회기 그리고 다년간 실시되어 학생과 학교가 프로그램 내용을 충분히 제공받도록 한다.
- 예방 프로그램은 프로그램 촉신자(예: 교사와 학생)들에게 적절한 훈련과 지원을 제공한다.
- 예방 프로그램은 문화적으로 그리고 발달적으로 프로그램 참여 학생들과 어울려야 한다.

토론문제

1. 전통적 예방모델을 설명하시오.
2. 사회영향모델의 장점을 설명하시오.
3. 청소년 음주의 위험요인 세 가지를 설명하시오.

참고문헌

교육부, 보건복지부, 질병관리본부(2016). 제12차 청소년건강행태온라인조사 통계. 청주: 질병관리본부.

교육부, 보건복지부, 질병관리본부(2019). 제15차 청소년건강행태온라인조사 통계. 청주: 질병관리본부.

김성천, 장승옥, 이명숙, 정슬기(2005). 청소년 음주실태 조사 및 분석 연구. 청소년위원회.

김용석(1999a). 자녀에 대한 부모의 통제와 청소년 음주와의 관계. 한국사회복지학, 39호, 103-127.

김용석(1999b). 청소년의 문제성 음주와 정신증상에 관한 연구. 정신보건과 사회사업, 7(7), 27-45.

김용석(2004). 청소년 음주와 비행간의 관계에 관한 탐색: 공통요인들의 역할을 중심으로. 정신보건과 사회사업, 18, 33-59.

김용석(2010). 청소년 약물남용 선별도구(CRAFFT)의 타당화 연구. 정신보건과 사회사업, 34, 30-55.

김용석, 김정우, 김성천(2001). 청소년 음주행위의 실태 및 변화와 관련 요인들에 관한 분석. 한국사회복지학, 통권47호, 71-106.

정슬기, 장승옥, 김성천(2007). 중고생 청소년의 알코올 남용의 심각성 정도에 영향을 미치는 요인 비교: CRAFFT 선별도구 2점과 3점을 기준으로. 정신보건과 사회사업, 26, 144-167.

Ahmed, S. W., Bush, P. J., Davidson, F. R., & Iannotti, R. J. (1984). Predicting children's use and intentions to use abusable substances. Paper presented at the Annual Meeting of the American Public Health Association: Anaheim, Calif.

Atkin, C. K., & Block, M. (1984). The effects of alcohol advertising. *Journal of Communication, 34*(2), 157-167.

Bandura, A. (1977). Self-efficacy: Toward a unifying theory of behavioral change. *Psychological*

Review, 84, 191-215.

Botvin, G. J. (1996). *Life skills training: Teacher's manual for middle/junior high school.* Princeton, New Jersey: Princeton Health Press, Inc.

Botvin, G. J., & Griffin, K. W. (2004). Life skills training: Empirical findings and future directions. *The Journal of Primary Prevention, 25*(2), 211-232.

Brook J. S., Cohen, P., Whiteman, M., & Gordon, A. S. (1992). Psychosocial risk factors in the transition from moderate to heavy use or abuse of drugs. In M. Glantz & R. Pickens (Eds.), *Vulnerability to drug abuse* (pp. 359-388). Washington, DC: American Psychological Association.

Brown, S. A., Creamer, V. A., & Stetson, B. A. (1987). Adlescent alcohol expectancies in relation to personal and parental drinking practices. *Journal of Abnormal Psychology, 96,* 117-121.

Brown, S. A., Goldman, M. S., & Christiansen, B. A. (1951). Do alcohol expectancies mediate drinking patterns of adults. *Journal of Consulting & Clinical Psychology, 53*(4), 512-519.

Buysse, A., & Oost, P. V. (1997). Impact of a school-based prevention programme on traditional and egalitarian adolescents' safer sex intentions. *Journal of Adolescence, 20,* 177-188.

Chassin, L., & DeLucia, C. (1996). Drinking during adolescence. *Alcohol Health & Research World, 20*(3), 175-180.

Clark, D. B., Pollock, N., Bukstein, O. G., Mezzich, A. C., Bromberger, J. T., & Donovan, J. E. (1997). Gender and comorbid psychopathology in adolescents with alcohol dependence. *Journal of the American Academy of Child and Adolescent Psychiatry, 36,* 1195-1203.

Collins, R. L., Ellickson, P. L., McCaffrey, D., & Hambarsoomians, K. (2007). Early adolescent exposure to alcohol advertising and its relationship to underage drinking. *Journal of Adolescent Health, 40,* 527-534.

Cooper, M. L. (1994). Motivations for Alcohol Use Among Adolescents: Development and Validation of a Four-Factor Model. *Psychological Assessment, 6,* 117-128.

Curran, P. J., Stice, E., & Chassin, L. (1997) The relation between adolescent alcohol use and peer alcohol use: a longitudinal random coefficient models. *Journd of Consulting and Clinical Psychology, 65*(1), 130-140.

Dawkins, M. P. (1997). Drug Use and Violent Crime among Adolescents. *Adolescence,*

32(126), 395-404.

DeMillo, L. (1989). Psychiatric syndromes in adolescent substance abusers. *American Journal of Psychiatry, 146*(9), 1212-1214.

Dileman, T. E. (1995). School-based research on the prevention of adolescent alcohol use and misuse: methodological issues and advances. In G. M. Boyd, J. Howard, & R. A. D. Zucker (Eds.), *Alcohol problems among adolescents: Current directions in prevention research*, 125-146. Hillsdale, NJ: Erlbaum.

Ellis, D. A., Zucker, R. A., & Fitzgerald, H. E. (1997). The role of family influences in development and risk. *Alcohol Health and Research World, 21*(3), 218-226.

Garnier, H. E., & Stein, I. A. (2002). An 18-year model of family and peer effects on adolescent drug use and delinquency. *Journal of Youth and Adolescence, 31*(1), 45-56.

Goldman, M. S., Brown, S. A., & Christiansen, B. A. (1987). Expectancy theory: Thinking about drinking. In H. T. Blane & K. E. Leonard (Eds.), *Psychological theories of drinking and alcoholism* (pp. 181-226). NY: Guildford.

Griffin, K. W., Botvin, G. J., Scheier, L. M., Diaz, T., & Miller, N. L. (2000). Parenting practices as predictors of substance use, delinquency, and aggression among urban minority youth: moderating effects of family structure and gender. *Psychology of addictive behaviors: Journal of the Society of Psychologists in Addictive Behaviors, 14*(2), 174-184.

Hansen, A. (1988). The contents and effects of Television images of alcohol: Toward a framework of analysis. *Contemporary Drug Problems, 15,* 249-279.

Hansen, W. B., & Graham, J. W. (1988). Differential impact of three alcohol prevention curricula on hypothesized mediating variables. *Journal of Drug education, 18*(2), 143-153.

Helzer, J. E., & Pryzbeck, T. R. (1988). The co-occurrence of alcoholism with other psychiatric disorders in the general population and its impact on treatment. *Journal of Studies on Alcohol, 49*(3), 219-224.

Huang, B., White, H. R., Kosterman, R., Catalano, R. F., & Hawkins, J. D. (2001). Developmental associations between alcohol and interpersonal aggression during adolescence. *Journal of Research in Crime and Delinquency, 38*(1), 64-83.

Jessor, R., & Jessor, S. (1977). *Problem Behavior and Psychosocial Development.* NY: Academic Press.

Kelly, S. J., Day, N., & Steissguth, A. P. (2000). Effects of prenatal alcohol exposure on social behavior in humans and other species. *Neurotoxicology and Teratology, 22*(2), 143-149.

Knight, J. R., Harris, S. K., Sheritt, L., Hook, V., Lawrence, N., Brooks, T., Carey, P., Kossack, R., & Kulig, J. (2007). Prevalence of positive substance abuse screen results among adolescent primary care patients. *Achives of Pediatric & Adolescent Medicine, 161*(11), 1035-1041.

Laixuthai, A., & Chaloupka, F. J. (1993). Youth alcohol use and public policy. *Contemporary Economic Policy, 11*(4), 70-81.

McCue, M., Sharma, A., & Benson, P. (1996). Parent and sibling influences on adolescent alcohol use and misuse: evidence from a U.S. adoption cohort. *Journal of studies on Alcohol, 57*(1), 8-18.

McNeece, C. A., & DiNitto, D. M. (2012). *Chemical dependency: A system approach* (4th ed.). Upper Saddle River, NJ: Pearson.

Mittelmark, M. B. (1999). The psychology of social influence and healthy public policy. *Preventive Medicine, 29*, S24-S29.

Mueser, K. T., Drake, R. E., & Wallach, M. A. (1998). Dual diagnosis: a review of etiological theories. *Addictive Behaviors, 23*(6), 717-734.

National Institue on Drug Abuse (1997). *Preventing drug use among children and adolescents: A research-based guide for parents, educators, and community leaders* (2nd ed.). NIH Publication No. 04-4212(A) U.S. Department of Health and Hospitals.

O'Malley, P. M., Johnston, L. D., & Bachman, J. G. (1998). Alcohol use among adolescents. *Alcohol Health & Research World, 22*(2), 85-94.

Otero-Lopez, J. M., Martin, A. L., Redondo, L. M., Pena, M. T., & Trianes, E. R. (1994). An empirical study of the relations between drug abuse and delinquency among adolescents. *British Journal of Criminology, 34*(4), 459-478.

Rhode, P., Lewinsohn, P. M., & Seeley, J. R. (1996). Psychiatric comorbidity with problematic alcohol use in high school students. *Journal of the American Academy of Child and Adolescent Psychiatry, 35*(1), 101-109.

Scafidi, F. A., Field, T., Prodromidis, M., & Rahdert, E. (1997). Psychosocial stressors of drug-abusing disadvantaged adolescent mothers. *Adolescence, 32*(125), 93-100.

Skiba, D., Monroe, J., & Wodarski, J. S. (2004). Adolescent substance use: Reviewing the effectiveness of prevention strategies. *Social Work, 49*(3), 343-353.

Smith, G. T., & Goldman, M. S. (1995). Alcohol expectancy theory and the identification of high-risk adolescents. In G. M. Boyd et al. (Eds.), *Alcohol problems among adolescents* (pp. 85-104). Lawrence Erlbaum Associates, Inc.

Stein, L. A., Katz, B., Colby, S. M., Barnett, N. P., Golembeske, C., Lebeau-Craven, R., & Monti, P. M. (2006). Validity and reliability of the alcohol expectancy questionnaire-Adolescent, Brief. *Journal of Child & Adolescent Substance Abuse, 16*(2), 115-125.

Stice, E., Barrera, M., & Chassin, L. (1998). Prospective differential prediction of adolescent alcohol use and problem use: examining the mechanisms of effect. *Journal of Abnormal Psychology, 107*(4), 616-628.

Stigler, M. H., Meusel, E., & Perry, C. L. (2011). School-based programs to prevent and reduce alcohol use among youth. *Alcohol Research & Health, 34*(2), 157-162.

Stipek, D., Sota, A., & Weishaupt, L. (1999). Life Lessons: An Embedded Classroom Approach to Preventing High-Risk Behaviors among Preadolescents. *The Elementary School Journal, 99*(5), 433-452.

Tengs, T. O., Osgood, N. S., & Chen, L. L. (2001). The cost-effectiveness of intensive school-based anti-tobacco education: Results from the tobacco policy model. *Preventive Medicine, 33*, 558-570.

Welte, J. W., Barnes, G. M., & Hoffman, J. H. (2004). Gambling, substance use, and other problem behaviors among youth: A test of general deviance models. *Journal of Criminal Justice, 32*, 297-306.

White, H., Hansell, S., & Brick, J. (1993). Alcohol use and aggression among youth. *Alcohol Health & Research World, 17*, 144-150.

Wilson, D. B., Gottfredson, D. C., & Najaka, S. S. (2001). School-based prevention of problem behaviors: A meta-analysis. *Journal of Quantitative Criminology 17*(3), 247-272.

Windle, M. (2003). Alcohol use among adolescents and young adults. *Alcohol Research & Health, 27*(1), 79-85.

Wood, M. D., Read, J. P., Palfai, T. P., & Stevenson, J. F. (2001). Social influence processes and college student drinking: The mediational role of alcohol outcome experiences. *Journal of Studies on Alcohol, 62*, 32-43.

대학생 알코올 문제

김용석(가톨릭대학교)

청소년기를 지나 성인기에 접어든 대학생들은 합법적으로 음주를 할 수 있게 되면서 본격적으로 음주를 하게 된다. 대학생은 청소년에 비해 술을 더 자주 마시고 많은 양을 마시기 때문에 이 장은 대학생의 문제음주 실태를 집중적으로 다루고 있다. 대학생들이 술을 마시고 부정적 결과를 초래하는 수준으로까지 음주를 하게 되는 동기를 대처동기, 동조동기, 고양동기, 사회동기로 구분하여 설명한다. 마지막으로, 대학생 문제음주의 예방을 위한 접근을 제시하였다.

1. 대학생 음주 실태

1) 음주율

〈표 10-1〉이 제시하고 있듯이 대부분의 대학생은 음주 경험자라고 할 수 있다. 평생음주율과 연간음주율을 보면, 최저 91.8%(여학생의 연간음주율)에서 최고 96.0%(남학생의 평생음주율)로 나타나 거의 대다수의 대학생이 평생 또는 지난 일 년간 최소한 한 번 이상 음주를 하고 있다. 월간음주율도 높은 편인데 남학생의 월간음주율은 78.0%였고 여학생의 월간음주율은 72.9%였으며 전체 대학생의 월간음주율은 75.4%였다. 성별 음주율의 차이는 매우 미미한 수준이었다.

대학생의 음주율은 다른 연령대의 음주율과 비교하면 높은 편이다. 대다수의 대학생이 속해 있는 19~29세 연령대의 연간음주율과 월간음주율 모두 다른 연령대의 음주율과 비교했을 때 높았다. 〈표 10-1〉에 제시한 대학생의 음주율과 〈표 10-2〉에 제시한 20대의 음주율을 비교하면 대학생 표본의 연간음주율과 월간음주율 모두 20대 전체의 음주율보다 높다는 것을 알 수 있다. 따라서 이러한 실태조사 결과에 비추어 볼 때 우리나라 대학생들의 음주율이 상당히 높다고 추정할 수 있다.

〈표 10-1〉 음주율

음주율	남학생	여학생	전체
월간음주율	78.0	72.9	75.4
연간음주율	92.1	91.8	91.9
평생음주율	96.0	95.6	95.8

출처: 박은철, 남정모, 장성인(2018).

〈표 10-2〉 연령대별 음주율

연령	연간음주율	월간음주율
전체	75.5	57.7
19~29	89.8	68.3
30~39	85.8	68.6
40~49	82.6	62.8
50~59	73.0	56.2
60~69	66.8	48.7
70+	43.0	31.7

출처: 보건복지부, 질병관리청(2019).

2) 음주빈도

〈표 10-3〉은 평생음주자의 연간음주빈도를 비교한 결과이다. 대학생의 음주빈도는 박은철 등(2018)의 연구결과이고 성인 전체와 19~29세 집단의 결과는 2016년 국민건강영양조사의 결과이다. 대학생 집단에서 월 2~4회 음주하는 비율이 40.0%로 가장 많았다. 연간음주빈도가 '전혀 없다'라고 응답한 비율은 대학생 집단에서 4.0%로 가장 낮게 나타나 대학생의 음주빈도가 상대적으로 활발함을 알 수 있다. 그러나 '주 4회 이상'인 음주빈도의 연령대별 비율을 비교하면 20대의 비율이 3.6%로 가장 낮았고 전체 집단의 비율이 8.1%로 가장 높았다.

〈표 10-3〉 평생음주자의 연간음주빈도 비교(단위:%)

구분	전혀 없다	월 1회 미만	월 1회 정도	월 2~4회	주 2~3회	주 4회 이상
전체	15.4	19.0	11.8	27.4	18.3	8.1
대학생	4.0	17.2	16.4	40.0	18.8	3.6
19~29세	6.5	19.3	16.7	36.2	16.0	5.3

출처: 박은철 외(2018), p. 84.

대학생의 월간 음주빈도를 살펴보면, 지난 한 달 동안 1~2회 음주를 하는 대학생의 비율이 31.0%로 가장 높았다. 그다음으로는 3~5회 음주하는 대학생의 비율이 높았고, 세 번째로 많은 비율을 보인 음주빈도는 6~9회이었다. 성별로 구분하여 음주빈도를 비교하면, 남학생들 사이에서는 3~5회 음주하는 비율이 가장 높았고 여학생들 사이에서는 1~2회 음주하는 비율이 가장 높았다. 상대적으로 빈번하게 음주하는 비율도 여학생보다는 남학생 사이에서 높았다.

〈표 10-4〉 월간음주빈도

음주빈도	남학생	여학생	전체
없다	10.4	15.1	12.5
1~2회	26.0	36.7	31.0
3~5회	27.6	28.8	28.1
6~9회	18.2	11.9	15.2
10~19회	13.7	6.5	10.3
20~29회	3.6	0.8	2.2
30회	0.5	0.2	0.4

출처: 이지현, 제갈정, 김동학(2010).

2. 문제음주

'문제음주(problem drinking)'라는 용어를 흔히 사용하는데 문제음주의 정의는 무엇인가? 연구자들마다 대학생의 문제음주에 대한 정의를 다르게 사용하기 때문에 문제음주에 관한 연구를 수행하거나 또는 연구결과들을 비교하는 것이 어려울 때도 있다. 이는 대학생의 문제음주에 관한 조작적 정의가 명확하지 않기 때문이다(Clements, 1999: Ham & Hope, 2003: 721에서 재인용).

최근에 햄과 호프(Ham & Hope, 2003)는 관련 문헌에 소개된 다양한 정의를 분석하여 대학생의 '문제음주' 용어를 명확히 하였다. 이들에 따르면, 관련 문헌은 문제음주를 음주 수준 또는 음주관련 부정적 결과와 관련하여 정의하면서 대학생의 문제음주를 정의할 때 과도한 음주 빈도와 양 그리고 음주로 인한 부정적 결과의 경험 수준을 고려해야 한다고 하였다.

1) 폭음

알코올 연구에서 음주의 빈도와 양이 과도한 경우를 '폭음(heavy drinking 또는 binge drinking)'이라고 있다. 폭음은 한번의 술자리에서 남성의 경우 5잔 이상, 여성의 경우 4잔 이상 마시는 경우로 정의된다(Wechsler, Dowdall, Davenport, & Castillo, 1995). 표준 잔(standard drink)은 주종과 술잔의 크기와 상관없이 동일한 양의 알코올을 함유한다. 그러나 표준 잔의 정의는 국가마다 다르다. 예를 들면, 오스트리아에서는 알코올 함량이 6g(7.62ml)인 경우를 1 표준 잔으로 정의하는 반면, 일본에서는 19.75g(25ml)를 1 표준 잔으로 정의한다. 우리나라는 표준 잔에 대한 공식적인 정의가 없는데 보건복지부의 국민건강포털에서는 알코올 함량 12g(15.2ml)을 1 표준 잔으로 정의하고 있다. 표준 잔 2잔은 소주 약 반 병(150ml), 맥주 약 2캔(680ml), 막걸리 약 반 통(501ml) 정도이다. 폭음을 측정할 때 마시는 술의 양에 대한 정보뿐만 빈도에 대한 정보도 포함되는데, 일반적으로 대학생 음주조사에서는 2주 동안 한자리에서 4잔 혹은 5잔 이상 마시는 경우를 폭음으로 정의한다.

전국 대학생 음주실태 조사(이지현 외, 2010)에서는 5잔 이상 마시는 경우를 폭음으로 정의하고 대학생의 폭음을 측정하였다. 수시폭음자는 한자리에서 4잔 또는 5잔 마시는 빈도가 2주 동안 1~2회인 대학생을, 상습폭음자는 그 빈도가 3회 이상인 대학생으로 정의하였다. 전체적으로 폭음하는 대학생의 비율은 71.2%로 나타나 대학생 10명 중 7명은 폭음을 하고 있었다. 수시폭음자의 성별 비율은 비슷하였고, 상습폭음자의 비율은 남학생 사이에서 많았고, 비폭음자의 비율은 여학생 사이에서 많았다.

〈표 10-5〉 폭음자 비율

구분	남학생	여학생	전체
비폭음자	22.0	36.6	28.8
수시폭음자	42.0	42.7	42.3
상습폭음자	36.0	20.7	28.9

출처: 이지현 외(2010).

2017년 국민건강영양조사(보건복지부, 질병관리본부, 2018)에서도 폭음을 측정하였는데, 폭음의 정의가 전국 대학생 음주실태 조사에서 사용한 정의와 차이가 있었다. 국민건강영양조사에서는 폭음을 월 1회 이상 한번의 술자리에서 남자의 경우 7잔 이상, 여자의 경우 5잔 이상으로 정의하여 전국 대학생 음주실태 조사보다 덜 보수적인 기준을 사용하였다. 폭음을 하지 않는 비율은 20대에서 가장 낮게 나타났고 한 달에 한 번 미만 또는 한 달에 한 번 정도 폭음하는 비율은 20대에서 가장 높았다.

2) 음주관련 부정적 결과

대학생이 경험한 음주관련 부정적 결과는 표준화된 사정도구를 사용하여 측정할 수 있다. 럿거스 알코올 문제 척도(Rutgers Alcohol Problems Inventory: RAPI; White & Labouvie, 1989), College Alcohol Problems Scale(CAPS; O'Hare, 1997), 청년문제 선별검사(Young Adult Problems Screening Test: YAAPST; Hurlbut & Sher, 1992) 등이 대학생의 문제음주를 사정할 수 있는 대표적인 도구들이다. 이들 도구는 모두 음주관련 부정적 결과들을 고려하고 있다. 일부 연구자는 이들 사정도구의 결과와 폭음에 대한 정보를 모두 활용하여 대학생의 문제음주를 정의하기도 한다(Thombs & Beck, 1994 참조).

그러나 국내에서는 이상에서 소개한 대학생용 사정도구가 사용된 바가 없고 주로 세계보건기구가 개발한 알코올사용장애 선별검사(Alcohol Use Disorder Identification Test: AUDIT)가 널리 사용되고 있다. AUDIT은 총 10개 문항으로 구성되어 있으며 위험음주, 의존 증상, 유해음주의 세 가지 내용을 다루고 있다. 전국 대학생 음주실태 조사(이지현 외, 2010)와 2013 국민건강통계(보건복지부, 질병관리본부, 2014)는 AUDIT을 사용하여 문제음주율을 측정하였다. 〈표 10-6〉에서 정상음주는 AUDIT 총점이 7점 이하, 문제음주는 8~15점 이하, 알코올 남용은 16~19점 이하, 그리고 알코올 의존은 20점 이상으로 정의

된다. [1] 국제적으로 AUDIT 총점이 8점 이상인 경우를 문제음주로 정의하고 있다(Babor & Grant, 1989). 국제 기준을 적용하면 전국 대학생 음주실태 조사에서는 47.5%(35.4%+ 5.7%+6.4%)가 그리고 국민건강통계에서는 20대의 40.6%(30.5%+4.7%+5.4%)가 AUDIT 점수를 8점 이상 받아 문제음주자로 분류된다. 거의 2명 중 1명은 문제음주자로 분류되어 우리나라 대학생의 음주문제가 심각한 수준임을 알 수 있다. 알코올 남용률과 알코올 의 존율도 두 조사에서 비슷하였는데 대학생 100명 중 5~6명은 심각한 수준의 음주문제를 가지고 있다고 볼 수 있다.

〈표 10-6〉 문제음주율

구분	전국 대학생 음주실태 조사[1]			2013 국민건강통계[2]	
	남학생	여학생	전체	19~29세	19세 이상
정상음주율	43.7	62.4	52.5	59.4	65.6
문제음주율	41.2	28.9	35.4	30.5	22.8
알코올 남용률	7.7	3.5	5.7	4.7	5.9
알코올 의존율	7.4	5.2	6.4	5.4	5.7

주: 1. 전국 대학생 조사에서는 정상음주를 저위험 음주, 문제음주를 고위험 음주로 명명함.
   2. 2014년에 수행된 국민건강영양조사부터 AUDIT 10개 문항 중 6개 문항을 삭제하였고, 고위험 음주율과 월간폭음률을 제공함. 대학생 조사결과와의 비교를 위해 2013년 국민건강통계를 사용하였음.

출처: 이지현 외(2010).

3) 기타 음주관련 결과

AUDIT에 포함되어 있지 않지만 대학생들은 음주로 인해 여러 문제를 경험한다. 〈표 10-7〉은 전국 대학생 음주실태 조사에서 대학생들이 직접 경험했다고 보고한 음주관련 문제들이다. 대학생이 가장 빈번하게 경험한 문제는 구토나 속 쓰림과 같은 신체적 불 편함이었다. 대학생의 79.6%가 음주 후 신체적 불편함을 경험했으며 나중에 후회할 일 을 하거나 결석을 한 비율도 상대적으로 많은 편이었다. 대학생들이 음주로 인해 경험 한 문제들 중에는 그 정도가 심한 문제들도 있었다. 예를 들면, 대학생의 43.7%가 필름 끊김 현상을 경험하였다고 보고하였다. 필름 끊김은 알코올 일과성 기억상실(alcoholic blackout)이라고 하는데, 이는 음주 중에 발생했던 사건을 기억하지 못하는 현상을 말한

---

1) 최근에는 적정음주군(남 0~9점, 여 0~5점) 위험음주군(남 10~19점, 여 6~9점), 알코올 사용 장애 추정군(남 20점 이상, 여 10점 이상)으로 분류한다.

다. 알코올 일과성 기억상실은 완전 기억상실과 부분 기억상실로 구분된다. 완전 기억상실은 평상시에는 기억할 수 있는 사건들을 완전히 망각하는 것을 의미한다. 이런 종류의 기억상실은 영구적이며 어떤 상황에서도 상실된 기억이 회복되지 않는다. 부분 기억상실은 보다 빈번하게 발생하는데 단서에 의해 상실된 기억의 회복이 가능하다. 알코올 일과성 기억상실은 뇌기능장애의 신호이며 이는 기억장애를 유발할 수 있다(오세호, 김수연, 박영석, 박성호, 2009). 또한 대학생들은 성관련 문제를 경험하기도 한다. 대학생들은 음주 후 계획하지 않는 성관계를 갖거나 성매매를 하기도 하며 성폭력 또는 성희롱을 가하기도 하였다. 과음으로 병원치료를 받았다는 대학생들의 비율은 5.8%였다. 일부 대학생은 음주운전을 하기도 하였는데 음주운전을 경험한 대학생들의 비율은 13.7%였고 음주운전 차량에 동승한 경험률은 19.9%였다.

일반적으로 남학생이 여학생보다 음주관련 문제를 더 많이 경험한다고 예상할 수 있으나 그러한 예상과는 달리 성별 음주관련 문제의 차이는 그리 크지 않아 보인다. 더욱이 일부 문제('나중에 후회할 일을 했음' '상처 입음')를 경험한 비율은 여학생 사이에서 더 많았다.

〈표 10-7〉 음주로 인해 경험한 문제

문제	남학생	여학생	전체
구토, 속 쓰림 등 신체적 불편함	79.0	80.3	79.6
결석	36.0	29.0	32.8
술 때문에 수업진도를 못 따라감	25.9	19.7	23.0
나중에 후회할 일을 했음	41.9	43.5	42.6
필름 끊김	44.8	42.4	43.7
친구와 말다툼	25.0	16.8	21.2
계획에 없던 성경험	10.4	3.6	7.2
성을 매수하는 방법으로 성경험을 함	5.9	2.0	4.1
성폭력 가해 경험	3.0	1.9	2.5
성희롱 가해 경험	3.7	2.5	3.1
물건, 건물 등 파손	13.8	7.3	10.8
캠퍼스 내의 수위, 경비와 시비	4.3	3.0	3.7
상처 입음	19.3	25.3	22.1
과음으로 병원치료 받음	6.0	5.6	5.8
음주운전	14.4	12.0	13.7
음주운전 동승 경험	20.0	19.7	19.9

출처: 이지현 외(2010).

3. 대학생 문제음주관련 요인

대학생 문제음주의 심리사회적 요인들 중 일부 요인은 앞 장에서 다룬 청소년 음주의 위험요인들과 중복된다. 여기에서는 중복된 요인들(예: 음주기대, 가족과 또래 요인, 개인 내적 요인)은 생략하고 대학생 문제음주와 보다 밀접한 관련이 있는 요인들을 중심으로 설명하고자 한다.

1) 성

일반적으로 남학생이 여학생보다 술을 더 자주 마시고 더 많이 마시며 음주관련 문제를 더 많이 경험한다. 금주자 비율과 드물게 마시는 음주자 비율은 여학생들 사이에서 높게 나타난 반면, 한자리에서 많은 양의 술을 마시는 폭음자 비율과 음주로 인해 심리사회적 문제를 경험하는 문제음주자 비율은 남학생들 사이에서 높게 나타난다. 전국 대학생 음주 실태 조사(이지현 외, 2010)에 따르면, 여학생의 금주자 비율은 5.1%로 남학생의 금주자 비율(3.7%)보다 높았고 드물게 마시는 음주자 비율도 남학생(25.7%)보다 여학생(33.7%) 사이에서 높았으며, 폭음자 비율과 문제음주자 비율은 앞 절에서 서술하였듯이 여학생들보다 남학생들 사이에서 많았다. 다른 연구(정슬기, 2007)도 여학생보다 남학생의 음주행위가 활발하다고 보고하고 있다. 예를 들면, 지난 30일간 남학생의 음주빈도는 7.2회이고 여학생의 음주빈도는 4.4회로 남학생이 더 자주 술을 마셨으며, 남학생의 음주량이 여학생의 음주량보다 2배가량 많았고, AUDIT 점수로 파악한 문제음주자 비율은 남학생이 66%, 여학생이 37%로 남학생의 문제음주자 비율이 월등히 높았다.

절대적 음주 빈도와 양만을 비교하면 성별 차이가 뚜렷하지만, 음주의 결과를 비교하면 그 차이는 사라지거나 오히려 여학생이 남학생보다 더 많은 부정적 결과를 경험한다. 남학생들이 음주 후 경험하는 부정적 결과들은 주로 공개적 일탈(public deviance)에 해당하는 반면, 여학생은 학업능력 저하, 원치 않은 성관계, 기억상실, 구토, 숙취, 자해처럼 개인적이고 상대적으로 덜 드러나는 결과들을 종종 경험하는 것으로 보고된다(Perkins, 2002). 남학생이 여학생보다 음주의 부정적 결과를 더 많이 경험한다는 것이 일반적인 통념이고 일부 실제 조사도 그렇게 보고하지만, 부정적 결과를 어떻게 정의하느냐에 따라 그리고 어떤 종류의 부정적 결과를 고려하는지에 따라 성별 차이가 존재하지 않을 수도 있다. 신체적으로는 여성이 남성보다 술에 취약하다는 사실은 잘 알려져 있다. 체중, 체내 지방과 수분 비율, 신진대사 과정과 같은 생물학적 차이 때문에 여성과 남성이 동일한 양의 술을 마셨을 때 여성의 혈중알코올농도가 더 높다(예: Perkins, 2002). 일주일에 1회 이상 취했다고 보고한 비율이 남학생보다 여학생 사이에게 높게 나타난 조사결과(정슬기, 2007)도 여성의 신체적 취약성을 지지하는 결과라고 볼 수 있다. 따라서 대학생의 음주문제를 조사할 때 음주 빈도와 양과 더불어 혈중알코올농도를 고려하는 것도 필요하다는 주장도 있다(Ham & Hope, 2003).

2) 음주동기

음주동기(drinking motive)는 음주기대와 더불어 음주행위의 원인을 설명하는 인지적 요인으로 다루어지고 있다. 음주동기는 대학생의 폭음과 음주관련 문제의 강력한 예측요인으로 잘 알려져 있다. 동기(motive)는 기대(expectancy)와 구별되어 사용된다. 기대란 특정 행동과 행동의 결과와의 관계에 대한 인식이며(Smith & Goldman, 1995), 동기는 원하는 결과를 달성하기 위한 목적으로 특정 행동에 참여하는 것이다(Cox & Klinger, 1988). 음주는 기분을 고양시키기 위한 목적 또는 부정적 감정상태를 완화시키기 위한 목적 등을 달성하기 위한 목표 지향적 행동(Carey & Correia, 1997)으로, 음주동기에 이해는 개인이 실제로 음주하게 된 이유를 파악하는 데 도움이 된다.

쿠퍼(Cooper, 1994)는 4요인 음주동기모델을 제안하였다. 이 모델은 두 가지 차원, 즉 원천(source)과 방향성(valence)을 포함하고 다시 원천은 음주동기의 원천이 내부인지 또는 외부인지로 구분되고 방향성은 음주를 통해 얻고자 하는 결과를 의미하는데 정적 강화와 부적 강화로 구분된다. 이들 차원을 조합하면 음주동기는 〈표 10-8〉과 같은 네 가지로 구분된다.

(1) 대처동기
대처동기(coping motive)란 개인적 문제나 부적절한 정서상태(내적)를 해결하거나 회피

〈표 10-8〉 네 가지 음주동기

원천＼방향성	부적 강화	정적 강화
내부	대처	고양
외부	동조	사교

하기 위해(부적 강화) 음주하는 동기를 말한다. 대처동기는 '대처하기 위한 음주(drinking-to-cope)' 또는 '자기투약동기(self-medication motives)'로 불린다(Ham & Hope, 2003). 대처동기는 음주빈도, 음주량, 음주문제를 예측하는 요인으로 알려져 있다. 대학생을 대상으로 수행된 연구(Carey & Correia, 1997)에서 대학생들이 대처수단으로 음주를 하는 경우 폭음을 하게 되고 음주관련 문제를 더 많이 경험하는 것으로 조사되었다. 대처동기와 문제음주 간의 관계는 여학생 사이에서 더 강하다. 대처동기는 여학생의 2년 후 음주 수준을 가장 잘 예측하는 요인이었으나 남학생의 음주 수준과는 관련이 없었다(Schall, Weed, & Maltzman, 1991: Ham & Hope, 2003: 737에서 재인용). 국내 연구도 유사한 연구결과를 보고하고 있다. 김용석(2000)은 대처동기와 음주문제 간의 관계를 성별로 분석하였는데, 두 변수 간의 관계가 여학생 사이에서 더 강하게 나타났다. 즉, 문제 대처수단으로 음주하는 동기가 많은 여학생은 대처동기 수준이 비슷한 남학생들보다 음주관련 문제를 더 많이 경험하였다.

(2) 동조동기

또래 수용과 사회적 승인을 얻기 위한 욕망은 음주의 주요 이유로 알려져 왔다(Farber, Khanvari, & Douglas, 1980; Ham & Hope, 2003: 737에서 재인용). 동조동기(conformity motive)는 사회적 비난(외적)을 회피하기 위해서(부적 강화) 음주하는 동기를 말한다(Ham & Hope, 2003). 다시 말해서, 동조동기는 동조 또는 순종하라는 강한 압력이 있는 상황에서 음주하는 동기이다. 동조동기의 예를 들면, '술 생각은 없었지만 친구들이 술을 마시자고 할 때' '술 생각은 없었지만 다른 사람들의 호감(혹은 인정)을 얻고 싶을 때' '술 생각은 없었지만 술을 마시지 않으면 따돌림을 당할지도 모른다고 생각할 때'를 들 수 있다(신행우, 1999). 동조동기는 우리나라에서 흔히 접할 수 있는 음주동기라고 할 수 있다. 왜냐하면 우리나라에서는 술을 강권하는 경우가 흔하고 술을 권할 때 이를 거절하는 것은 결례로 여겨지기 때문이다. 동조동기는 음주문제를 예측하는 변인으로 나타났다. 대학생들을 대상으로 수행된 연구(신행우, 1999)에서 조사대상자의 인구사회학적 특성과 음주 정도를 통제한 상태에서도 동조동기는 음주문제를 유의미하게 예측하는 변수로 나타났다. 특히 동조동기는 음주문제 영역 중 직업 및 사회적 기능 손상을 강력하게 예측하는 변수였다.

(3) 고양동기

고양동기(enhancement motive)는 긍정적 정서(내적)를 고양시키기 위해(정적 강화) 음주하는 동기를 말한다(Ham & Hope, 2003). 정서상태의 고양은 음주관련 문제를 예측하는 요인으로 알려져 있으며(Cronin, 1997), 감각추구 동기와 쾌락 동기가 여기에 포함된다(Ham & Hope, 2003). 감각추구는 신체적·사회적·법적·재정적 위험을 감수하면서 다양하고 신기한, 그리고 복잡하고 강한 감각이나 경험을 추구하려는 욕구를 말한다(Zuckerman, 1994). 대학생을 대상으로 한 연구에서 감각추구 성향은 과음과 정적 상관관계를 가졌으며 이 관계는 여학생보다 남학생에서 더 강하게 나타났다. 쾌락동기와 음주의 관계에 대한 연구는 부족하지만, 일부 연구(McCarty & Kaye, 1983: Ham & Hope, 2003: 738에서 재인용)에 따르면 음주동기들 중 쾌락동기를 가장 중요한 동기로 응답한 대학생들이 술을 더 마시고 음주관련 문제를 더 경험하고 책임 있는 음주를 하지 않는 것으로 조사되었다.

(4) 사교동기

사교동기(social motive)는 사회 친교적 동기(social affiliation motive)라고도 불린다. 이 동기는 친교(외적)를 위해(정적 강화) 음주하는 동기를 말하는데(Ham & Hope, 2003), 다른 사람들과 어울리고 친해지기 위해 술을 마시는 동기이다. 사교를 목적으로 술을 마시는 사람들은 술자리에서 사교하려는 욕구 때문에 술을 자주 마시지만 술자리에서 많은 양의 술을 마시지 않는 것 같다. 따라서 사교동기는 술을 마시게 할 가능성은 증가시키지만 음주로 인한 문제를 증가시키지는 않는 것 같다(Ham & Hope, 2003). 그러나 대학생들을 대상으로 한 국내 연구(신행우, 1999)에서는 사교동기가 음주 정도와 유의미한 관계를 가졌을 뿐 아니라 음주문제와도 유의미한 관계를 가졌다.

3) 스트레스와 대처

대학생들을 대상으로 수행된 일부 연구는 스트레스와 음주 사이에 정적 상관관계가 있다고 보고한다. 스트레스 수준이 높은 대학생들이 스트레스 수준이 낮은 대학생들보다 문제음주를 많이 하고(O'Hare & Sherrer, 2000), 스트레스원에 노출된 정도가 높은 대학생들이 음주관련 문제를 더 많이 경험한다(Camatta & Nagoshi, 1995)는 연구결과들이 있다.

스트레스와 음주 사이에 유의미한 관계가 있다고 보고하는 연구들이 있는 반면, 둘 사이에 유의미한 관계가 존재하지 않는다고 보고하는 연구들(예: Rohsenow, 1982: Ham & Hope, 2003: 740에서 재인용)도 있어 스트레스와 음주 간의 관계에 대한 연구결과는 일관적이지 못하다. 대부분의 대학생은 어느 정도의 스트레스를 항상 경험하고 있고 이들 모두

스트레스에 대한 반응으로 음주를 하지는 않기 때문에 스트레스와 음주 사이에 인과적 관계가 존재한다고 주장하기는 어렵다.

　대학생이 스트레스에 대한 반응으로 음주하게 되는 이유들은 매우 다양하다. 다양한 이유 중 하나로 적절한 대처기술의 부재를 들 수 있다. 대처기술은 알코올 중독 재발의 인지행동 접근에서 중요하게 다루어지는 개념이다. 사회학습이론에 기초한 인지행동 접근은 음주를 스트레스 상황에 대처하는 부적절한 방법으로 규정한다(Kadden, 1994). 이를 알코올 중독의 재발과 연결하면, 재발에 앞서 알코올중독자는 불안, 우울과 같은 부정적 감정을 경험하는데, 대부분의 부정적 감정은 분노와 좌절을 야기하는 대인관계상의 문제, 사회적 압력과 같은 스트레스 상황과 관련 있기 때문에 스트레스 상황은 재발의 대표적인 원인으로 고려된다(Littleton, 1998; Marlatt, 1983). 이러한 스트레스 상황을 적절히 다룰 수 있는 대처기술이 부족한 개인들이 대처수단으로 음주를 선택하게 된다는 것이다. 알코올 중독 분야에서 인지행동 접근을 활용한 대표적인 모델로 말랫과 고든(Marlatt & Gordon, 1985)이 제안한 재발예방모델(relapse prevention model)이 있다. 이 모델에서는 스트레스 상황과 이에 대한 개인의 반응을 강조한다. 스트레스 상황에 성공적으로 대처하는 경험이 축적되면 자기효능감(자신의 문제해결 능력에 대한 확신)이 향상되어 궁극적으로 재발 가능성이 감소된다고 주장한다. 재발예방모델을 도식화하면 [그림 10-1]과 같다.

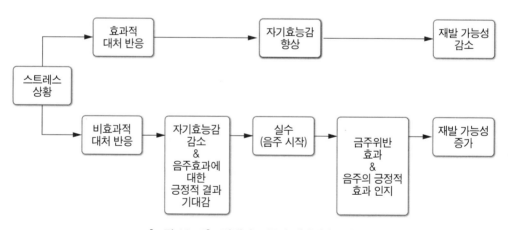

[그림 10-1]　말랫과 고든의 재발예방모델

출처: Larimer, Palmer, & Marlatt (1999).

4) 주거형태

대학생의 주거형태도 음주와 관련이 있다. 대학 내 기숙사에서 거주하는 대학생들은 부모와 함께 거주하는 대학생들보다 술을 더 마시고 더 자주 과음을 하며 더 많은 음주관련 문제를 경험한다. 140개 대학의 5만 3,000여 명을 대상으로 미국 하버드 대학교 보건대학원이 실시한 연구(Wechsler et al., 2002)는 음주가 금지된 기숙사에 거주하거나 또는 부모와 함께 거주하는 학생들의 과음률과 음주문제는 음주가 허용되는 기숙사에 거주하거나 또는 부모와 함께 거주하지 않는 대학생들보다 낮다고 보고하였다.

전국 대학생 음주실태 조사(이지현 외, 2010)에서도 주거형태별 문제음주 수준을 분석하였으며 그 결과는 〈표 10-9〉와 같다. 먼저, 저위험 음주자 비율을 보면, 부모와 동거하는 대학생들에서 저위험 음주자 비율이 56.0%였다. 이는 하숙 또는 자취하는 대학생들 중 저위험 음주자 비율인 44.4%와 43.8%보다 높았고, 기숙사에 거주하는 대학생들의 비율(52.6%)보다도 높았다. 저위험 음주자의 비율이 부모와 동거하는 대학생들 중에서 가장 높은 반면, 고위험 음주자, 알코올 남용자 그리고 알코올 의존자 비율은 부모와 동거하는 대학생들 사이에서 가장 낮았다. 고위험 음주자의 비율은 자취 또는 하숙하는 대학생들에서 상대적으로 높았고 알코올 남용자 비율은 하숙하는 대학생들 사이에서 그리고 알코올 의존자 비율은 자취하는 대학생들 사이에서 가장 높았다. 기숙사에서 거주하는 대학생들은 부모와 동거하는 대학생들보다 문제음주를 하는 비율이 높았지만 하숙 또는 자취하는 대학생들보다는 문제음주를 하는 비율이 낮았다.

주거형태와 음주 간의 관계에 대한 국내외 연구들은 공통적으로 부모와 동거하는 대학생들의 문제음주율을 가장 낮고 부모와 떨어져서 생활하는 대학생들의 문제음주율을 상대적으로 높게 보고하고 있다. 이러한 결과는 부모-자녀 간 근접성이 대학생 문제음주를

〈표 10-9〉 주거형태별 문제음주 수준(단위:%)

구분	부모와 동거	하숙	기숙사	자취
저위험 음주	56.0	44.4	52.6	43.8
고위험 음주	33.7	39.4	36.1	39.9
알코올 남용	4.7	8.5	6.1	6.9
알코올 의존	5.5	7.7	5.1	9.4

출처: 이지현 외(2010).

예방하는 요인들 중 하나로 볼 수 있는 근거를 제공한다.

5) 음주규범

이 절에서 음주규범은 타인의 음주행위와 관련하여 지각하는 규범에 초점을 둔다. 지각된 음주규범(perceived drinking norm)이란 다양한 음주행위의 수용성과 전형성에 대한 개인의 평가를 말한다(Baer, 2002). 음주규범은 기술적 규범(descriptive norm)과 명령적 규범(injunctive norm)으로 구분되기도 한다. 기술적 규범은 타인의 음주 빈도와 양에 대한 자각을 말하며 명령적 규범은 음주의 승인에 대한 지각을 의미한다(Bosari & Carey, 2003). 일반적으로 지각된 음주규범은 음주 시작 시기, 음주의 빈도와 양, 과음, 술 취함, 음주와 관련된 행동에 대한 태도를 다룬다(Ham & Hope, 2003).

전국 대학생 음주실태 조사(이지현 외, 2010)는 타인의 음주량에 대해서 어떻게 지각하고 있는지를 대학생들에게 질문하였다. 자신과 같은 학교에 재학 중인 다른 학생의 음주량과 자신의 친구의 음주량과 비교해서 자신의 음주량을 평가하도록 하였다. 44.7%는 다른 학생과 비교했을 때 자신의 음주량이 적다고 지각하였고 자신의 음주량이 많다고 지각하는 비율은 불과 20.0%였다. 친구들과 비교했을 때도 자신의 음주량이 친구의 음주량보다 적다고 지각한 비율이 41.4%로 친구의 음주량보다 많다고 지각한 비율(21.7%)보다 많았다.

대학생들은 〈표 10-10〉과 같이 타인의 음주량이 자신의 음주량보다 많다고 지각하는 비율이 자신의 음주량이 타인의 음주량보다 많다고 지각하는 비율보다 높았다. 즉, 대학생들은 친구의 음주량을 과대평가한다고 볼 수 있는데 문제음주자들은 타인의 음주행위

〈표 10-10〉 자신과 타인의 음주량에 대한 지각

같은 학교의 다른 학생과 비교						
매우 적음	적음	약간 적음	평균	약간 많음	많음	매우 많음
18.2	16.1	10.4	35.2	12.7	5.4	1.9
친구들과 비교						
매우 적음	적음	약간 적음	평균	약간 많음	많음	매우 많음
15.2	14.6	11.6	36.9	12.8	5.7	3.2

출처: 이지현 외(2010).

를 과대평가하는 것으로 알려져 있다. 19세 이상 성인을 대상으로 수행된 연구(Cunningham, Neighbors, Wild, & Humphreys, 2011)는 타인의 음주에 대한 문제음주자들(AUDIT 점수가 8점 이상인 성인)의 음주규범을 조사하였다. 음주규범은 자신보다 술을 많이 마시는 사람들의 비율, 7잔 이상 마시는 사람들의 비율 그리고 금주자의 비율에 관한 질문들로 측정되었다. 먼저, 자신과 동성이면서 평소에 자신보다 술을 많이 마시는 사람들의 비율을 묻는 질문에 문제음주자들은 평균적으로 39.1%라고 응답하였는데 이 비율은 실제 조사에서 나타난 비율[2]인 13.3%보다 3배나 높았다. 또한 문제음주자들은 자신과 동성이면서 일주일에 7잔 이상 마시는 사람들의 비율을 평균적으로 47.7%라고 응답하였으나, 이는 실제 조사결과(17.7%)보다 2배 이상 높았다. 문제음주자들은 실제 조사결과(21.1%)보다 금주자의 비율(17.7%)을 낮게 지각하였다. 대학생들을 대상으로 한 조사들(Agnostinelli, Brown, & Miller, 1995; Perkins & Berkowitz, 1986: Ham & Hope, 2003: 744에서 재인용)에서도 또래의 음주행위를 과대평가하는 대학생들은 술을 더 많이 마셨으며, 폭음하는 대학생들은 또래 대학생들이 음주에 대해 관대한 태도를 가지고 있다고 지각하는 경향이 있었다.

6) 음주경력

전국 대학생 음주실태 조사(이지현 외, 2010)에 따르면, 우리나라 대학생의 90.1%는 고등학교 졸업 이전에 음주를 시작하였으며, 이들 중 45.8%는 17~19세 때, 32%는 14~16세 때 음주를 처음으로 경험하였다. 초등학교 때 처음으로 음주를 경험하였다고 응답한 대학생의 비율은 9.9%였다.

음주 시작 연령은 음주행위 및 음주문제와 관련이 있으며 이러한 관계는 음주 시작 연령이 낮을수록 더 강하게 나타난다. 16세 이전에 음주를 시작하였거나 또는 취한 경험이 있는 대학생들은 16세 이후에 그런 경험을 가진 대학생들보다 과음을 할 가능성이 더 높았고, 실제로 대학 때 과음을 시작한 대학생들은 과음을 시작하지 않은 대학생들보다 고등학교 3학년 때 음주하였다고 보고할 가능성이 더 많았다(Weitzman, Nelson, & Wechsler, 2003). 음주의 조기 시작은 비동조와 감각추구와 같은 행동 성향을 암시하기 때문에(Baer, 2002) 음주 시작 연령도 대학생 문제음주의 주요 요인으로 보인다.

---

2) 캐나다 알코올 및 약물 사용 모니터링 조사(2008 Canadian Alcohol and Drug Use Monitoring Survey) 자료를 활용하여 모집단 규준(population norm)을 생성하였음.

4. 대학생 문제음주 예방을 위한 개입

1) 개인 및 집단 수준의 접근을 통한 건강행동 촉진

동기강화면접과 인지행동 접근은 대학생 음주와 음주관련 문제의 감소에 효과적인 전략들이다(NIAAA, 2002).

(1) 동기강화면접

동기강화면접은 클라이언트 중심적이고 비심판적인 상담 유형으로, 이 면접에서 사용되는 전략들은 문제행동의 변화에 대한 개인의 동기를 강화하는 데 초점을 둔다(LaBrie et al., 2008). 동기강화면접은 개인만이 자신의 행동을 변화시키고 그 결정을 이행할 책임이 있다는 이론에 기초를 두고(NIAAA, 2002), 개인 스스로 행동변화를 이룰 수 있다는 동기를 부여하고 직접 행동으로 옮길 수 있도록 원조한다. 동기강화면접의 주요 요소는 다음과 같다(Miller & Rollnick, 1991: 이강숙, 2011: 1050에서 재인용).

- 피드백: 개인의 음주상태를 객관적이고 구조화된 평가결과에 근거하여 피드백을 준다.
- 책임성: 행동변화의 책임이 환자에게 있음을 명시적으로 알린다.
- 변화에 대한 조언: 비판적이지 않은 태도로 우려를 표명하고 술을 줄여 마실 것을 분명하게 충고한다.
- 변화선택 메뉴: 스스로 선택하여 사용할 수 있는 방법들을 소개하고 선택하도록 한다.
- 공감적 상담: 온정과 존중으로 상황에 대해 공감하고 있음을 느끼게 한다.
- 자기효능감: 재발할 수 있는 상황을 예상하고 슬기롭게 피해 나갈 수 있는 전략에 대해 논의하며, 과거 실수 경험이 있다면 실패로 받아들이지 않도록 하고 대처방법을 제시한다.

동기강화면접에서 문제음주와 관련하여 적용되는 두 가지 주요 전략으로 사회규범 피드백(social norms feedback)과 기대 도전(expectancy challenge)을 들 수 있다(LaBrie et al., 2007). 사회규범 피드백은 또래의 음주행동에 대한 편향된 인지를 수정하기 위해 규범적 피드백을 제공하는 전략이고, 기대 도전은 긍정적 음주기대에 대한 정보와 음주기대가 음주행위로 이어지는 원리를 다루어 주는 전략이다. 동기강화면접은 대학생의 문제음주 감소를 위해 적용되어 왔으며 그 효과성이 입증되었다. 동기강화면접 집단에 참여한 남자 대학생들의 음주와 음주관련 문제는 유의미하게 감소하였으며, 이들은 비참여 대학생들과 비교했을 때 대학의 음주관련 정책도 덜 위반하였다(LaBrie et al., 2007). 동기강화면접은 여자 대학생의 음주와 음주관련 문제의 예방에도 효과적이었다(LaBrie et al., 2008).

(2) 인지행동 접근

인지행동 접근은 문제에 기여하는 역기능적 신념, 사고, 행동 패턴을 클라이언트가 찾아내고 변화시킬 수 있도록 원조하는 문제 중심적 접근이다. 인지행동 접근의 효과성은 국내외 연구를 통해서 입증되어 왔다. 다수의 알코올 및 약물 남용 관련 국외 연구가 인지행동 접근에 초점을 두고 있으며 알코올 및 약물 남용 재발예방에 효과적이라는 결과를 제공하였다. 국내에서도 인지행동 접근을 활용한 연구들이 시도되었고 긍정적인 결과를 보고한 바 있다.

NIAAA는 사회학습이론에 기초하여 인지행동 대처기술 매뉴얼을 개발하였다. 이 매뉴얼은 음주의 재발과 관련된 고위험 상황에 효과적으로 대처하는 능력의 향상에 초점을 두고 있다. 이 매뉴얼의 주요 내용은 다음과 같다.

- 갈망에 대처하는 방법: 갈망에 대한 정보를 제공하고 갈망에 대처하는 방법을 학습한다.
- 술에 대한 생각을 다루는 방법: 음주의 이익과 손실에 대해 토론하고 음주의 부정적 측면에 대해 학습한다.
- 문제해결: 문제 상황을 건설적으로 해결할 수 있는 능력을 증진시키기 위해 문제해결 과정을 소개하고 문제해결 기술을 학습한다.
- 알코올 거부훈련: 알코올을 거부하는 기술을 습득하게 한 후, 알코올을 권유받는 상황에서 어떤 기술을 사용할지 역할극을 통해 학습한다.
- 위기 상황을 위한 계획: 음주의 재발을 유발할 수 있는 위기 상황에 효과적으로 대처할 수 있는 다양한 방법을 학습한다.
- 부적절한 결정을 막기 위한 훈련: 재발과 관련된 위험요인(사고, 행동, 결정)을 합리화하고 최소화하도록 예방하는 방법을 학습한다.

2) 고위험 음주를 억제하는 환경 조성

(1) 음주허용 연령 조정

합법적 음주허용 연령의 상향 조정은 과음과 음주 관련 교통사고의 감소와 관련이 있다 (Hingson, 2010). [그림 10-2]는 1980년부터 2006년까지 미국 고등학생, 대학생, 최근 고등학교 졸업생의 폭음률(한번의 술자리에서 5잔 이상 마시는 경우)의 변화를 보여 주고 있다. 미국에서는 1984년에 17개 주에서 음주허용 연령이 21세였는데 4년 후인 1988년에는 모든 주에서 음주허용 연령을 21세로 상향 조정하였다. 과음률은 음주허용 연령을 상향 조정한 이후 지속적으로 감소하였다. 고등학생 12학년생 과음률의 감소 폭이 가장 컸고 대학생의 과음률은 큰 폭의 변화는 아니지만 감소하는 추세를 보였다. 청소년 음주를 다룬 장에서 설명하였듯이 음주허용 연령의 상향 조정이 음주관련 교통사고를 감소시키는 효과도 검증되었다. 미국의 모든 주에서 음주허용 연령이 상향 조정된 이후 18~20세 집단과 21~24세 집단의 음주관련 교통사고 비율은 각각 60%와 44% 감소하였다.

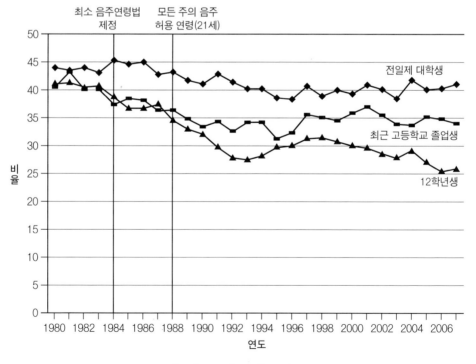

[그림 10-2] 폭음률 비교

출처: Hingson (2010).

(2) 혈중알코올농도 강화

2종 보통 운전면허증 취득은 만 18세 이상부터 가능하기 때문에 대학생들은 운전면허 응시자격을 갖추고 있으며 일부 대학생은 직접 운전을 한다. 대부분의 대학생이 음주와 운전을 합법적으로 할 수 있기 때문에 혈중알코올농도의 강화는 대학생 음주관련 문제를 예방하기 위한 개입방안이다.

「도로교통법」제148조의 2에 따르면 혈중알코올농도가 0.03% 이상인 상태에서 운전을 하게 되면 처벌하게 되어 있다. 핀란드와 스웨덴은 우리나라와 같이 혈중알코올농도 한계를 0.05%로 정하고 있으며 일본은 0.025%로 규정하여 우리나라보다 강화된 기준을 가지고 있다. 미국은 혈중알코올농도 한계를 0.08%로 정하고 있어 우리나라보다 다소 느슨한 기준을 가지고 있다. 그러나 미국은 불관용법(Zero-Tolerance Law)을 21세 미만 운전자에게 적용하고 있다. 불관용법은 21세 미만인 자의 음주 후 운전 자체를 불법으로 규정한다. 미국의 모든 주는 불관용법을 채택하고 있는데 주에 따라서 혈중알코올농도 한계를 0.00~0.02%로 정하고 있다.

관련 연구들은 혈중알코올농도 한계의 강화는 음주관련 교통사고 감소와 관련 있다고 보고하고 있다. 혈중알코올농도 한계를 0.10%에서 0.08%로 낮추었을 때 음주관련 교통사고가 감소하였으며(NIAAA, 2002) 불관용법의 적용은 음주운전 관련 사망과 음주운전을 9~24% 감소시키는 효과를 보였다(Hingson et al., 1994; Schults et al., 2001; Wagenaar et al., 2001: NIAAA, 2002: 9에서 재인용).

(3) 알코올 가용성 제한

알코올 가용성 제한은 음주 및 음주관련 문제의 감소와 관련이 있다. 대학생에게 적용될 수 있는 알코올 가용성 제한 전략으로 주류가격 인상, 주류 판매점 제한, 주류판매 시간 제한을 들 수 있다(NIAAA, 2002). 이들 전략은 음주와 음주관련 문제의 감소와 관련 있는 것으로 보고되고 있다.

일반석으로 주류가격 인상은 음주율 감소효과를 보이는데 음주 수준에 따라 그 효과는 차이가 있다고 보고된다. 폭음자의 음주율은 주류가격 인상의 영향을 덜 받는 것으로 알려져 있다(Manning et al., 1995). 그러나 대학생을 포함한 젊은층에서는 폭음자들도 가격 인상의 영향을 받는데(Chaloupka & Wechsler, 1996; Godfrey, 1997) 대학생의 경우 제한된 수입을 가지고 있어 가격인상의 영향을 받는 것으로 추정할 수 있다.

대학가 주변에 주류 판매점 수가 많을수록 대학생들은 술을 자주 마시고 과음을 하게 되며(Chaloupka & Wechsler, 1996) 캠퍼스 내 강간과 성적 공격 발생률이 증가한다 (Scribner et al., 2010). 또한 주류판매 시간과 요일의 제한도 음주와 음주관련 문제의 감소와 관련 있는 것으로 알려져 있다(NIAAA, 2002).

(4) 사회규범적 접근

앞에서 설명하였듯이 대학생들은 친구의 음주행위를 과대평가하는 경향이 있다. 규범적 음주행위를 잘못 지각해서 과대평가하는 대학생들은 술을 더 마시는데, 그들은 자신들의 음주행위를 정상적 집단행동으로 잘못 지각하기 때문이다(Hingson, 2010).

대학생들에게 음주행위에 관한 실제 규범을 전달하는 전략은 이 전략의 단순성, 비용효율성, 효과성 때문에 많은 주목을 받고 있다(NIAAA, 2002). 이 전략의 기본 아이디어는 음주와 관련하여 대다수의 대학생이 실제로 생각하고 행하는 바를 전달하는 것이다. 신입생 오리엔테이션 프로그램, 학보, 라디오 프로그램, 강의, 대학 내 포스터 캠페인 등을 통해서 실제 음주규범을 전달할 수 있다(NIAAA, 2002).

사회규범적 접근의 효과는 상당히 긍정적이다. 미국 교육부 지원으로 수행된 연구[음주규범 4(Moreira et al., (2009)]는 대학생의 고위험 음주 감소를 목적으로 사회규범적 접근에 기반한 프로그램을 적용하였다. 프로그램은 다양한 요소로 구성되어 있는데, 포스터와 같은 인쇄물을 활용한 캠페인, 컴퓨터와 인터넷을 활용한 캠페인, 관련 교과목 개발 및 운영 등이 주요 요소들이다. 이 프로그램이 도입된 후 대학생들의 음주규범과 음주행위는 긍정적으로 변화되었다. 예를 들어, 대학생들은 프로그램에 참여한 후 또래 학생의 음주행위를 과대평가하는 정도가 낮아졌을 뿐만 아니라 술을 더 적게 마셨고 폭음도 더 적게 하였다.

3) 대학-지역사회 간 협력적 개입

대학-지역사회 간 협력적 개입은 고위험 음주와 그로 인한 결과를 감소시키기 위해서 대학과 지역사회가 협력하는 프로그램이다(NIAAA, 2002). 이 접근은 다음과 같은 장점을 갖는다(NIAAA, 2002). 첫째, 대학생 문제음주를 단순히 대학의 문제로 제한하기보다는 지역사회의 문제로 간주하기 때문에 대학생 음주문제를 다루기 위해 필요한 다양한 자원을 한데 모으고 이들 간의 협력을 도모한다. 둘째, 이 접근은 적은 자원으로 음주 환경의 개선을 이루는 개혁을 이룰 수 있어 저비용-고효율적 접근이다. 셋째, 대학과 지역사회 간 동맹은 대학-지역사회 관계를 전반적으로 개선시킬 것이다.

대학생 음주문제의 감소에 초점을 둔 대학-지역사회 간 연합의 효과에 대한 과학적 근거는 부족하지만 지역사회 연합이 대학생을 포함한 청년층의 음주문제를 감소시키는 긍정적 효과를 가지고 있다. 관련 지역사회 프로그램 몇 가지를 소개하면 다음과 같다 (Hingson, 2010).

- 변화를 위한 지역사회 자원동원 프로그램(Communities Mobilizing for Changes Program): 주류가 청년층에게 공급되는 데 영향을 미치는 환경적 요인에 초점을 둔다. 지역주민들은 술 구입의 용이성과 미성년 음주의 수용성을 감소시키는 환경 조성을 위해 필요한 다양한 이슈를 찾아내고 촉진한다.
- 지역사회 시범 프로그램(Community Trials Program): 지역사회는 불법적 주류판매 금지, 책임성 있는 주류판매, 음주운전 감소 목적을 위한 연합체를 구성한다.
- 생명 구하기 프로그램(Saving Lives Program): 미디어 캠페인, 고등학생의 또래 교육, 대학의 예방 프로그램, 경찰훈련 등을 통해 음주운전과 음주운전 관련 폐해의 감소를 목적으로 한다.
- 저항 프로그램(Fighting Back Program): 환경정책을 통해서 알코올 가용성을 감소시키고 약물남용의 선별, 상담, 치료를 확대한다.
- 새크라멘토 음주예방 프로젝트(Sacramento Neighborhood Alcohol Prevention Project): 지역사회 자원동원, 대중인식 개선 캠페인, 책임 있는 주류판매, 법정 음주허용 연령 시행, 주취자 법 시행을 포함한다.
- '미성년자 음주율 감소 연합'을 통한 미성년자 음주율 감소(Reduce Underage Drinking Through State Coalitions): 이 발의안은 주민동원, 언론보도 증가, 주류 가격 및 세율 변화, 알코올 접근성 제한 등 정책변화 시행을 위해 10개 주에서 지역사회 연합모델을 사용한다.

토론문제

1. 네 가지 음주동기를 설명하시오.
2. 대학생 문제음주와 관련 있는 요인 세 가지를 설명하시오.
3. 대학생이 음주로 인해 경험하는 문제 세 가지를 설명하시오.

참고문헌

김용석(2000). 대처수단으로서의 음주동기와 음주행위/음주문제 간의 관계: 경인지역 대학생을 중심으로. 정신보건과 사회사업, 9, 5-23.

박은철, 남정모, 장성인(2018). 우리나라 대학생의 음주행태 심층조사. 질병관리본부, 연세대학교 산학협력단.

보건복지부, 질병관리본부(2010). 2009 국민건강통계: 국민건강영양조사 제4기 3차년도(2009).

보건복지부, 질병관리본부(2014). 2013 국민건강통계: 국민건강영양조사 제6기 1차년도(2013).

보건복지부, 질병관리본부(2018). 2017 국민건강통계: 국민건강영양조사 제7기 2차년도(2017).

보건복지부, 질병관리청(2019). 2019 국민건강통계: 국민건강영양조사 제8기 1차년도(2019).

신행우(1999). 성격특성과 음주동기가 음주동기에 미치는 영향. 고려대학교 대학원 박사학위논문.

오세호, 김수연, 박영석, 박성호(2009). 알코올과 관련된 신경계 질환: 10년간의 경험. 대한신경화학회지, 27(2), 85-97.

이강숙(2011). 절주상담과 과학적 근거. *Journal of Korean Medical Associations, October, 54*(10), 1047-1052.

이지현, 제갈정, 김동학(2010). 전국 대학생 음주실태. 서울: (재)한국음주문화연구센터.

정슬기(2007). 여자 대학생의 문제음주 영향요인 분석: 남자 대학생과 비교. 정신보건과 사회사업, 27, 176-198.

Babor, T. F., & Grant, M. (1989). From clinical research to secondary prevention: international collaboration in the developent of the Alcohol Use Disorder Identification Test (AUDIT). *Alcohol Health & Research World, 13*(4), 371-374.

Baer, J. S. (2002). Student factors: Understanding individual variation in college drinking. *Journal of Studies on Alcohol, 14,* 40-53.

Bosari, B., & Carey, K. B. (2003). Descriptive and injunctive norms in college drinking: A meta analytic integration. *Journal of Studies on Alcohol, 64*(3), 331-341.

Brown, S. A., Goldman, M. S., & Christiansen, B. A. (1951). Do alcohol expectancies mediate drinking patterns of adults. *Journal of Consulting & Clinical Psychology, 53*(4), 512-519.

Camatta, C. D., & Nagoshi, C. T. (1995). Stress, depression, irrational beliefs, and alcohol use and problems in a college student sample. *Alcoholism: Clinical and Experimental Research, 19*(1), 142-146.

Carey, K. B., & Correia, C. J. (1997). Drinking motives predict alcohol-related problems in college students. *Journal of Studies on Alcohol, 58*(1), 100-105.

Chaloupka, F. J., & Wechsler, H. (1996). Binge drinking in college: The impact of price, availability, and alcohol control policies. *Contemporary Economic Policy, 14*(4), 112-124.

Clements, R. (1999). Prevalence of alcohol-use disorders and alcohol-related problems in a college student sample. *Journal of American College Health, 48*(3), 111-118.

Cooper, M. L. (1994). Motivations for Alcohol Use Among Adolescents: Development and Validation of a Four-Factor Model. *Psychological Assessment, 6*, 117-128.

Cox, W. M., & Klinger, E. (1988). A motivational model of alcohol use. *Journal of Abnormal Psychology, 97*(2), 168-180.

Cronin, C. (1997). Reasons for drinking versus outcome expectancies in the prediction of college student drinking. *Substance Use and Misuse, 32*, 1287-1311.

Cunningham, J. A., Neighbors, C., & Wild, T. C., & Humphreys, K. (2011). Normative misperceptions about alcohol use in a general population sample of problem drinkers from a large metropolitan city. *Alcohol and Alcoholism*, 1-4.

Ellis, D. A., Zucker, R. A., & Fitzgerald, H. E. (1997). The role of family influences in development and risk. *Alcohol Health and Research World, 21*(3), 218-226.

Godfrey, C., (1997). Can tax be used to minimize harm? A health economist's perspective, In M. Plant, E. Single, & T. Stockwell (Eds.), *Alcohol: Minimizing the harm. What works?* (pp. 29-42). New York: Free.

Griffin, K W., Botvin, G. J., Scheier, L. M., Diaz, T., & Miller, N. L. (2000). Parenting practices as predictors of substance use, delinquency, and aggression among urban minority youth: moderating effects of family structure and gender. *Psychology of addictive behaviors: Journal of the Society of Psychologists in Addictive Behaviors, 14*(2), 174-184.

Ham, L. S., & Hope, D. A. (2003). College students and problematic drinking: A review of the literature. *Clinical Psychology Review, 23*, 719-759.

Hansen, A. (1988). The contents and effects of Television images of alcohol: Toward a framework of analysis. *Contemporary Drug Problems, 15*, 249-279.

Hingson, R. W. (2010). Magnitude and Prevention of College Drinking and Related Problems. Retrieved from Magnitude and Prevention of College Drinking and Related Problems.

Hurlbut, S. C., & Sher, K. J. (1992). Assessing alcohol problems in college students. *Journal of*

American College Health, 41(2), 49-58.

Kadden, R. M. (1994). Cognitive-behavioral approaches to alcoholism treatment. *Alcohol Health & Research World, 18*(4), 279-286.

LaBrie, J. W., Huchting, K., Tawalbeh, S., Pedersen, E. R., Thompson, A. D., & Shelesky, K. (2008). A randomized motivational enhancement prevention group reduces drinking and alcohol consequences in first-year college women. *Psychology of Addictive Behaviors, 22*(1), 149-155.

LaBrie, J. W., Pedersen, E. R., Lamb, T. F., & Quinlan, T. (2008). A campus-based motivational enhancement group intervention reduces problematic drinking in freshmen male college students. *Addictive Behaviors, 32*, 889-901.

Larimer, M. E., Palmer, R. S., & Marlatt, G. A. (1999). Relapse prevention: an overview of Marlatt's cognitive-behavioral model. *Alcohol Research & Health, 23*(2), 151-160.

Littleton, J. (1998). Relapse prevention. *Alcohol Health & Research World, 22*(10), 22-23.

Manning, W. G., Blumberg, L., & Moulton, L. H. (1995). The demand for alcohol: the differential response to price. *Journal of Health Economics, 14*(2), 123-148.

Marlatt, G. A. (1983). *Stress of a determinant of excessive drinking and relapse.* In L. A. Pohorecky & Brick (Eds.), *Stress and alcohol use.* Elsevier Science Publishing Co, Inc.

Marlatt, G. A., & Gordon, J. R. (1985). *Relapse prevention.* New York: Guilford Press.

Moreira, M. T., Smith, L. A., & Foxcroft, D. R. (2009). Social norm interventions to reduce alcohol misuse in university or college students. *Cochrane Database of Systematic Reviews*(3): CD006748.

National Institute on Alcohol Abuse and Alcoholism (NIAAA) (2002). A call to action: Changing the culture of drinking at U.S. colleges. Final report of the task force on college drinking. NIH Pub. No. 02-5010. Rockville, MD: NIAAA.

O'Hare, T. (1997). Measuring problem drinking in first time offenders. Development and validation of the College Alcohol Problem Scale (CAPS). *Journal of Substance Abuse Treatment, 14*(4), 383-387.

O'Hare, T., & Sherrer, M. V. (2000). Co-occurring stress and substance abuse in college first offenders. *Journal of Human Behavior in the Social Environment, 3*, 29-44.

Perkins, H. W. (2002). Surveying the damage: a review of research on consequences of alcohol misuse in college populations. *Journal of Studies on Alcohol, Mar*(14), 91-100.

Scribner, R., Theall, K. P., Simonsen, N., & Robinson, W. (2010). HIV risk and the alcohol environment. *Alcohol Research & Health*, *33*(3), 179–183.

Smith, G. T., & Goldman, M. S. (1995). Alcohol expectancy theory and the identification of high-risk adolescents. In G. M. Boyd et al. (Eds.), *Alcohol problems among adolescents* (pp. 85-104). Lawrence Erlbaum Associates, Inc.

Thombs, D. L., & Beck, K. H. (1994). The social context of four adolescent drinking patterns. *Health Education Research*, *9*(1), 13–22.

Wechsler, H., Dowdall, G. W., Davenport, A., & Castillo, S. (1995). Correlates of college student binge drinking. *American Journal of Public Health*, *85*(7), 921–926.

Wechsler, H., Lee J. E., Kuo, M., Seibring, M., Nelson, T. F., & Lee, H. P. (2002). Trends in college binge drinking during a period of increased prevention efforts: Findings from four Harvard School of Public Health study surveys, 1993-2001. *Journal of American College Health, 50,* 203-217.

Weitzman, E. R., Nelson, T. F., & Wechsler, H. (2003). Taking up binge drinking in college: The influences of person, social group, and environment. *Journal of Adolescent Health, 32,* 26–35.

White, H. R., & Labouvie, E. W. (1989). Towards the assessment of adolescent problem drinking. *Journal of Studies on Alcohol, 50*(1), 30–37.

Yanovitsky, I. (2006). Sensation Seeking and Alcohol Use by College Students: Examining Multiple Pathways of Effects. *Journal of Health Communication*, *11*(3), 269–280.

Zuckerman, M. (1994). *Behavioral expressions and biosocial bases of sensation seeking.* Cambridge, UK: Cambridge Univ. Press.

여성 알코올 문제

장승옥(계명대학교)

지금까지 알코올 문제는 남성들의 문제로만 인식되어 여성음주와 그로 인한 문제는 간과되어 왔다. 여성은 남성에 비해 술을 적게 마시고 음주로인한 문제 경험도 적은 것으로 알려져 왔다. 하지만 최근 여성의 사회활동 증가와 함께 여성의 음주 기회는 증가하고 음주빈도나 음주량에 있어 남성과 여성의 차이가 줄어들고 있으며, 알코올 관련 문제는 빠르게 증가하고 있다. 그럼에도 불구하고 알코올 문제를 가진 여성은 성폭력을 포함하여 범죄의 피해자가 될 가능성이 높을 뿐 아니라 남성에 비해 더 많은 비난을 감수해야 하지만 여성 알코올중독자를 위한 치료 장벽은 여전히 높은 것이 현실이다.

이 장에서는 여성과 알코올 문제에 대한 이해를 돕기 위해 여성음주의 현황, 여성음주의 신체적·심리적·사회적 위험성, 여성 알코올중독자의 특성과 치료 개입 시 고려해야 하는 점을 제시한다. 마지막으로, 여성과 음주에서 중요하게 다루어져야 할 태아알코올증후군의 진단 기준과 예방 전략을 살펴보고자 한다.

1. 여성의 음주 현황과 유병률

남성은 어느 사회에서나 일반적으로 여성에 비해 술을 많이 마시는 것으로 알려져 있다. 그러나 슬레이드와 동료들(Slade et al., 2016)의 연구는 36개국에서 실시된 68건의 연구 데이터를 종합해 1891년부터 2000년까지 100년 동안 남녀 400만 명 이상의 대상을 분석하여 성별 간의 격차가 해가 갈수록 좁혀지는 것을 보여 주고, 음주율 격차가 거의 사라지는 주요한 원인으로 여성 음주의 증가를 지적하고 있다. 남성과 여성의 음주율, 습관적 폭음이나 가끔씩 과음하는 행위로 측정한 문제 있는 음주, 알코올과 관련된 폐해의 세 가지 기준으로 분석한 연구결과에 의하면 20세기 초 출생한 사람 중에서 남성이 술을 마실 확률은 여성의 2배 이상, 문제음주를 할 확률은 3배, 알코올 관련 피해를 겪을 확률은 3.5배로 나타났다. 그러나 20세기 말에 태어난 사람들을 분석한 결과에는 성별 차이가 거의 사라지고 남녀의 음주율은 상당히 비슷한 것으로 나타났으며, 오히려 1981년 이후 출생한 연령층 대상으로 한 연구의 데이터는 여성이 남성보다 음주자가 더 많고 문제성 음주를 더 많이 한다는 것을 보여 준다.

여성의 알코올 오남용과 알코올중독의 유병률은 정확하게 측정하기가 힘들다. 미국의 연구(U.S. Department of Health and Human Services, 2015)에서 보면 여성인구의 51.1%, 남성인구의 61.3%가 지난달 음주 경험이 있었고, 지난해 알코올사용장애로 진단된 비율이 여성의 4.5%, 남성의 8.4%로 나타났다. 뿐만 아니라 태아알코올증후군을 가져올 수 있는 임신 중의 여성 음주도 9.3%로 나타나 여성의 알코올 문제는 심각하게 받아들여지고 있다.

음주에서 성별 차이의 변화는 폭넓은 사회적 변화가 영향을 주었을 가능성이 크다. 제2차 세계대전 이후 취업여성의 증가와 함께 일과 가정에서 오는 역할 갈등과 긴장에 대처하기 위한 수단으로 음주를 선택하게 됨에 따라서 여성의 음주 기회는 증가하였으며 동시에 폭음과 음주관련 장애를 갖게 되는 환경이 마련되었기 때문이다(Keyes, Li, & Hasin, 2011).

우리나라 성인의 월간음주율(만19세 이상)을 보면 2019년 남자 73.4%, 여자 48.4%로, 남성은 2005년 72.6%에서 약간 증가한 수준이지만, 여성은 2005년 37%에서 48.9%로 급격하게 높아졌다는 것을 알 수 있다(보건복지부, 질병관리본부, 2020).

우리나라 국민들의 2020년 상반기 주류 소비·섭취 실태조사(식품의약품안전처, 2020)의 주요 결과, 전반적으로 1회 음주량은 감소한 반면, 모든 연령대에서 고위험 음주[1] 경험 비율은 증가되었고, 코로나19로 인해 음주빈도는 줄었고, 음주장소는 집, 음주상대는 혼자 또는 가족으로 나타났다. 지난 6개월 동안 주로 마셨던 주류는 맥주(94.6%), 소주(77.1%), 탁주(52.3%), 과실주(31.5%)인 것으로 나타났다. 이 중 탁주는 2017년(탁주 38.6%) 대비 선호도가 높아졌다. 주류별 1회 평균음주량은 소주 5.4잔, 맥주 4.4잔, 탁주 2.7잔, 과실주 2.9잔으로, 이는 지난 2017년 조사결과(소주 6.1잔, 맥주 4.8잔, 탁주 2.9잔, 과실주 3.1잔)와 비교할 때 전반적으로 감소한 것으로 나타났다.

연령대별로 여성의 고위험 음주율을 살펴보면 19~29세가 9.0%, 30~39세가 8.1%였다. 이렇게 높았던 고위험 음주율은 연령이 증가하면서 급격히 낮아져 50~59세가 4.0%로

---

1) 1회 평균음주량이 남자는 7잔 이상, 여자는 5잔 이상이면서 주 2회 이상으로 정의됨.

나타난다. 한편, 남성(67.2%)이 여성(59.7%)보다 고위험 음주 비율이 높은 것으로 조사됐다.

우리나라의 역학조사에 의하면 알코올사용장애의 평생유병률은 남성과 여성이 20:1 정도로 남성의 유병률이 절대적으로 높다. 국민건강보험공단이 '음주가 건강보험 재정에 미치는 영향'을 분석한 결과, 술로 인한 질환의 건강보험 진료비가 2009년 1,688억 원으로 2005년 866억 원의 1.95배로 집계되어 알코올 관련 질환의 치료비가 4년간 2배 가까이 늘었음을 알 수 있다(이선미, 김경하, 한은정, 김재윤, 2010).

2. 여성 음주의 위험성

여성의 음주율이 증가한다는 것은 과도한 음주로 인한 위험에도 더 많이 노출된다는 것을 의미한다. 동일한 알코올을 소비한 경우 여성은 남성보다 음주로 인한 문제에 더 많이 노출되며, 알코올로 인한 부정적인 결과에 더욱 취약하다. 따라서 이러한 남녀의 차이를 신체적 · 심리적 · 사회문화적 취약성을 중심으로 살펴보고 이러한 정보를 바탕으로 교육과 예방, 조기개입, 치료 프로그램을 개발하는 것이 음주 폐해에 대한 효과적인 대응방안이 될 수 있다.

1) 신체적 위험

과도한 알코올 소비로 인한 문제의 위험은 남녀 모두에게 나타나지만, 여성은 남성보다 빠르고 쉽게 술에 취한다. 또한 음주로 인한 신체적 손상이 더 심하게 나타나며, 더 적은 양과 더 짧은 기간에도 알코올중독으로 진행된다.

남성과 동일한 양의 음주를 하더라도 여성의 혈중알코올농도(Blood Alcohol Concentration: BAC)는 더 높게 나타난다. 이러한 차이는 여성과 남성의 신체적 차이, 즉 여성은 남성에 비해 체지방 비율이 높고 알코올을 분해하는 효소도 여성이 남성의 60% 정도로 적게 보유하는 것으로 알려져 있기 때문이다. 따라서 동일한 양의 알코올을 마시더라도 간에서 분해되는 데 더 오랜 시간이 필요하여 간 손상으로 인한 신체적 문제가 빨리 나타날 뿐 아니라 알코올중독, 알코올성 치매로의 진행이 빠르게 나타나게 된다. 특히 술은 생리불순이나 생리통을 유발할 수 있고 불임과 조기폐경의 원인이 되며, 폐경기의 여성인 경우 신체 내의 비타민과 칼슘의 활용도를 저하시키게 되어 골다공증으로 쉽게 진행될 수 있다고 한다. 일반적으로 여성은 35세경에 골밀도가 최고점에 이르고 그 이후는 매년 감소하는데, 특히 폐경 이후 에스트로겐의 생산이 중지되면 매해 3~7% 정도의 골밀도가 감소한다고 한다(Edelson & Kleerekoper, 1995). 50세 이상의 연령층에서 여성의 반 정도는 골다공증을 경험하게 되는데, 과음을 하면 할수록 뼈 건강은 손상되며 골밀도를 감소시키는 골다공증의 위험이 증가한다고 알려져 있다.

　대부분의 여성은 20대와 30대 초반에 술을 가장 많이 마신다. 그런데 가임기에 해당되는 이 시기에 여성의 음주는 태아알코올증후군을 가진 자녀를 낳을 수 있는 위험을 높이게 된다. 또한 알코올중독 여성은 유방암 발병 가능성이 높아질 수 있다. 하루 한 잔(통상 10g의 알코올)의 술을 더 마시게 되면, 유방암이 발견될 위험이 약 5~9% 정도 증가한다. 술을 마시지 않는 여성이 일생 동안 유방암에 걸리는 위험은 100명 중 9명이지만 하루에 2잔을 마시는 여성의 경우 그 위험은 100명 중 10명이 되고 하루에 6잔까지 마시게 되면 그 위험은 100명 중 13명으로 올라가게 된다고 한다(Shield, Soerjomataram, & Rehm, 2016). 특히 유방암의 가족력이 있는 경우에는 적은 양의 음주로도 위험할 수 있으므로 주의해야 한다(NIAAA, 2004). 갱년기 여성이 호르몬 대체 치료를 받는다면 적정 수준의 음주를 하더라도 유방암의 위험은 높아진다(Nelson et al., 2002).

〈술만 먹는 다이어트… 위험한 '드렁코렉시아'〉

S생활 입력 2021-09-16 09:23:07 정의준 기자

Drunkard(술고래)와 Anorexia(거식증) 두 단어를 합친 신조어 '드렁코렉시아'는 다이어트와 몸매 관리를 위해 밥 대신 술을 마시는 사람들을 일컫는 말이다. 술에 들어있는 알코올 성분은 고열량 에너지원으로 분류된다. 하지만 탄수화물, 단백질, 지방과 같은 에너지원과는 달리 인체에 거의 저장되지 않고 안주없이 술만 마셨을 때 술에 함유된 알코올의 이뇨효과, 에너지 소비 증가로 인해 살이 빠지는 듯한 착각을 할 수 있다. 하지만 술만 섭취했을 때도 분명 체지방을 늘릴 수 있고 드렁코렉시아가 위험하다는 사실을 기억해야 한다. 술은 지방세포에서 지방이 분해되는 것은 물론 혈중 지방연소까지 방해한다. 특히 소주, 맥주 등 알코올은 식욕을 증가시키는 신경전달물질을 자극한다. 평소 많이 먹지 않던 사람이 술자리에서 유독 음식섭취량이 늘거나 술을 마시고 귀가하면 라면을 끓여 먹는 등의 행위를 하는 것도 그 이유라고 볼 수 있다. 술은 혈액 내 혈당을 떨어뜨려 자꾸 탄수화물이 당기게 하는 주범이기 때문이다. (하략)

출처: 서울경제TV (https://www.sentv.co.kr/news/view/601614)

2) 심리적 위험

여성 알코올중독자의 가장 큰 특징은 우울 및 불안 증상이 두드러지고 자존감이 매우 낮다는 것이다. 여성 알코올중독자 중 2/3가 우울증을 경험하고 있다. 주요우울증의 평생 유병률은 여성 중독자 중 19%로, 남성 중독자 5%에 비해 높은 편이고 일차성 우울증인 경우도 66%로 남성의 44%보다 높은 편이다. 여성들의 과도한 음주와 우울증은 밀접하게 연결되어 있다. 여성 알코올중독 환자들은 남성에 비해 불안, 우울, 신경증적 경향의 정도가 높고 우울한 증상을 매우 많이 호소한다고 한다. 여성 알코올중독자는 우울증, 섭식장애, 자살 등 다양한 정신적 장애를 동반한다. 이러한 동반장애가 음주의 영향인지, 아니면 다른 질환으로 인해 음주를 하는지는 분명하지 않지만 여성 알코올중독자는 우울 및 불안 증상이 두드러지고 매우 자존감이 낮다는 특징이 나타난다.

스트레스는 여성의 삶에서 매우 흔하게 나타나며, 여성들은 종종 스트레스에 대처하기 위해 술을 마신다고 한다(Peltier et al., 2019). 또한 알코올중독자의 성차에 대한 국내의 질적인 연구들(김정숙, 전아영, 김정희, 김계순, 김영찬, 금창민, 2021; 임선영, 2002)은 여성 알코올중독자가 주로 부정적인 정서에 대한 대처수단으로 음주를 하며, 혼자 남몰래 음주하는 경우가 많고, 반복적인 음주의 결과로 인해 수치심과 죄책감을 경험한다고 하였다. 최근 코로나19 팬데믹 상황에서 음주문화도 변화하고 있다. 음주가 즐거움을 위한 사교의 목적보다는 대처의 수단으로 술을 마시는 경향이 있고 이러한 대처음주 비율은 여성들의 경우 더 증가했다고 한다(Pattani, 2021).

과도한 음주는 그 자체로 일과 가족관계에 스트레스가 된다. 사람마다 알코올이 스트레스를 얼마나 완화하는가 하는 알코올 효과에 대한 기대가 다르고 가족력과 같은 많은 요인이 스트레스에 대처하기 위해 얼마나 술을 마시는가에 영향을 미친다. 여성들의 음주는 일상적으로 스트레스 경험과 밀접하게 연관되어 있다. 알코올이 스트레스를 완화시켜 준다는 효과를 기대하는 여성일수록 스트레스에 대처하기 위해서 술을 마시게 된다. 실제로 청소년 대상의 조사에 의하면, 음주량이 많거나 폭음의 경험이 있고 음주로 인한 문제를 경험한 학생일수록 음주 효과에 대한 기대가 높은 것으로 나타나 음주 효과에 대한 기대는 음주행위의 주요한 예측변인이 된다(윤혜미, 김용석, 장승옥, 1999).

스트레스에 대한 반응에도 성별 차이가 나타난다. 여자 청소년들은 남자 청소년에 비해 정서적 적응의 어려움이나 우울증과 같은 위험에 취약하며 부정적인 자아상을 경험하기도 쉽다. 특히 청소년 초기는 스트레스에 취약하다. 스트레스의 자각은 또래 친구들의 음주와 함께 가장 강력한 알코올과 다른 약물 사용의 예측요인이다(Wagner et al., 1993). 남성들은 원활한 사회생활을 위한 수단으로 음주를 선택하는 반면에 여성은 심리적 스트레스나 다양한 상실 경험의 대처수단으로 과음을 하는 경향이 있다.

또한 남성에 비해 여성 알코올중독자들은 알코올중독 문제와 관련된 가족력이 있거나 삶에 지대한 영향을 주는 생애 사건을 경험하는 경우가 많다고 알려져 있다. 조정아(2014)는 여성 알코올중독자들은 사춘기 이전 부모의 조기사망, 부모의 알코올중독이나 우울증의 가족력을 가지고 있다고 보고하였다(성상경, 1997). 또한 어린 시절 성학대나 신체적 폭력 등의 외상을 겪었던 다수의 여성은 알코올중독이나 섭식장애로 진행될 위험성이 크고 이들에게는 경미한 우울증상이나 불안장애가 동반되어 나타나기 쉽다.

3) 사회문화적 취약성

여성이 알코올에 중독되면 알코올중독 자체로 인해 겪게 되는 고통 못지않게 사회의 질시와 냉대를 경험하게 된다. 사회적 시선으로부터 수치심을 느껴 음주 자체를 숨기다 보니 여성 음주자는 자신의 음주를 감추려고 노력하다 결국 알코올중독이 많이 진행된 상태에서 발견되는 경우가 많다. 또한 알코올중독이 노출되는 것을 감추려는 가족들의 영향으로 인해 알코올 문제 치료를 위해 병원에 입원하기까지는 오랜 시간이 걸리게 된다. 여성 음주에 대한 사회적 편견 때문에 여성 알코올중독자의 가족들은 치료를 권하기보다 술을 사지 못하도록 돈을 주지 않거나, 가족 간에 폭력을 사용함으로써 가족 내에서 해결하려고 하고, 때로는 환자가 원하는 모든 것을 다 들어주는 방식으로 대응한다. 그러나 통제하거나 비위를 맞추는 방식은 가족의 알코올중독문제를 악화시키기만 할 뿐 근본적인 해결책은 될 수 없다.

전통적으로 여성들은 알코올 소비가 적고 음주문제가 드러나지 않도록 감추기 위해 노력해 왔다. 그러나 오늘날 여성의 역할에 대한 사회적 변화는 여성의 음주와 알코올 문제를 증가시키고 있다. 그루자 등(Grucza et al., 2018)은 성차의 감소는 여성들의 취업과 그로 인한 술을 마실 수 있는 경제적 독립이 확대되었기 때문이라고 한다. 대학 환경도 남녀 모두에게 폭음을 권장하며 이전에 비해 여대생은 술을 쉽게 접하고 결과적으로 더 많은 알코올 문제 위험에 처하게 된다고 하였다. 오늘날 대부분의 여성은 직장에서 일을 하고 남성과 같은 하는 업무를 담당하여 경쟁을 하며, 남성 동료들과 술을 마시러 가고, 회식 등 비공식적인 모임을 일의 연장으로 생각한다. 여성도 그렇게 해야 한다고 생각하는 사람들도 있지만 여성의 음주가 평등의 지표나 건전한 대응 방식은 아닐 수 있다.

전통적인 성역할 태도를 가진 여성은 술을 덜 마시는 반면, 전통적인 성역할 태도를 가진 남성은 그렇지 않은 사람들보다 술을 더 많이 마신다(Celentano & McQueen, 1984). 청소년들의 성역할 태도는 남성의 음주에는 관대하고 여성에게는 그렇지 않은 문화적 규범의 영향을 받는다. 또한 소녀들은 소년에 비해 또래집단의 평가에 더 민감한데(Pope, Smith, Wayne, & Kelleher, 1994), 소년들은 음주가 사회적 이미지를 높여 준다고 믿지만 여성들은 음주로 인해 얻는 것보다 치러야 할 대가가 더 크다고 생각하는 경향이 있다(Chassin, Tetzloff, & Hershey, 1985).

여성 알코올중독자는 성적으로 문란할 것이라는 통념으로 인해 성폭력의 희생자가 되기 쉽다. 여성 알코올중독자가 술을 마실 때 불특정의 성관계 대상을 선택하는 경우는 8%에 불과하지만 술에 취한 상태에서 타인으로부터 공격을 당한 경우는 60%에 이른다고 보고하였다(Klassen & Wilsnack, 1986). 이런 여러 사회적 관념이 중독자로 하여금 자신의 문제를 더 숨기게 만들고 특히 기혼자, 직장인, 사회적으로 상위계층에 있는 사람들일 경우 혼자서 몰래 술을 마시는 경향이 나타난다.

남녀 모두에게 가족의 강한 유대감은 약물남용을 줄이는 것으로 알려져 있다. 그러나 일반적으로 부모와의 낮은 애착은 남성보다 여성에게서 문제를 유발하며 부모의 지도감독이나 일관성이 없는 가정환경은 여성의 음주에 더 밀접하게 영향을 준다. 또한 부모의 음주는 아들보다는 딸들에게 더 영향을 미친다(Forney, Forney, & Ripley, 1989). 지역사회의 영향을 탐색한 연구는 많지 않지만 피글먼, 리와 스탠튼(Feigelman, Li, & Stanton, 1995)의 연구는 지역사회의 영향이 남성보다 여성에게 미치는 영향이 강하다고 하였다.

3. 여성 알코올중독자의 특성과 치료

알코올 사용의 위험요인들은 남녀 모두에게서 동일하게 나타난다. 그러나 일부 위험요인들은 한 성에는 나타나지만 다른 성에는 나타나지 않고 다른 경우는 남성과 여성에게 미치는 영향이 다르게 나타난다. 남성과 여성에게 미치는 약물의 영향과 그 과정에서 드러나는 위험요인의 차이가 존재한다. 캔들, 워너와 케슬러(Kandel, Warner, & Kessler, 1998)는 술, 담배와 같은 통로약물에서 부작용이 더 심각한 마약을 사용하게 되는 과정에서 남녀 차이가 있다는 재미있는 사실을 발견했다. 남자 청소년에게는 흡연보다는 음주

경험이, 반면 여자 청소년에게는 음주가 아닌 흡연 경험이 마약 사용으로 넘어가는 통로 약물로서 기능을 한다는 것이다.

여성은 남성에 비해 술을 적게 소비함에도 불구하고 과음을 하는 여성은 음주로 인한 문제를 남성과 비슷하거나 오히려 더 많이 경험한다. 즉, 남성 알코올중독자에 비해 여성 알코올중독자는 사망률(자살, 음주사고, 심장병과 중풍, 간경화로 인한)이 더 높게 나타난다.

여성은 남성보다 늦게 음주를 시작하지만, 음주를 시작한 때부터 알코올중독 단계로 진행하는 속도가 빠르고 훨씬 축약된 과정을 보이므로 치료를 받는 남녀의 평균연령은 비슷하다(Piazza, Vrbka, & Yeager, 1989). 비록 여성은 대부분의 질병을 치료하기 위해 병원을 더 자주 찾지만, 이들이 알코올 문제를 치료하기 위해 치료기관에 도움을 요청하는 것은 쉬운 일이 아니다. 여성은 자신에게 음주문제가 있다는 것을 숨기거나 뒤늦게 알아차리게 되며, 인식을 한 후에도 치료를 받으려면 남성에 비해 더 거대한 사회적 장벽과 마주하게 된다. 또한 다른 가족원들의 여성 알코올 문제에 대한 부정과 가족 부양의무라는 여성의 역할도 여성 알코올중독자가 치료를 받는 데 방해가 되는 요소라 할 수 있다.

비록 이러한 어려움을 넘어서 도움을 요청하더라도 여성의 욕구와 문제에 민감하게 반응하려는 치료기관들의 노력은 부족하다고 볼 수 있다. 여성들은 알코올중독자라는 낙인감으로 치료를 받으러 가기도 힘들지만 치료기관에서도 여성 내담자에게는 알코올중독이라는 진단을 내리기보다는 신체적 질환으로 진단하는 경향이 있기 때문에 초기에 여성 알코올중독을 발견하기는 쉽지 않다(Beckman & Amaro, 1984).

〈여성 알코올중독자의 특성〉

1. 여성은 남성보다 늦게 음주를 시작해서 비슷한 연령대에 치료를 받는다. 이는 여성에게 알코올중독의 진행과정이 빠르게 진행되고 있음을 의미한다.
2. 치료를 받으러 오는 알코올중독 여성은 남편이나 파트너가 알코올중독자이거나 이혼을 한 상태인 경우가 많다.
3. 여성의 알코올중독의 원인은 아동기의 신체적·성적 학대 경험과 같은 스트레스가 심한 생애 사건과 관련이 있다.
4. 여성 알코올중독자는 자살의도가 있거나 우울증 치료를 받은 병력이 있다.
5. 여성의 치료동기는 건강과 가족 문제인 반면, 남성은 직장이나 범법행위, 특히 음주운전으로 인한 구속을 피하려는 의도가 많다.

6. 알코올중독 여성은 산부인과적 문제가 많고, 남자보다 간경변이 더 빠르게 진행된다.
7. 여성 알코올중독자는 알코올중독과 함께 안정제, 진정제, 암페타민과 같은 약물의존도 함께 경험한다.
8. 알코올중독 여성은 남성에 비해 불안, 우울과 같은 심리적인 증상을 나타내고 자존감이 더 낮다.

이렇게 여성 알코올중독자의 증가에도 불구하고 알코올 문제에 대해 치료를 받는 비율은 낮다. 알코올중독 치료에 대하여 가족으로부터 지지를 받지 못하고 알코올 문제를 가진 여성들은 자녀에 대한 양육권을 잃을까 두려워 치료를 받으려 하지 않으려는 것은 치료의 장벽이 되고 있다.

예방과 치료를 위해 무엇보다 여성들 스스로가 음주를 남의 탓으로 돌리지 말고 자신이 알코올 문제가 있다는 것을 인정해야 하며 자신의 문제에 대해 비판적이고 판단하려는 노력이 필요하다. 또한 여성은 동일한 집단이라기보다 많은 하위집단을 가진 사람들임을 인식해야 한다. 자녀가 있는 경우 자녀와 떨어져 있어야 하고, 자녀가 거주할 곳이 필요하며, 여성을 위해 적절한 한도 내에서 외래치료나 통원치료가 필요하다. 그리고 이들에게 알코올 치료와 더불어 스트레스 대처훈련, 자존감 상승, 신체 조절, 건강유지, 이력서 작성, 면접훈련, 정서적인 지지, 거주문제, 재정적인 문제, 자녀양육 문제 등 폭넓은 접근이 필요하다.

4. 태아알코올증후군

여성의 가임기에는 적정음주도 위험할 수 있으며 과음은 생리주기를 불규칙하게 만들고 생식기능에 장애를 유발하여 불임, 자연유산의 위험을 높이고, 태아 싱장과 발달 장애를 가져올 수 있다.

1) 태아알코올증후군의 특성

임산부의 음주는 자녀의 과잉행동과 주의력 결핍 문제, 학습 및 기억력 부족, 사회적ㆍ

정서적 발달문제 등의 심각한 위험을 높이는데, 이 중에서 가장 심각한 결과는 태아알코올증후군(Fetal Alcohol Syndrome: FAS)을 가진 자녀의 출산이다. 이와 유사하지만 덜 심각한 결과는 태아 알코올 효과(Fetal Alcohol Effects: FAE)이다. 임신 중 음주가 태아알코올증후군의 원인이다. 그러나 왜 특정 아이들에게 좀 더 발생하는지는 아직 알려지지 않았다. 유전자, 어머니의 영양상태와 다중약물 사용 등이 영향을 미치는 요인으로 알려져 있다(British Medical Association, 2007).

〈태아알코올증후군의 특성〉

- 기형적인 외모, 신체장애, 기억력 및 언어장애, 과잉충동장애 등의 문제가 나타남
- 신체적 특징
  - 눈이 작고 안검열이 짧다.
  - 코가 낮고 짧으며, 들창코이다.
  - 인중이 거의 없다.
  - 윗입술이 아랫입술에 비해 현저하게 가늘다.
  - 얼굴이 평편하다.
  - 턱이 작고 덜 발달되어 있다.
- 뇌기능 저하로 IQ 70 정도이며, 암기 및 사고력의 저하 등으로 일생 동안 학습장애를 겪어 학습부진의 가장 중요한 원인으로 알려져 있으며, 주의가 산만하고, 성격도 원만하지 못하다.

알코올은 직접적으로 태아의 뇌세포를 죽이거나 뇌세포의 성장에 필요한 아미노산과 당의 전달을 방해한다. 이뿐만 아니라 태아에게 가는 혈액의 흐름을 차단하여 저산소증을 유발하거나 신경세포의 성장을 방해함으로써 지적장애나 행동장애를 유발한다. 이렇게 태아기에 장기의 손상이 발생하면 회복이 되지 않고 평생 장애로 남는다. 학령기에는 학습장애를 유발하게 되고, 성인기에는 결과를 예측하는 능력이 부족하여 직장에 적응하기가 어렵고, 약물남용이나 범죄행위 등에 연계되어 사회부적응자가 되는 등 2차 장애가 발생한다.

태아알코올증후군을 생애주기로 구체적으로 살펴보면 다음과 같다(Quit Alcohol, 2022).

- 영유아기: 잠을 잘 못 잠, 과민반응, 빛과 소리에 민감함, 발달지연, 과다행동, 뇌파이상, 작고 운동기능 저하, 면역기능 약화

- 학령전기: 감정 과잉과 성냄, 과잉행동, 충동 조절 부족, 정신적 성장 지연, 눈과 손, 신체적 협응능력 빈약, 판단력 부족, 언어장애
- 아동기: 주의력 결핍, 과잉행동, 언어장애, 학습 및 인지 장애, 충동 조절 빈약, 사회적 기술 문제
- 청소년기와 성인기: 추론적 사고의 어려움, 결과 예측을 못함, 낮은 학업성취, 낮은 자긍심, 기억장애, 판단력 부족과 충동성 심화, 집안일이나 이동 등 많은 일상의 어려움

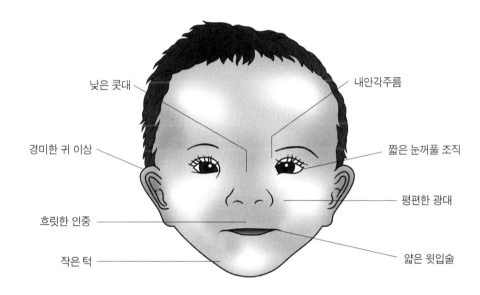

낮은 콧대
내안각주름
경미한 귀 이상
짧은 눈꺼풀 조직
평편한 광대
흐릿한 인중
작은 턱
얇은 윗입술

[그림 11-1] 태아알코올증후군 환자의 모습

출처: NIAAA (2022), p. 2.

2) 태아알코올증후군 조기 진단과 치료

임신 중 음주로 인해 태아가 받는 영향은 주로 중추신경계이므로 영유아기에는 증후가 잘 드러나지 않는다. 오히려 학령기의 학습장애나 성인기 사회부적응과 같이 2차 장애가 진행된 후에야 발견이 되어서 관심을 가지게 된다. 그러나 아기가 걸을 수 있는 생후 일 년 정도에 조기진단이 된다면 나타나는 증후에 따라 재활이 가능하고 이런 아이들은 성장 잠재력이 커서 예후가 좋은 것으로 알려져 있지만, 재활의 시기가 늦어지면 회복이 불가능하다. 따라서 조기진단이 매우 중요하다.

우리나라 가임기 여성의 음주는 1980년대에는 30% 수준이던 것이 급격히 증가하여 요

즘은 80%대에 이르는 것으로 알려져 있다. 이는 이미 여성음주는 보편적인 현상으로, 거의 대부분의 여성이 음주를 하고 있다는 것을 보여 준다. 한편, 식약청과 관동대학교 제일병원의 태아알코올스펙트럼장애 조기진단의 공동연구에 참여한 507명의 임신부 중 음주 비율은 무려 36.8%로 임신부 3명 중 1명은 임신 중 술을 마신 적이 있다는 결과를 보여 준다. 이들 중 47%는 임신 12주 이후에 임신을 알고서도 음주를 하여 태아가 알코올에 노출되었다는 것이다. 이들 임신부 중 23%는 한자리에서 소주 5잔 이상을 마시는 습관적 음주자들이었다는 것은 매우 놀라운 일이다(한정열, 2016).

태아알코올증후군으로 확진하기 위해서는 다음의 최소 기준이 충족되어야 한다.[2] 1980년 규정된 FAS 기준은 ① 태내 또는 출산 후의 성장지연(체중과 키가 하위 10% 미만), ② 신경의 비정상, 발달지연, 역기능적 행동, 지능 손상, 두개골이나 뇌의 기형을 포함하는 중추신경계 이상 및 ③ 세 가지 징후 그룹(소안검열, 얇은 윗입술, 평편한 안면과 흐릿한 인중) 중에서 적어도 두 가지 이상을 가지는 머리와 얼굴의 특이한 형태이다(Sokol & Clarren, 1989).

태아기에 알코올 노출로 인해 발생하는 태아알코올증후군을 가진 아이들은 충동성, 언어 및 청력의 손상과 함께 학습, 집중, 기억, 문제해결 등의 문제가 흔하게 나타나며 청소년기와 성인기까지 학습능력의 부족이 지속된다. 가장 잘 알려진 지적장애의 원인으로 알려진 태아알코올증후군은 정신장애와 과잉행동이 발생하는 것에 대한 두려움이 매우 크다(Streussguth et al., 1989).

많은 사람이 태아알코올증후군에 관해 가장 궁금해하는 것은 태아에게 위험한 수준은 언제, 얼마나 많은 양의 술을 소비해야 하는가이다. 그러나 음주 소비량에 대한 자기보고는 믿을 수가 없을 뿐 아니라 알코올 소비량을 정확하게 반영하는 구체적인 생리적 측정도구가 없고(Morrow-Tlucak, Ernhart, Sokol, Martier, & Ager, 1989), 심각한 알코올 관련 문제를 가진 여성일수록 임신 중의 음주를 숨기려는 경향이 있다. 이처럼 임신 중 음주량은 제대로 파악이 되지 않아서 안전한 음주량의 기준을 정하기는 어렵다. 그러나 태아가 알코올에 더 많이 노출될수록 머리와 안면의 비정상적 상태가 나타날 가능성은 증가하며 아주 적은 양의 알코올 섭취에서도 태아알코올증후군이 발생할 수 있으므로, 임신 중에는 금주를 하는 것만이 안전하다는 사실은 의심의 여지가 없다. 만성적으로 다량의 알코올을 섭취하는 경우뿐만 아니라 자주 마시지 않더라도 폭음을 한다든지 또는 지속적으로 적은 양을 마시는 경우에도 신생아는 태아알코올증후군이나 이와 유사한 양상을 보인다고 한

---

2) 태아알코올 효과의 진단은 다음에서 고려될 수 있다. ① 사람이 태아알코올증후군의 일부 징후를 가지고 있다. ② 사람이 태아알코올증후군에 대한 필요한 기준을 모두 충족시키지 못한다. ③ 출생 전에 알코올 노출 병력이 있다.

다. 또한 임신 초기의 음주는 태아에게 더 치명적인 영향을 주는 것으로 알려져 있으니 알코올 섭취량도 문제가 되지만 음주 시기도 중요한 영향을 미친다는 점에 주목해야 한다. 알코올 관련 기형을 예방하기 위해서 산모의 자궁 안에서 태아에게 노출된 알코올량을 태변 내의 알코올 대사물질(Fatty Acid Ethyl Esters: FAEEs)이라는 바이오마커의 측정방법을 개발하여 태아알코올스펙트럼장애 조기진단이 가능하게 되었음이 입증된 것은 반가운 일이다(Hastedt, Krumbiegel, Gapert, Tsokos, & Hartwig, 2013).

태아알코올증후군은 다른 질환과 달리 임신부가 음주를 하지 않는다면 이론적으로 100% 예방이 가능한 질병이다. 따라서 다양한 매체를 통해서 임신 중에 음주를 하지 않도록 적극적인 홍보가 필요하다.

토론문제

1. 최근 여성 알코올 소비가 증가하는 이유는 무엇이라고 생각하는지를 밝히고 그로 인해 어떤 문제가 발생할 수 있는지 기술하시오.
2. 여성알코올중독자의 특성은 무엇인가? 이를 토대로 여성 음주문제 해결방안을 제시하시오.
3. 태아알코올증후군의 진단 기준은 무엇인지 알아보고, 임신 중 음주문제로 찾아온 내담자가 있다면 어떻게 안내할 것인지 제시하시오
4. 인기 있는 드라마(예: 〈술꾼 도시 여자들〉이라는 웹드라마)에서 여성 음주는 어떻게 재현되고 있는지를 살펴보고 이러한 대중매체가 청소년들에게 어떤 영향을 미칠 것인지 토론해 보시오.

참고문헌

김정숙, 전아영, 김정희, 김계순, 김명찬, 금창민(2021). 여성 알코올 중독자의 중독과 회복과정 경험에 대한 내러티브 탐구사회적 낙인과 지지를 중심으로. 열린교육연구 29(5), 117-146.

보건복지부, 질병관리본부(2020). 국민건강통계: 국민건강영양조사.

성상경(1997). 여성음주와 알코올중독. *J. Korean Academy of Addiction psychiatry, vol1*(1), 47-54.

식품의약품안전처(2020). 주류 소비·섭취 실태를 조사한 결과보고서.

윤혜미, 김용석, 장승옥(1999). 음주효과에 대한 기대와 한국 고등학생들의 음주행위간 관계. 한국사회복지학, 38, 153-179

이선미, 김경하, 한은정, 김재윤(2010). 음주가 건강보험 재정에 미치는 영향 분석. 국민건강보험

건강보험정책연구원.

임선영(2002). 여성 알코올 중독자들의 중독과정에 대한 사례연구. 가톨릭대학교 대학원 석사학위논문.

조정아(2014). 여성알코올중독자의 가족력과 가족관계에 관한 연구동향분석. 이화여자대학교 사회복지대학원. 석사학위논문.

한정열(2016). 모태독성학: 의료인과 독성전공자를 위한 가이드(2판). 경기: 군자출판사.

Beckman, L. J., & Amaro, H. (1984). Patterns of women's Use of alcohlism treatment agencies. In S. C. Wilsnack & L. J. Beckman (Eds.), *Alcohol problems in women: Antecedents, consequences, and intervention* (pp. 319-348). New York: Academic press.

British Medical Association (2007). Fetal alcohol spectrum disorders: A guide for healthcare professionals. https://tinyurl.com/tsyjs2pk (accessed July 28 2021)

Celentano, D. D. & McQueen, D. V. (1984). Alcohol consumption patterns among women in Baltimore. *Journal of Studies on Alcohol, 45*(4), 355-358.

Chassin, L., Tetzloff, C., & Hershey, M. (1985). Self-image and social-image factors in adolescent alcohol use. *Journal of Studies on Alcohol, 46*(1), 39-47.

Edelson, G. W., & Kleerekoper, M. (1995). Bone mass, bone loss, and fractures. In V. Matkovic (Ed.), *Physical Medicine and Rehabilitation Clinics of North America* (pp. 455-464). Philadelphia: W. B. Saunders.

Feigelman S., Li, X., & Stanton, B. (1995). Perceived risks and benefits of alcohol, cigarette, and drug use among urban low-income African-American early adolescents. *Bulletin of the New York Academy of Medicine, 72*(1), 57-75.

Fetal alcohol exposure research supported by NIAAA in South Africa, Ukraine and Russia improves prevention, outcomes. *Global Health Matters, 5*(3), 11-13.

Forney, M. A., Forney, P. D., & Ripley, W. K. (1989). Predictor variables of adolescent drinking. *Adv Alcohol Substance Abuse, 8*(2), 97-117.

Grucza, R. A., Sher, J. K., Kerr, W. C. et al. (2018). Trends in adult alcohol use and binge drinking in the early 21 century United States: a mata analysis of 6 mational survey series. *Alcoho Clin. Exp. Res, 42*(10), 1939-1950.

Hastedt, M., Krumbiegel, F., Gapert, R., Tsokos, M., & Hartwig, S. (2013). Fatty acid ethyl esters (FAEEs) as markers for alcohol in meconium: method validation and implementation of a screening program for prenatal drug exposure. *Forensic Sci Med Pathol, Sep, 9*(3), 287–295. doi: 10.1007/s12024–012–9385–3.

Kandel, D. B., Warner, L. A., & Kessler, R. C. (1998). The epidemiology of substance use and dependence among women. In C. L. Wetherington & A. B. Roman (Eds.), *Drug addiction research and the health of women* (pp. 105–130). Washington, D.C.: National Institute on Drug Abuse.

Keyes, K. M., Li, G., & Hasin, L. G. (2011). Birth cohort effects and gender differences in alcohol epidemiology: a review and synthesis. *Alcoholism: Clinical & Experimental Research, 35*(12), 2101–2112.

Klassen, A. D., & Wilsnack, S. C. (1986). Sexual experience and drinking among women in a U.S. national survey. *Archives of Sexual Behavior, 15*(5), 363–392.

Morrow–Tlucak, M., Ernhart, C. B., Sokol, R. J., Martier, S., & Ager, J. (1989). Underreporting of alcohol use in pregnancy: Relationship to alcohol problem history. *Alcoholism: Clinical and Experimental Research, 13*(3), 399–401.

NIAAA (2022). Alcohol Alert 82. https://pubs.niaaa.nih.gov/publications/aa82/AA82.pdf (accessed September 2022).

Neilson, L. B. (2009). *Fetal Alcohol Syndrome.* Retrieved from Brief Reference of Students with Disabilities.

Nelson, H. D., Humphrey, L. L., Nygren, P. et al. (2002). Postmenopausal hormone replacement therapy: Scientific review. *JAMA: Journal of the American Medical Association, 288,* 872-881.

NIAAA (2004). Alcohol–An important women's Health Issue. *Alcohol Alert, 62.*

Paley, B., & O'connor, M. J. (2009). Intervention for individuals with fetal alcohol spectrum disorders: Treatment approaches and case management. *Developmental disabilities Research Reviews, 15,* 258-267.

Pattani, A. (2021). Women Now Drink As Much As Men — Not So Much For Pleasure, But To Cope. https://www.npr.org/sections/health-shots/2021/06/09/1003980966/women-now-drink-as-much-as-men-and-suffer-health-effects-more-quickly Updated On 2021.

Peltier, M. R. et al. (2019). Sex differences in stress-related alcohol use. *Neurobiology of Stress.* 2352–2895.

Piazza, N. J., Vrbka, J. L., & Yeager, R. D. (1989). Telescoping of alcoholism in women alcholics. *The international Journal of the addictions, 24*(1), 19-28.

Pope, S. K., Smith, P. D., Wayne, J. B., & Kelleher, K. J. (1994). Gender differences in rural adolescent drinking patterns. *Journal for adolescent Health, 15*, 359-365.

Quit Alcohol (2022). Fetal Alcohol Syndrome: Something Your Baby Never Wanted. https://www.quitalcohol.com/information/fetal-alcohol-syndrome.html#sthash.b3fh6gnb. dpuf. Updated On 2022.

Shield, K. D., Soerjomataram, I., & Rehm, J. (2016) Alcohol Use and Breast Cancer: A Critical Review. *Alcoholism: Clinical and Experimental Researc, 40*(6), 1166-1181.

Slade, T., Chapman, C., Swift, W., Keyes, K., Tonks, Z., & Teesson. M. (2016). Birth cohort trends in the global epidemiology of alcohol use and alcohol-related harms in men and women: systematic review and meta-regression. *BMJ Open*. 2016 Oct 24;6(10):e011827. doi: 10.1136/bmjopen-2016-011827.

Sokol, R. J., & Clarren, S. K. (1989). Guidlines for use of terminology describing the impact of prenatal alcohol on the offspring. *Alcoholism: Clinical and Experimental research, 13*(4), 597-598.

Spear, L. P. (2000). Adolescent period: Biological basis of vulnerability to develop alcoholism and other ethanol-mediated behaviors. In A. Noronha, M. Eckardt, & K. Warren (Eds.), *Review of NIAAA's Neuroscience and Behavioral Research Portfolio*. National Institute on Alcohol Abuse and Alcoholism (NIAAA) Research Monograph No. 34, Bethesda, MD: NIAAA.

Streussguth, A. P., Sampson, P. D. et al. (1989). Neuro-behavioral dose-response effects of prenatal alcohol ezposure in humans from infancy to adulthood. *Annals of the New York Academy of sciences, 562*, 1961-1967.

U.S. Department of Health and Human Services (2015). Substance Abuse and Mental Health Services Administration, Center for Behavioral Health Statistics and Quality, National Survey on Drug Use and Health.

Wagner, B. M., & Compas, B. E. (1999). Gender, instrumentality, and expressivity: Moderators of the relation between stress and psychological symptoms during adolescence. *American Journal of Community Psychology, 18*, 383-406.

Wagner, E. F. (1993). Delay of gratification, coping with stress, and substance use in adolescence. *Experiments in Clinical Psychopharmacology, 1*, 27-43.

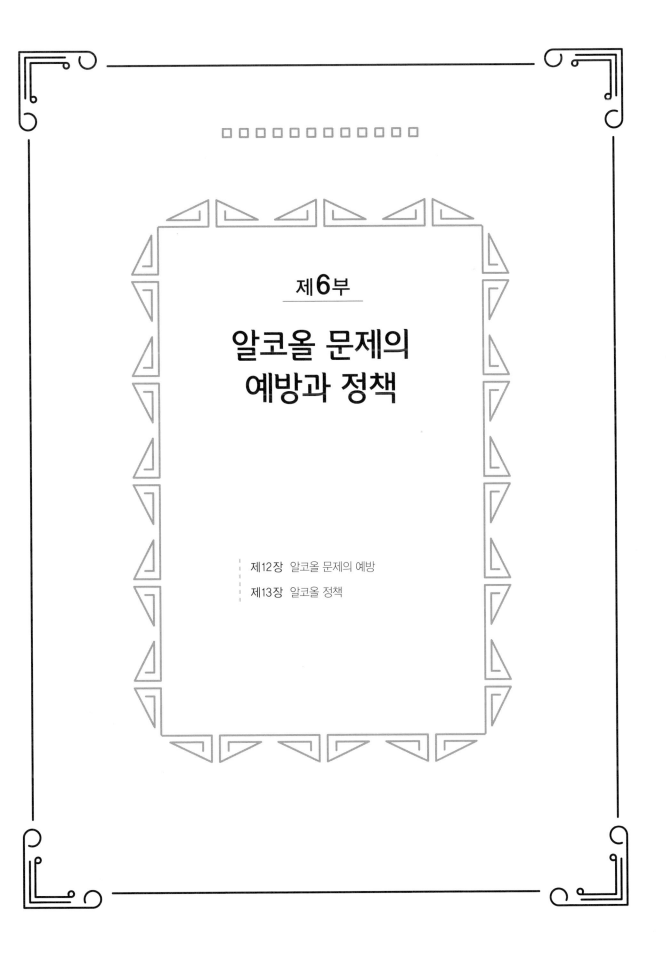

제6부

알코올 문제의
예방과 정책

알코올 문제의 예방

장승옥(계명대학교)

알코올 남용 및 중독이 건강을 위협하는 사회적 문제라는 것은 두말할 필요도 없다. 과도한 음주는 개인의 건강뿐 아니라 가족관계, 업무나 학업 수행력 등에 심각한 문제를 가져온다. 이러한 막대한 사회적 비용을 줄이는 가장 효과적인 방법은 예방뿐이다.

예방이란 알코올 남용의 발생이나 확대를 줄이는 제반 활동을 의미하며, 알코올의 공급과 수요 과정을 포함하는 법률적 통제와 교육이나 정보제공과 같은 제반 활동이 포함된다. 이 장에서는 예방의 개념, 마약 없는 사회와 같은 금주모델, 그리고 깨끗한 주사바늘 제공과 같은 폐해감소모델의 예방 관점으로서의 장단점, 위험요인과 보호요인 이론을 탐색한다. 또한 미국 물질남용예방센터의 분류체계를 활용하여 정보전달 전략, 교육 전략, 대안탐색 전략, 문제의 확인과 의뢰 전략, 지역사회 기반 조성 전략, 환경적 접근 전략을 제시한다. 마지막으로, 이론을 바탕으로 구성되어 합리적 진행과 평가를 통해 효과성이 입증된 대표적인 알코올 예방 프로그램으로 학교중심 예방 프로그램인 생활기술훈련(Life Skills Training)과 지역사회중심 예방 프로그램인 GAPS(The Greater Alliance of Prevention Systems)를 모델 사례로 제시한다.

1. 알코올 문제 예방의 필요성과 예방 수준

알코올 사용과 남용 문제는 형사처분이나 치료재활과 같은 사후적 개입보다는 예방이 가장 효과적인 개입임이 틀림없다. 만성적으로 술을 마시거나 취하는 사람이 줄어든다면 알코올로 인해 발생하는 의료문제나 음주관련 사고 비용은 감소하게 될 뿐만 아니라 알코올로 인한 갈등이나 사고 또한 줄어든다는 것은 당연하기 때문이다.

우리 사회에서 19세 미만 청소년의 흡연과 음주는 법적으로 허용되지 않는 행위임에도 불구하고 2021년 온라인 청소년건강행태조사에 의하면(질병관리본부, 2021), 현재 음주율은 남학생 12.4%, 여학생 8.9%로 2020년과 유사하였고, 1회 평균음주량이 중등도(남자 소주 5잔, 여자 3잔) 이상인 위험음주율도 남녀 학생 모두 전년과 유사하였다(남 5.6% → 5.3%, 여 4.8% → 4.4%). 반면에 편의점이나 가게 등에서 술 구매를 시도한 학생 중 살 수 있었던 구매 용이성은 전년에 비해 큰 폭으로 증가하였다(술 63.5% → 71.3%). 특히 중학생은 술 구매 용이성이 36.1% → 48.5%로 크게 증가하였으며, 예방교육 경험률은 큰 폭으로 감소한(음주 42.0% → 33.0%) 것으로 조사되었다.

음주나 흡연은 일반적으로 청소년기에 시작되므로 청소년을 대상으로 예방 노력을 경주하는 것이 효과적일 수 있다. 알코올 남용을 하는 청소년은 술을 마시지 않는 또래친구들에 비해 학업성취에서 뒤떨어질 뿐만 아니라 폭력행동과 범죄행동에 가담, 성적 행동(sexual behavior)의 증가 등으로 인해 성병의 감염이나 원치 않는 임신을 경험하며, 음주 상태에서의 자살이나 사고사 등이 증가한다. 또한 15세 이전에 술을 마신 사람의 40% 이상은 일생 동안 적어도 한 번은 알코올 남용과 의존 증상을 보이게 된다(Grant & Dawson, 1997). 이렇게 어린 나이에 술을 마시기 시작하는 것이 위험하다는 것은 분명하고 예방이 시급한 문제라는 데 동의하고 있지만 어떻게 예방할 것인가 하는 구체적인 전략에 대해서는 다양한 의견이 존재한다.

고든(Gordon, 1983)은 전통적으로 질병에 적용하던 1차 예방, 2차 예방, 3차 예방 개념의 부적절함을 지적하고, 정신질환을 포함하는 새로운 예방적 개입의 분류체계를 제시하였다. 만성질환의 예방 및 분류에서 1차는 질병의 생물학적 요인에 초점을 맞춘 것으로 치료의 관점에서는 의미가 있지만 예방에는 적합하지 않다는 점과, 1차, 2차, 3차 예방이 순서를 나타내는 것으로 오인될 수 있다는 문제를 지적하면서 새로운 분류체계로 다양한 형태와 수준의 중독관련 문제를 보편적 예방, 선택적 예방, 지시적 예방으로 분류하였다. 보편적 예방은 모든 사람에게 적용되며 선택적 예방은 성, 연령, 직업 등 대상자의 특성에 따라 적용할 것을 권장한다. 지시적 예방은 평균 이상의 문제를 가진 것으로 확인된 사람에게 적용한다.

약물남용을 예방하려는 노력은 서로 다른 집단을 대상으로 1차, 2차 그리고 3차 예방의 세 수준으로 나누어진다. 1차 예방은 약물에 대한 경험이 전혀 없거나 거의 없는 집단을 대상으로 약물남용이 시작되지 않도록 방지하는 것을 목표로 하는 보편적 예방을 의미한다. 1차 예방 대상은 주로 초등학생이나 중학생이며, 이들에게 흡입제, 알코올 또는 담배를 친구가 권할 때 거절하는 방식을 가르치는 예방 프로그램을 학교에서 교과과정의 하나로 시행할 수 있다.

　2차 예방은 약물을 시도했거나 남용 가능성이 높은 집단을 대상으로 물질 남용 문제를 빨리 개입하는 것이다. 따라서 예방의 목표는 이미 약물을 사용하는 대상이라면 남용의 정도를 감소시키고 사용하는 약물보다 더 강력한 효과를 가진 약물로 옮겨가는 것을 차단하며, 술, 담배와 같은 성인에게는 합법적인 약물 사용도 청소년들이 과도하게 사용하지 않도록 유도할 수 있는 전략을 제공하려는 것이다. 일반적으로 1차 예방에 비해 2차 예방 노력은 연령이 더 많은 사람이 대상이다. 예를 들면, 음주로 적발된 고등학생이 음주행동을 자제하고 대안활동 프로그램에 참여하도록 하거나 대학생들이 술을 적당히 마시도록 절제하는 기술을 습득하고, 음주운전의 위험성, 만성 알코올 남용의 증상 등을 집중적으로 배우는 것이다.

　3차 예방은 알코올 남용문제로 치료를 받으러 온 사람이 재발 없이 알코올을 중단한 상태를 유지하도록 만드는 것이 목표인 지시적 예방이다. 치료가 효과가 있다면 알코올 남용이 재발하지 않도록 성공적으로 유지하게 된다. 청소년들의 예방활동은 주로 1차와 2차 예방에 초점을 두고 학교에서 이루어진다. 3차 예방은 주로 병원이나 전문치료기관에 의뢰되어 이루어진다.

　이러한 다양한 예방 전략을 하나의 도표로 제시하면 [그림 12-1]과 같다. 이 그림은 원래 정신질환에 대한 정신보건 차원의 개입을 제시한 므라제크와 해거티(Mrazek & Haggerty, 1994)의 정신건강 문제와 정신장애에 대한 개입 스펙트럼 모델을 중독질환에 적용한 것이다.

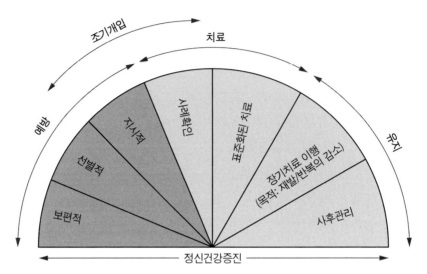

[그림 12-1] 정신건강 문제와 정신장애에 대한 개입의 므라제크와 해거티 모델

출처: Mrazek & Haggerty (1994).

2. 알코올 예방의 관점

1) 금주모델과 폐해감소모델

일반적으로 알코올과 다른 약물의 오용, 특히 청소년들의 약물남용은 예방해야 한다는 데 동의하고 있다. 청소년 대상의 예방은 마약을 금지하는 마약 없는 사회를 구축하려는 입장이다. 마약 없는 사회의 목적은 마약에서 벗어나 건강한 생활양식, 오락, 교육뿐 아니라 영적(Spiritual)을 증진시키도록 도움을 주는 것이다. '마약 없는 사회(drug-free society)'라는 개념은 담배와 알코올과 같은 통로약물에 대한 관심을 폐해가 심각한 약물에만 돌리게 할 수 있다는 점에서 문제로 지적되기도 한다. 알코올과 담배는 합법적인 약물이지만 모든 불법 약물을 합한 것보다 더 많은 폐해를 가져온 약물로 우선적인 예방의 표적이 되어야 한다. 그럼에도 불구하고 마약에 초점을 맞추게 되면 두 합법적인 약물에 대한 관심을 약화시킬 수 있다는 점을 지적한다.

'마약 없는 사회'의 대안으로 등장한 폐해감소모델(harm reduction model)은 사회에서 담배와 알코올을 포함하여 약물사용을 완전히 제거할 수 없다는 인식에서 등장했다. 어떤 약물을 사용하든 약물 오남용의 폐해를 가져올 수 있고, 오용이나 남용이 가져오는 폐해를 감소시키기 위해서는 약물의 완전 제거가 불가능하다면, 대신에 폐해를 감소시키는 전략을 사용하는 것이 현실적이라고 주장하는 모델이다. 폐해감소모델에서 사용하는 대표적인 사례로는 깨끗한 주사바늘 교체 사업이 있다. 즉, 심각한 주사 약물 중독자의 경우는 약물사용을 당장 그만둘 수 없다는 것을 인정하고, 주사바늘을 다른 사람과 공유함으로써 전염될 수 있는 간염과 에이즈와 같은 질병의 위험을 줄이기 위해 그들에게 사용자를 감염시키는 '오염된' 주사바늘 공유를 줄이고 '깨끗한' 주사바늘을 배급하는 것이다. 사실상 이러한 시도는 에이즈의 전염을 감소시키는 데 효과가 있었다고 평가되고 있다(Fisher & Harrison, 2010).

적정음주 관리 프로그램[1])이나 술에 취한 운전자가 운전하여 유발하는 위험을 줄이기 위한 지정운전자 홍보활동 등 우리 사회에서도 합법적 약물인 알코올 사용의 폐해를 감소시키려고 노력해 왔다.

〈쟁점: 미성년자 음주에 폐해감소모델을 적용하는 것은 합리적인가〉

청소년들의 음주운전을 방지하기 위해서 음주운전을 반대하는 어머니모임(Mothers Against Drunk Driving: MADD)과 같은 단체는 생일이나 졸업식과 같은 행사에서 술에 취한 학생을 위해 대리운전을 해 주기 위해 자원봉사자를 조직하기도 한다. 그러나 이는 미성년자 비행의 원인이 되는 음주가 범죄이기 때문에 이를 허용하는 부모들은 범죄를 눈감아 주는 것이며 이러한 행사를 경험한 경우는 쉽게 알코올 남용으로 갈 수 있다. 물론 축하연이나 뒤풀이에서 술에 취한 미성년자가 사고를 당하는 상황을 바라는 사람은 없다. 그러나 미성년자가 술을 마시는 것은 법으로 금지가 된 사안이기 때문에 대리운전을 하는 것은 법을 어기는 행위가 될 수 있다.

우리 사회의 고3 수험생들 사이에서 시험에 대한 압박감과 스트레스 해소를 위한 이벤트로 인식돼 수험생들이 수능 100일주라는 이름으로 술을 마시는 일이 유행하고 있다. 일부 부모님은 자녀가 밖에서 술을 마시고 문제를 일으키는 것보다는 집에서 어른들의 감독하에 술을 배우는 것이 낫다는 생각으로 이런 이벤트를 직접 마련하기도 한다. 수능 100일주에 대한 자신의 생각을 정리해 보기 바란다.

---

1) 적정음주 관리 프로그램(Moderation Management, http://www.moderation.org)은 알코올 남용이 질병이기보다는 학습된 행동이라는 전제를 기반으로 자신의 음주에 대해 염려하고 심각한 문제가 발생하기 전에 술을 줄이거나 끊는 것을 원하는 사람을 위한 프로그램이다. 적정음주 관리는 9단계로 진행되며 이 중 하나는 (무료)모임에 참여하고 30일간 금주하는 것이다. 나머지 단계는 본질적으로 행동주의에 기반한 것으로 음주행동을 추적하고 목표 음주량을 정하며 긍정적 생활습관 변화를 모색한다. 단주를 목표로 정하는 것은 개인의 선택에 맡기는 동시에 모든 문제 음주자에게 적정음주가 적절한 목표가 아니라는 점도 강조한다.

2) 예방이론: 위험요인과 보호요인

알코올 문제의 예방은 위험요인을 최소화하고 보호요인을 최대화하는 두 가지 방식으로 이루어질 수 있다. 성공적인 1차 예방은 보호요인을 증가시키고 위험요인을 감소시키면 알코올 사용의 가능성이 낮아진다는 생각에 기초한다. 이 경우 청소년들은 알코올의 유혹을 이겨 낼 만큼 적응유연성이 높은 사람일 수 있다. 위험요인의 결과에 저항하는 성향을 적응 유연성이라고 하면, 이것은 개인의 사회적 성공을 결정하는 중요한 요인이 될 수 있다.

알코올, 담배 및 다른 약물(Alcohol, Tobacco, and Other Drug: ATOD)의 남용은 위험요인을 줄이고 보호요인을 높이는 두 가지 방식으로 이루어질 수 있다. 첫째, 알코올 사용을 하지 않도록 개인적으로 건전한 생활방식과 규범을 발달시키는 것이며, 둘째, 개개인이 알코올 사용을 하지 않도록 하는 사회적·물리적 환경을 개발하는 것이다. 이러한 위험요인과 보호요인의 이론적 토대 위에 웡, 카탈라노, 호킨스와 샤펠(Wong, Catalano, Hawkins, & Chappell, 1996)은 위험요인의 정도를 사정하고 이런 위험요인을 줄이려는 예방체계를 구축하였다.

첫째, ATOD 남용의 위험요인은 지역사회, 가족, 학교와 개인이나 또래집단의 범주로 나누어 볼 수 있다. 지역사회 위험요인은 담배와 알코올 및 다른 약물의 접근성, 물질에 대한 허용적인 법과 규범, 지역사회 이동성(예: 지역사회 인구가 나갔다 들어왔다를 반복하는 빈번한 거주 변동), 이웃주민의 애향심 부족과 공동체의 해체 그리고 극단적인 경제적 빈곤을 들 수 있다. 가족 위험요인에는 문제행동의 가족력, 가족의 경제적 어려움, 가족 갈등과 자녀에 대한 양육태도 및 물질남용과의 관련성이 해당된다. 학교 영역에서 위험요인은 어린 나이의 지속적인 반사회적 행동, 초등학교에서 시작된 학업 실패, 학교에 대한 몰입의 부족이다. 마지막으로, 개인 또는 또래관계에서의 위험요인은 고립과 반항, 문제행동에 가담한 또래친구들과의 교류, 문제행동에 대한 우호적 태도, 문제행동의 빠른 시작, 그리고 중독이나 흥분추구와 같은 체질적 요인이다.

둘째, 복합적인 위험요인에 노출되었음에도 불구하고 알코올이나 다른 마약 문제를 발전시키지 않도록 보호하는 것을 보호요인이라 한다. ATOD로 이끄는 상황에 노출되었을 때 부정적인 영향력을 중재하거나 완화시켜 문제행동이 발생하지 않도록 보호요인을 증가시키는 것이 예방의 주요한 전략이다. 개인의 성격, 긴밀한 유대감, 건전한 신념과 명확한 행동 기준 등이 보호요인에 해당된다. 예를 들어, 개인적 특성에는 성별, 탄력성이 강한 기질, 긍정적인 사회적 지향 그리고 지능이 포함된다. 이러한 개인적인 성격은 바꾸기가 어렵거나 불가능하다는 것은 분명하다. 긴밀한 유대감은 가족, 친구, 학교, 지역사회와의 건전한 애착을 포함한다. 긍정적인 역할 모델이나 건전한 체계와의 유대감은 두말할 필요 없이 중요한 보호요인이다. 건전한 신념과 명확한 행동 기준을 통해 책임감을 학습하고 이러한 기준을 위반하면 대가를 치를 때 보호기능은 강화된다.

셋째, 위험요인에 관한 이론을 예방 프로그램을 기획하는 데 적용하려면, 무엇보다 위험요인들은 모든 생활 영역, 즉 지역사회, 가족, 학교 그리고 개인/또래를 포함하는 다양한 영역에서 나타날 수 있음을 이해해야 한다(Hogan, Gabrielsen, Luna, & Grothaus, 2003). 따라서 알코올 문제를 확실하게 감소시키기 위해서는 개별 영역 안에서만 위험요인에 대응하기보다는 다양한 영역과 범위에 걸쳐진 위험을 감소시키려는 노력이 필요해 보인다. 또한 위험요인이 많을수록 알코올 문제의 위험 수준도 높아진다는 점도 고려해야 한다. 한 가지 위험요인에 노출된다고 해서 훗날 문제를 발생시키지는 않겠지만 더 많은 위험요인에 노출되면 될수록 청소년의 위험은 기하급수적으로 증가한다는 것이다. 이는 지역사회 차원의 예방에 있어 보다 위험 노출 확률이 높은 위험집단에 대한 예방 노력을 우선시해야 함을 드러내는 것이다. 즉, 지역사회에 보이는 모든 위험요인을 제거할 수는 없겠지만 위험요인의 어느 한 부분이라도 제거하고 감소시켜 나간다면 청소년의 문제행동을 확실하게 감소시켜 나갈 수 있을 것이다. 다양한 문제행동이라도 위험요인은 공통적으로 나타나기 때문에 위험요인을 하나 감소시키게 되면 다른 수많은 문제행동에 영향을 미치게 된다는 것은 쉽게 예측할 수 있다. 이는 개인이 흡연과 같은 하나의 위험요인을 감소시키게 되면 폐, 목과 구강암뿐 아니라 심장질환의 위험도 감소한다는 심장질환모델과 같은 원리이다.

마지막으로, 보호요인은 위험요인이 나타났을 때 완충 역할을 하게 된다. 보호요인은 청소년들의 위험의 영향을 감소시키거나 그 위험에 반응하는 방식을 변화시킴으로써 위험에 노출된 부정적인 결과로부터 완충 역할을 해 주는 상황이다. 결과적으로 보호요인을 향상시키는 것은 문제행동의 발생 가능성을 감소시킬 수 있다는 것이다.

3. 예방 전략

미국의 예방 노력을 조정하는 연방기구인 물질남용예방센터(Center for Substance Abuse

Prevontion: CSAP)는 여섯 가지 전략에 기초한 예방분류체계를 활용해 왔는데 구체적인 전략은 다음과 같다(Fisher & Harrison, 2010).

1) 정보전달전략

정보전달은 술, 담배, 기타 약물 사용의 위험성을 알리고, 약물사용에 대해 부정적 태도를 가지도록 유도하는 전략이다. 정보전달 교육 프로그램에는 개인, 가족, 지역사회에 미치는 물질 오남용과 중독의 본질, 효과, 예방 프로그램과 서비스에 관한 정보를 제공한다. 정보전달을 위한 강의, 시청각 자료 활용, 마약모형의 전시, 그리고 정보지 제공 등의 다양한 방식이 사용된다. 그러나 전달자와 청중 사이의 접촉이 제한되거나 거의 없는 일방적인 지식전달이 이루어지는 경우 효과는 기대하기 어렵다. 또한 이러한 물질을 사용하려는 이유가 사라지지 않는다면, 청소년이 일반적으로 담배, 술과 다른 약물 사용의 부정적인 결과에 대한 정보를 알게 된다고 해서 이러한 물질의 사용을 줄이는 행동변화를 유도하기는 쉬운 일이 아니다.

예방 프로그램의 효과를 평가했던 연구에 의하면(Tobler, 1992), 학교에서 실시되는 정보전달 방식은 담배, 알코올과 다른 약물 사용에 미치는 효과가 크지 않지만, 캠페인이나 다양한 미디어를 효과적으로 활용하고 기술교육이나 법적 제재 등의 다른 예방 전략들과 결합되었을 경우는 예방 프로그램의 효과가 높다고 한다. 발달적 관점에서 볼 때 청소년을 대상으로 하는 프로그램에서는 약물사용의 장기적 효과보다는 단기적 효과를 강조하는 것이 좋다. 특히 공포를 조장하거나 일방적인 도덕적 정보전달보다는 청소년들이 자주 접하는 다양한 미디어를 활용하는 것이 좀 더 효과적일 수 있다.

2) 교육 전략

교육 전략은 정보전달 요소가 포함되지만 상호작용을 기반으로 하여 교육이 이루어진다는 점에서 정보전달 전략과 차별화된다. 이 모델은 대부분의 학교중심 예방 프로그램에 포함되는 전략으로 토론과 감정표현, 가치관 및 자기인식을 포함하는 활동을 통하여 청소년이 자아상과 사회적 기술을 개선하고 가치관을 명료화하기 위한 기술을 학습하게 한다.

보트빈과 보트빈(Botvin & Botvin, 1992)에 의하면, 사회저항 기술훈련은 일반적으로 청소년이 겪게 되는 또래 압력을 경험하기 쉬운 상황들 인식하기, 이런 고위험 상황을 피하는 전략 구상하기, 그리고 청소년들이 사용하게 권장하려고 대중매체에서 활용하는 기술에 대한 인식 발달시키기와 같은 요소를 포함한다. 물질남용 예방에 영향을 미칠 수 있는 역량강화 개입을 위해 다음의 항목 중에 몇 개를 선택하여 개입 프로그램에 포함시킨다.

- 일반적인 문제해결과 의사결정 기술
- 대인관계나 대중매체의 영향에 대한 일반 인지기술
- 자기통제와 자긍심 향상을 위한 기술
- 인지적 대처기술이나 행동적 이완기법을 사용하여 스트레스와 불안을 해소시키는 적응적인 대처 전략들
- 일반 사회적 기술(또래들의 압력에 대한 거절 기술, 자기주장 기술, 그리고 친구 사귀기와 같은 사회적 기술)

이러한 교육 프로그램은 전통적인 교육 방식보다는 집중된 기술(즉, 문제해결, 의사소통 등)을 함양하면서 물질남용에 수반되는 유해성에 대한 정보 및 예방적인 요인들을 촉진하는 교육이 역할연습, 협동학습 등의 상호작용이 가능한 형식으로 제공될 때 효과적으로 나타났다. 사회기술훈련 프로그램은 학교 교과과정을 통해 제공되고, 무엇보다 장기간에 걸쳐 반복적으로 운영되고 효과가 지속되도록 보충 프로그램을 제공하면 장기적인 효과를 볼 수 있다.

ATOD 사용의 감소나 지연에 효과적인 교육은 무엇인가? 레빈탈(Levinthal, 2008: 440)에 의하면, 생활기술훈련, 또래거절기술훈련, 불안 감소와 스트레스 관리, 자기주장훈련, 문제해결과 목표 세우기 훈련과 같은 구체적인 사회적 기술을 학습하는 접근은 효과적이지만 공포를 조장하는 위협 전략, 가치관 확립, 일방적인 정보제공과 같은 접근법은 ATOD 사용의 감소 또는 그 시작은 지연시키는 데 비효과적인 것으로 알려져 있다. 구체적인 효과는 〈표 12-1〉에 제시되어 있다.

〈표 12-1〉 ATOD 예방과 교육에 대한 이해

개입 전략	효과적	비효과적
1. 위협 전략		○
2. 생활기술훈련	○	
3. 또래거절기술훈련	○	

4. 가치관 확립		○
5. 객관적 정보		○
6. 불안 감소와 스트레스 관리	○	
7. 자기주장훈련	○	
8. 문제해결과 목표 세우기 훈련	○	

출처: Levintal (2008), p. 440.

3) 대안탐색 전략

대안탐색 전략은 청소년이 심심하거나 다른 활동에 참여할 기회가 부족하게 되면 알코올과 다른 약물을 사용하게 된다는 사실에 기반한다. 따라서 이 모델은 건강하고 생산적이며 재미있는 활동들에 참여할 수 있는 기회가 주어진다면 청소년들은 알코올과 다른 약물 사용보다는 이러한 행위에 참여하게 된다는 전제를 가지고 있다. 알코올 사용을 억제하는 대안활동을 개발하는 것은 대인관계 기술 함양 및 멘토링과 같이 고위험 청소년에게 긍정적인 역할 모델을 접하는 기회를 제공하고 진로 탐색에 대해 확장된 관점을 제공할 수도 있다. 구체적인 예로는 청소년들이 범죄를 저지르기 쉬운 시간에 지도감독자와 함께하는 건강한 방과후 프로그램, 길거리 농구나 취미활동을 하는 것이 포함된다.

음주 대신 다른 할 일이 있다면 알코올을 사용하지 않을 거라는 생각에서 대안행동을 제안한다. 대안행동은 신체적 · 심리적 수준에서 해로운 알코올과 같은 부정적인 활동을 대체하여 자기 스스로 즐거움을 찾을 수 있게 하는 긍정적인 활동을 하는 것이다. 약물사용을 대체할 수 있는 활동으로는 신체적 만족을 주는 운동, 춤, 야외활동, 불안을 감소시키는 상담활동, 대인관계 개선을 위한 감수성 훈련, 사회적 변화를 촉진하는 사회봉사나 환경운동, 독서나 토론과 같은 지성적 활동, 음악, 공예, 요리, 원예 등의 취미활동 등이 있다(Levinthal, 2008: 442). 특히 멘토링은 인기가 있는 대안활동이다. 멘토링 활동은 물질남용을 감소시키고 학교에 대한 긍정적인 태도를 갖도록 한다는 점에서 효과적으로 평가되고 있다.

ATOD 예방에 대안활동을 통한 효과는 얼마나 될까? 다양한 유형의 예방 프로그램을 분석한 결과는 예방 프로그램 중 상위권을 차지하고 있으며, 특히 미성년 범죄자나 학교 문제아 같은 고위험 청소년들에게는 효과가 크다고 한다. 토블러(Tobler, 1986)의 메타분석 결과에 의하면, 대안 프로그램들의 효과성에 관한 연구 증거는 혼재되어 있다. 대안탐색 전략은 고위험 청소년의 학교성적, 출석, 관찰된 마약사용의 보고 등을 포함하는 행위에서 긍정적인 효과가 나타났지만 대안활동의 유형에 따라서도 효과는 다르게 나타난다. 학문·종교·스포츠 활동 등의 대안활동은 약물사용을 적게 하도록 유도하지만, 오락, 작업 등의 사회적 대안 프로그램은 오히려 알코올 사용을 유발한다고 보고되었다(Botvin & Botvin, 1992).

4) 문제 확인과 의뢰 전략

문제 확인과 의뢰 전략은 일반적으로 담배, 알코올이나 다른 마약을 사용하거나 다른 부적절한 행위자로 확인된 사람이 표적대상이 된다. 문제의 본질과 심각성에 따라 교육 프로그램, 가족치료, 또는 치료 프로그램 등의 다양한 기관으로 의뢰가 이루어질 수 있다.

문제 확인과 의뢰 체계를 발전시키는 과정에서 호기심 음주자와 문제성 음주자를 구별하는 것이 가장 중요하다. 물론 미성년자가 담배, 알코올, 또는 다른 약물을 사용하는 것은 그 자체가 문제이지만, 성장과정에서 쉽게 호기심으로 이러한 일탈을 시도할 수 있는 일이다. 호기심으로 음주한 청소년들이 더 심각한 문제성 음주자와 함께 강한 처벌 프로그램에 참가하게 된다면 금주보다는 더 심각한 수준의 과도한 음주나 다른 약물을 배우는 의도하지 않은 결과를 가져올 수도 있다. 따라서 이들에게는 음주예방교육을 받도록 하는 징계가 적절한 개입 수준일 수 있다. 이처럼 청소년의 문제성 음주는 역기능적 가족관계, 학교 부적응, 성적 행동 및 폭력과 같은 다양한 청소년 비행과 밀접하게 연결되어 있으므로, 문제를 확인하고 적절한 프로그램을 의뢰하는 것이 필요하다.

가족적 요인은 청소년들이 알코올 사용 여부에 밀접한 영향을 준다. 부모의 양육기술 부족, 부모와 자녀 사이의 소원한 관계, 그리고 부모가 알코올로 인한 문제 경험이 있는 경우는 고위험 가족들에 초점을 맞추는 가족중심 프로그램에 의뢰할 수 있다. 예를 들어, 가족강화 프로그램(Strengthening Family Programs)은 부모와 자녀의 가족기술훈련으로 6~10세 자녀가 있는 물질남용 가족을 대상으로 자녀의 문제행동, 알코올과 다른 약물 사용 의도, 양육기술, 가족 의사소통과 가족 갈등 개선에 초점을 맞추는 예방 프로그램이다. 가족기반 개입은 일반 청소년 가족이나 좀 심각한 비행행동을 보이는 청소년 가족 모두에게 효과적인 결과를 보여 준다(Spoth, Schainker, & Hiller-Sturmhoefel, 2011).

5) 지역사회 기반조성 전략

지역사회 기반조성은 지역사회의 기관 간의 연합 형성 및 네트워킹을 활용하여, 예방서비스를 좀 더 일관성 있게 제공하는 전략이다. 시·군·구 행정당국, 사회서비스 제공기관, 법원, 교육기관, 종교집단 및 경제활동단체의 대표자들은 중독예방을 위한 경계 없는 서비스를 개발하여 다른 기관으로부터 서비스를 받는 데 장벽이 없도록 협력한다.

지역사회에 대한 서비스 본질과 전달 방식을 개선하고 문제성 음주관련 이슈를 제기하기 위해 지역사회 기관들과의 연계를 형성하게 된다. 성공적인 파트너십의 특징은 명백한 목적 공유된 비전, 헌신적 참여, 다양한 지역사회 집단의 참여, 그리고 지역사회의 통합성 예방행위를 수행하게 된다. 적절한 조직과 지도력, 그리고 협력관계에 대한 평가는 성공적인 기반 조성에 필수적이다.

대규모 지역사회 협력을 구축하는 것은 매우 도전적인 일이다. 성공적인 지역사회 기반 조성을 위해서는 다음과 같이 구체적이고 조직화된 계획이 필수적이다(Fagan, Hawkins, & Catalano, 2011).

- 명확하게 정의하고 관리 가능한 목표 설정
- 계획에 필요한 적절한 시간 할당
- 지역사회에 특성화된 문제에 기반하여 예방 메시지를 결정
- 증가기반 정책과 실천
- 목적달성을 입증할 수 있도록 프로그램 점검 절차 마련

6) 환경적 접근 전략

트레노와 리(Treno & Lee, 2002)는 환경적 예방 프로그램은 음주자 개인의 행동변화가 아니라 알코올을 소비하는 환경을 변화시키는 것에 초점을 둔다고 하였다. 음주문제 (drinking problems)와 음주관련 문제(drinking-related problems)의 차이를 인식한다면, 환경적 개입을 잘 이해할 수 있다. 음주문제의 경우 개인의 행동과 치료, 예방을 볼 때, 건강, 일, 가족과의 삶을 위협하는 개별 음주자가 치르게 되는 대가에 주목하여 음주문제를 다룬다. 반면에 음주 관련 문제의 경우 알코올 소비의 결과로 개인 음주자뿐만 아니라 가족, 동료, 이웃과 지역사회 주민에게 영향을 주는 결과들, 즉 음주운전사고, 음주관련 폭

력과 학교중퇴 등을 포함하는 의료 비용, 사회적·경제적 비용을 다루게 된다. 따라서 환경적 접근은 음주자, 알코올 유통 관련자, 알코올이 소비되는 행사들, 법과 시행령의 규제 및 집행기관, 지역사회 의료기관, 사회단체 등 다양한 구성요소가 포함된 하나의 체계, 환경에 초점을 두는 알코올 문제를 감소시키는 데 효과적인 개입이다.

환경적 접근 전략에는 지역사회 내의 알코올 사용과 남용에 영향을 주는 기준, 규율, 법적 제도의 마련과 집행, 알코올 문제에 대한 태도 등이 포함된다. 최소구매 연령의 제한, 음주운전 삼진아웃제도, 음주폐해를 알리는 캠페인이나 공익광고, 공익단체에서의 알코올 시음행사의 제한, 교내행사에 주류회사의 광고를 받지 못하게 하는 학칙 규정 등은 환경적 접근의 실질적인 사례가 될 수 있다.

주류세의 인상도 환경적 접근 전략 중의 하나이다. 세금 증가는 담배와 술의 사용을 감소시킬 뿐 아니라 알코올로 인한 교통사고와 같은 관련 문제도 감소시키고, 미성년자의 구매를 예방하는 데 효과적이다. 물론 알코올 사용을 감소시키는 환경적 접근은 지역사회 기반 조성이 이루어져야만 실효성이 있다. 이 전략은 알코올의 접근성을 낮추어 알코올의 남용과 관련 문제를 감소시키려는 전략이다(Fisher & Harrison, 2010).

4. 알코올 문제 예방을 위한 모델 프로그램

알코올 폐해를 예방하기 위한 핵심은 증거기반 개입이다(Department of Health and Human Services: DHHS, 2002). 증거기반 프로그램은 이론에 기반하고 이론과 연관된 프로그램 활동이 있어야 하고, 합리적으로 진행된 평가가 이루어져야 한다. 이러한 과학적인 방법을 활용하게 되면 다양한 예방 프로그램을 진행하고 좀 더 체계적으로 프로그램을 평가하게 된다. 증거기반 프로그램은 이론에 기반하고 개념적으로 일관성이 있고 과학적 연구방법론(실험설계와 사전·사후평가 포함)을 가지고 평가되었으며, 그 효과가 프로그램 자체와 분명하게 연결되어 있음으로써 반복적으로 긍정적인 결과를 입증할 수 있는 것이다. 이를 도식화하면([그림 12-2])와 같다.

미국 물질남용 및 정신건강 서비스국(Substance Abuse and Mental Health Services Administration: SAMHSA)에서 엄격한 연구 기준에 따라 평가하여 효과성이 검증된 증거기반 모델 예방 프로그램의 사례를 제시하면 다음과 같다.

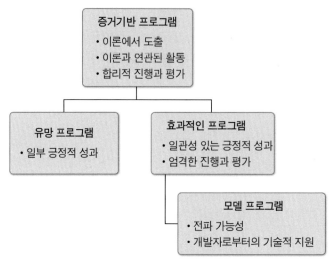

[그림 12-2] 증거기반 프로그램

1) 학교기반 예방 프로그램: 생활기술훈련

보트빈과 보트빈(1992)이 개발한 생활기술훈련(Life Skills Training: LST)은 학교중심 ATOD 예방 프로그램 중 가장 많이 알려져 있다. 이 프로그램은 초등학교, 중학교, 고등학교에 다니는 학생들에게 적합한 내용으로 이루어져 있다. 주요한 내용은 다음과 같다.

- 인지적 요소: 알코올, 담배와 다른 약물의 단기적인 결과에 대한 정보를 주도록 설계되었다. 생활기술훈련은 ATOD 사용이 건강에 미치는 장기적 효과에 대한 내용은 최소한으로 제공하고 대신에 즉각적인 부정적 효과와, ATOD에 대한 사회적 허용도가 줄어든다는 사실, 그리고 성인과 청소년의 음주율에 대한 사실에 대한 정보를 제공한다. 이는 청소년 집단의 ATOD 사용이 정상적이라는 생각이 잘못되었다는 것을 알려준다.
- 의사결정 요소: 비판적 사고와 독자적인 의사결정을 촉진시킨다. 학생들은 광고의 압력에 저항하는 인지적 전략과 대항적인 주장뿐 아니라 행동 평가에 미치는 대중매체의 영향을 평가하게 된다.
- 스트레스 감소 요소: 학생들이 불안을 감소시키는 방식을 개발하게 한다. 학생들은 스트레스 관리를 위한 이완기법과 인지적 기법을 배운다.

- 사회적 기술 요소: ATOD를 사용하는 것에 대한 또래 압력에 저항하는 구체적인 기법과 사회적 주장을 가르치는 것이다.
- 자기주도적(self-directed) 행동변화: 자기향상을 촉진하고 개인적 통제감과 자긍심을 높여 준다. 학생들에게 자신이 향상시키고 싶은 기술이나 행동을 찾아내고 8주에 걸친 장기 목표와 매주 달성할 수 있는 단기 목표를 정하게 한다.

2) 지역사회 중심 예방 프로그램

미성년 음주를 예방하는 데 주요 장애는 청소년들이 음주가 허용되면서 때로는 강요되는 상황에 놓일 수 있다는 사실이다. 그러나 지역사회 중심 예방 노력은 음주문제를 줄이는 데 도움이 된다(Fagan et al., 2011). 이러한 노력에는 미성년자에 대한 알코올 판매 금지, 미성년 음주 보호 강화, 지역사회의 행사에서의 정책변화와 대중의 인식 제고 등이 포함될 수 있다. GAPS(The Greater Alliance of Prevention Systems)는 6~18세의 흑인, 라틴계, 백인 등 다양한 인종의 청소년을 대상으로 시카고 지역에서 개발되어 3년간 운영되는 지역사회 예방 프로그램(United States General Accounting Office, 1992)으로 지역사회 중심의 모델 프로그램이다. GAPS의 목적은 알코올과 약물 사용을 감소시키기 위해 위험 수준에 긍정적으로 영향을 주고 지역사회의 자원을 동원하는 것으로 다음의 다섯 가지 개입요소로 구성되어 있다.

- 사회정책: 약물남용 문제에 대한 인식을 제고하기 위해 충원, 교육, 자원동원을 포함하며 저항농성, 행진, 지역사회 포럼을 조직한다.
- 훈련장치: 예방 동맹은 다양한 부모와 지역사회 집단을 매달 만나고 지역사회 행동계획을 위한 시간대를 설정하도록 도움을 준다.
- 대안활동: 아프리카의 유산 프로젝트는 청소년이 미술, 음악, 드라마에 참여하고 이러한 행동들을 좀 더 문화적으로 자각하도록 설계된다.
- 정보제공과 교육: 워크숍, 브로슈어, 포스터 등을 통해 알코올의 위험과 예방수단을 알 수 있도록 정보를 제공한다.
- 사회적 역량과 기술 형성: 참가자는 역할연기, 인지행동적 전략이 결합된 또래지도자 훈련을 받는다. 또래지도자의 활동은 의사결정과 문제해결, 갈등해소, 가치관 명료화, 거절기술에 초점을 두고 역할연기, 토론이 포함된다.

토론문제

1. 청소년에게 폐해감소모델을 적용하는 것은 효과적인가? 찬성과 반대 입장을 밝히고 그 이유를 제시하시오.

2. 알코올 문제의 1차 예방, 2차 예방, 3차 예방의 대상은 어떤 사람들인지 구체적인 표적집단을 제시하시오.

3. 개인, 가족, 학교, 지역사회의 영역으로 나누어서 알코올 문제의 위험요인과 보호요인을 각 영역별로 탐색하시오.

4. 대안활동 탐색은 음주 대신에 다른 건강하고 생산적인 활동에 참여할 기회를 제시하는 예방 전략이다. 청소년을 대상으로 학교에서 할 수 있는 효과적인 대안활동은 무엇이 있는지 탐색하시오.

5. 환경적 접근에는 알코올 사용과 남용에 관한 법과 제도를 마련하는 것이 포함된다. 음주운전에 대한 강력한 처벌을 촉구하는 사회운동을 통해 마련된 '윤창호법'처럼 알코올로 인한 문제를 해결하기 위해 당신은 어떤 제도를 마련하고 싶은지 제안하시오.

참고문헌

질병관리본부(2021). 2017년 국민건강영양조사 및 청소년건강행태온라인조사 결과 보고서.

Botvin, G. J., & Botvin, E. M. (1992). School-based and community-based prevention approaches. In J. H. Lowinson, P. Ruiz, R. B. Millman, & J. G. Langron (Eds.), *Substance Abuse: A Comprehensive Textbook* (2nd ed., pp. 910-927). Baltimore: Williams & Wilkins.

Department of Health and Human Services (DHHS). (2002). *Science-based Prevention Programs and Principles.*

Fagan, A. A., Hawkins J. D., & Catalano, R. F. (2011). Engaging Communities to Prevent Underage Drinking. *Alcohol Reseach and Health, 34*(2), 167-174.

Fisher, G., & Harrison, T. (2010). 물질 남용의 예방과 치료(*Substance Abuse: Information for School Counselors, Social Workers, Therapists, and Counselors*). 장승옥 외 공역. 경기: (재)한국음주문화연구센터. (원저는 2009년에 출판).

Grant, B. F., & Dawson, D. A. (1997). Age at onset of alcohol use and association with DSM-IV alcohol abuse and dependence: Results from the National Longitudinal. Alcohol

Epidemiologic Survey. *Journal of Substance Abuse, 9,* 103-110.

Gordon, R. (1983) An operational classification of disease prevention. *Public Health Reports, 98,* 107-109.

Hogan, J., Gabrielsen, K., Luna, N., & Grothaus, D. (2003). *Substance Abuse Prevention: The Intersection of Science and Practice.* Allyn & Bacon.

Levinthal, C. F. (2008). 약물, 행동, 그리고 현대사회: 정신약물학 입문(제4판), (*Drugs, Behavior and Moderor Soliety*). 박소현, 김문수 공역. 서울: 시그마프레스. (원저는 2007년에 출판).

Mrazek, P. J., & Haggerty, R. J. (Eds.). (1994). *Reducing risks for mental disorders: Frontiers for preventive intervention research.* Washington, DC: National Academy Press.

Spoth, T. L., Schainker L. M., & Hiller-Sturmhoefel, S. (2011). Translating family focused prevention science into public heath impact: Illustrations from partnership-based research. *Alcohol Researcg And Heaktg, 34*(2), 188-203.

Tobler, N. S. (1986). Meta-analysis of 143 adolescent drug prevention Programs: Quantitative outcome results of program participant compared to a control group. *Journal of Drug Issues, 16,* 537-567.

Tobler, N. S. (1992). Drug prevention programs can work: Reaearch finding. *Journal of Primary Prevention, 18,* 71-128.

Treno, A. J., & Lee, J. P. (2002). Approaching alcohol problems through local environmental interventions. *Alcohol Research & Health, 26*(1), 35-40.

United States General Accounting Office (1992). Adolescent drug use prevention common features of promising community programs.

Wong, S. C., Catalano, R. F., Hawkins, J. D., & Chappell, P. J. (1996). *Communities that care prevention strategies: A Research Guide to what work.* Seattles, WA: Development Research and programs.

알코올 정책

전종설(이화여자대학교)

세계보건기구(World Health Organization: WHO)에서는 음주를 전 세계가 직면한 가장 중요한 보건문제 중 하나로 지적하고 있다(WHO, 2020). 음주로 인한 질환 발생에 따른 의료비 증가와 음주운전 등의 사회질서 붕괴를 야기할 수 있는 범죄와 같은 음주문제는 개인적 문제를 넘어 사회경제적 문제로 대두되고 있다(이현경, 2009). 이와 같이 음주로 인한 질병 및 사고로 인해 발생하는 우리나라 사회경제적 비용은 7조 3,698억 원으로 나타났다(한국보건사회연구원, 한국건강증진재단, 2012). 더욱이 코로나19 팬데믹 이후 음주량과 음주 빈도가 이전보다 약 2배 가까이 증가된 것으로 보고된(보건복지부, 한국스트레스트라우마학회, 2021) 상황에서 음주문제의 폐해는 더욱 심각해질 것으로 예측되므로 국가 차원의 정책적 접근이 더욱 강조되어야 할 것이다.

WHO는 2010년 총회에서 '음주폐해 감소를 위한 국제적 전략(Global Strategy to Reduce Harmful Use of Alcohol)'을 채택하고 회원국들에게 적극적이고 종합적인 전략을 마련해 시행할 것을 권고하고 있다(WHO, 2011). 이에 미국, 영국, 호주와 같은 일부 국가에서는 음주문제를 포괄적으로 다루기 위한 법령을 마련하고 있는데, 우리나라는 연간 고위험 음주율이 지속해서 증가하고 있음에도 불구하고, 포괄적인 알코올 관련 정책 및 음주관련 특정 법 규정이 미비한 실정이다(정애숙, 2015). 이에 이 장에서는 알코올 정책이 어떠한 관점에서 논의되는지 살펴보고, 우리나라의 알코올 정책의 발달과정과 관련된 정책 및 해외의 정책들에 대해 알아보는 것을 통해 향후 우리나라 실정에 적합한 알코올 정책의 방향을 제시하고자 한다.

1. 알코올 정책의 관점

1) UN과 WHO의 관점

국제연합(United Nations: UN)과 WHO에서 논의된 결과들은 한국의 보건정책 방향을 설정하는 데 중요한 근거로 활용되고 있다(보건복지부, 한국건강증진개발원, 2021a; 한국건강증진개발원, 2018). 따라서 UN과 WHO의 음주관련 보건 및 정책 제안 내용을 살펴보고, 이와 더불어 알코올 정책 수립에 영향을 미치는 주요한 모델과 이론에 대하여 설명하고자 한다.

(1) UN의 '지속 가능한 발전목표'

UN은 2015년 9월에 '지속 가능한 발전목표(Sustainable Development Goals: SDGs)'를 발표하였다(UN, 2015). 이는 전 세계의 지속 가능한 발전을 위해 사회, 경제, 환경이라는 세 가지 범위를 중심으로 개발도상국과 선진국의 공통문제를 17개의 포괄적 목표(하위 169개의 세부목표, 230개의 지표 포함)로 제시하고, 2030년까지 관련 목표 달성을 위해 각 나라별로 모니터링하여 보고할 것을 권고하고 있다(UN, 2018). 이에 우리나라 또한 회원국으로서 관련 목표 달성을 위해 국가 차원의 거버넌스를 구축해야 하는 과제를 안게 되었다(한국건강증진개발원, 2018).

SDGs의 광범위한 17개의 목표 구성 내용 중 세 번째 목표인 '건강과 웰빙' 항목의 세부 하위목표 중 하나인 '약물 오남용'에 대한 대처로 '약물 오남용의 치료 범위'와 '알코올 폐해 감소' 지표를 모니터링하도록 하고 있으며, 우리나라에서는 '건강과 웰빙' 항목 목표에 대한 대부분의 정책을 보건복지부의 '국민건강증진종합계획'에서 반영하고 있다(한국건강증진개발원, 2018).

(2) WHO의 SAFER

WHO는 2016년에 SDGs의 목표 수행을 위해 2030년까지 '비감염성 질환으로 인한 조기 사망률 1/3 감소'를 세부목표 중 하나로 수립하면서 심혈관, 당뇨, 암과 같은 만성질환뿐만 아니라 건강 위험요인인 담배와 술의 폐해 감소를 함께 제시하였다(WHO, 2016).

2018년 WHO에서는 보다 구체적인 음주폐해 예방 실행전략으로 SAFER를 제시하였다(보건복지부, 2018a; 이상규, 2021). SAFER란 음주폐해 예방을 위한 구성요소로서 "주류의 이용 가능성 제한 강화, 음주운전 방지를 위한 대책 강화와 단속, 음주문제 선별, 단기개입 및 치료에 대한 접근성 촉진, 주류광고, 후원, 판촉 금지 혹은 종합적 규제 시행, 세금 및 가격 정책을 통한 주류가격 인상"을 말한다(한국건강증진개발원, 2021a; WHO, 2018). 이러한 구성 요소들을 세계의 여러 국가가 다양한 수준에서 음주문제 해결을 위한 전략으로 활용할 수 있도록 하였다(보건복지부, 2018a; 한국건강증진개발원, 2021a).

또한 WHO는 SAFER 시행의 주요 원칙으로 강력한 의지와 자원 및 대응능력 확보를 통한 시행, 확실한 모니터링을 기반으로 한 책무와 시행과정에 대한 감시, 공중보건 이익을 우선으로 한 주류규제와 상업적 이해관계로부터의 보호를 제시하고 있다(보건복지부, 2018a; 한국건강증진개발원, 2021a; WHO, 2018). 따라서 이후부터 우리나라에서도 음주폐해 관련 정책에 구체적인 관련 목표들이 등장하기 시작하였다.

〈표 13-1〉 WHO의 SAFER 구성요소

S	주류의 이용 가능성 제한 강화(Strengthen Restriction on Alcohol Availability)	주류의 상업적 또는 공공장소에서의 사용 제한을 위한 법 및 제도 정비
A	음주운전 방지를 위한 대책 강화와 단속 (Advance and Enforce Drink Driving Counter Measures)	강력한 음주운전 예방법 제정 및 시행, 혈중알코올농도 기준 강화 및 음주운전 단속 불시 시행
F	음주문제 선별, 단기개입 및 치료에 대한 접근성 촉진(Facilitate Access to Screening, Brief Interventions and Treatment)	도움이 필요한 사람과 그 가족에 효과적 보건의료서비스 제공
E	주류광고, 후원, 판촉 금지 혹은 종합적 규제 시행(Enforce Bans or Comprehensive Restrictions on Alcohol Advertising, Sponsorship and Promotion)	디지털 매체를 포함한 주류광고, 판촉, 후원 금지 및 종합적 규제
R	세금 및 가격 정책을 통한 주류가격 인상 (Raise Prices on Alcohol through Excise Taxes and Pricing Policies)	주류소비세 인상 및 음주로 인한 경제 비용을 상쇄하기 위한 재원 확보

출처: WHO (2018), 한국건강증진개발원(2021a)을 바탕으로 재구성.

2) 알코올 통제와 알코올 위해감축 접근법

알코올 정책의 대표적 성격을 살펴보자면, 전통적인 성격의 알코올 통제 접근법과 알코올 위해감축 접근법이 있다(김정현, 손애리, 2020). 알코올 통제 접근법은 알코올의 수요와 공급의 통제를 통해 전체 알코올 소비량을 감소시키는 정책이나 프로그램으로 음주행동 자체를 통제하는 것을 의미하며, 알코올에 대한 독점 제한, 판매점 및 광고, 협찬에 대한 제한정책 및 주세, 음주가능 연령 제한과 청소년 금주(음주의 폐해 부각)에 대한 정책들이 있다(김정현, 손애리, 2020). 반면, 알코올 위해감축 접근법은 음주의 부정적 결과를 감소시키고 금주를 목표로 두기보다 고위험 음주를 예방하여 이로 인한 여러 문제를 감소시키는 것에 초점을 둔다(김정현, 손애리, 2020). 따라서 이 접근법은 고위험 음주자에 대한 개입 외에 좀 더 넓고 포괄적인 개입정책의 배경이며, 취객대상 주류판매 금지, 주류 판매자 및 유흥업소 직원에 대한 교육 및 주취자 대응법 교육, 음주 후 귀가를 도와주는 심야보호 귀가제도, 안전한 음주를 안내하고 지원하는 절주지원 제도 등을 들 수 있다(노성원, 이해국, 기선완, 2009; 박영범, 최재욱, 2019).

2. 우리나라 알코올 정책의 방향 및 전략

1) 우리나라 알코올 정책의 역사적 배경과 발달과정

우리나라의 경우 일제강점기부터 1960년대까지 민간에서 일부 종교적 절주 운동이 있었던 것을 제외하고는 정부 차원의 알코올 정책은 부재하였다. 이후 1970년대의 경제성장과 함께 소주, 1980년대 후반 맥주의 대중화로 주류산업은 급속히 발전하면서 알코올은 세금과 산업정책의 대상이 되었다. 하지만 관련 건강정책은 부재한 가운데, 1995년에서야 비로소 「국민건강증진법」이 제정되면서 국민건강과 알코올 폐해관련 정책이 시작되었다(고광욱, 김혜숙, 이효영, 2021).

1990년 이후부터 2000년대까지 다양한 국내외 근거와 경험을 바탕으로 국민건강증진계획을 비롯한 정책이 시작되었고, 2000년대에 이르러 중독관련 학회와 민간단체, 직접적인 이해당사자인 한국주류산업협회가 설립되면서 민간 주도의 논의가 활발히 이루어지고 정책적 필요성이 제기되었으나 정부 정책과 입법으로 반영되는 것에는 한계가 있었다(고광욱 외, 2021). 또한 1995년 「정신보건법」(국가법령정보센터, 2021a)이 제정되어 실행되면서 알코올중독관련 문제를 이 법에 근거하여 다루기 시작하였으나, 대부분 정신장애인 중심의 서비스로 중독관련 서비스는 제한적이었다(윤명숙, 2004).

2000년에 들어 보건복지부는 현재 중독관리통합지원센터의 전신인 '알코올 상담센터'를 시범사업으로 시작하였고, 2002년 '1차 국민건강증진종합계획'에 처음으로 알코올 소비량 감소와 절주 운동 등의 인식개선을 위한 홍보사업들을 정책에 반영하기 시작하였다. 2006년에는 '2차 국민건강증진종합계획' 내에 알코올 관련 종합계획인 '파랑새플랜 2010'을 별도 발표하면서, 처음으로 포괄적이고 종합적인 알코올 정책계획이 정부 차원에서 제시되었다(고광욱 외, 2021). 그러나 주무부처인 보건복지부의 예산 확보와 행정적인 후속지원 부족으로 이렇다 할 성과를 내지 못하였고(고광욱 외, 2021; 김광기, 2015; 이상규, 2021), 보건복지부는 2011년에 '파랑새플랜 2020'을 추가로 발표하였으나 앞선 문제가 반복되면서 이후에는 '파랑새플랜'이 발표되지 않았다.

이후에는 국민건강증진종합계획 내 절주 목표가 수정 및 보완되었으며, '정신건강종합대책' 차원의 한 부문으로 포함되기 시작하였다. 2016년 기존 「정신보건법」이 「정신건강증진 및 정신질환자 복지서비스 지원에 관한 법률」(이하 「정신건강복지법」)로 개정되면서 보건복지부는 2016년 관계부처합동으로 1차 정신건강복지기본계획 성격의 '정신건강종합대책'을 발표하였다(관계부처합동, 2016). 이 종합대책에서는 정신건강의 일부로 중독문제를 다루고 있으며 '중독예방을 위한 사회적 환경 조성'과 '중독문제 조기선별 및 개입체계 구축' '고위험군 대상 중재서비스 제공' '중독자 치료 및 회복지원 강화' '중독자 회복지원을 위한 지지체계 마련'을 목표로 한 정책을 제시하기 시작하였고, 2021년 1월에는 2차 정신건강복지기본계획이 발표되었다. 이에 이러한 개괄적인 알코올 정책의 발달과정을 바탕으로 각각의 주요 정책들에 대해 보다 자세히 살펴보고자 한다.

(1) 국민건강증진종합계획 내 음주관련 목표 및 내용

국민건강증진종합계획은 국민의 포괄적 건강증진을 위한 목표 수립과 이에 따른 세부사업 추진을 위해 2000년대 초반부터 지속적으로 수정·보완되며 발표되고 있는 대표적인 국가정책으로(김혜숙, 이효영, 고광욱, 2021), 「국민건강증진법」 제4조의 '국민건강증진종합계획의 수립'을 근거로 5년마다 수립하도록 명시하고 있다(국가법령정보센터, 2021b). UN과 WHO가 각 국가들에게 알코올 폐해 감소를 위한 전략과 현황을 지속적으로 요구하고 있는 상황에서 국민건강증진종합계획에 국제적 관점을 반영하는 것의 필요성이 제시되고 있다(김혜숙 외, 2021; 보건복지부, 2018a; 한국건강증진개발원, 2018). 현재 5차까지 발표된 본 정책의 내용 중에서 알코올 관련 정책의 변화를 중점적으로 살펴보면 다음과 같다.

- 2002년 1차 종합계획(보건복지부, 2002)에서는 '1인당 알코올 소비량 감소'와 '청소년 음주 비율 감소'라는 두 개의 목표 달성을 위해 '범국민 절주 캠페인'과 '청소년 음주 예방 교육' 및 '건전음주문화 정착을 위한 교육홍보' 정책을 추진하였다. 그러나 2010년 까지의 목표량이 지나치게 높고 건강증진 목표를 포괄적으로 제시하지 못하여 측정 및 달성 가능성이 낮다는 문제점(김혜숙 외, 2021; 보건복지부, 한국보건사회연구원, 2006)과 주류소비 감소를 위한 규제정책 부족(김혜숙 외, 2021)이 한계점으로 지적되었다.

- 2006년 2차 종합계획은 1차 종합계획에 대한 중간평가와 함께 건강증진기금의 확충 및 제반 여건과 환경의 변화에 따른 계획 수정의 필요성(보건복지부, 한국보건사회연구원, 2006)이 대두됨에 따라 주무부처만의 계획이 아닌 학계 및 전문가가 참여한 수정계획이 마련되기 시작하였다(한국건강증진재단, 2012). 그 결과, 절주 분야 목표가 7개로 확대되고 세부사업도 4개로 증가하였으며, 본격적으로 근거기반 계획 수립과 더불어 구체적인 사업 주체 및 민간단체의 역할과 사업이 명시되었다(김혜숙 외, 2021). 특히 이 시기에 알코올 문제 종합개선 대책인 '파랑새플랜'이 하위 건강증진의 세부정책 차원으로 별도 발표되기도 하였다(김혜련, 2006). 이 밖에도 알코올중독문제에 대한 부분은 '정신건강' 항목에 추가하여 다루기 시작하였다.

- 2011년 3차 종합계획(보건복지부, 2011)에서는 절주에 대한 실천 지식과 정보, 기술을 제공함과 동시에 건전한 음주문화를 형성할 수 있는 다양한 전략 수립과 전 주종에 대한 건강증진 부담금 및 주류가격 인상을 위한 「주세법」 개정 등 법과 제도적 장치의 마련을 포함하여 5개 목표와 6개의 단위사업으로 구성된 절주계획을 발표하였다. 주목할 만한 것은 주류판매 관리를 위한 주류면허제도와 건전한 음주문화 형성을 위한 음주조장 환경에 대한 적극적인 규제와 음주문제 예방사업, 관련 지표 및 평가 시스템 구축 등 관련 세부사업의 내용을 보다 구체화하였다는 점이다(김혜숙 외, 2021). 또한 '정신보건' 사업 중 알코올중독과 관련한 세부 달성 목표들이 나타나기 시작하였으며, 정신건강서비스 인프라 구축과 관련하여 '알코올 관리사업 강화' 내용이 제시되기 시작하였다.

- 2015년 4차 종합계획(보건복지부, 한국건강증진개발원, 2015)은 3차 종합계획의 평가 및 보완을 위한 계획으로 절주 방향을 유지하되 그동안 성과가 미진한 부분을 보완 및 강화한 것이 특징이다(김혜숙 외, 2021). 4차 종합계획안(보건복지부, 한국건강증진개발원, 2015)에 따르면, 음주조장 환경 개선 미흡과 국가 알코올 정책 취약 등의 문제점이 수정 배경으로 제시되었으며, 절주 목표 중 하위목표의 내용은 〈표 13-2〉와 같이 좀 더 세분화되었다. 이와 더불어, 정신보건 중점사업에서는 3차 종합계획에서 하위목표로 제시되었던 알코올중독 사례관리율 향상 지표가 삭제되었고, '치료율 증가' 대신 '정신의료 이용률 증가'로 명칭을 바꾸고 신규지표를 생성하기로 한 부분 또한 주목할 만한 점이라고 할 수 있겠다.

- 2021년 1월 발표된 5차 종합계획(보건복지부, 한국건강증진개발원, 2021c)에서는 기존 보건복지부만의 계획에서 관계부처합동 자료로 발표되었고, 각 중점 과제별 타 소관 부처를 함께 명기하여 그 책임성을 강조하였다. 또한 4차 종합계획(보건복지부, 한국건강증진개발원, 2015)의 성과 분석 결과에서 성인의 고위험 음주율 증가와 금연 및 절주 관련 규제정책이 국제기구 권고 수준에 미치지 못하고 있다는 인식 아래 알코올을 포함한 중독이 정신건강에 미치는 악영향에 대하여 명확하게 명시하였다. 이러한 평가를 반영하여 5차 종합계획(보건복지부, 한국건강증진개발원, 2021c)에는 건강행태 분과의 중점 과제인 절주사업에 대해 〈표 13-2〉와 같이 구체적인 목표를 제시하였으며, 미성년자 대상 주류접근에 대한 감시 강화, 공공장소 내 음주 금지, 지자체별 금주 구역 운영 가이드라인 마련 등 주류 접근성 제한 강화 및 주류광고 기준 강화, 주류에 대한 건강증진부담금 부과 등 가격정책 관련 사업 내용이 제안되었다. 또한 '정신보건' 사업 내의 세부사업으로 '알코올중독 관리 사업'이 포함되었던 것에 반해, '중독'이 중점 과제로 제시되어(보건복지부, 한국건강증진개발원, 2021c) 강조된 것은 또 하나의 큰 특징이라고 할 수 있다.

〈표 13-2〉 국민건강증진종합계획 내 음주 분야 목표 및 내용 변화

구분	중점 과제	목표	관련 세부사업(과제)
1차 2002~ 2005년	절주	• 2010년까지 1인당 알코올 소비량 감소 • 2010년까지 청소년 음주비율 감소	• 대국민 절주캠페인 • 청소년 음주예방교육 강화(또래음주예방 지도자 양성) • 건전음주문화 정착(공익광고, 홍보, 고위험자 절주교육, 주류광고 모니터링, 주류판매규제 및 광고 제한 등)
2차 2006~ 2010년	절주	• 고위험 음주율 감소	• 음주예방 홍보 교육 • 주류소비 억제를 위한 음주통제정책 강화 • 주류광고 모니터링 강화 • 음주폐해 평가지표 개발
	정신보건	중독관련 목표 제시 없음	• 하위 6개 사업 중 '알코올중독 관리사업' 포함
3차* 2011~ 2020년	절주	• 국가 알코올 소비량 감소: 15세 이상 1인당 알코올 소비량 • 위험음주 행동 감소: 성인 고위험음주율 • 음주관련 문제 감소: 인구 10만 명당 음주관련 사망률 • 고위험 계층의 위험음주 행동 감소: 소득 1/4분위층 고위험음주율 다문화 가족 고위험 음주 감소 • 음주조장 환경 개선하여 음주관련 문제 감소: 청소년 주류구매 시도자 비율	• 주류판매면허제도 실시 • 주류가격 조정 사업(전 주종에 건강부담금 부과 또는 「주세법」 개정을 통한 주세율 인상) • 음주조장 환경 개선을 통한 규제 강화(음주운전 및 공공장소 음주 제한, 주류광고 및 판촉 제한, 청소년 주점 출입 단속, 교육 및 정보제공과 지침서 제작 및 상담보호 교육 등) • 음주문제 예방 사업(고위험 음주자 조기선별 및 상담, 음주운전 및 주취폭력사업 치료명령제 실시) • 절주사업 및 평가시스템 구축 및 지원
	정신보건	• 알코올중독문제의 적극 관리; 고위험음주율 감소; 알코올중독 평생유병률 감소; 알코올 관련 치료율 증가(지표 생성); 알코올중독 사례관리율 향상: (지표 생성)	• 지역사회 정신보건 인프라 구축: 알코올중독 관리사업 강화

4차 2016~ 2020년	절주	• 국가 알코올 소비량 감소: 19세 이상 1인당 연간 순수 알코올 소비량 • 위험음주 행동 감소: 성인 고위험음주율; 중·고등학생 고위험음주율 • 고위험계층의 위험음주 행위 감소: 소득 1/4분위 고위험 음주율; 노인 고위험음주율; 임산부의 태아알코올증후군 인지도(지표 생성) • 음주관련 폐해 감소: 음주운전 경험률 음주운전 사고 발생률; 15세 이상 인구 음주관련 사망; 음주관련 폭력 비율 • 음주조장 환경 개선: 중·고등학생 음주자의 주류구매 용이성 감소; 주류광고 기준 위반율 감소	• 주류판매제도 개선 사업 • 주류가격 조정 사업 • 음주조장 환경 개선 사업 • 교육 및 정보제공 사업 • 음주문제 예방 사업 • 모니터링 시스템 구축 및 지원 사업
	정신보건	• 알코올중독문제의 적극적 관리; 고위험 음주행동 비율 감소; 알코올중독 평생유병률 감소; 알코올사용장애자 정신의료 이용률 증가(지표 생성)	• 지역사회정신보건 인프라 구축: 알코올중독 관리사업 강화(3차 계획과 동일)
5차* 2021~ 2030년	절주	〈대표 지표〉 성인 남성 고위험음주율 감소; 성인여성 고위험음주율 감소 〈형평성 지표〉 소득 1~5분위 성인 남성 고위험음주율 격차 감소; 소득 1~5분위 성인여성 고위험음주율 격차 감소	• 음주조장 환경 개선(공공장소 음주규제, 청소년 주류접근 감시강화, 주류광고금지 및 기준 강화, 주류에 대한 가격정책 검토) • 고위험음주 예방교육 및 미디어 홍보 강화(인구 집단별 예방교육 및 상담, 미디어 모니터링 및 홍보) • 음주폐해 예방을 위한 대책 강화(조기선별, 상담 및 연계지원, 음주운전 규제 및 단속강화, 음주 범법자의 재발 최소화)
	중독	알코올사용장애 정신건강 서비스 이용률 증가	• 알코올사용장애 고위험군 조기개입 및 취약집단 중증 치료강화 • 마약류 포함 약물중독 예방교육 활성화 및 위험성 제고

출처: 보건복지부(2002, 2011), 보건복지부, 한국보건사회연구원(2006), 보건복지부, 한국건강증진개발원(2015, 2021c), 보건복지부, 한국건강증진개발원(2021c) 자료의 1~5차 국민건강증진종합계획 중 알코올 관련 부분(절주, 정신건강, 중독)의 목표와 세부사업 과제 내용을 중심으로 재구성.

*3, 5차는 10년 계획을 수립함.

(2) 국가알코올종합계획 파랑새플랜(2010, 2020)

보건복지부는 '음주문제의 심각성과 관대한 음주문화 개선을 위해 종합대책이 필요하다'는 인식 아래 2006년 국가 알코올 종합대책인 '파랑새플랜 2010'을 발표하였다(보건복지부, 2006). '파랑새플랜 2010'은 이전처럼 '국민건강증진종합계획'의 한 부분이 아닌 최초이자 단독으로 국가 차원에서 알코올 문제에 대한 체계적이고 종합적인 접근을 추구한 것이라고 볼 수 있다(김혜련, 2006).

보건복지부(2006)의 '파랑새플랜 2010'을 보다 자세히 살펴보면, 2010년까지 음주에 관대한 문화를 건전하게 바꾸고, 알코올중독 치료 및 재활과 더 나아가 예방을 목적으로 시민 및 전문가 단체들과 공동체인 '파랑새포럼'을 마련하였다. 지역사회에 '절주학교' 운영, 선별검사를 통한 조기발견과 예방, 전문적 치료 재활을 위해 국립정신병원 내 알코올중독 전문치료센터 운영, 당시 26개소였던 알코올상담센터(현 중독관리통합지원센터)를 2010년까지 96개소로 확대하겠다는 실행계획을 포함하였다. 또한 사업추진 체계를 1차 예방(일반 국민), 2차 예방(고위험군), 3차 예방(중독질환)으로 대상을 구분하고 1차 예방으로 인식개선과 음주문화 개선을, 2차 예방에는 조기진단 및 치료, 폭음 등의 위험요인 감소와 예방을, 3차 예방에는 치료와 재활을 제공하도록 하고 이에 따라 각각의 추진 방향을 제시하고 있다.

그러나 계획과 달리 알코올상담센터는 2010년까지 41곳 설치에 그쳤고, 절주 홍보, 절주교육, 광고 모니터링 체계 구축 등의 음주폐해 예방 사업도 대폭 축소 운영되면서 대부분의 성과지표가 미달성된 것으로 평가되었으며, 이것의 가장 큰 원인으로 정권교체로 인한 정책기조 변경에 따른 예산 지원 부족이 언급되었다(김소라, 2011. 9. 27.). 이와 같이 '파랑새플랜 2010'의 실행력이 떨어진다는 평가를 보완하기 위하여 보건복지부는 2011년 '파랑새플랜 2020'을 다시 발표하였다. '파랑새플랜 2020'은 10대 과제(① 음주관련 범죄자 및 음주운전자에 대한 교육 및 치료 체계 구축, ② 음주운전자에 대한 교육 및 치료 체계 구축, ③ 음주폐해에 대한 교육 홍보 강화, ④ 위험음주에 대한 조기선별과 개입 강화, ⑤ 알코올사용장애자에 대한 효과적인 치료재활서비스 제공, ⑥ 주류에 대한 적절한 규제정책 실시, ⑦ 음주폐해로부터 안전한 환경구축, ⑧ 연구개발 체계 구축, ⑨ 인력 교육·훈련 양성체계 및 국가 행정체계 구축, ⑩ 국가행정체계 구축)와 평가지표를 설정하여, 구체적이고 실행 가능한 기준을 마련하였다(한국건강증진재단, 2012). 그러나 예산 조달계획의 불확실성 및 중앙정부 중심의 계획으로 전달체계에 대한 충분한 고려가 부족하였기에 추진 성과를 기대하기에는 어려운 부분이 여전히 존재한다고 보았다(한국건강증진재단, 2012). 사실상 앞선 계획과 같이 후속

행정조치와 예산 지원이 따라 주지 않으면서 사실상 유명무실해졌다(김광기, 2015; 이상규, 2021; 한국보건사회연구원, 한국건강증진재단, 2012).

(3) 정신건강복지기본계획(1차, 2차)

2016년 기존 「정신보건법」이 「정신건강증진 및 정신질환자 복지서비스 지원에 관한 법률」(이하 「정신건강복지법」)로 개정되면서 동법 제7조 제1항에 따라 5년마다 '정신건강증진 및 정신질환자 복지서비스 지원에 관한 국가의 기본계획'을 수립하도록 하고 있다(국가법령정보센터, 2021c). 이에 따라 보건복지부는 2016년 관계부처합동으로 1차 정신건강복지기본계획 성격의 '정신건강종합대책'을 발표하였다(관계부처합동, 2016). 이 계획은 국민 정신건강 증진 및 중증 정신질환의 지역사회 통합, 중독으로 인한 건강과 사회적 폐해 최소화 및 자살예방을 정책 목표로 하는 정신건강에 대한 포괄적인 정책계획이라고 할 수 있다. '정신건강종합대책' 내의 알코올 정책은 '중독으로 인한 건강저해 및 사회적 폐해의 최소화'를 목표로 '중독예방을 위한 사회적 환경 조성'과 '중독문제 조기선별 및 개입체계 구축' '중독자 치료, 회복지원 강화'를 추진 전략으로 한 세부개입 정책을 제시하였다(관계부처합동, 2016).

하지만 여전히 중독관련 인프라 부족과 예산 부족이 지적되고 있는 상황(전교연 외, 2017; 전진아, 강현아, 2020)에서 보건복지부는 이에 대한 문제 인식과 중독의 다양화에 대한 대응 강화 필요성을 바탕으로 2차 정신건강복지기본계획을 2021년 1월에 발표하였다(관계부처합동, 2021). 2차 계획에서는 '중독 및 디지털 기기 등 이용장애 대응 강화'라는 전략하에 알코올중독 치료 및 재활 서비스 강화, 마약류 등 약물중독 관리체계, 디지털 기기 등의 이용장애 대응강화 사업을 핵심 과제로 제시하였다(관계부처합동, 2021). 1차 계획과의 가장 큰 차이는 환경개선 차원의 1차 예방을 삭제하고, 약물중독 및 디지털 중독의 예방을 강조한 것이다. 또한 중독관리통합지원센터의 인력확충 및 확대 설치와 광역단위 센터에 중독팀을 신설하여 지역사회 알코올중독 서비스 전달체계를 개선하고 조기개입과 지료, 재활 관련 계획이 담겨 있다는 점이다.

(4) 중독관리통합지원센터

보건복지부의 『2015년 정신건강사업안내』 자료에 따르면, 중독관리통합지원센터는 2000년 알코올상담센터 시범사업(4개소)을 시작하여 2013년까지 50개소로 그 수가 확대되었으며, 2014년에는 알코올을 포함한 인터넷, 도박, 약물(이하 4대 중독)을 포괄하여 지역사회

내 서비스를 제공하는 기관으로 기능을 확대 개편하였다. 현재는 '중독관리통합지원센터'로 기관명칭이 변경되었으며, 2021년 전국 50개소가 운영 중이다. 중독관리통합지원센터는 지역사회 내 4대 중독 관련 대상자를 조기에 발견하고 상담, 치료, 재활 및 사회복귀를 지원하는 기관(보건복지부, 2021)으로 중독관련 지역사회 전달체계에 있어 핵심적인 역할을 수행하고 있다(전교연 외, 2017). 중독관리통합지원센터는 알코올상담센터부터 시작하여 20년이 넘게 지역사회에서 중독문제 관리 및 해결을 위한 전달체계로서 중추적 역할을 해 왔음에도 불구하고 2018년에서야 비로소 「정신건강 복지법」 개정으로 동법 제15조의 3 '중독관리통합지원센터의 설치 및 운영' 조항을 신설(국가법령정보센터, 2021c)하여 설치·운영의 법적 근거가 마련되었다.

지역사회 중독관리센터의 서비스 현황을 분석한 자료(전교연 외, 2017)에 따르면, 정신건강복지센터와 달리 모든 지역에 중독관리통합지원센터가 위치하지 못하므로 정신건강복지센터 및 사회복귀시설, 정신의료기관, 정신요양시설 등에서도 중독관리 업무를 일부 하고 있으며, 중독관리센터의 서비스 제공인력과 예산이 현저히 적어 4대 중독에 대해 제대로 된 지역사회 기반 서비스 제공에는 한계가 있다고 보았다. 그 밖에도 그동안 다양한 정신건강 정책을 통해 정신건강서비스 제공기관들은 양적으로 증가한 반면, 중독관리통합지원센터와 같은 중독예방 및 관리 인프라 확충은 미진하여 서비스 접근성 하락의 이유가 되므로 전문성 강화를 위한 기능개편과 전문 인력 및 예산 확보가 시급하다(전교연 외, 2017; 전진아, 강현아, 2020).

2) 알코올 관련 법과 정책

국내 알코올 관련 법과 정책의 내용을 청소년 음주 제한, 음주운전 금지, 주류광고 제한, 절주 교육 및 홍보, 알코올 산업 정책 부분으로 나누어 살펴보고자 한다.

(1) 청소년 음주 제한

청소년 음주 제한과 관련한 근거법령은 「청소년 보호법」이다. 우리나라에서는 「청소년 보호법」을 통해 청소년을 유해한 환경으로부터 보호 및 구제함으로써 건강한 인격체로 성장할 수 있도록 「청소년 보호법」 제1장 제1조(목적)로서 명시하고 있으며, 동법 제1장 제2조 제1항에서 청소년의 정의를 '만 19세 미만인 사람'으로 정의하고 있다(국가법령정보센터, 2021d). 이를 바탕으로 동법 제28조에는 누구든 청소년을 대상으로 유해 약물 등을 판매,

대여, 배포하는 것을 금지하도록 하고 있다. 또한 판매자는 상대방의 나이와 본인 여부를 확인하여야 하고, 주류소매업의 영업자는 청소년 대상 주류판매, 대여, 배포를 금지하는 내용을 표시하도록 규정하고 있다. 동법 동조 제4항의 항목 가에서 「주세법」에 따른 주류를 '청소년 유해 약물'로 정의하고 있다(국가법령정보센터, 2021d). 이를 종합해 보면 우리나라에서는 만 19세 미만인 청소년의 음주를 제한하고 있음을 확인할 수 있다.

그 밖에도 「청소년 보호법」에서는 직접적인 청소년 음주 제한뿐만 아니라 간접적으로 음주에 대한 호기심 등을 자극할 수 있는 내용에 대해 방송매체 광고의 제한을 명시하고 있다. 동법 제2장 제18조에서는 방송매체에서 청소년 유해 매체물을 대통령령으로 정하는 시간에 방송을 금지하고, 동법 시행령 제19조에서는 해당 방송금지 시간을 평일 오전 7~9시, 오후 1~10시로 하며, 토요일, 공휴일, 방학기간에는 오전 7시~오후 10시까지로 명시하고 있다(국가법령정보센터, 2021d)

「청소년 보호법」의 주무부처는 여성가족부이며, 제6차 청소년 정책 기본계획 자료(관계부처합동, 2018)에 따르면, 청소년 유해환경 개선 및 보호 지원 강화 정책방안 중 청소년의 유해약물 노출에 대한 예방 정책을 관계부처들(교육부, 보건복지부, 여성가족부)과 협력하여 실시하고 있다. 술 판매업소의 청소년 대상 불법판매 모니터링과 청소년 대상 홍보 캠페인 등은 여성가족부가 전담하고, 아동·청소년 대상 음주예방 매체 개발과 교육시행 강화는 교육부와 보건복지부가, 청소년 음주예방 홍보를 위한 민·관 협력은 전국 지방자치단체와 경찰, 청소년 유해환경 감시단이 그 역할을 담당하고 있다.

우리나라의 청소년 음주관련 정책이 주로 주류 구매자와 판매자 단속과 같은 단편적인 측면에 머무는 것에서 더 나아가 청소년에게 많은 영향을 미치는 아이돌과 같은 모델을 주류광고에 기용할 수 없도록 금지하는 것 등을 포함하여 심리사회적 영향을 다각적으로 고려한 정책이 필요하다(김지연, 정소연, 최수정, 2017).

(2) 음주운전

「도로교통법」 제4장 제44조에서는 "누구든지 술에 취한 상태에서 자동차 등의 운전을 금지"하도록 명시(국가법령정보센터, 2021e)하여 음주운전을 금지하고 있으나 음주운전으로 인해 발생하는 사건과 사고가 끊이지 않고 있다.

음주운전 관련 국내 정책(도로교통공단, 2021)을 살펴보면, 첫째, 음주운전 처벌 기준으로 보험료 인상과 종합보험에 가입되어 있어도 대인사고 및 대물사고에 대한 자기부담금을 내야 하는 민사적 책임(「자동차손해배상보장법」 제29조 1항), 5년 이하의 징역 또는 2천만

원 이하의 벌금을 부과받는 형사적 책임(「도로교통법」 제148조의 2), 운전면허 정지 및 취소의 행정적 책임(「도로교통법」 제93조)이 있으며 이를 모두 감당하여야 한다. 둘째, 과거 음주운전 3회 시 면허 응시 자격을 박탈하는 3진 아웃제에서 2019년 6월 25일부터 2진 아웃제로 변경되어 음주운전으로 행정처분(정지, 취소)을 받은 사람이 다시 음주운전 적발 시에는 2년간 운전면허 응시자격을 박탈하도록 하고 있다. 또한 음주운전으로 인한 뺑소니 또는 인사사고는 5년간, 음주운전 교통사고를 2회 이상 일으킨 경우는 면허취소일부터 3년간 면허 취득을 금지하는 등 음주운전으로 인한 결과에 따라 면허취득 금지 기간을 차등 적용하고 있다. 셋째, 음주운전 1회 위반자는 12시간 교육(기본교통법규, 음주운전 기준 및 원인과 위험성 등)을 받아야 하며, 2회 위반자가 다시 면허를 취득할 시에는 16시간 교육(12시간 교육내용 외 음주운전 가상체험 포함)을, 3회 이상인 경우에는 48시간 교육(16시간 교육내용 외 행동변화 상담 추가)을 받도록 규정하고 있다(국가법령정보센터, 2022; 도로교통공단, 2022).

2018년 부산에서 음주운전 사고로 대학생 윤창호 씨가 크게 다쳐 숨진 '윤창호 사건'을 계기로 음주운전에 대한 사회적 관심이 크게 높아졌다(윤진석, 2021. 9. 25.). 이로 인해 법적 음주운전의 기준을 기존 혈중알코올농도 0.05%에서 0.03% 낮추도록 「도로교통법」이 개정되었고(「도로교통법」 제44조 제4항), 동법 제7장 제73조에서 운전면허를 받기 위해 교통안전교육을 의무적으로 받도록 하면서, 특히 운전면허 취소, 효력 정지 처분을 받은 사람이 다시 면허를 회복하려 할 때 '특별 교통안전 의무교육'을 받도록 명기하고 있다(국가법령정보센터, 2021e). 음주운전에 대한 처벌 수위는 「특정범죄가중처벌법」 제5조 11항이 개정되면서 음주운전 등의 위험 운전으로 상해 사건이 발생할 시에는 '1년 이상 15년 이하의 징역 또는 1천만 원 이상 3천만 원 이하의 벌금', 사망 사건이 발생할 시에는 '무기 또는 3년 이상의 징역'을 명시하여 처벌 수위를 강화하였다(국가법령정보센터, 2021f). 이와 더불어 「도로교통법」 제148조 2의 1항에서 2회 이상의 재범에 대한 가중처벌을 명시하였으나, 2022년 5월 헌법재판소가 이에 대한 위헌 판결을 내림으로써 해당 조항은 사실상 효력을 상실하였다(표태준, 2022. 5. 26.).

(3) 광고규제

음주폐해 감소를 위하여 주류광고는 「국민건강증진법」 제7조에 근거하여 제한하며 광고 기준을 벗어난 경우 보건복지부에서 시정을 요구하거나 금지를 명할 수 있도록 하고 있다(국가법령정보센터, 2021b). 「국민건강증진법 시행령」 제10조 제2항에 따라 주류광고의 시간대, 알코올 도수(알코올 분 17도 이상 주류광고 금지), 내용 등 광고의 금지 기준을 정하고 있으며「방송광고심의에 관한 규정」제33조, 제44조, 제43조의 2항에 따라 주류관련 방송광고 금지 기준을 구체적으로 제시하고 있다(국가법령정보센터, 2021b).

특히 보건복지부와 한국건강증진개발원(2021a)의 '국민건강증진법 주류광고 준수사항 안내자료'에 따르면「국민건강증진법」「국민건강증진법 시행령」이 2020년 연말 개정되어 2021년 6월 30일부터 주류광고의 시간대를 오전 7시~오후 22시까지 금지하며, 방송매체를 기존 공중파 TV에서 데이터방송, IPTV, DMB까지 확대하였다. 또한 주류광고의 노래 사용금지를 확대하여 주류판매 촉진 내용이 담긴 노래의 사용금지(기존은 사용금지가 아닌 방송금지)와 아동·청소년 대상(「청소년 보호법」에 따른 청소년) 행사 개최 시 주류광고 금지, 교통시설 및 교통수단에서의 금지를 확대하여 대중교통시설 및 대중교통수단, 택시 및 택시 승강장 등의 내·외부 주류광고의 게시, 부착, 설치 불가(주류회사 영업용 차량 부착 제외), 벽면 이용 간판 또는 옥상 간판에서 송출되는 동영상 광고물 또한 송출 시간대를 오전 7시에서 오후 22시까지 금지하도록 하였다.

주류광고 제한과 관련한 담당부처는 보건복지부이며, 산하 한국건강증진개발원이 관련 모니터링과 분석 등을 담당하고 있다. 이번 법 개정으로 주류광고에 대한 구체적이고 실제적인 제한사항들이 추가된 만큼 그 결과 및 파급효과들에 관한 추이를 좀 더 지켜보는 것이 필요하겠다.

(4) 알코올 산업

알코올 산업과 관련한 정책 중 대표적으로 주류에 대한 가격정책이 있다. 우리나라는「주세법」에서 주류의 정의와 판매, 과세, 유통에 관하여 명시하고 있다. 2020년 국세청 자료에 의하면, 주류로 인한 사회적 부담을 줄이기 위하여 다른 품목에 비해 최고 72%까지 높은 세율을 적용할 뿐 아니라「주세법」을 근거로 교육세도 함께 부과한다. 우리나라에서는 1968년부터 주류소비 억제 및 세수 증대를 목적으로 종량제에서 종가제 체계로 세금 부과 방식을 변경 적용해 왔으나, 2020년「주세법」일부 개정으로 맥주와 탁주는 종량제 적용대상이 되었다. 종량제는 알코올의 양과 도수 등을 기준으로 과세표준하여 세율을 금액으로 측정하는 방식이며, 종가제는 주류 가격을 과세표준하여 세율을 금액으로 측정하는 방식이다(이준규, 송은주, 2018). 2020년「주세법」의 일부 개정 계기는 수입맥주의 시장 점유율이 늘어나면서 같은 주종을 동일한 양으로 출고한다면 주세 변동이 없으므로, 수입 맥주에 대한 가격경쟁력이 생기는 부분을 고려한 것이다(국세청, 2020). 사실상 주류산업적 측면에서 국내 시장의 형평성을 고려한 조치이지만 국민건강과 같은 사회적 부분을 고려한 가격통제 정책의 일환으로 보기는 어렵다(박여진, 오유미, 2021).

김광기(2015)는 국내 주류의 경우 주세와 교육세 등이 추가되는 구조라도 2005년 이후 소주와 맥주의 물가지수는 콜라보다 낮아 주세에 의한 음주폐해 예방효과는 감소할 수밖에 없다고 주장하였다. 물가지수란 물가의 움직임을 측정하는 것으로(맹철규, 강태일, 2011), 일정 시기에 일정 상품 가격을 100으로 설정한 후, 다른 시기 그 상품의 가격 변동을 100에 대한 비례 수로 나타낸 값이다(국립국어원, 2022). 실제 담배와 주류의 판매가 대비 국세 및 지방세 부담금 내용을 비교해 보면, 담배는 국세와 지방세, 부가세 외에도 '건강증진부담금'이 추가로 부과되어 판매가 대비 제세 및 부담금의 비율이 73.8%인 데 반해 주류는 국세와 교육세, 부과세만 부과되어 판매가 대비 제세부담금 비율이 53%로 담배보다 20.8% 포인트 낮게 부과되고 있다(국세청, 2020). 이러한 맥락에서 제3차 국민건강증진종합대책에서 주류에 대한 건강부담금 부과 또는 주세율 인상을 위한 입법 추진 등이 언급되었지만 각 부처 간의 충분한 논의가 부족하여 실제 성과를 내지 못하였다(김혜숙 외, 2021). 다시금 '제5차 국민건강증진종합대책'에서 주류에 대한 '건강증진부담금' 등의 과세 관련 논의를 세부 추진과제로 제시하고 있어 다시 한번 정부의 정책실현 의지가 시험대에 올랐다.

(5) 절주교육 · 홍보

「국민건강증진법」에서는 주류광고 외에도 제8조에 절주 운동 등에 대한 국가의 교육 · 홍보 의무를 명시하고 있으며, 주류광고의 제한, 금지 특례, 절주문화의 조성 및 알코올 남용 및 의존관리, 금주 구역 지정에 관한 사항을 명시하였다. 또한 동법 제12조를 통해 국민대상 건강증진을 위한 보건교육 실시, 시행령 제17조의 1호를 통해 '금연, 절주 등 건강실천에 관한 사항'을 제시하고 있다(국가법령정보센터, 2021b).

이에 근거하여 보건복지부와 한국건강증진개발원이 음주폐해 예방정책을 계획하고 관련 사업을 총괄 운영 및 진행하고 있다. 한국건강증진개발원 홈페이지 자료 및 보건복지부의 『2018 정신건강사업안내』에 따르면, 절주 사업의 전달체계 마련을 위하여 각 지자체의 보건소 및 정신건강 관련 기관, 학교 등과 협력하여 음주폐해 예방정책 지원 및 음주폐해 예방협의체 운영, 음주조장 환경 모니터링 및 위법사항 시정조치, 지역사회 음주폐해 예방사업 활성화(안내서 제작 배포 및 모니터링단 등 기술 지원), 음주폐해 예방 홍보 캠페인 및 절주 서포터즈 운영, 절주교육 및 학교 금주교육(세대별, 대상별 절주교육 콘텐츠 제작 및 보급, 전문강사 양성 및 청소년 대상 학교 금주교육 프로그램 제작 및 보급)과 같은 사업을 제공하고 있다(보건복지부, 2018b; 한국건강증진개발원, 2021b).

이러한 절주 사업들은 지방자치단체의 자체적 건강증진 사업과 중앙정부의 건강정책을 지역사회에서 실천하는 중심 역할을 담당하는 보건소를 중심으로 제공된다(이주열, 2017). 보건복지부와 한국건강증진개발원(2021d)의 『2021 지역사회 통합건강증진사업 안내(음주폐해 예방)』에 따르면, 전국 시·도 및 시·군·구 보건소는 '지역사회 통합건강증진사업: 음주폐해 예방'이라는 사업명으로 음주조장환경의 개선, 음주폐해 예방 교육 및 캠페인, 조기선별 및 상담의뢰 등을 시행 중에 있다.

(6) 공공장소 음주규제

국내의 공공장소 음주규제는 2020년 12월 「국민건강증진법」의 개정으로 처음 공식 적용된다. 법 개정 이전에는 8개 시·도(서울, 인천, 경기, 대구, 부산, 광주, 세종, 제주)의 80개 시·군·구가 자체적으로 금주 구역을 조례로 지정·운영해 왔다(보건복지부, 2020). 주로 금주 구역 지정대상을 보면 도시공원, 어린이 놀이터, 어린이보호구역, 학교환경 위생 정화구역, 버스나 택시 정류소 등이었으나 규제에 대한 구체적인 법적 근거가 없어 실효성이 낮다는 지적이 많았다(보건복지부, 2020).

따라서 「국민건강증진법」의 신설된 제8조의 4항에서는 지방자치단체가 조례로 금주 구역 지정이 가능하고, 해당 구역 내에서는 음주를 금지하도록 명시하고 있으며, 제34조에서는 위반 시 음주자에 대한 과태료(10만 원 이하)도 부과하도록 하였다(국가법령정보센터, 2021a; 보건복지부, 2020). 따라서 이 법의 시행으로 우리나라의 공공장소에서의 음주를 개선할 수 있을지 귀추가 주목된다. 우리나라의 경우 음주문화가 관대한 편이어서 공공장소 제한의 단계적 접근과 음주에 대한 개인 및 사회적 인식이 변화될 수 있는 지원의 병행이 필요성이 대두된다(손애리, 2019, 2020).

3. 해외의 알코올 정책

국가마다 다양한 알코올 관련 정책을 시행하고 있다. 이 장에서는 여러 국가 중 구체적인 정책을 제시하고 있는 영국, 호주, 미국 3개국의 알코올 정책의 방향과 전략을 개략적으로 살펴보고, 각국의 청소년 음주 제한, 음주운전, 광고규제, 알코올 산업, 교육, 공공장소 음주규제와 같이 정책의 유형을 여섯 가지 하위범주로 나누어 살펴보고자 한다.

1) 영국의 알코올 정책

(1) 영국 알코올 정책의 방향 및 전략

영국 정부는 2010~2015년 위험음주에 대한 정책을 수립하였으나(Government of UK, 2015a), 그 이후에는 국가 차원의 알코올 정책을 수립한 바가 없는 것으로 확인된다. 비록 현재 영국 정부의 알코올 정책에 대한 방향성을 파악할 수는 없었으나, 과거 영국 정부가 제시했던 2010~2015년 위험음주에 대한 정책으로 미루어 보아 영국의 알코올 정책은 주로 개인 차원, 지역사회, 치료, 산업, 미디어 차원에 중점을 두는 것으로 나타났다(Government of UK, 2015a).

개인적 차원에서는 'Change4Life' 캠페인 진행, 40세부터 75세 성인 대상 NHS 건강검진에 음주 위험 테스트 추가, 음주문제를 가진 가구들을 위한 경제적 지원, 알코올 문제를 경험하고 있는 젊은 층을 위한 지원모델 개발, 병원 내 알코올 전담 간호사 배치, 음주 가이드라인의 개발 및 검토가 포함되었다(Government of UK, 2015a). 지역사회 차원에서는 지방 정부와 중앙 정부가 협력하여 다양한 예방 및 치료적 서비스를 제공한다(Government of UK, 2015a). 또한 치료적 차원에서는 약물 및 알코올 치료에 대한 시범 프로그램으로 치료서비스 제공자에게 금전적 지원을 해 줌으로써 다음의 3개 영역 중 하나를 향상시키고 지속적으로 치료과정을 평가해야 한다고 설명한다. ① 서비스 수혜자들의 약물 및 알코올중독 감소, ② 재범률 감소, ③ 건강과 삶의 질 향상(Government of UK, 2015a) 등이다. 산업 차원에서는 주류 판매기업들이 '책임감 있는 음주문화(culture of responsible drinking)'를 선도해야 하며, 이를 위해 소비자들에게 알코올 단위 정보(각 주류가 어느 정도의 알코올을 함량하고 있는지에 대한 정보)와 음주와 관련된 건강 정보를 제공해야 한다(Government of UK, 2015a). 이와 더불어, 미디어 차원에서는 젊은 연령층을 겨냥하는 프로그램에서 주류 홍보가 금지되며, 온라인과 소셜 미디어에도 이와 같은 규제가 동일하게 적용된다고 설명한다(Government of UK, 2015a).

하지만 2012년부터 영국의 주류 관세는 실질적인 기준으로 인하되었으며, 영국은 일관된 알코올 전략을 제공하는 데에는 실패하였다(Gilmore & Williams, 2019). 이는 2016~2017년 잉글랜드에서 음주관련 입원 건수가 100만 건, 2017년 영국의 음주관련 사망 건수가 7,697건으로 음주관련 문제가 감소되지 않은 것에서 입증된다(Gilmore &

Williams, 2019). 결론적으로 영국 정부는 증거기반의 정책보다는 산업에 기반을 둔 자발적 제도에 의존함으로써 알코올 관련 책임에 대한 소극적 태도를 취한 것으로 평가된다(Gilmore & Williams, 2019).

(2) 알코올 정책 유형

음주로 인한 사회경제적 폐해에 대한 각국의 정책은 다양하게 시행되나, 사회적 비용의 감소 및 청소년과 미성년자를 보호하기 위함이라는 음주규제의 목표 방향은 모두 같다(김기경, 민성호, 이재우, 유형정, 2010). 특히 영국에서는 음주로 인한 폐해를 예방하기 위해 청소년의 음주 제한, 음주운전, 광고규제, 알코올 산업, 교육이 어떻게 규정 및 운영되고 있는지 살펴보고자 한다.

① 청소년 음주 제한

영국 정부에 따르면, 일반적으로 18세 미만의 미성년자에게 주류를 판매하거나, 미성년자 본인이 주류를 구매하거나 구매하려고 노력하거나, 기타 성인이 미성년자를 위해 주류를 구매하거나 구매하려고 노력하거나, 미성년자 본인이 합법적 음주판매 영업소에서 술을 마시는 경우 모두 법에 어긋난다(Government of UK, 2021a). 성인과 동반할 경우, 16세 또는 17세의 미성년자는 맥주나 와인을 식사와 함께 마실 수 있으나, 알코올을 구매하는 것은 허락되지 않는다(Government of UK, 2021a). 만약 18세 미만 청소년에게 주류를 판매 또는 제공하거나 청소년을 대신해 구매한 자의 경우 처벌 대상이 되며, 동시에 주류를 소비한 청소년도 벌금형에 처해진다(Government of UK, 2021a). 일반적으로 청소년들은 음주판매 영업장에 출입하는 것이 불가능하다.

② 음주운전

영국 정부는 운전자의 음주 제한에 비교적 엄격한 기준을 적용하고 있다. 음주 정도는 입김, 혈중, 소변 검사별로 기준이 상이하며 잉글랜드, 웨일즈, 북아일랜드의 경우 기준별로 100ml 내에서 35μg(입김), 80μg(혈중), 107μg(소변)의 알코올이 검출될 시 음주 제한에 걸린다(Government of UK, 2021b). 그러나 스코틀랜드의 경우에는 이보다는 낮은 22μg(입김), 50μg(혈중), 67μg(소변)으로, 더욱 엄격한 음주 제한 기준을 가지고 있다(Government of UK, 2021b). 만약 영국의 어느 법정에서라도 음주운전으로 인해 면허정지를 선고받았을 경우, 영국 내 모든 곳에서 운전이 불가하다(Government of UK, 2021b).

영국 정부는 음주운전과 관련한 총 네 가지의 상황과 함께 상황별 처벌의 수위를 제시하고 있다(Government of UK, 2021c). 예를 들어, 음주 제한 수준을 넘어선 상황에서 차량을 움직인 경우에는 3개월간의 구금명령, 2,500파운드가량의 벌금, 면허정지를 선고받을 수 있다. 음주 제한 수준을 넘어선 상황에서 운전을 하거나, 운전을 하려고 했다면 6개월간의 구금명령, 무제한의 벌금형, 최소 1년간 면허가 정지될 수 있다. 만약 10년 동안 두 번 이상 음주 제한으로 적발되었을 경우 3년까지도 면허가 정지될 수 있다. 또한 대상자가 입김, 혈중, 소변 검사를 거부할 경우, 6개월간의 구금 명령, 무제한의 벌금형, 최소 1년간 면허가 정지될 수 있다. 마지막으로, 음주를 한 상태에서 부주의한 운전으로 인해 사상자가 나왔다면 14년간의 구금명령, 무제한의 벌금형, 최소 2년 동안의 면허 재발급을 위해 필요시 장기간 운전시험을 요구받을 수 있다(Government of UK, 2021c). 특히 고위험 범죄자의 경우 면허를 자동으로 돌려받기 어렵다(Government of UK, 2021c). 그 외에도 음주운전 위반자에 대한 재활교육이 운전자 및 차량 표준기관(Driver and Vehicle Standards Agency)을 통해 제공되고 있는데, 교육을 일정 시일 내에 이수한다면 면허정지 명령이 보통 1/4가량 줄어들 수 있다(Government of UK, 2015b, 2021d).

③ 광고규제

영국 광고규제 기관에 따르면, 방송 중 음주와 관련된 광고를 규제하는 정책은 2005년에 강화되었으며, 특히 알코올 오남용에 취약한 미성년자들을 다음의 네 가지 영역에서 보호하고자 하였다. ① 성적 행동, ② 과도한 음주, ③ 청소년의 관심, ④ 반사회적 행동을 포함한다(Committee of Advertising Practice, 2016). 이 법안은 TV와 라디오 방송 모두에 있어서 동일한 기준을 적용하며 과거 알코올 함량이 낮은 주류에는 포함되지 않았던 기준이 알코올 함량과는 상관없이 모든 주류에게 적용되는 것으로 개정되었다(Committee of Advertising Practice, 2016).

광고실행위원회(Committee of Advertising Practice: CAP, 2016)에 따르면, 개정된 법안은 세부적인 광고규제를 명시하고 있다. 첫째, 무책임한 또는 과도한 음주를 직접 보여 주거나, 의미 또는 독려하는 모든 광고가 규제 대상이며, 이는 술의 양이나 술을 마시는 모습 자체에도 적용될 수 있다. 이와 더불어 광고매체들은 한 개인이 과도한 양의 술을 섭취하거나, 또래에 의해서 음주를 하게 되는 모습을 광고 안에 담아내서는 안 된다. 둘째, 음주 자체가 개인의 인기도 또는 자신감과 연결되어서는 안 되며, 음주 이후 개인의 행동이 변화하는 것을 보여 주는 것도 금지된다. 셋째, 규정 역시 음주를 하는 것이 사회적 성공 또는 인정을 의미하거나, 술을 거절하는 것이 약자의 이미지로 전달되어서는 안 된다고 설명하고 있다. 이는 음주를 대담함, 거친 모습, 공격성, 무책임성, 반사회적 행동, 성적 행동, 성적 유혹, 매력의 향상 등의 이미지와 연결하면 안 된다는 규정과도 맥을 같이한다. 또한 음주가 필수적이라거나 치료적 효과를 가진다는 식의 내용 역시 광고에 나타나선 안되며, 오히려 음주나 해당 주류 제품에 대한 명확한 사실을 제공해야 한다. 이 외에도 주류를 판매하는 장면은 허용되지만 이로 인해 과도한 음주를 유발하게 하는 장면은 방송이 불가하고, 주류가 무책임하게 다뤄지거나 제공되는 경우, 기계 사용 또는 운전과 연결되는 경우, 작업현장 또는 업무 환경에서 음주가 이뤄지는 경우, 25세 미만의 아동·청소년이 광고에 나타나는 경우가 모두 금지된다(Committee of Advertising Practice, 2016).

④ 알코올 산업

영국은 「주류판매허가법」에서 주류의 공급과 판매규제, 만취와 무질서 행위에 대한 규제, 청소년 대상 주류 판매와 소비 규제를 하고 있다(김기경 외, 2010). 특히 주류 제공자/판매자들로 하여금 책임감 있는 알코올 운영과 관리를 증진시키고, 보다 안전한 주류 환경을 조성하기 위해서 BBN(Best Bar None)이라는 국가 차원의 인증제도를 운영하고 있다(BBN, 2021; Durham County Council, 2021). 이 인증제도는 맨체스터에서 2003년 처음 시범사업으로 시작하여 현재 잉글랜드의 37개 도시 및 웨일즈의 3개 도시에서 도입 중이다(BBN, 2021). 그중에서도 음주폐해, 질환, 범죄율을 줄이는 데에 기여한 것이 인정되거나, 벤치마킹할 수 있는 모범적 사례를 구축하고, 긍정적 파트너십을 구축한 도시들에는 상을 수여하고 포상금도 주어진다(BBN, 2021). 또한 주류에 관한 세금으로 주세와 부가가치세를 알코올 종류와 함유량별로 부과하며, 음주를 줄이기 위한 방편으로 최소가격제 도입이 논의 중이지만 아직 모든 영국 연방이 같은 방향으로 정책을 도입하고 있지는 않다(김기경 외, 2010; Speakman & McHale, 2019).

담배와는 달리 알코올과 관련하여 포괄적 형태의 국가적 또는 EU 정책은 부재한 상황이다. 스코틀랜드 정부는 스코틀랜드 위스키 협회(Scottish Whisky Association)의 소송에도 불구하고 영국 정부 중 처음으로 최소가격제를 제안하여 스코틀랜드 내의 음주폐해 문제를 해결하고자 하였다(Speakman & McHale, 2019). 최소가격제란 주류의 한 유닛(Unit)당 최소가격을 지정해 놓고, 그 기준보다는 더 낮게 팔 수 없는 제도를 의미한다(Scottish Government, 2021). 일반적으로 3.8% 알코올 도수를 가진 라거 맥주 284ml의 경우를 1.1유닛으로 보고 있다(NHS, 2021). 스코틀랜드의 경우, 2018년을 기준으로 주류 한 유닛당

50펜스를 적용하여 시행하고 있다(Scottish Government, 2021; Speakman & McHale, 2019). 현재는 웨일즈에서도 비슷한 정책을 도입하고 있는 반면에(Speakman & McHale, 2019), 잉글랜드는 스코틀랜드, 웨일즈와 반대되는 길을 고수하고 있다. 2013년부터 잉글랜드는 주류관련 세금을 감면시키다가 아예 세금정책을 정지시켜 버리고 면세를 채택함으로써 알코올 산업과 관련하여 상대적으로 느슨한 정책들을 제시하고 있다(Speakman & McHale, 2019).

⑤ 교육

영국은 청소년의 음주 구매 및 사용 제한에 법적인 규제를 가하는 것과 동시에 교육적인 측면도 강조하고 있다. 국립보건연구소(National Institute for Health and Care Excellence: NICE, 2019)는 중·고등학교 교육에서 알코올 개입에 대한 지침서를 제공한다. 이 지침서는 잉글랜드 정부기관인 영국공중보건국(Public Health England: PHE)이 함께 제작했으며, 음주교육에 대한 긍정적 접근을 제시하고, 학급 내 논의를 끌어내며, 학교 전체적 접근(Whole-School Approach)을 학교정책에 도입하는 등의 내용을 포함하고 있다(NICE, 2019). 지침서에 포함되는 음주교육은 11~18세에 해당하는 아동·청소년의 음주 예방 및 음주 감소를 목표로 하고 있으며, 11~25세에 해당하는 이들 중 특수교육이 필요하거나 장애가 있는 학생들도 포함된다(NICE, 2019). 또한 매년 11월마다 정부 주관으로 열리는 알코올 인식 주간 캠페인(Alcohol Awareness Week Campaign)이 있으며, 2018년에는 영국 공중보건국과 알코올 교육 자선단체인 드링크어웨어(Drinkaware)에서 새로운 캠페인으로 음주 없는 날(Drink Free Days)을 공동으로 시작하였다(Government of UK, 2018). 이 캠페인은 크게 다음의 네 가지 메시지를 참여자들에게 전달하고자 하였다. ① 음주로 인한 건강 위험(예: 체중 증가, 고혈압, 유방암)에 관한 메시지를 보다 명확히 전달, ② 적정 수준의 음주를 위해 명료하고 간단하지만 구체적인 행동 지침 제공, ③ 음주 비교 도구(각 주류의 알코올 함량에 대한 정보를 환산하여 제공하는 도구) 등의 디지털 지원방안 제공, ④ 방송 등을 통해 바람직한 행동 지침 제공 등이다(Government of UK, 2019).

⑥ 공공장소 음주규제

영국에서는 공공장소 또는 길가에서 음주하는 행위 자체가 금지되지는 않았지만, 이와 같은 행위가 반사회적 행동으로 이어질 경우 관련 법령에 의해 제지 또는 처벌당할 수 있다(Woolhouse, 2019). 예를 들어, 「반사회 행위 및 범죄 단속법(Anti-Social Behaviour,

Crime, and Policing Act)」에 따르면, 주변 지역의 삶의 질에 해로운 영향을 미치는 행위는 정당한 이유로 제지당할 수 있으며, 공공장소에서 음주를 한 상태로 반사회적 행동을 하여 타 사회구성원에게 피해가 간다면 경찰은 대상자를 공공장소에서 해산시킬 수 있는 권한을 가지고 있다(Woolhouse, 2019). 또한 음주를 한 상태에서 법을 어기거나 문제를 발생시킬 시에는 음주 금지 명령(Drinking Banning Order: DBO)을 받을 수 있는데, 절도 및 낙서, 반사회적 행동, 폭력적 또는 위협적 행동, 노상방뇨가 포함된다(Government of UK, 2021e). DBO는 16세 이상 잉글랜드 또는 웨일즈의 모든 국민에게 적용될 수 있으며, DBO를 명령받게 되면 공공장소에서 음주를 하거나 음주를 소지하는 것, 주류를 구매하는 것, 주류를 제공하는 특정 장소 출입이 불가할 수 있다(Government of UK, 2021e). 이 명령 조치는 최소 2개월에서 최대 2년까지도 유지될 수 있으며, 만약 DBO 명령 조치를 어길 시에는 최대 2,500파운드의 벌금형에 처할 수 있다(Government of UK, 2021e). 특히 미성년자에 대한 법적 규제는 비교적 명확하게 제공되고 있는데, 「청소년 주류 압수법 [Confiscation of Alcohol(Young Persons) Act]」(1997)에서는 18세 미만의 미성년자가 공공장소에서 음주하는 것이 발견되면 경찰에 의해 제지, 벌금 징수, 주류 압수 및 체포될 수 있다고 명시하고 있다(김기경 외, 2010; Goverment of UK, 2021a; Woolhouse, 2019).

2) 호주의 알코올 정책

(1) 호주 알코올 정책의 방향 및 전략

호주는 음주폐해 감소를 최종 목표로 알코올 전략을 수립하는 국가 중 하나이다(김광기, 2008). 호주 정부는 알코올로 인한 피해를 예방하고 줄이기 위한 포괄적이고 증거에 입각한 접근방식을 제공하기 위해 WHO의 비전염성 질환 예방 및 통제를 위한 국제 행동계획(WHO Global Action Plan for the Prevention of and Control of Non-Communicable Diseases) 2013-2020에 적극적으로 참여할 것을 약속하였으며, 2025년까지 10%의 유해 알코올 섭취 감소라는 자발적인 목표를 세웠다(Australian Government, 2019).

최근에는 국가 알코올 정책 2019-2028을 설정하면서, 개인, 가족, 지역사회의 음주폐해를 예방하고 최소화하기 위해서 크게 4개의 하위목표와 11개의 세부목표를 설정하였다(Australian Government, 2019). 음주폐해 감소의 4개 하위목표는 ① 지역사회의 건강 증진, ② 지역사회의 안전과 편의시설 향상, ③ 시스템으로부터 지원을 받을 수 있도록 지지, ④ 접근, 가격, 홍보의 관리이다(Australian Government, 2019). 첫 번째 하위목표에

선 표적집단(예: 음주 위험군 또는 위험 집단)을 대상으로 의사소통을 증진시키고, 음주폐해에 대한 인식과 이해를 높이는 것을 세부목표로 한다(Australian Government, 2019). 두 번째 하위목표에서는 부상과 폭력의 감소, 안전한 음주 환경, 더 나은 치료 및 재활 프로그램 제공이 세부목표이다(Australian Government, 2019). 세 번째 하위목표는 증거기반 정보의 사용과 서비스의 증진, 질이 높고 안전하며 효과적인 치료 시스템의 보급, 태아알코올증후군 영향의 감소를 포함한다(Australian Government, 2019). 네 번째 하위목표에서는 음주 접근성에 대한 규제 강화, 위험음주 행동 또는 부적절한 주류 마케팅에 대한 홍보의 최소화, 가격 및 세제 정책에 대한 개혁이 세부목표로 제시되었다(Australian Government, 2019).

(2) 알코올 정책 유형

이처럼 호주 정부는 음주와 음주폐해 감소를 위한 적극적인 입장을 취하고 있는 것으로 확인된다. 이에 호주 정부의 청소년 음주, 음주운전, 광고규제, 알코올 산업, 교육에 대한 내용을 보다 구체적으로 살펴보고자 한다.

① 청소년 음주 제한

호주 전역에서는 18세를 주류의 최소 법적 구매 연령(Minimum Legal Purchase Age)으로 지정하고 있다(Howard, Gordon, & Jones, 2014). 즉, 청소년이 주류를 구매하거나 음주할 수 있는 합법적 나이는 18세 이상이며, 18세 미만의 미성년자에게 주류를 판매하는 것은 불법이다(Australian Government, 2020a). 또한 특정 고위험 지역(예: 범죄율이 높은 지역/동네)에서는 주류판매를 금지하고 있다(Howard et al., 2014).

호주에서는 성인이 미성년자에게 주류를 제공하는 경우를 '2차 공급(Secondary Supply)'이라고 지칭하고 있다(Alcohol and Drug Foundation, 2020). 예를 들어, 일부 주 또는 지역에서는 미성년자의 부모 또는 법적 보호자의 허락이 있다면 주류를 제공하는 것이 합법적으로 가능하다(Alcohol and Drug Foundation, 2020). 그러나 주류를 제공하는 성인 역시 책임감을 느끼고 관리감독할 필요성이 강조된다. 가령, 주류를 제공하는 성인이 만취한 상태일 경우, 미성년자가 만취상태인 경우, 미성년자의 나이, 제공되는 주류의 유형과 양, 주류가 음식과 함께 섭취되었는지의 여부, 주류를 제공하는 성인에 의해 얼마나 관리감독을 받았는지에 대한 여부 모두가 책임감 있는 관리감독의 요소라고 볼 수 있다(Alcohol and Drug Foundation, 2020).

② 음주운전

호주에서는 음주운전 방지를 위하여 무작위 음주 측정(Random Breath Testing)과 혈중알코올농도(BAC) 기준 한도를 낮추는 정책을 진행하고 있다(Howard et al., 2014). 가령, 혈중알코올농도가 0.05 BAC를 넘을 경우 법에 위반되며, 특히 본인이 주류판매 허가자/인가자일 경우 혈중알코올농도는 0이어야 한다(Australian Government, 2020a). 또한 혈중알코올농도를 운전자의 유형별로도 다르게 적용하고 있다. 예를 들어, 초보/젊은 운전자의 경우 무관용 원칙을 적용하며, 숙련된/상업용 자동차 운전자의 경우에는 0.02 BAC 수치를 적용하고 있다(보건복지부, 한국건강증진개발원, 2021a). 이 외에도 젊은 운전자를 위한 낮은 혈중알코올농도, 초보 운전자를 위한 점진적 면허 취득, 음주운전 위반에 대한 면허정지 정책, 음주운전 재범의 경우 시동을 걸기 위해 음주 측정을 해야 하는 알코올 연동 방식 등과 같은 다양한 정책들을 통해 음주운전으로 인한 폐해를 방지하고자 노력한다(Howard et al., 2014).

음주운전이 적발되어 유죄 판결이 난 경우 범행 당시 혈액 및 호흡의 알코올 농도와 이전에 음주운전으로 유죄 판결을 받은 경험의 유무를 기준으로 벌금형과 징역형의 수준이 결정된다. 호주 북부 주정부(Northern Territory Government)에서는 혈액 및 호흡 알코올 농도를 '0.00% 초과' '0.05~0.08% 미만' '0.08~0.15% 미만' '0.15% 이상'의 네 단위로 범주화하여 그 수준에 따라 최소 3개월에서 최대 12개월의 징역이나 $AU400에서 최대 $AU1,817.40의 벌금형을 선고받을 수 있다(Northern Territory Government, 2021a). 음주운전자들은 즉시 면허가 취소되고, 면허를 상실한 경우 면허 재신청 이전에 '복귀(Back on Track)'라고 일컫는 음주 및 마약 운전자 교육과정을 이수하여야 한다(Northern Territory Government, 2021b). 이 과정은 4개의 필수과정(과정별로 3시간씩)으로 이루어져 있으며, 복귀 교육에 등록하기 위해선 비용을 지불해야 하고, 교육과정을 마친 후 수료증명서를 제출해야 운전면허증을 재발급받을 수 있다(Northern Territory Government, 2021b). 또한 참가자는 매번 교육을 받을 때 음주 측정을 통해 0.00%의 혈중알코올농도를 확인하여야 한다(In Gear Australia, 2021). 구체적인 교육과정 콘텐츠는 다음과 같이 이루어져 있다. ① 알코올 및 기타 약물의 신체적·사회적·정서적 영향, ② 혈중알코올농도 및 표준음주, ③ 알코올 및 기타 약물의 남용과 관련된 법적 문제, ④ 고위험 상황에서 음주/마약 운전을 피하기 위한 효과적인 전략, ⑤ 자신의 행동이 타인의 삶에 미칠 영향, ⑥ 의존행동에 대한 자기인식, ⑦ 기타 알코올, 약물 지원서비스에 대한 정보제공 등이다(In Gear Australia, 2021).

이 밖에도 현재 도입된 국가 알코올 정책 2019-2028에 따르면, 호주 정부는 음주운전과 기타 알코올 관련 반사회적 행동을 방지하기 위한 새로운 접근방식을 제시하고 있는데, 이는 재범자의 음주 조건, ID 스캐너, 시동 연동 장치, 알코올 교육의 정도 및 품질 개선 등의 내용을 포함한다(Australian Government, 2019).

③ 광고규제

호주는 ABAC 주류 마케팅 책임강령(Responsible Alcohol Marketing Code ABAC) 제도를 시행하고 있다(ABAC, 2021). ABAC 제도는 호주 알코올 마케팅 규제의 핵심이 되는 제도로 규제뿐만 아니라 교육을 통해 책임감 있는 주류 마케팅을 촉진하기 위해 마련되었다(ABAC, 2021). ABAC 제도에 따라 호주에서 알코올 광고는 다음과 같은 기타 관련 법규를 준수해야 한다(ABAC, 2021). ① 연방공정경쟁 및 소비자법과 주 공정거래법(Federal Competition and Consumer Act and State Fair Trading Legislation), ② 주 및 지역 주류 판매허가 알코올 홍보 요건(State and Territory Liquor Licensing: alcohol promotion requirements), ③ 호주·뉴질랜드 식품 기준규정(Australia New Zealand Food Standards Code), ④ 호주 전국 광고주협회 윤리강령(Australian Association of National Advertisers Code of Ethics), ⑤ 상업용 TV 산업실천강령(Commercial Television Industry Code of Practice), ⑥ 상업용 라디오 실천강령(Commercial Radio Code of Practice), ⑦ 옥외 매체협회의 윤리강령 및 주류광고 정책(Outdoor Media Association Code of Ethics and Alcohol Advertising Policy) 등이다.

호주는 미성년자가 알코올 관련 광고에 노출되지 않도록 다양한 수준에서 광고를 규제 및 감독하고 있다(Australian Government, 2019). 호주에서는 특히 스포츠 행사에서의 알코올 광고가 문제로 제기되고 있는데, 이에 스포츠 행사 시 미성년자가 알코올에 노출되지 않도록 보호하기 위하여 여러 콘텐츠, 플랫폼 및 배치 문제를 별도로 관리하고 있다(Australian Government, 2019). 호주 통신미디어청(Australian Communications and Media Authority: ACMA, 2020)에 따르면, 알코올 관련 TV 혹은 라디오 광고는 아동을 대상으로 해서는 안 되며, 성인을 대상으로 하더라도 TV의 경우 주중 오후 12시부터 3시, 매일 오후 8시 30분부터 새벽 5시 사이에만 알코올 광고가 가능하며, 공휴일과 금요일은 오후 6시 이후부터, 주말에는 스포츠 프로그램 중간에 알코올 광고를 내보낼 수 있다(ACMA, 2020).

④ 알코올 산업

주류의 가격 및 과세는 가장 중요하고 효과적인 알코올 산업관련 정책으로, 특히 주류
의 가격은 가장 효과적인 알코올 피해 최소화 정책의 요소 중 하나라 할 수 있다(Howard
et al., 2014). 호주는 술의 가격이 다른 선진국들에 비교해 상대적으로 높은 편으로, 최저
가격(Minimum Floor Price)을 통해 음주량이 많은 사람이 돈을 지불하게 하여 과음 및 술
관련 피해를 줄이는 것으로 나타났다(Australian Government, 2019). 많은 국제 보고서는
주류의 최저 출고가를 정하고 가장 싼 술의 가격을 인상하는 것이 위험음주에 중대한 영
향을 미칠 것이라고 주장하고 있으며(Australian Government, 2019), 이에 호주에서는 가격
정책으로 가격할인과 홍보 금지, 음료별 차등 가격 적용, 특별세/부가세 적용 등을 시행하
고 있다(Howard et al., 2014).

주류의 가격에 영향을 미치는 가장 영향력 있는 요인은 세금이다(Howard et al., 2014).
호주 정부는 알코올 과세를 적용하고 있으며, 알코올 과세에 따른 수입을 예방적 건강
활동과 알코올 및 기타 약물 치료서비스를 위해 사용하고 있다(Australian Government,
2019). 이러한 알코올 과세는 호주 알코올 정책에서 몇 되지 않는 국가 획일화 영역 중 하
나이다(Howard et al., 2014). 호주는 맥주와 증류주(와인 제외)에 대한 알코올 과세가 영
국과 같은 다른 선진국보다 높으며, 3대 국세(Three National Taxes)—소비세, 와인균등
세, 상품 및 서비스세—가 존재한다(Howard et al., 2014). 알코올 도수에 따라 증가하
는 소비세인 「소비세법(Excise Tariff Act)」(1921)은 모든 맥주와 사전 혼합 알코올 음료 및
증류주에 적용된다(Howard et al., 2014). 반면, 와인과 전통주에는 「와인균등세법(Wine
Equalization Tax Act)」(1999)이 적용된다. 또한 소비세 또는 와인균등세율이 적용된 후 추
가로 「상품 및 서비스 세법(Goods and Services Tax Act)」(1998)에 의해 상품 및 서비스세가
10%의 고정 세율로 모든 알코올 음료에 적용되며, 이러한 세금은 연방 정부에 의해 규제
되고 징수되고 있다(Howard et al., 2014).

이 외에도 현재 도입된 '국가 알코올 정책 2019-2028'에 따르면, 호주 정부는 알코올 음
료와 관련하여 위험 알코올 소비에 기여할 수 있고 음주율을 높일 수 있는 프로모션 및 가
격책정에 대해 정부의 통제를 강화하는 정책을 시행 중이며, 전국적으로 일관된 방식을
적용할 수 있도록 법적 개선을 고려하고 있다(Australian Government, 2019). 또한 호주의
모든 주와 지역은 주류 공급자, 주류 공급대상, 주류 공급과 소비 허용시간, 주류 공급과
소비 장소, 주류 공급방법에 관해 규정하는 「주류판매 허가법(Liquor Licensing Laws)」이
존재한다(보건복지부, 2018c). 즉, 호주 정부는 주류판매 규제에 대한 정책으로 거래시간

을 제한하는 것과 주류를 판매할 수 있는 소매업체나 장소 유형을 제한하는 정책을 시행 중이며, 주류 마케팅 관련 정책으로 대량구매(Bulk-Buys), 하나 가격에 두 개 제공(Two-For-One Offers) 등 위험음주와 관련된 할인 및 저가 알코올의 판촉을 방지하는 정책을 시행하고 있다(Australian Government, 2019). 호주는 알코올 마케팅에 대한 노출 수준을 정부 정책으로 어느 정도 통제하고 있으나 알코올 산업계 자체의 자기규제 성향이 강하다고 할 수 있다(Howard et al., 2014). 관련하여 2011년 호주 최대 맥주 업체와 와인, 증류주 제조업체는 자발적으로 알코올 제품에 '임신 중 술을 마시지 않는 것이 가장 안전하다'와 같은 경고 메시지나 관련 메시지를 전달할 수 있는 픽토그램 표시와 같은 경고 라벨을 부착하기로 했으며, 이러한 경고의 존재와 형식을 의무화하는 법률의 필요성에 대해 고려 중이다(Howard et al., 2014). 또한 호주 전역에서 적용되는 사항으로, 포장된 모든 알코올은 반드시 몇 개의 표준잔을 포함하고 있는지 라벨 표시를 해야 한다(Australian Government, 2020a). 표준잔이란 음주량을 측정하는 방법으로 순수한 알코올 10g이 들어 있는 것을 의미하며 알코올의 종류와는 무관하다(Australian Government, 2020b).

⑤ **교육**

현재 도입된 호주의 국가 알코올 정책 2019-2028에는 알코올 소비와 관련된 위험과 폐해를 홍보하는 공중보건 캠페인의 개발이 포함되어 있다(Australian Government, 2019). 뿐만 아니라 호주 정부는 알코올과 관련하여 지역사회 이해당사자가 폐해를 파악하고 대응할 수 있는 역량을 구축하고자 하며, 노인을 위한 알코올 폐해에 관한 지침 및 정보 개발, 위험한 알코올 섭취에 대한 태도 개선, 저위험 사용에 대한 메시지 등으로써 문화적 변화를 촉진하고 장려하는 방안도 추진하고 있다(Australian Government, 2019). 또한 호주 정부는 2004년 학교 커리큘럼에 알코올 및 약물 교육을 포함하기 위한 계획을 발표하였으며, 이에 따라 모든 주와 교육 부서에서는 알코올 및 약물 교육의 커리큘럼을 통합했다(Howard et al., 2014).

호주 정부는 전국보건의학연구위원회(National Health and Medical Research Council: NHMRC)를 통해 '음주로 인한 건강 위험 감소 지침(NHMRC's Australian Guidelines to Reduce Health Risks from Drinking Alcohol)'을 제공하고 음주와 관련된 위험 감소를 위해 보건전문가 및 정책 입안자가 지역사회에 구체적인 정보를 제공하고 있다(Australian Government, 2019). 음주가 건강에 미치는 영향(예: 암, 간 질환, 폭력 및 부상, 체중 증가, 만성질환, 과체중 및 비만, 물질 의존성 및 정신질환과의 연관성)을 포함하여 낮은 위험 수준의 음주에 대해서도 교육을 제공한다(Australian Government, 2019). 또한 호주는 국립중독교육훈련센터(The National Centre for Education and Training on Addiction: NCETA, 2021a)을 통해 다양한 예방교육 프로그램을 시행하고 있으며, 술과 마약 사용 폐해에 관한 전국 캠페인과 더불어 다양한 지역 내 교육 프로그램을 시행하고 있다(NCETA, 2021b).

⑥ 공공장소 음주규제

호주에서는 알코올에 대한 물리적 접근을 제한하기 위해 공공장소에서 음주행위를 금지하고 있는 정책을 시행하고 있다. 공공장소에서의 음주금지 법령은 각 주법에서 규제하고 있으며, 6개 주 모두 각각 공공장소 음주 제한 관련 정책을 시행 중이다(보건복지부, 2018c). 호주는 주별로 음주 제한 및 금지 구역에서 음주, 오픈된 술병 소지 금지, 음주 후 소란 및 위협 행동에 대하여 모두 금지하거나 이중 한 가지 이상에 대해 금지하고 있다(보건복지부, 2018c). 이러한 공공장소 음주규제 위반 시 벌칙으로 보호조치[경찰서나 알코올 치유센터(Sobering Up Center)에서 일시적 보호조치], 술병 압수, 벌금, 퇴거 조치, 징역형 등이 이루어지는데, 이는 위반행동의 정도나 해당 주의 정책에 따라 다르게 적용하고 있다(보건복지부, 2018c). 구체적 장소는 주별로 다르지만 대부분 공공장소를 음주 제한 또는 금지의 장소로 지정하였다(보건복지부, 2018c). 예를 들어, 호주 수도 특별 지역(Australian Capital Territory)의 경우에는 주류규제에 대해 「2010년 주류규제 31조항-영구적 알코올 금지구역법(Liquor Regulation 2010—REG 31 Permanent Alcohol-free Places—Act)」, s198(1)를 통해 캔버라 센트럴 지구 내 시민공원의 일부 구역을 영구적인 알코올 금지 장소로 지정하였다(Australian Capital Territory Current Regulations, 2021). 이렇게 지정된 장소들은 술을 마실 수 없으나, 허가받은 바비큐장, 술집, 음식점 등과 같은 특정 장소에서는 음주를 허용한다(보건복지부, 2018c). 또한 음주가 허가된 장소일지라도 상습폭력 위험지역으로 지정하여 만취나 폭력, 기물 파괴, 음주 허가 장소에서 퇴거 불응 등과 같이 상습 범죄를 저지르는 경우 경찰이 72시간에서 12개월까지 지정 지역에 출입금지 명령할 수 있다(보건복지부, 2018c). 퀸즐랜드주의 경우 알코올 제한 구역에 반입 제한 기준보다 더 많은 술을 가지고 들어갈 시에는 벌금 또는 징역형을 받을 수 있으며, 음주 금지 구역에서 음주할 경우 최대 $AU2,619의 벌금이 부과될 수 있다(Queensland Government, 2021a, 2021b).

공원이나 해변을 대상으로 한 음주 금지 구역은 1회 지정 후 4년간 유지되고 재평가된다(보건복지부, 2018c). 장기적으로 음주를 금지해야 할 필요가 있을 때 음주 금지 구역 신청을 하게 되는데, 이 경우 지방의회에 지정 희망일로부터 4개월 전에 요청하여야 하며 법무부 내 담당부서인 '소비자 및 기업 서비스(Consumer and Business Services)'가 접수 후 법무부 장관에 의해 승인되면 관보를 통해 고지되는 절차를 밟게 된다(보건복지부, 2018c; 손애리, 신정훈, 김용범, 2018; Howard et al., 2014). 음주 금지 구역을 신청하기 위해서는 음주 금지 지역 지정 필요성에 대한 증거 자료, 금지 날짜, 시간, 지역에 대한 상세한 기술뿐 아니라 주민들과의 협의 내용도 포함된다(보건복지부, 2018c). 반면, 14일 이내의 단기 음주 금지 구역의 지정이 필요할 경우 지방정부 기관인 알코올·도박위원회(Alcohol & Gambling Commissioner)에 신청하여야 한다(보건복지부, 2018c).

이와 더불어 호주에서는 음주 환경에 대한 정책으로 직원교육(Staff Training in Responsible Service of Alcohol), 술에 취한 사람에게 술을 판매하거나 공급하는 것에 대한 금지와 이를 어길 때 판매자에 대한 책임(Server Liability) 적용으로 벌금을 부과하는 정책이 시행 중이다(Howard et al., 2014). 또한 심야 록아웃을 통해 업소 간 고객의 이동을 제한하며, 퀸즐랜드의 경우 새벽 3시에 록아웃을 진행하고 있다(Howard et al., 2014). 이와 더불어, 금지명령, 허가된 구역의 비상 폐쇄, 위반에 대한 처벌 강화권한 등을 통해 경찰과 면허기관에 대한 강력한 권한을 부여하고 있다(Howard et al., 2014).

3) 미국의 알코올 정책

(1) 알코올 정책의 방향 및 전략

자유주의가 최고도로 발달한 미국에서도 음주와 관련하여서는 매우 엄격한 법과 정책을 시행하고 있다(천성수, 2009). 알코올의 제조와 판매, 사용의 통제, 그리고 알코올로부터 발생하는 사회문제에 대응하는 미국의 공공정책은 연방과 주, 지방 정부에 의해 수립된다(Alcohol Policy Information System: APIS, 2020a). 주류에 대해 연방과 주 규제의 법적 근거는 미국 「헌법」으로 1919년부터 1933년까지 「수정헌법」 제18조는 미국에서 '술의 제조, 판매 또는 운송'을 금지했다(APIS, 2020a). 1933년 말, 의회는 국가의 「금주법」을 폐지하고, 주류를 규제할 수 있는 광범위한 권한을 부여하면서 「수정헌법」 제21조를 비준했다(APIS, 2020a). 「수정헌법」 제21조는 각 주에게 국경 내에서 주류 수입 또는 판매를 허용하거나 금지하고, 국경 내에서 주류 유통의 구조를 결정하며, 주류 판매와 소지의 다양한 측면을 규제할 권한을 부여했다(APIS, 2020a). 또한 미국 의회는 「헌법」 제1조에 따라 부여된 세금 부과 권한으로 주류에 대한 세금을 평가하고 징수하며, 연방정부는 공유지나 군사기지와 같이 연방정부의 직접 통제의 대상이 되는 모든 영역에서 주류를 규제할 수 있다

(APIS, 2020a).

미국의 연방정부에서는 국립 알코올 남용 및 중독연구소(National Institute on Alcohol Abuse and Alcoholism: NIAAA, 2017)를 운영하고 있다. NIAAA는 알코올이 건강과 복지에 미치는 영향에 대한 기본적인 지식을 생성 및 보급하고, 그 지식을 알코올 관련 문제의 진단, 예방 및 치료 개선에 적용하는 것을 목표로 한다(NIAAA, 2017). 이를 위해 NIAAA는 유전학, 신경과학, 역학, 예방 및 치료를 포함한 광범위한 과학 분야에서 알코올 관련 연구를 수행ㆍ지원하고, 알코올 관련 문제에 대해 다른 연구기관 및 연방 프로그램과 조정 및 협력하며, 알코올 관련 국제, 국가, 주 및 지역 기관, 조직, 프로그램과 협력한다 (NIAAA, 2017).

이와 더불어, 미국 보건성(The U.S. Department of Health and Human Services: HHS) 산하기관인 물질남용 및 정신건강서비스 관리국(The Substance Abuse and Mental Health Services Administration: SAMHSA)은 국가의 건강 행동을 증진시키고 정신장애 및 약물사용장애가 있는 개인과 그 가족의 삶을 개선하기 위한 공중보건 노력을 이끌고 있다 (SAMHSA, 2021). SAMHSA는 '약물사용에 대한 예방, 치료 및 회복지원 서비스의 발전'과 '약물관련 데이터 수집, 분석, 보급, 프로그램 및 정책 평가 개선'을 목표로 전략계획을 제시하고 있다(SAMHSA, 2021).

또한 미국 보건성 산하 질병예방건강증진국(Office of Disease Prevention and Health Promotion: ODPHP)에서는 Healthy People이라는 미국 국민들의 건강과 웰빙 개선 목표도 세우고 있다(ODPHP, 2021a). Healthy People은 1979년에 예방 가능한 사망과 부상을 줄이는 것에 초점을 둔 「Healthy People: The Surgeon General's Report on Health Promotion and Disease Prevention」이라는 보고서를 발표하면서 시작되었으며, 10년간의 미국 국가 건강 증진 및 질병 예방의 목표와 그 노력에 대한 내용들을 담고 있다 (ODPHP, 2021a). 2018년 6월 발표된 「Healthy People 2030」에서는 절주관련 목표로 약물과 알코올의 남용을 줄이는 것이 있으며, 세부적으로는 폭음에 가담한 21세 미만 인구의 비율 감소, 음주운전자와 관련된 자동차 충돌 사망 비율 감소, 간경변으로 인한 사망 감소, 음주를 한 청소년 비율 감소, 임산부의 금주 증가 등을 구체적인 목표로 설정하고 있다(ODPHP, 2021b).

(2) 알코올 정책 유형

미국 정부에서 시행하고 있는 청소년 음주 제한, 음주운전, 광고규제, 알코올 산업과 마케팅에 관한 규제, 교육에 관한 내용을 보다 구체적으로 살펴보고자 한다.

① 청소년 음주 제한

미국 정부는 청소년 음주에 대해 연방법으로 규정하고 있으며, 만 21세 미만의 사람이 알코올 음료를 구매하거나 공개적으로 소유하는 것을 금지한다(APIS, 2020b). 또한 「최소 음주연령기준법(National Minimum Drinking Age Act)」(1984) (23 U.S.C. § 158), 최소에 근거하여 주정부가 연방정부로부터 고속도로 건설에 지원되는 연방기금을 받기 위해서는 21세 미만의 사람에게 음주를 금지하도록 하였다(APIS, 2020b). 대부분의 주에서는 미성년자가 알코올 음료를 구매하거나 구매하려는 시도를 금지하고 있으며, 구매와 소지는 별개의 범죄이므로 알코올 음료를 구매하는 미성년자의 경우 두 가지 금지규정을 모두 갖춘 주에서는 두 가지 위반행위에 대해 책임을 져야 한다(APIS, 2020b).

② 음주운전

미국은 연방법으로 혈중알코올농도의 한계치를 설정하고 있으며, 음주운전과 관련하여 다음 경우에는 자동차의 실제 물리적 작동을 금지하고 있다(APIS, 2020c). ① 알코올 및 약물의 영향 아래에서 안전한 작동을 할 수 없는 정도, ② 알코올 농도가 혈액 100ml당 0.08g 이상 또는 호흡 210L당 0.08g 이상이다. 단, 주법이 운전자의 혈액이나 호흡에서의 알코올 농도에 있어 더욱 엄격하게 제한을 두는 경우, 이 한계는 본 항에 명시된 기준을 대체한다.

처벌의 수준은 각 주마다 다른데, 대표적으로 뉴욕주의 음주운전 처벌에 관한 내용을 살펴보면 혈중알코올농도 수치가 0.18 이상 시 가중음주운전으로, 0.05 초과 0.07 미만 시 음주운전 등으로 유형을 구분하여 처벌하고 있다(New York State Government, 2021). 가중음주운전의 경우 최대 징역 1년, 벌금 $1,000~$2,500, 최소 1년의 면허 취소 처벌이 이뤄지며, 음주운전의 경우에는 벌금 $500~$1,000, 징역 1년, 최소 6개월의 면허 취소 등으로 처벌이 이뤄지고 있다(New York State Government, 2021). 또한 재범 시 벌금의 증액, 징역 기간의 증가 등 가중 처벌되는 법적 규제를 시행하고 있다(New York State Government, 2021).

연방법은 일반적으로 연방 재산으로 운영되는 자동차에서 알코올 용기를 여는 것을 금지하며, 많은 주에서도 비상업용 자동차의 내에서 맥주, 와인 및 증류주를 포함한 알코올 용기를 개방하는 것을 금지하는 법을 채택했다(APIS, 2020d). 마지막으로, 일부 주에서는

1980년대 중반부터 미성년자의 주류 구매와 소지 또는 소비에 대한 처벌로 운전 권한의 상실(Revocation of Driving Privileges)을 승인했다(APIS, 2020c).

③ 광고규제
연방거래위원회 소비자정보(Federal Trade Commission Consumer Information)에 의하면, 미국의 경우 알코올 산업계가 자체적으로 알코올 광고규제 기준을 채택하고 준수하도록 하고 있다(Federal Trade Commission Consumer Information, 2013). 알코올 광고규제는 잠재고객 데이터를 기반으로 잠재고객의 28.4% 이상이 21세 미만의 사람들로 구성될 수 없도록 지시하고 있으며, 광고 콘텐츠는 21세 미만의 사람들에게 어필해서는 안 된다(Federal Trade Commission Consumer Information, 2013).

④ 알코올 산업
미국 대부분의 주는 「도매상 가격법(Wholesaler Pricing Laws)」에 기반하여 다음과 같은 네 가지 알코올 가격관련 제도를 시행하고 있다(APIS, 2020e). ① 대량구매 할인(Volume Discounts), ② 최소가격인상/최대할인(Minimum Markup/Maximum Discount), ③ 공지-유지(Post-and-Hold), ④ 소매업자 신용(Retailer Credit)이다. 대량구매 할인은 도매업자가 알코올 음료에 대해 대량구매 할인을 진행하는 것을 제한하며, 개별 소매업자가 구매한 금액과 별도로 주류 상품은 동일한 가격으로 판매해야 한다는 내용을 담고 있다(APIS, 2020e). 최소가격인상/최대할인의 경우 도매업자가 소매업자에게 판매하는 각 상품에 대해 최소 가격 인상이나 최대 할인의 한계를 설정하도록 하여 할인에 대한 관행을 제한한다(APIS, 2020e). 생산 가격에 기초하여 제한을 두는 경우도 있으며, 원가를 밑도는 제품의 판매 금지를 규정한다(APIS, 2020e). 공지-유지의 경우, 도매업자에게 알코올 제품의 추후 가격을 공개하도록 하고 일정 기간 이러한 가격을 유지할 수 있도록 요구하므로 이를 통해 모든 소매업체는 동일한 비용으로 구매할 수 있다(APIS, 2020e). 마지막으로, 소매업자 신용의 경우에는 도매업자가 소매업자에게 제공하는 신용거래를 제한하는 것을 의미한다(APIS, 2020e).

미국의 경우 주류세에 대해 대부분의 주에서는 알코올 도수를 기준으로 세금을 계산하며, 주 주류세는 크게 네 가지 범주로 나뉜다(APIS, 2020e). ① 특정 소비세(Specific Excise: 도매 또는 소매 수준에서 갤런당 부과되는 세금), ② 종가소비세(음료 소매 가격에 백분율로 부과되는 세금. 총수입 또는 소매수익률이라고도 함), ③ 판매세(Sales Tax: 주류에 적용되는 세금이 아닌 일반적인 상품에 부과하는 세금), ④ 판매세가 조정된 소매 증가소비세(일부 주에서는 판매세 대신 AVE세가 부과되며 이 경우 판매세가 부과되지 않는 점을 반영하여 소매중가세를 조정하여 더 부가한다.)이다.

⑤ 교육

미국의 알코올과 관련한 교육정책의 경우, 미국의 국립보건원(National Institutes of Health: NIH) 산하의 NIAAA는 알코올 남용 예방에 관한 교육과 건강 정보를 보급하고 알코올중독 및 치료, 알코올과 관련한 건강문제와 그에 대응하는 전략을 촉진하는 역할을 하고 있다(NIH, 2021). 관련된 정보 및 교육 자료를 제공하는데, 청소년과 청년들에게 영향을 미칠 수 있는 부모나 보호자, 교사와 기타 교육자들을 위해 고안된 교육 자료를 사이트를 통해 제공하여 활용될 수 있도록 하고 있다(NIAAA, 2021). 특히 관련 실천가들을 위한 가이드북을 제공하고 있으며, 이를 통해 위험을 빠르게 인지하고 신속하게 대처할 수 있도록 하고 있다(NIAAA, 2021).

또한 미국 정부의 음료서비스 교육 및 관련 개입 정책으로 소매 주류 판매점이 판매자 교육 프로그램이나 책임 음료 서비스(Server Training/Responsible Beverage Service)에 참여하도록 요구하거나, 참여 시 인센티브를 제공하고 있다(APIS, 2020f). 해당 정책의 목표는 미성년자 및 술에 취한 사람에게 주류를 판매하거나 서비스를 제공하는 것을 방지하기 위한 것과 소매점의 주류판매 정책이나 절차를 통해 위험음주를 방지하는 것이다(APIS, 2020f). 일부 주의 프로그램들은 판매자들이 운전자와 임산부에게 주류를 판매하지 않는 것에 중점을 두는 것과 주류구매자들에게 책임 있는 음주를 권고할 수 있도록 하는 광범위한 목표를 가지고 있다(APIS, 2020f). 판매자 교육은 서비스 및 판매 절차, 취기의 징후, 연령 확인방법 및 개입기술에 초점을 맞추고 있으며, 관리자 교육에는 판매자 교육뿐만 아니라 정책 및 절차 개발 및 직원 감독이 포함된다(APIS, 2020f).

⑥ 공공장소 음주규제

미국의 주의회 전국회의(National Conference of State Legislatures: NCSL, 2021)에 의하면, 미국은 연방법으로서「오픈 컨테이너 법(United States Open-Container Laws)」을 시행하고 있는데 해당 법령에는 자동차 내와 공공장소에서의 알코올 소비와 열린 용기의 규제 내용이 포함되어 있다(NCSL, 2021).

미국 내 공공장소에서의 음주금지 법령은 주마다 다른 내용으로 각 주의 주법에 따라

규제된다(손애리 외, 2018). 미국에서 공공장소 음주 금지법이 제정된 주는 13개 주이고, 실질적으로 공공장소에서의 음주행위를 금지하는 주는 35개이며 특정 지역에서만 음주를 허용한 주는 15개 주로, 대부분의 주에서 공공장소에서의 주류소지와 음주를 법으로 금지 하고 있음을 알 수 있다(손애리 외, 2018).

4. 우리나라 알코올 정책의 과제와 전망

한국의 알코올 정책은 그동안 UN 및 WHO의 국제적 기준을 바탕으로 지속적으로 발 달해 왔다. 현재는 정신건강복지기본계획과 같이 정신건강 범주 안에서 알코올 폐해의 예 방, 중독치료, 회복 지원정책을 다루거나 국민건강증진종합계획 안에서 절주를 목표로 하 는 교육과 홍보를 포함시키는 것으로 나타났다. WHO에서 권고한 음주량 감소 및 음주폐 해 예방을 위한 국가 시행 사항을 기준으로 우리나라 알코올 규제 정책의 이행 현황을 분 석한 박여진과 오유미(2021)에 따르면, 우리나라의 경우 WHO의 권고사항인 국가가 알코 올 규제 정책을 수립하는 것과 정책을 지속적으로 추진 및 유지할 수 있는 기관 및 부서 의 설치, 유관기관 연계 협력, 음주폐해에 대한 교육 및 홍보 등에 대한 정책을 잘 이행하 고 있다. 뿐만 아니라 보건복지부에서 음주폐해 예방 정책과 사업을 추진하고 수행 여부 를 모니터링 중이다(박여진, 오유미, 2021). 그러나 지역사회 예방사업이 대부분 민간에 위 탁되어 있으며, 국가의 지원이 정보제공 및 보조금 지원, 담당인력 교육 지원 수준에 그치 고 있다는 점에서는 개선이 요구된다(강길현, 2020; 박여진, 오유미, 2021). 또한, 공공장소 음주 제한 영역이 매우 협소하게 시행되고 있으며, 음주방식 및 음주폐해에 대한 모니터 링도 보다 적극적으로 진행되어야 할 필요가 있다(박여진, 오유미, 2021).

그 밖의 세부적인 국내 알코올 관련 법과 정책으로는 크게 「청소년 보호법」을 근간으로 하는 청소년(19세 미만)의 음주제한 정책, 「도로교통법」을 기반으로 하는 음주운전 관련 정 책, 「국민건강증진법」을 기반으로 하는 주류광고 규제, 공공장소 음주 제한, 절주 교육 및 홍보 정책, 「주세법」을 근간으로 주류 유통과 가격을 결정하는 알코올 산업정책이 있다. 이처럼 알코올 관련 정책들의 근간이 되는 법과 주관부처의 다양성이 존재하지만 이를 포 괄하는 국가적 방향성이 명확히 제시되지는 않았다. 따라서 호주와 같이 국가 전체적으 로 알코올 정책에 대한 국가의 방향성과 전략을 포괄하여 제시하는 것이 필요하다. 또한 체계적인 법제도의 마련과 유기적인 정부 부처 간의 연계 시스템이 요구된다(김기경 외,

2010).

먼저, 청소년 음주 제한정책과 관련하여 그동안 우리나라의 청소년 음주정책은 주로 주류 구매자 및 판매자 단속과 같은 단편적인 측면에 머물러 왔다. 이제는 한 걸음 더 나아가 청소년에게 많은 영향을 미치는 아이돌과 같은 유명 모델을 주류광고에 기용할 수 없도록 금지하는 것 등을 포함하여 심리사회적 영향을 다각적으로 고려한 정책의 필요성이 제기된다(김지연 외, 2017). 또한 서울경찰청이 '윤창호법' 시행 2주년을 맞아 발표한 보도자료(서울경찰청, 2021)에 따르면, 음주운전으로 인한 사망사고는 법 시행 첫해 52.0%에서 2년 차 40.7%로, 음주운전 단속건수도 2019년 6월 25일 이후 1년 차 17.9%, 2년 차 24.7%로 시행 전에 비하여 감소한 것으로 나타났다. 즉, 이 같은 단속 및 처벌 기준의 강화는 우리나라 음주운전 감소에 긍정적인 영향을 미쳤다. 또한 호주의 경우 운전자의 유형별로도 혈중알코올농도를 다르게 적용하는데, 특히 초보 및 젊은 운전자의 경우 무관용 원칙을 적용하고 있다. 미국에서도 대중교통 운전자와 미성년자 운전자의 혈중알코올농도를 보다 엄격하게 규제하고 고속도로에서 운전자와 승객의 음주단속을 강화하는 정책을 시행하고 있다. 우리나라에서도 이와 같이 운전자 유형을 세분화하는 정책들을 고려해 볼 수 있을 것이다.

주류광고 제한의 담당부처는 보건복지부이며, 산하 한국건강증진개발원이 관련 모니터링과 분석 등을 담당하고 있다. 이번 「국민건강증진법 시행령」의 개정으로 주류광고 시간 및 매체에 대한 보다 구체적이고 실제적인 제한사항들이 추가된 만큼, 그 결과 및 파급효과들에 대한 추이를 좀 더 지켜보는 것이 필요하다. 또한 호주와 미국에서는 공공장소 음주규제를 비교적 엄격하게 규제하고 있는 것으로 나타난 반면, 우리나라는 이제 막 「국민건강증진법」에 근거('21년 7월 시행)하여 지방자치단체가 조례로 금주 구역으로 지정한 곳에서 음주 시 과태료를 부과할 수 있게 되었다. 호주와 미국의 경우, 중앙정부 차원의 규제가 존재하는 반면, 우리나라는 지방자치단체의 조례에 의해 시행된다는 점에서 규제 수준의 차이가 존재한다. 그럼에도 불구하고 이러한 새로운 정책이 시작되었으므로 향후 이 정책이 어떻게 시행되고 그 결과는 어떠한지에 대한 모니터링과 평가가 이루어져야 할 것이다. 또한 공공장소 음주 제한 정책 이행율의 향상을 위하여 정부가 금주 구역 지정 및 운영에 대한 가이드라인의 배포, 교육, 홍보를 통해 지방자치단체의 혼선 방지 및 적극적 참여를 유도하는 것이 필요하다(박여진, 오유미, 2021). 이 밖에도 알코올 산업과 관련 정책의 경우 우리나라에서 주로 사용하고 있는 세금 관련 정책에서 나아가 미국과 호주와 같이 대량구매 할인 규제, 최소가격인상/최대할인에 대한 규제, 주류판매 일수, 시간, 판매점 밀도 제한정책까지 보다 촘촘하고 실질적인 정책의 시행이 이루어져야 할 것이다.

1. 국내와 해외의 알코올 정책 비교를 통해 국내 알코올 정책의 문제점은 무엇이며 개선 및 보완 방안은 무엇인지 논하시오.
2. 국가 주도의 다양한 정책의 시행에도 불구하고 국내 음주관련 문제들이 지속 및 심화되는 이유는 무엇일지 토론하시오.
3. 해외의 사례를 참고하여, 아직까지 한국에 도입되지 않은 음주정책 중 적용할 필요성이 높은 정책은 무엇이며 그 이유를 논하시오.

참고문헌

강길현(2020). 우리나라 음주문제 예방에 관한 알코올사용 정책의 효율적 방안구상. 국가정책연구, 34(3), 149-185.

강태일(2011). 연쇄가중법에 의한 농·수·축산물 수입가격지수 개발에 관한 연구. 관세학회지, 12(4), 273-298.

고광욱, 김혜숙, 이효영(2021). 한국 알코올 관련 정책변화와 대응의 방향. 알코올과 건강행동연구, 22(1), 1-7.

관계부처합동(2016). 정신건강종합대책. 세종: 보건복지부.

관계부처합동(2018). 제6차 청소년정책기본계획(2018~2022). 서울: 여성가족부.

관계부처합동(2021). 제2차 정신건강복지기본계획(2021~2025). 세종: 보건복지부.

국가법령정보센터(2021a). 정신보건법. Retrieved November 18, 2021, from https://www.law.go.kr/lsSc.do?menuId=1&subMenuId=17&tabMenuId=93&query=%EC%A0%95%EC%8B%A0%EB%B3%B4%EA%B1%B4%EB%B2%95#undefined에서 2021. 11. 18. 인출

국가법령정보센터(2021b). 국민건강증진법. https://www.law.go.kr/lsSc.do?section=&menuId=1&subMenuId=15&tabMenuId=81&eventGubun=060101&query=%EA%B5%AD%EB%AF%BC%EA%B1%B4%EA%B0%95%EC%A6%9D%EC%A7%84%EB%B2%95#undefined에서 2021. 9. 24. 인출

국가법령정보센터(2021c). 정신건강증진 및 정신질환자 복지서비스 지원에 관한 법률. https://

www. law. go. kr/lsSc. do?section=&menuId=1&subMenuId=15&tabMenuId=81&eventGubun
=060101&query=%EA%B5%AD%EB%AF%BC%EA%B1%B4%EA%B0%95%EC%A6%9D%EC
%A7%84%EB%B2%95#undefined에서 2021. 9. 24. 인출

국가법령정보센터(2021d). 청소년 보호법. https://www. law. go. kr/lsSc. do?section=&menuId=1
&subMenuId=15&tabMenuId=81&eventGubun=060101&query=%EA%B5%AD%EB%AF%BC
%EA%B1%B4%EA%B0%95%EC%A6%9D%EC%A7%84%EB%B2%95#undefined에서 2021. 9.
24. 인출

국가법령정보센터(2021e). 도로교통법. https://www. law. go. kr/lsSc. do?section=&menuId=1&s
ubMenuId=15&tabMenuId=81&eventGubun=060101&query=%EA%B5%AD%EB%AF%BC%
EA%B1%B4%EA%B0%95%EC%A6%9D%EC%A7%84%EB%B2%95#undefined에서 2021. 9.
24. 인출

국가법령정보센터(2021f). 특정범죄가중처벌 등에 관한 법률. https://www. law. go. kr/lsSc. do?se
ction=&menuId=1&subMenuId=15&tabMenuId=81&eventGubun=060101&query=%EA%B5
%AD%EB%AF%BC%EA%B1%B4%EA%B0%95%EC%A6%9D%EC%A7%84%EB%B2%95#und
efined에서 2021. 9. 24. 인출

국가법령정보센터(2022). 도로교통법 시행규칙. https://www. law. go. kr/LSW/lsInfoP. do?lsiSeq=
236403&viewCls=lsRvsDocInfoR#에서 2022. 10. 30. 인출

국립국어원(2022). 표준국어대사전. https://stdict. korean. go. kr에서 2022.8.12 인출.

국세청(2020). '술', 그리고 세금 바로 알기. https://www. nts. go. kr/nts/na/ntt/selectNttInfo.
do?mi=2201&nttSn=94065에서 2021. 9. 24. 인출

김광기(2008). 음주폐해 예방과 감소를 위한 국제적 동향과 시사점. 보건과 사회과학, 24(1), 103-
119.

김광기(2015). 국내음주폐해감소를 위한 효과적 정책모색. 보건복지포럼, 221, 67-78.

김기경, 민성호, 이재우, 유형정(2010). 국민건강증진을 위한 음주규제의 법정책과 입법방안. 우리
나라, 미국, 영국, 프랑스를 중심으로. 한국의료법학회지, 18(2), 178-200.

김소라(2011. 9. 27.). 보건복지부 알코올종합대책 '파랑새플랜2010' 실적 낙제점. 서울신문.
https://www. seoul. co. kr/news/newsView. php?id=20110927500005

김정현, 손애리(2020). 알코올 위해감축 정책의 국제적 추세와 도입방안. 알코올과 건강행동연구,
21(2), 13-25.

김지연, 정소연, 최수정(2017). 청소년보호정책 현황분석 및 개선방안 연구. 세종: 한국청소년정책연구
원.

김혜련(2006). 국민건강증진종합계획(HP2010) 내의 파랑새플랜 2010에 관한 연구. 한국알코올과학회지, 7(2), 97-112.

김혜숙, 이효영, 고광욱(2021). 국민건강증진종합계획에서의 알코올관련 정책변화와 함의. 알코올과 건강행동연구, 22(1), 9-19.

노성원, 이해국, 기선완(2009). 알코올정책의 개념과 효과성. 중독정신의학, 13(2), 104-113.

도로교통공단(2021). 자동차안전운전-음주운전의 기준 및 처벌. https://www.koroad.or.kr/kp_web/drunkDriveInfo4.do에서 2021. 9. 24. 인출

도로교통공단(2022). 도로교통공단-공지사항. https://www.koroad.or.kr/sido/sidoNoticeView.do?board_code=100507&bseq=154348&tt=5&pageindex=1&search_field=&search_value=에서 2022.10.30. 인출

맹철규, 강태일(2011). 연쇄가중법에 의한 농ㆍ수ㆍ축산물 수입가격지수개학에 관한 연구. 관세학회지, 12(4), 273-298.

박여진, 오유미(2021). 우리나라 알코올 규제 정책의 이행 현황과 향후 과제. 보건교육건강 증진학회지, 38(1), 63-80.

박영범, 최재욱(2019). 위해감축 중독관리의 국제적 추세와 시사점. 의료정책포럼, 16(4), 91-98.

보건복지부(2002). 국민건강증진종합계획(Health plan 2010). 서울: 보건복지부.

보건복지부(2006). 파랑새플랜2010 보도자료. 서울: 보건복지부.

보건복지부(2011). 제3차 국민건강증진종합계획(2011~2020). 세종: 보건복지부.

보건복지부(2015). 2015년 정신건강사업 안내. 세종: 보건복지부.

보건복지부(2018a). 2018 음주폐해예방실행계획. 세종: 보건복지부.

보건복지부(2018b). 2018년 정신건강사업안내. 세종: 보건복지부.

보건복지부(2018c). 음주문화 특성분석 및 주류접근성 개선 최종보고서. 세종: 보건복지부.

보건복지부(2020). 지자체, 금주구역 지정 법적근거 생겼다! http://www.mohw.go.kr/upload/viewer/skin/doc.html?fn=1606982494480_20201203170134.pdf&rs=/upload/viewer/result/202109/에서 2021. 9. 24. 인출

보건복지부(2021). 2021년 정신건강사업 안내. 세종: 보건복지부.

보건복지부, 한국건강증진개발원(2015). 제4차 국민건강증진종합계획(2016~2020). 세종: 보건복지부.

보건복지부, 한국건강증진개발원(2021a). 2021년 알코올 통계자료집. 서울: 한국건강증진개발원.

보건복지부, 한국건강증진개발원(2021b). 「국민건강증진법」 주류광고 준수사항 안내자료 배포. http://www.mohw.go.kr/react/al/sal0301vw.jsp?PAR_MENU_ID=04&MENU_

ID=0403&CONT_SEQ=366224에서 2021. 9. 24. 인출

보건복지부, 한국건강증진개발원(2021c). 제5차 국민건강종합계획(Health Plan 2030). 세종: 보건복지부.

보건복지부, 한국건강증진개발원(2021d). 2021 지역사회 통합건강증진사업 안내(음주폐해 예방). 세종: 보건복지부.

보건복지부, 한국보건사회연구원(2006). 새국민건강종합계획 수립. 세종: 보건복지부.

보건복지부, 한국스트레스트라우마학회(2021). 2021년 9월 국민 정신건강실태조사. 세종: 보건복지부.

서울경찰청(2021). 서울경찰, 윤창호법 시행 2주년 처벌, 단속기준 강화로 음주운전 감소. https://www.smpa.go.kr/user/nd42986.do?View&uQ=&pageST=SUBJECT&pageSV=&imsi=imsi&page=3&pageSC=SORT_ORDER&pageSO=DESC&dmlType=&boardNo=00267534&returnUrl=https://www.smpa.go.kr:443/user/nd42986.do#attachdow에서 2021. 9. 24. 인출

손애리(2019). 금주구역의 제도화 방안. 알코올과 건강행동학회 2019년 학술대회 자료집.

손애리(2020). 음주문화변화를 위한 정책방안. 알코올과 건강행동학회 2020년 학술대회 자료집.

손애리, 신정훈, 김용범(2018). 공공장소에서의 음주규제 정책: 호주, 캐나다, 미국, 싱가포르, 우리나라를 중심으로. 보건교육건강증진학회지, 35(4), 65-73.

윤명숙(2004). 한국의 알코올, 약물남용 문제해결을 위한 지역사회정신보건개입방안-지역사회 알코올상담센터 중심으로. 한국사회복지학회: 춘계학술대회논문집, 673-703.

윤진석(2021. 9. 25.). [역사 속 오늘] 음주운전 처벌 강화 계기 '윤창호 사건'. 아시아타임즈. https://www.asiatime.co.kr/article/20210923500232?1=1

이상규(2021). 한국 알코올 정책의 과거와 미래. 알코올과 건강행동학회 학술대회, 661-680.

이주열(2017). 지역통합건강증진사업의 개선 방안. 보건복지포럼, 2017(4), 32-40.

이준규, 송은주(2018). 주세의 종량세 전환이 외부효과에 미치는 영향. 세무와 회계저널, 19(2), 63-87.

이현경(2009). 한국과 미국의 절주관련 정책목표 비교. 한국알코올과학회지, 10(1), 119-136.

전교연, 이루리, 박우리, 황우석, 이용주, 오홍석, 김용진, 이해국, 노성원(2017). 지역사회 중독관리서비스 현황: 중독관리통합지원센터를 중심으로. 중독정신의학, 21(2), 115-123.

전진아, 강현아(2020). 정신건강서비스 전달체계의 현황과 과제. 보건복지포럼, 282(4), 30-42.

정애숙(2015). 우리나라 주류 및 음주 정책의 변천과 과제. 보건복지포럼, 221, 67-78.

표태준(2022. 5. 26.). 윤창호법 효력상실…'반복 음주운전·측정거부' 가중처벌 위헌. 조선일보.

천성수(2009). 지구촌 알코올 리포트: 알코올정책의 역사적 교훈이 큰 나라 미국. 건강생활, 66,

22-24.

한국건강증진개발원(2018). 국내외 건강정책 분석을 통한 국민건강증진종합계획 추진방향. 서울: 한국건강증진개발원.

한국건강증진개발원(2021a). 절주온-정책-음주폐해예방을 위한 실행전략 SAFER. https://www. khealth. or. kr/board/view?pageNum=1&rowCnt=8&no1=5&linkId=999374&menuId=MENU0 0646&schType=0&schText=&searchType=&boardStyle=Gallery&categoryId=&continent=&c ountry=&contents1=>l에서 2021. 9. 24. 인출

한국건강증진개발원(2021b). 사업소개-음주폐해예방관리사업. https://www. khealth. or. kr/board ?menuId=MENU00851&siteId=null-)에서 2021. 9. 24. 인출

한국건강증진재단(2012). 세계보건기구 절주사업 모니터링 대응책 모색과 절주사업 활성화 전략 수립. 서울: 한국건강증진재단.

한국보건사회연구원, 한국건강증진재단(2012). 음주로 인한 사회경제적 비용 및 음주폐해 예방사 업의 비용효과성 분석. 세종: 한국보건사회연구원.

ABAC (2021). About ABAC. Retrieved September 24, 2021, from the World Wide Web: http:// www. abac. org. au/about/

ACMA (2020). Ads for alcohol, tobacco or therapeutic goods. Retrieved September 24, 2021, from the World Wide Web: https://www. acma. gov. au/ads-alcohol-tobacco-or- therapeutic-goods#time-limits-on-tv-ads

Alcohol and Drug Foundation (2020). Understanding secondary supply of alcohol. Retrieved September 24, 2021, from the World Wide Web: https://adf. org. au/insights/understanding- secondary-supply/

Alcohol Policy Information System (APIS) (2020a). About alcohol policy information system (APIS). Retrieved September 24, 2021, from the World Wide Web: https://alcoholpolicy. niaaa. nih. gov/about-apis

Alcohol Policy Information System (APIS) (2020b). Underage drinking. Retrieved September 24, 2021, from the World Wide Web: https://alcoholpolicy. niaaa. nih. gov/apis-policy- topics/underage-purchase-of-alcohol/43

Alcohol Policy Information System (APIS) (2020c). Blood alcohol concentration (BAC) limits. Retrieved September 24, 2021, from the World Wide Web: https://alcoholpolicy. niaaa. nih. gov/apis-policy-topics/adult-operators-of-noncommercial-motor-vehicles/12/about-this-policy#page-content

Alcohol Policy Information System (APIS) (2020d). Transportation. Retrieved September 24, 2021, from the World Wide Web: https://alcoholpolicy.niaaa.nih.gov/apis-policy-topics/ open-containers-of-alcohol-in-motor-vehicles/34/about-this-policy#page-content

Alcohol Policy Information System (APIS) (2020e). Alcohol beverages pricing. Retrieved September 24, 2021, from the World Wide Web: https://alcoholpolicy.niaaa.nih.gov/apis-policy-topics/wholesale-pricing-practices-and-restrictions/3

Alcohol Policy Information System (APIS) (2020f). Retail sales. Retrieved September 24, 2021, from the World Wide Web: https://alcoholpolicy.niaaa.nih.gov/apis-policy-topics/ beverage-service-training-and-related-practices/26#page-content

Australian Capital Territory Current Regulations (2021). Liquor regulation 2010- REG 31 Permanent alcohol-free places—Act, s 198 (1). Retrieved November 20, 2021, from the World Wide Web: http://www8.austlii.edu.au/cgi-bin/viewdoc/au/legis/act/consol_reg/ lr2010198/s31.html?context=1;query=Permanent%20alcohol-free%20places;mask_path=au/ legis/act/consol_reg

Australian Government (2019). National alcohol strategy 2019-2028. Retrieved September 24, 2021, from the World Wide Web: https://www.health.gov.au/resources/publications/ national-alcohol-strategy-2019-2028

Australian Government (2020a). Alcohol laws in Australia. Retrieved September 24, 2021, from the World Wide Web: https://www.health.gov.au/health-topics/alcohol/about-alcohol/ alcohol-laws-in-australia

Australian Government (2020b). Standard drinks guide. Retrieved September 24, 2021, from the World Wide Web: https://www.health.gov.au/health-topics/alcohol/about-alcohol/ standard-drinks-guide

BBN (2021). Schemes-supporting the licensed trade to reopen. Retrieved September 24, 2021, from the World Wide Web: https://bbnuk.com/covid-19/schemes-supporting-the-licensed-trade-to-reopen/

Committee of Advertising Practice (2016). *Alcohol tv ads: Advertising guidance (broadcast)*. London: Committee of Advertising Practice.

Durham County Council (2021). About best bar none scheme. Retrieved September 24, 2021, from the World Wide Web: https://www.durham.gov.uk/article/7721/About-Best-Bar-

None-Scheme

Federal Trade Commission Consumer Information (2013). Alcohol Advertising. Retrieved September 24, 2021, from the World Wide Web: https://www.consumer.ftc.gov/articles/0391-alcohol-advertising

Gilmore, I., & Williams, R. (2019). Alcohol policy in the UK: Where next? *Lancet*, *393*(10189), 2377-2378. doi: 10.1016/S0140-6736(19)31396-0.

Government of UK (2015a). Drink-drive rehabilitation scheme course syllabus. Retrieved November 20, 2021, from the World Wide Web: https://www.gov.uk/government/publications/2010-to-2015-government-policy-harmful-drinking/2010-to-2015-government-policy-harmful-drinking

Government of UK (2015b). Drink-drive rehabilitation scheme course syllabus. Retrieved September 24, 2021, from the World Wide Web: https://www.gov.uk/government/publications/drink-drive-rehabilitation-syllabus

Government of UK (2018). Public health England and drinkaware launch drink free days. Retrieved September 24, 2021, from the World Wide Web: https://www.gov.uk/government/news/public-health-england-and-drinkaware-launch-drink-free-days

Government of UK (2019). Drink free days campaign 2018: Executive summary. Retrieved September 24, 2021, from the World Wide Web: https://www.gov.uk/government/publications/drink-free-days-2018-campaign-evaluation/drink-free-days-campaign-2018-executive-summary

Government of UK (2021a). Alcohol and young people. Retrieved September 24, 2021, from the World Wide Web: https://www.gov.uk/alcohol-young-people-law

Government of UK (2021b). The drink drive limit. Retrieved September 24, 2021, from the World Wide Web: https://www.gov.uk/drink-drive-limit

Government of UK (2021c). Drink-driving penalties. Retrieved September 24, 2021, from the World Wide Web: https://www.gov.uk/drink-driving-penalties

Government of UK (2021d). Drink-drive rehabilitation courses. Retrieved September 24, 2021, from the World Wide Web: https://www.gov.uk/drink-drive-course

Government of UK (2021e). Drinking banning order (DBO). Retrieved September 24, 2021, from the World Wide Web: https://www.gov.uk/drinking-banning-order

Howard, S. J., Gordon, R., & Jones, S. C. (2014). Australian alcohol policy 2001-2013 and implications for public health. *BMC Public Health, 14*(1), 1-13.

In Gear Australia (2021). Back on track—Drink/drug driving. Retrieved September 24, 2021, from the World Wide Web: https://ingearaustralia.com.au/back-on-track/back-on-track-drink-driver-education/#

National Institute on Alcohol Abuse and Alcoholism (NIAAA) (2017). National Institute on Alcohol Abuse and Alcoholism strategic plan 2017-2021. Retrieved November 20, 2021, from the World Wide Web: https://www.niaaa.nih.gov/strategic-plan

National Institute on Alcohol Abuse and Alcoholism (NIAAA) (2021). Alcohol screening and brief intervention for youth: A practitioner's guide. Retrieved November 20, 2021, from the World Wide Web: https://www.niaaa.nih.gov/alcohols-effects-health/professional-education-materials/alcohol-screening-and-brief-intervention-youth-practitioners-guide

National Institutes of Health (2021). Organization carts/functional statements. Retrieved September 24, 2021, from the World Wide Web: https://oma.od.nih.gov/DMS/Pages/Organizational-Changes-Org-Chart-Function.aspx

National Conference of State Legislatures (2021). Open container and consumption statutes. Retrieved September 24, 2021, from the World Wide Web: https://www.ncsl.org/research/financial-services-and-commerce/open-container-and-consumption-statutes.aspx

Natronal Institute for Health and Care Excellence (NICE) (2019). NICE updates guideline on alcohol education in schools. Retrieved September 24, 2021, from the World Wide Web: https://www.nice.org.uk/news/article/nice-updates-guideline-on-alcohol-education-in-schools

New York State Government (2021). Penalties for alcohol or drug-related violations. Retrieved September 24, 2021, from the World Wide Web: https://dmv.ny.gov/tickets/penalties-alcohol-or-drug-related-violations

NHS (2021). Alcohol units. Retrieved September 24, 2021, from the World Wide Web: https://www.nhs.uk/live-well/alcohol-support/calculating-alcohol-units/?tabname=alcohol-facts

Northern Territory Government (2021a). Drink driving penalties. Retrieved September 24, 2021, from the World Wide Web: https://nt.gov.au/driving/driving-offences-and-penalties/drink-driving-penalties

Northern Territory Governmentl (2021b). Drink and drug driver education course. Retrieved September 24, 2021, from the World Wide Web: https://nt.gov.au/driving/driving-offences-and-penalties/drink-and-drug-driver-education-course

Office of Disease Prevention and Health Promotion (ODPHP) (2021a). Healthy people 2030 framework. Retrieved November 20, 2021, from the World Wide Web: https://www.healthypeople.gov/2020/About-Healthy-People/Development-Healthy-People-2030/Framework

Office of Disease Prevention and Health Promotion (ODPHP) (2021b). Drug and alcohol use. Retrieved November 20, 2021, from the World Wide Web: https://health.gov/healthypeople/objectives-and-data/browse-objectives/drug-and-alcohol-use

Queensland Government (2021a). Fines and penalties. Retrieved September 24, 2021, from the World Wide Web: https://www.qld.gov.au/firstnations/health-staying-active/alcohol-smoking-drugs/community-alcohol-restrictions/fines-penalties

Queensland Government (2021b). Dry places. Retrieved September 24, 2021, from the World Wide Web: https://www.qld.gov.au/firstnations/health-staying-active/alcohol-smoking-drugs/community-alcohol-restrictions/fines-penalties

Scottish Government (2021). Minimum unit pricing. Retrieved September 24, 2021, from the World Wide Web: https://www.gov.scot/policies/alcohol-and-drugs/minimum-unit-pricing/

Speakman, E. M., & McHale, J. V. (2019). UK alcohol policy: The Brexit effect. *Lancet, 394*(10200), 732-733.

Substance Abuse and Mental Health Services Administration (SAMHSA) (2021). Substance Abuse and Mental Health Services Administration strategic plan. Retrieved November 20, 2021, from the World Wide Web: https://www.samhsa.gov/about-us/strategic-plan-fy2019-fy2023

The National Centre for Education and Training on Addiction (NCETA) (2021a). About NCETA. Retrieved November 20, 2021, from the World Wide Web: https://nceta.flinders.edu.au/nceta

The National Centre for Education and Training on Addiction (NCETA) (2021b). The Alcohol and Other Drugs System in Australia. Retrieved November 20, 2021, from the World Wide Web: https://nceta.flinders.edu.au/index.php?cID=860#prevention

United Nations (2015). Resolution adopted by the general assembly on 25 September 2015. Retrieved November 15, 2021, from the World Wide Web: https://www.ua.undp.org/

content/dam/ukraine/docs/SDGreports/Agenda2030%20eng.pdf

United Nations (2018). Transforming our World: The 2030 agenda for sustainable development. Retrieved November 15, 2021, from the World Wide Web: https://www.ua.undp.org/content/ukraine/en/home/library/sustainable-development-report/the-2030-agenda-for-sustainable-development.html?utm_source=EN&utm_medium=GSR&utm_content=US_UNDP_PaidSearch_Brand_English&utm_campaign=CENTRAL&c_src=CENTRAL&c_src2=GSR&gclid=Cj0KCQiAhMOMBhDhARIsAPVml-Huy_r6-6xj8zHgzTpxtATT0S5V5lYjMd6JJcK7uMlqQujlSfyhn7YaAtfeEALw_wcB

World Health Organization (2011). Global status report on alcohol and health. Retrieved November 15, 2021, from the World Wide Web: https://https://www.who.int/substance_abuse/publications/global_alcohol_report/msbgsruprofiles.pdf

World Health Organization (2016). *Monitoring health for the SDGs*. Geneva: WHO Press.

World Health Organization (2018). Safer: A world free from alcohol related harms. Retrieved September 24, 2021, from the World Wide Web: https://www.who.int/substance_abuse/safer/msb_safer_brochure.pdf?ua=1

World Health Organization (2020). Working document for development of an action plan to strengthen implementation of the global strategy to reduce the harmful use of alcohol. Retrieved November 15, 2021, from the World Wide Web: https://cdn.who.int/media/docs/default-source/alcohol/action-plan/for-web-working-document-for-action-plan.pdf?sfvrsn=1754d27a_4&download=true

Woolhouse, J. (2019). *Alcohol: Drinking in the street*. House of Commons Library.

● 찾아보기

저자 소개

김혜련(Kim, Hae Ryun) 제1장

서울여자대학교 식품과학과 졸업
미국 워싱턴대학교(Washington University in St. Louis) 사회사업학 석사
서울대학교 대학원 사회복지학 박사
현 서울여자대학교 사회복지학과 명예교수

고윤순(Koh, Yun-Soon) 제5, 6, 7장

한림대학교 사회사업학과 졸업
미국 위스콘신 주립대학교(University of Wisconsin-Milwaukee) 사회복지학 석사
미국 위스콘신 주립대학교(University of Wisconsin-Madison) 사회사업학 박사
현 한림대학교 사회복지학부 교수

김용석(Kim, Yongseok) 제3, 9, 10장

연세대학교 사회사업학과 졸업
미국 그램블링 주립대학교(Grambling State University) 사회사업학 석사
미국 텍사스 주립대학교(The University of Texas at Austin) 사회사업학 박사
현 가톨릭대학교 사회복지학과 및 일반대학원 중독학과 교수

손선주(Sohn, Sunju) 제8장

서울여자대학교 사회사업학과 졸업
미국 텍사스 주립대학교(The University of Texas at Austin) 사회사업학 석사
미국 텍사스 주립대학교(The University of Texas at Austin) 사회사업학 박사
현 청주대학교 사회복지학과 부교수

장수미(Jang, Soo Mi) 제4장

이화여자대학교 사회사업학과 졸업
이화여자대학교 대학원 사회복지학 석사
이화여자대학교 대학원 사회복지학 박사
현 청주대학교 사회복지학과 교수

장승옥(Jang, Seung Ock) 제11, 12장

연세대학교 사회학과 졸업
미국 버클리대학교(U. C. Berkeley) 사회복지학 석사
미국 버클리대학교(U. C. Berkeley) 사회복지학 박사
현 계명대학교 사회복지학과 교수

전종설(Chun, JongSerl) 제13장

이화여자대학교 사회복지학과 졸업
이화여자대학교 사회복지학 석사
미국 텍사스 주립대학교(The University of Texas at Austin) 사회사업학 박사
현 이화여자대학교 사회복지학과 교수

정슬기(Chung, Sulki) 제2장

숙명여자대학교 정치외교학과 졸업
미국 워싱턴대학교(Washington University in St. Louis) 사회사업학 석사
미국 워싱턴대학교(Washington University in St. Louis) 사회사업학 박사
현 중앙대학교 사회복지학부 교수

알코올 문제와 사회복지실천
Alcohol Problems and Social Work Practice

2023년 3월 5일 1판 1쇄 인쇄
2023년 3월 10일 1판 1쇄 발행

지은이 • 김혜련 · 고윤순 · 김용석 · 손선주 · 장수미 · 장승옥 · 전종설 · 정슬기
펴낸이 • 김진환
펴낸곳 • (주) **학지사**

04031 서울특별시 마포구 양화로 15길 20 마인드월드빌딩
대표전화 • 02)330-5114   팩스 • 02)324-2345
등록번호 • 제313-2006-000265호

홈페이지 • http://www.hakjisa.co.kr
페이스북 • https://www.facebook.com/hakjisabook

ISBN 978-89-997-2859-4   93330

정가 22,000원

출판미디어기업 **학지사**

간호보건의학출판 **학지사메디컬** www.hakjisamd.co.kr
심리검사연구소 **인싸이트** www.inpsyt.co.kr
학술논문서비스 **뉴논문** www.newnonmun.com
교육연수원 **카운피아** www.counpia.com